Paul E. Dennison

Brain-Gym® – mein Weg

Reihe *Lernen durch Bewegung*

Die Grundlagenbücher zu Brain-Gym®:
- Paul E. Dennison: *Brain-Gym® – mein Weg*
- Paul E. Dennison: *Befreite Bahnen*
- Paul E. Dennison, Gail E. Dennison: *Brain-Gym®-Lehrerhandbuch*

Für Erwachsene:
- Paul E. Dennison, Gail E. Dennison, Jerry V. Teplitz: *Brain-Gym® fürs Büro*
- Sharon Promislow: *Startklar für volle Leistung*
- Gerda Kolf: *Geistig jung und körperlich in Schwung bis ins hohe Alter – mit Brain-Gym®*

Für Eltern und Lehrer:
- Dorothea Beigel: *Das bewegte Klassenzimmer*
- Christina Buchner: *Brain-Gym® & Co – kinderleicht ans Kind gebracht*
- Cecilia Freeman: *Kleine Schritte – große Freude. Brain-Gym® mit behinderten Kindern*
- Sally Goddard Blythe: *Warum Ihr Kind Bewegung braucht*
- Carla Hannaford: *Bewegung – das Tor zum Lernen*
- Carla Hannaford: *Was jedes Kind zum Wachsen braucht*
- Carla Hannaford: *Mit Auge und Ohr, mit Hand und Fuß*
- Claudia Meyenburg: *Die Sache mit dem X*

Für Kinder im Grundschulalter:
- Paul E. Dennison, Gail E. Dennison: *Brain-Gym®*
- Paul E. Dennison, Gail E. Dennison: *EK für Kinder*
- Lene Mayer-Skumanz: *Löwen gähnen niemals leise*
- Lene Mayer-Skumanz: *Mit dem Tiger um die Wette*
- Kartenset *Brain-Gym® mit Maxi*

Für Kinder im Vorschulalter:
- Ingrid Obersamer: *Felix und die Brain-Gym®-Bande* (Kartenset, ab 4 Jahre)
- Barbara und Bernhard Läufer: *Kinu sucht das Abenteuer*

Paul E. Dennison

Brain-Gym® – mein Weg
Lernen mit Lust und Leichtigkeit

VAK Verlags GmbH
Kirchzarten bei Freiburg

Titel der amerikanischen Originalausgabe:
Brain Gym® and me. The birth of the world's most successful learning system
© Paul Dennison 2005
Erschienen bei: Edu-Kinesthetics, Inc., Ventura/California

Brain-Gym® und Edu-K® sind eingetragene Warenzeichen.

Bibliografische Information der Deutschen Nationalbibliothek

Die Deutsche Nationalbibliothek verzeichnet diese Publikation in der Deutschen Nationalbibliografie; detaillierte bibliografische Daten sind im Internet über http://dnb.d-nb.de abrufbar.

VAK Verlags GmbH
Eschbachstraße 5
79199 Kirchzarten
Deutschland
www.vakverlag.de

2. Auflage 2010
© VAK Verlags GmbH, Kirchzarten bei Freiburg 2006
(Die 1. Auflage erschien als Hardcover mit der ISBN 978-3-935767-63-7.)
Übersetzung: Elisabeth Lippmann
Fotos: Laura Diane Luongo
Umschlag: Hugo Waschkowski, Freiburg
Satz & Layout: Karl-Heinz Mundinger (VAK)
Druck: CPI books, Leck
Printed in Germany
ISBN: 978-3-86731-083-3

Inhalt

Brain-Gym® – eine Erfolgsgeschichte

D as Übungsprogramm Brain-Gym® wurde 1986 rein zufällig zu einem wichtigen Bestandteil meines Lebens. Ich wurde gebeten, im Rahmen eines neunwöchigen Pilotprojekts mit Schülern einer Mittelschule zu arbeiten, die Lernprobleme hatten. In meiner Tätigkeit als Biologieprofessorin an der *University of Hawaii* arbeitete ich im Unterricht mit „Superlearning"-Techniken und der Direktor der Mittelschule meinte, dies könnte für den Förderkurs hilfreich sein. Ich nahm das Angebot für das Projekt mit neunzehn Schülern an, da es mir interessant erschien, auch wenn ich keine Erfahrung als Beratungslehrerin vorweisen konnte und seit mehr als zwanzig Jahren nicht mehr mit Schülern dieser Altersgruppe gearbeitet hatte.

Kurz bevor das Projekt begann, nahm ich an einem Kurs in *Touch for Health* mit der Krankenschwester Fran Woollard teil und sie meinte, ich könne bei den Schülern in meinem Projekt vielleicht Brain-Gym® anwenden. Sie erzählte mir eine Geschichte von ihrem Sohn Todd, die sie erlebt hatte, als dieser 16 war. Er war freundlich und intelligent, das Lernen und besonders das Lesen fiel ihm jedoch während seiner gesamten Schulzeit sehr schwer. Das Basketballteam wollte ihn wegen seiner Größe haben, aber er war ungelenk und stolperte über den Ball, wenn er über das Spielfeld dribbeln sollte.

Zu dieser Zeit nahm Fran an einer *Touch for Health*-Konferenz in Kalifornien teil, bei der Dr. Paul Dennison sein Brain-Gym®-Programm vorstellte. Danach kehrte Fran voller Hoffnung für Todd nach Hause zurück. Damit er die einfachen, aber ungewohnten Brain-Gym®-Übungen regelmäßig machte, bat Fran die ganze Familie, morgens und abends gemeinsam zu üben. Innerhalb von sechs Wochen hatte Todd im Lesen den Leistungsstand der Klasse aufgeholt, er war ins Basketballteam aufgenommen worden und gehörte zur Kernmannschaft. (Todd schaffte übrigens seinen Abschluss in Biologie an einer bekannten Universität – auch dies mit Hilfe von Brain-Gym®.)

Deshalb wollte ich herausfinden, wie sich Brain-Gym® bei den Schülern des Förderprogramms auswirken würde. Während ich im Hintergrund Barockmusik abspielte, führten wir Überkreuzbewegungen, die Denkmütze, die Hook-ups und die Liegende Acht aus und erst danach befassten wir uns mit den Fächern, die den Schülern Probleme bereiteten. Bereits nach zwei Wochen fragten mich Lehrer, was ich mit ihren Schülern mache. Die Leistungen der Schüler hatten sich verbessert und ihr Selbstbewusstsein und ihre Lernbereitschaft waren sichtlich gewachsen.

Bereits zur Halbzeit des Pilotprojekts war der Schuldirektor so beeindruckt, dass er mich bat, eine Fortbildung für alle Lehrer zu veranstalten. Außerdem stellte man Geld bereit, um das Projekt um vier Jahre zu verlängern. Und im selben Jahr wurde ich gebeten, eine vierstündige Präsentation für alle Schuldirektoren der Insel zu gestalten.

Im November 1986 nahm ich an meinem ersten Brain-Gym®-Kurs teil – ein Intensivkurs, wie sich herausstellte. Ich wurde Zeugin, wie bei den Teilnehmern physiologische Veränderungen auftraten, die ich als Biologin und Neurophysiologin für absolut unmöglich gehalten hatte. Ich wollte unbedingt die physiologischen Abläufe verstehen und forschte deshalb weiter. Meine Ergebnisse veröffentlichte ich in dem Buch *Bewegung – das Tor zum Lernen* (Kirchzarten: VAK, 1997). Neuere Forschungsergebnisse beschrieb ich in dem später erschienenen Buch *Was jedes Kind zum Wachsen braucht* (Kirchzarten: VAK, 2002).

Letztendlich könnte man sagen, dass wir kein Gehirn benötigten, wenn wir uns nicht bewegen würden. Unsere gesamten Hirnstrukturen sind aufs Engste mit unseren Bewegungsmechanismen verknüpft und auch in ihrem Wachstum von Bewegung abhängig. Wir sind von Natur aus Lernende, wir erfahren und erforschen unsere Welt mit Hilfe unseres Bewegungsapparats und eines komplizierten sensorischen Systems – und das sogar schon vor unserer Geburt. Wie wir Neues aufnehmen und verarbeiten, das hängt von unserer Umwelt ab: ob wir uns sicher fühlen und welchen Anforderungen wir ausgesetzt sind.

Das Überleben ist Voraussetzung für unsere Existenz und daher die erste veränderliche Größe: Wenn wir im „Überlebensmodus" sind (Stress, Angst oder Frustration), wechselt der Körper in einen reaktiven Zustand und hilft uns einzig zu überleben. Dabei schaltet ein Teil unseres Gehirns ab – und zwar der Teil, der das Gesamtbild aufnimmt und verarbeitet. Es ist der Teil des Gehirns, der sich komplexe Strategien ausdenken kann, der zu Empathie, Liebe und Altruismus fähig ist, der für Musik und Spiel zuständig ist und letztendlich auch neue Ideen hervorbringt. Ist dieser Teil abgeschaltet, dann sind Lernfähigkeit und Gedächtnisleistung stark beeinträchtigt und Lebensfreude und Begeisterungsfähigkeit nur schwach ausgeprägt.

Mit Hilfe der einfachen Brain-Gym®-Bewegungen gelingt es, alle Gehirnareale durch ihre enge Verbindung mit den Körperbewegungen wieder zum Funktionieren zu bringen. Brain-Gym® besteht aus integrierten, über Kreuz ablaufenden und Balance erfordernden Bewegungen, die die motorischen und sensorischen Bereiche der Hirnrinde beider Hirnhälften mechanisch aktivieren. Die Bewegungen stimulieren das vestibulare (Gleichgewichts-) System, das für Ausgeglichenheit sorgt, und schwächen damit den Kampf- oder-Flucht-Reflex ab. In diesem Zustand fällt es sehr viel leichter zu denken und zu verstehen und auf neue Ideen und Lösungen zu kommen.

Ich habe dieses Phänomen beobachtet bei Menschen, die nach einer Stresssituation mit Überlebensreaktionen wieder denken und verstehen konnten. Besonders augenscheinlich war das bei einem elfjährigen südafrikanischen Jungen mit Down-Syndrom. Seine Lehrerin hatte drei Monate lang täglich mit ihm geübt, um ihm die Zahlen von 1 bis 10 beizubringen. Sie nahm dazu eine Tafel mit den Zahlen und der Junge hatte Karten mit den entsprechenden Ziffern, die er auf die Tafel legen sollte. Er bemühte sich sehr, aber es gelang nicht. Er nahm zum Beispiel eine 3, sagte „sieben" und legte die Karte auf die 10. Verbesserte die Lehrerin ihn dann und sagte „drei", wiederholte er das richtig, legte die Karte dann aber auf die 5. Beide, der Junge und seine Lehrerin, waren äußerst frustriert und gestresst.

Ich frage ihn, ob er die Dennison-Lateralitätsbahnung machen wolle. Das wollte er gerne tun und er war richtig begierig darauf. Seine Mitschüler halfen ihm dabei. Aus der Übung wurde ein fünfzehnminütiges Spiel, es wurde viel gelacht und alle hatten ihren Spaß. Dann ging der Junge an seinen Tisch und zu der Zahlentafel, nahm eine 3, sagte: „drei" und legte seine Karte auf die 3, danach nahm er die 7, benannte sie richtig und legte sie, wie auch alle übrigen Zahlen, an die richtige Stelle. Als ich mich nach der Lehrerin umdrehte, liefen ihr die Freudentränen über die Wangen.

Genau solche Veränderungen habe ich bei Tausenden von Lehrern, Musikern, Sportlern, Künstlern, Tänzern, Geschäftsleuten, Schülern und all den Menschen gesehen, denen man ADHD (Aufmerksamkeits-Defizit mit Hyperaktivität) oder Dyslexie bescheinigte – und das in den mehr als 30 Ländern, in denen ich seit 1988 Kurse abhielt.

1989 explodierte in der Nähe von Moskau ein Zug. Svetlana Masgutova, Direktorin des Instituts für Psychologie, arbeitete mit den schwer verletzten und traumatisierten Kindern, die das Unglück überlebt hatten. Sie probierte verschiedene Dinge aus, aber nichts schien zu funktionieren. Nach drei Monaten waren mehr als die Hälfte der Kinder verstorben und die übrigen zeigten Symptome von Depression und malten in der Kunsttherapie weiterhin dunkle Schreckensbilder.

Zu dieser Zeit stieß Svetlana bei einem Besuch im Moskauer Institut für Pädagogik auf eines der kleinen orangefarbenen (amerikanischen) Brain-Gym®-Bücher, die ich 1988 dort hinterlassen hatte, als ich Gastdozentin bei einem Projekt der Akademie für Humanistische Psychologie gewesen war. Svetlana übte die Bewegungen sofort mit den Kindern und bereits nach einigen Wochen veränderten sich deren Zeichnungen. Auf den Bildern erschienen jetzt helle Farben, daneben waren Regenbogen und Schmetterlinge zu sehen und Kinder, die durch die Wiesen liefen. Und die Ärzte stellten fest, dass die verpflanzten Hautpartien anwuchsen und heilten. Svetlana war davon – ebenso wie die Ärzte und die Eltern der Kinder – so überrascht, dass sie nach einem halben Jahr alle Berichte zusammenstellte und eine Veröffentlichung schrieb. Experten in ganz Russland waren interessiert und luden sie zu Vorträgen ein.

Als ich 1991 wieder nach Russland kam – diesmal um Brain-Gym® zu unterrichten, hatte Svetlana 50 Psychologen und Ärzte versammelt, die von ihren Ergebnissen so beeindruckt waren, dass sie begonnen hatten, Brain-Gym® selbst anzuwenden. Wir hatten einen regen Austausch über ihre beachtlichen Erfolge mit Menschen jeden Alters und bei allen möglichen Problemen. Brain-Gym® wird mittlerweile in vielen Teilen Russlands eingesetzt.

Im gleichen Jahr wurde ich nach Botsuana eingeladen, um die Auszubildenden der *Botsuana Insurance Company* bei der Vorbereitung auf ihre Abschlussprüfung zu unterstützen. Normalerweise bestanden weniger als 30 Prozent der Kandidaten diese Prüfung. In einem sechsstündigen Workshop stellte ich ihnen Brain-Gym® vor und erklärte, warum es ihnen bei ihren Vorbereitungen und in der Prüfung helfen würde. Die Prüfung fand drei Monate später statt und dieses Mal bestanden alle. Ein junger Mann namens Walks Tall hatte den Prüfer zunächst beunruhigt, als er während der ersten halben Stunde der Prüfung Brain-Gym®-Bewegungen machte. Er war aber schließlich der erste Südafrikaner, der bei der Versicherungsprüfung 100 Prozent erreichte.

Auch andere Bewegungstrainings, zum Beispiel Yoga, Tai Chi, die Alexander-Technik oder Aikido beinhalten integrierte, über Kreuz ausgeführte Bewegungen, die in Balance und langsam ausgeführt werden und damit das Gehirn auf die gleiche Art aktivieren. Das Schöne an Brain-Gym® ist, dass die

Bewegungen sehr einfach sind und überall ausgeführt werden können, ohne dass viel Platz benötigt wird; sie passen auch in einen spielerischen Kontext und bieten viel kreatives Potenzial. Die Bewegungen wurden mit Elementen aus verschiedenen Disziplinen modifiziert wie: Kinesiologie, Beschäftigungstherapie, Yoga, Entwicklungsophtalmologie (Lehre vom richtigen Sehen) und traditionelle chinesische Medizin (Meridiansystem). Brain-Gym®-Bewegungen sind darauf angelegt, auf den gesamten (intellektuellen, emotionalen, sozialen, körperlichen und spirituellen) Organismus einzuwirken. Zusätzlich zu den Bewegungen gibt es die eleganten Balancen, die einen Menschen aus seinen Blockaden herausführen und ihm den Zugang zu seinem vollen Potenzial und seiner Lebensfreude ermöglichen.

Wichtige Untersuchungen aus dem Jahr 1999 haben gezeigt, dass Nervenzellen in unserem Gehirn im Bereich des Gedächtnisses lebenslang nachwachsen, wenn wir ein Gefühl von Sicherheit haben, wenn unsere Umgebung Anregungen und neue Erfahrungen bietet und *wenn wir – was am wichtigsten ist – Überkreuzbewegungen ausführen.* Neue Forschungsergebnisse haben sogar ergeben, dass regelmäßiges Tanzen die Wahrscheinlichkeit einer Demenzerkrankung um 79 Prozent verringert. Tanzen ist eine hervorragende Brain-Gym® gemäße „Übung".

Mein eigenes Leben hat im Laufe der Jahre an „Dramatik" verloren und ist ausgeglichener geworden, seit ich mich durch meine Arbeit kontinuierlich weiterentwickle. Mit jedem neuen „Aha"-Erlebnis wächst meine Dankbarkeit für dieses Instrument.

Es war mir eine große Ehre, Dr. Dennisons Manuskript zu lesen, in dem er seine persönlichen Bemühungen darstellt, Brain-Gym® zum Erfolg zu verhelfen. Ich bin überzeugt, dass Paul Dennisons Buch Ihnen, liebe Leser, bei Ihrer weiteren Entwicklung wertvolle Hilfe leisten kann. Dieses wunderbar zu lesende Buch enthält viele zu Herzen gehende, erstaunliche Geschichten über Transformationen und Entwicklungsmöglichkeiten und eine profunde Erklärung der Balance – von ihrem „Erfinder" persönlich. Und schließlich bietet es uns Einblicke in die Persönlichkeit eines Mannes, der viele Hindernisse überwunden und vielen Menschen Hoffnung vermittelt hat.

Dr. Carla Hannaford

Bewegung ist das Tor zum Lernen

In den letzten dreißig Jahren habe ich auf der ganzen Welt Tausende von privaten Beratungssitzungen mit Menschen aller Altersstufen bis hinab zum Säugling abgehalten. Ich habe dabei *Educational Kinesiology* (Edu-K®) angewendet – ein in die Tiefe gehendes System des Lernens, das sich auf Bewegungen gründet. In diesen Sitzungen, in denen wir Gehirn, Herz und Bewegungsmuster um bestimmte Ziele und Absichten herum neu organisieren, konnte ich beobachten, wie unzählige Menschen ihr Leben transformierten.

Außerdem habe ich in achtzehn Ländern Tausende Lehrer in Edu-K und seinem besser bekannten Teilprogramm Brain-Gym ausgebildet, denn beide Systeme funktionieren über kulturelle Grenzen hinweg. Meine Frau Gail und ich haben Brain-Gym gemeinsam entwickelt und es wird mittlerweile in mehr als 40 Sprachen unterrichtet und ist in mehr als 80 Ländern verbreitet, in Familien, Schulen und in Firmen. Gail und ich sind immer wieder begeistert, wenn Brain-Gym-Instruktoren (Trainer, Berater) ihre ganze Leidenschaft und ihre innovativen Beiträge in unsere Arbeit einbringen, und wir sind immer wieder gespannt auf ihre Ergebnisse. Viele Menschen schreiben uns von den bemerkenswerten Resultaten, die sie alleine mit den 26 Bewegungen aus dem kleinen *Brain-Gym*-Buch erzielt haben, das wir Mitte der achtziger Jahre schrieben.

Wie ich Ihnen im vorliegenden Buch erklären werde, beruhen diese an Wunder grenzenden Wirkungen des Brain-Gym-Programms auf einer soliden Grundlage: auf der Wissenschaft vom Gehirn und auf der Kinesiologie, die sich mit der Wirkung von Bewegungen befasst.

Schon oft wurde ich gebeten, ein Buch über meine Vorstellungen von den Zusammenhängen zwischen Bewegung und Lernen zu schreiben, und ich habe zwei Gründe, warum ich es jetzt schreibe: Ich möchte andere an unserer Arbeit teilhaben lassen – wie wir Menschen ermutigen, sich in einem einfachen, intuitiven und gut strukturierten Prozess auf ihre Träume einzulassen;

und ich möchte bei meinen Lesern das Verständnis für die gegenseitige Abhängigkeit von Bewegung, Lernen und Gehirnentwicklung wecken.

Ich möchte vermitteln, wie wichtig es ist, dass Bewegungen – und zwar bestimmte, bewusst ausgeführte Bewegungen – in den Tagesablauf eingebaut werden. Ich möchte mich dafür einsetzen, dass die neuronalen Netzwerke des ganzen Gehirns bei allen Menschen voll funktionieren können, damit sie gute Entscheidungen treffen und persönlich auf den verschiedensten Gebieten erfolgreich sein können, von der Kindheit bis ins Alter. Ich möchte, dass es alle erfahren: *Lernen muss nicht schwierig sein*, und wenn wir uns bewegen, um zu lernen, können wir unsere Gesundheit und unsere Intelligenz fördern und die Erfüllung finden, die wir uns für uns selbst und für unsere Kinder erträumen.

Jeder Mensch hat ein Recht darauf, dass sein Leben durch Freude am Lernen ein besonderes, außergewöhnliches Leben wird. In meiner Vision wachen Sie, liebe Leser, eines Morgens voller Neugier und freudiger Erregung auf und gestehen sich selbst ein: „Ja, mein Leben verläuft sehr gut." Diese Worte haben für Sie persönlich eine spezifische Bedeutung und jedes Mal, wenn Sie diesen Satz wiederholen, wissen Sie, dass sich damit ein weiterer Neuanfang ankündigt.

Meiner Erfahrung nach heißt Freude am Lernen auch, mit Risiken zu leben, in einer Welt voller Gegensätze, die mich laufend fordern, meine Balance neu zu entdecken. Während mein inneres Selbst den Kurs steuert, fühle ich mich sicher in dem Wissen, dass ich, wenn ich immer wieder loslasse, vertraue und in diesem Hin und Her erneut mein Gleichgewicht gewinne, auf dem Weg zu meinen Zielen fortschreite, egal was das Leben bringt.

Ich erinnere mich noch, wie tief mich als jungen Mann die Worte Karl Wallendas beeindruckten. Die Wallendas waren eine Familie von Hochseilartisten, die durch Auftritte bei den Zirkusunternehmen *Ringling Brothers, Barnum* und *Bailey Circus* als die „fliegenden Wallendas" berühmt wurden. Als Karl Wallenda einmal gefragt wurde, warum er täglich sein Leben auf dem Hochseil riskiere, antwortete er: „Auf dem Seil balancieren bedeutet, dass man lebt, alles andere ist nur Warten."

Freude am Lernen entsteht aus einer vergleichbaren Balance – einerseits etwas in die Tat umzusetzen und andererseits Dinge zu nehmen, wie sie kommen. Dazu gehört, dass man sich sozusagen ins Feuer hineinbegibt, dass man Raum lässt für Warten, für Sehnsucht und für eine fast kindliche Erwartungshaltung. In diesem Zustand, in dem wir uns bewegen, um zu lernen, lassen wir Platz für eine unerwartete Zukunft, die immer erfüllter, umfassender und aufregender ist, als wir es uns je vorstellen können.

Freude am Lernen fängt im Körper an. Wir müssen die Spannung der Gegensätze spüren: Wir fühlen uns nach links gezogen, nach rechts gezogen, nach vorne getrieben, nach hinten zurückgehalten; wir spüren die Sicherheit oder Festigkeit des Bodens und die Erregung eines Fluges durch die Luft. Wenn wir inmitten des Chaos die Balance halten, bleiben wir mit beiden Füßen fest am Boden, während wir unseren Charakter und unsere Individualität weiterentwickeln.

Als ich mit acht Jahren als Stadtkind zum ersten Mal in ein Sommerferienlager kam, konnte ich noch nicht schwimmen. Wenn ich mit den anderen Jungen ins Wasser ging, fühlte ich mich mitten in dem spritzenden, schreienden Tumult überhaupt nicht wohl und wollte das Schwimmen fast schon aufstecken: Ich hasste meine Badehose, die sich wie ein Ballon mit Luft füllte.

Eines Tages hörte ich dann, dass Frühaufsteher vor dem Frühstück nackt baden konnten. So lief ich am nächsten Morgen hinunter zum See, ging ohne Badehose in das einladend warme Wasser und schwamm los. Alles war ruhig und friedlich, das Licht schimmerte durch die Äste der Bäume auf das Wasser. Das Wasser trug mich und ich merkte, wie *mein Körper* das Kommando übernahm, während ich die Bewegungen machte, die ich bereits gelernt hatte – die mich vorher aber nicht vorangebracht hatten. Ich schwamm immer weiter in dem Wasser, das sich durch meine gezielten Bewegungen vor mir teilte. Ich schwamm zwei Runden und mein Betreuer feuerte mich vom Ufer aus an und bestätigte mir, dass ich jetzt schwimmen konnte. Als ich aus dem Wasser stieg, empfand ich das ganz besondere Vergnügen, das beim Lernen entsteht.

Später trainierte ich in Kalifornien als Langstreckenläufer und durfte an einem Zehn-Kilometer-Lauf in Beverly Hills teilnehmen. Ich hatte gehört, dass Billy Rogers, ein weltbekannter Läufer und Gewinner des Boston-Marathon, ebenfalls teilnehmen und vor dem Start eine Ansprache halten würde. Man sagte von Billy, dass seine Füße beim Laufen kaum den Boden berührten. Hunderte Männer stellten sich im Park für den Lauf auf und ich musste mir einen Platz in der Menge suchen.

Billy gab das Tempo vor und startete wie eine Rakete. Da ich mir einen Startplatz ausgesucht hatte, der eher für einen Feldhasen als für eine Schildkröte wie mich geeignet war, wurde ich umgestoßen und getreten, während die anderen sich stoßend und schiebend ihren Weg durch das Gedränge bahnten. Ich stand auf, vergaß meinen geschundenen Körper und lief stetig bis ins Ziel – glücklich in dem Bewusstsein, dass ich diese Distanz trotz eines steinigen Starts schaffen konnte.

In den siebziger Jahren war ich Inhaber der Leseförderinstitute der *Valley Remedial Group* im San Fernando Valley. Ich war allgemein angesehen als Erziehungsexperte und erfolgreicher Unternehmer. Ich hatte ein blühendes Unternehmen aufgebaut und vielen Menschen geholfen, Lesen, Schreiben und Rechtschreibung zu lernen. Nachdem ich 1981 mein erstes Buch geschrieben hatte, wurde ich in viele Länder zu Vorträgen eingeladen. Es bestand große Nachfrage nach Trainingskursen und weiteren Büchern und Handbüchern.

Mir wurde klar, dass ich mich entscheiden und die sichere Basis meiner Leselernzentren aufgeben musste, um stattdessen das Lehren über „Bildung durch Bewegung" zu meiner Vollzeitbeschäftigung zu machen, da ich nicht in beiden Bereichen gleichzeitig wirklich gut sein konnte. Ich riskierte es, mich diesem neuen Leben zu verschreiben, auch wenn das bedeutete, dass ich das Vertraute hinter mir ließ und mich auf Unbekanntes einließ. Ich war gehobener Stimmung, fühlte mich unterstützt und sagte mir: „Ja, ich werde das tun."

Zu einem Leben, das durch Freude am Lernen geprägt ist, gehört zweierlei: Dinge ernst zu nehmen, aber dennoch nichts allzu ernst zu nehmen. Es geht darum, hart zu arbeiten und trotzdem nicht zu viel zu arbeiten. Es geht um Beziehungen, Liebe und Fürsorge – nicht um Haben, Besitzen und Kontrollieren. Da mein Leben immer meine Lebensweise reflektieren wird, entscheide ich mich, meine Zeit gut zu nutzen – mit Sein, Handeln und Lieben.

Ich habe gelernt, dass ich, wenn ich in meinem Körper zentriert bin, darauf vertrauen kann, dass mir Wissen zugänglich wird, das größer ist, als es mein Geist erfassen kann. Je besser ich integriert bin, desto mehr kann ich problemlos riskieren. Wenn ich in der Lage bin, ruhig zu sein und zu schweigen, kann ich tanzen und schreien, lieben und geliebt werden, weinen und Schmerz und Empathie verspüren.

Das *Brain-Gym®*-Übungsprogramm hat meine Neugier und meinen Spieltrieb geweckt und mir gleichzeitig geholfen, Schuldgefühle, Scham, Ängste und Einschränkungen loszulassen, die zuvor den Ausdruck meiner Individualität begrenzten. Jetzt möchte ich mir immer sicher sein, dass ich alle meine Ressourcen ausgeschöpft und allen Hindernissen so gut wie möglich entgegengetreten bin, dass ich das Spiel mit vollem Einsatz gespielt, wenn nötig um Hilfe gebeten habe und dass ich dankbar für alles war, was das Universum mir geschenkt hat, während ich in den Armen Gottes geborgen bin. Das ist es, was für mich die außerordentliche Freude am Lernen ausmacht.

Paul E. Dennison
Ventura (Kalifornien) im Januar 2005

KAPITEL 1

Der Drache und das Feuer

Es war am Silvestertag 1940. Obwohl Europa unter einer dunklen Wolke lag, seit ein Staat nach dem anderen von den Nationalsozialisten besetzt worden war, gab es dieses Mal etwas zu feiern. Die Schlacht um England war vorüber und die deutsche Invasion in England war abgewehrt worden. Als auf beiden Seiten des Atlantiks die Korken knallten, konnten sich nur wenige vorstellen, dass die Japaner ein knappes Jahr später Pearl Harbor angreifen, dass die Vereinigten Staaten von Amerika zum Gegenschlag ausholen würden und dass der Krieg letztendlich fünf Millionen Tote fordern würde.

Außer den guten Nachrichten aus Europa und dem Wunsch, 1941 würde ein besseres Jahr werden, gab es für zwei junge Eheleute im Bostoner Vorort Brighton einen viel wichtigeren Grund zum Feiern: An diesem Abend war während eines Stromausfalls ihr erstes Kind geboren worden. Wie jedes Neugeborene war auch dieser kleine Junge ein Wunder der Schöpfung – ein Wesen mit strahlenden Augen, das wachsam die unbekannte Umgebung und die unbekannten Geräusche in sich aufnahm. So klein und hilflos der Säugling auch war, seine Augen spiegelten eine unergründliche Intelligenz wider, genauso wie bei jedem anderen Neugeborenen. Die Eltern erahnten wie unzählige Eltern vor ihnen diese geheimnisvolle Präsenz und waren ergriffen.

Der Krieg zog sich hin und Amerika griff bald aktiv in den Krieg ein. Jeden Morgen nahm der junge Vater seinen Mantel und seine Krawatte (er besaß jeweils nur ein Exemplar) und ging die Straße zur Werft hinunter, wo er seinen Beitrag zur Unterstützung seines Landes leistete. Damals gab es noch keine Vorschule und deshalb verbrachten die junge Mutter und ihr Kind die meiste Zeit des Tages in der fensterlosen Einzimmerwohnung – mehr konnte sich das Paar zu dieser Zeit nicht leisten –, bis der Junge fast sechs Jahre alt war.

Wie ein Glaubenssystem sich herausbildet

Eine seiner frühesten Kindheitserinnerungen beinhaltet, wie er an der Hand seiner Mutter die Zementstufen zum Heizraum hinunterging, der sich direkt unter ihrer Wohnung befand. Der dunkle, nach Öl riechende Raum und die Geräusche des eisernen Boilers machten ihm Angst, aber es musste dessen geheimnisvolle Geräusche erkunden. Seine Mutter drückte seinen Arm und sagte: „Wir sind die glücklichsten Armen in Boston, … wir haben es zumindest warm!" In ihrer Stimme schwang jedoch keine Freude mit und in diesem Augenblick begann der Kleine ein Glaubenssystem zu entwickeln.

Der Junge nahm alles sehr konzentriert auf, was die zauberhafte Frau sagte, die ihm *alles* bedeutete. Er beobachtete, dass sie oft traurig und müde zu sein schien, und er wollte unbedingt darauf reagieren, aber er konnte nichts sagen. (Erst mit vier Jahren brachte er stockend seine ersten Worte heraus.)

Als Zweijähriger erlebte er eine Szene beim Baden, die ihm deutlich im Gedächtnis haften blieb. Er planschte im Wasser herum und ließ gelbe Entchen vom Wannenrand ins Wasser plumpsen, als seine Mutter den Raum verließ. Eine Zeit lang war er so in sein Spiel vertieft, dass er nicht merkte, dass er alleine war. Dann aber kühlte das Wasser ab und er spürte, wie seine Finger weiß und schrumpelig wurden.

Er rief nach seiner Mutter, aber er bekam keine Antwort. Er rief noch einmal, aber es blieb ruhig im Haus. Nachdem er ein drittes Mal gerufen hatte, fasste er unter Tränen einen Entschluss von großer Tragweite: Er würde ohne Hilfe aus der Badewanne klettern. Wenn er sich nicht auf seine Mutter verlassen konnte, musste er für sich selbst sorgen. Er stieg aus der Wanne, zog ein Handtuch herunter, um sich darin einzuwickeln, und ging ins Schlafzimmer seiner Eltern, wo er seine Mutter fand und überrascht feststellte, dass sie schlief.

Seine Gefühle waren eine Mischung aus Triumph und Verzweiflung. Er hatte einen ersten Schritt in Richtung Selbständigkeit getan und doch schmerzte ihn das Gefühl, verlassen worden zu sein. Als er auf das Bett stieg und sich an seine schlafende Mutter schmiegte, war ihm nicht bewusst, welch eine Welle neuer Vorstellungen seine junge Psyche in diesem Moment überschwemmt hatte. Neben der Überzeugung „Ich bin ein glücklicher, armer Mensch" beeinflussten ihn diese Glaubenssätze in seinem weiteren Leben immer wieder: „Das Leben ist unsicher; ich könnte jeden Moment verlassen werden. Für mein Überleben bin ich selbst verantwortlich. Ich kann nicht sicher sein, dass mir jemand helfen wird. Ich bin alleine …"

Die ersten Schuljahre

Als der Krieg schließlich zu Ende war, ging es wirtschaftlich aufwärts. Die Eltern des Jungen beschlossen, mit der Familie (zu der inzwischen ein zweiter Sohn gehörte) in ein besseres Wohnviertel, nach Brookline zu ziehen, dessen Schulen zu den besten im Lande zählten. Sie hofften, dass ihr Ältester, der bald in die Schule kommen sollte, sich in dieser Umgebung gut entwickeln würde, in der die akademische Elite ansässig war und die meisten Eltern ein Studium absolviert hatten – viele von ihnen in Harvard. In Brookline wurde viel Druck auf die Lehrer ausgeübt, den Schülern durch individuelle Förderung zu Lernerfolgen zu verhelfen, und so hofften die Eltern, dass ihre Söhne die Bildung bekämen, die sie aus der Armut herausbringen könnte.

Drei Monate vor seinem sechsten Geburtstag machte sich der Junge an der Hand seiner Mutter auf die beängstigende Reise, die Kinder aus ihrem sicheren Zuhause zu ihrer ersten Schule führt. Der schüchterne Neuankömmling, der kaum sprach, hatte das Gefühl, dieser erste Tag würde nie zu Ende gehen. Er hatte sich gewünscht, ruhig spielen zu können, dass Geschichten vorgelesen würden und er malen und basteln könnte – Dinge, die ihm von zu Hause vertraut waren. Aber die anderen Kinder stritten sich dauernd und beschimpften sich gegenseitig. Die Lehrer waren erschöpft und gereizt und ihm kam es vor, als wollten ihn alle anderen Schüler nur stoßen und schubsen. Der neue Junge verstand überhaupt nichts mehr.

Im Laufe der ersten Schuljahre versagte der Junge vollständig. Die Klassenkameraden konnten bereits lesen und schreiben, aber er hatte Mühe, seinen Stift richtig zu halten oder einen einfachen Satz an der Tafel vorzulesen. Er wollte seinen Lehrern gefallen, aber trotz größter Mühe scheiterte er. Jeder Lehrer verlor mit der Zeit die Geduld mit ihm. Er wollte sich mit anderen Jungen anfreunden, aber nur wenige wollten ihn zum Freund haben. In der dritten Klasse konnte man sein Leben nicht anders als trostlos bezeichnen und oft ging er leise weinend von der Schule nach Hause.

Die Situation war paradox. Sein Zuhause war nach dem Krieg wieder erfüllt von Musik, Tanz und Kunst, es wurde leidenschaftlich über viele Themen diskutiert, darunter Malerei, Design, Oper und Schauspiel. Aber der Junge sah keine Verbindung zwischen seiner Sehnsucht nach kreativem Ausdruck, die in seiner Familie unterstützt wurde, und dem Wort „Lernen", das ihm in der Schule unerreichbar erschien.

In der dritten Klasse fragte Mrs. Clifford, die Sozialkundelehrerin, die Schüler eines Tages: „Wer kann mir das *erste* Werkzeug der Menschen nennen?" – Der

Junge wusste die Antwort und hob zum ersten Mal die Hand. Die Lehrerin war überrascht und rief ihn auf. „Der Daumen", antwortete er schüchtern, jedoch zuversichtlich.

Die Klasse lachte lauthals und Mrs. Clifford nahm ihre Brille ab und lächelte ihn mitleidig an: „Tut mir leid, das stimmt nicht."

Obwohl er verlegen war, wusste der Junge irgendwie, dass seine Antwort auf die Frage richtig gewesen war. Er konnte noch nicht wissen, dass seine Antwort eine kluge Botschaft seines Körpers war, die nur für ihn gedacht war – es war ein Hinweis auf seine eigene Zukunft und auf seine Lebensaufgabe.

Versagen trotz großer Anstrengungen

Die auf Wettbewerb ausgerichtete Schule war für einen Jungen wie ihn wohl kaum der richtige Ort, den lange ersehnten Durchbruch zu schaffen. *Ein Misserfolg folgte dem anderen, sein Lehrer schimpfte oft mit ihm, während die übrigen Schüler verlegen kicherten.*

Die Mutter des Jungen war völlig verzweifelt. Eines Abends kam sie zu ihm ins Zimmer, nachdem er sich schlafen gelegt hatte. Sie glaubte, er sei eingeschlafen, setzte sich neben ihn und weinte. „Was soll nur aus dir werden?", sagte sie flüsternd. Der Junge hielt die Augen fest geschlossen, weil er fürchtete, seine Mutter würde sonst merken, dass er ihre Worte gehört hatte. Er wusste, dass er ein guter Junge war, und irgendwie war er überzeugt davon, dass er eines Tages lernen würde – wenn er so weit war. Während er sich schlafend stellte, versprach er seiner Mutter insgeheim, dass er sich noch mehr bemühen würde.

Je mehr er sich jedoch bemühte, desto weniger erreichte er und desto ärgerlicher wurde seine Lehrerin in der vierten Klasse. Absolut frustriert umklammerte sie eines Tages seine Schultern, ganz im Stil altmodischer Erzieher. Sie hieß Newton und wünschte sich wohl wie ihr großer historischer Namensvetter, dass die Welt mechanisch und so präzise wie eine Schweizer Uhr funktionierte. Kinder, die nicht dieser Vorstellung entsprachen, waren ihr eine Qual. Wütend grub sie ihre Finger in die Schultern des Jungen und schüttelte ihn, während die übrige Klasse große Augen machte.

„Warum lernst du bloß nicht!?", polterte sie, ihr Gesicht dicht vor dem seinen. Sie roch nach Kaffee. „Was stimmt nicht mit dir?" Sie wollte ihn offensichtlich schlagen. Er hörte die anderen Jungen und Mädchen lachen. Er schämte sich, er war verwirrt und begann zu weinen. In diesem Augenblick ging seine natürliche, angeborene Intelligenz, die sich im Laufe der Jahre zunehmend nach innen zurückgezogen hatte, vollends in den Untergrund.

Was genau war die angeborene Intelligenz? Es war die uneingeschränkte Intelligenz und Kreativität, die bei seiner Geburt in seinen Augen aufgeleuchtet hatte. Es war seine intensive Neugier, sein Hunger nach Verstehen, sein Humor, sein Einfallsreichtum und seine spielerische Ausgelassenheit. Dazu gehörten die vielen Eigenschaften, mit denen Säuglinge im Allgemeinen von der Natur ausgestattet werden – die Gaben, die in ihrer Gesamtheit den Jungen oder das Mädchen zu einem einzigartigen Wesen machen. Kurz gesagt gehörte dazu alles, was diesem Jungen zu sein vorbestimmt war, sein wahres Potenzial. Wenn es voll zur Entfaltung käme, würde es ihm möglich, die Freude am Lernen und die Schönheit des Lebens zu entdecken.

Der Schatz des Drachen

Wie Sie wahrscheinlich erraten haben, war *ich* dieser kleine Junge. Ich habe viele Jahre gebraucht, um meine Kraft zurückzugewinnen, und dieser Prozess dauert auch heute noch an.

Ich empfinde dennoch kein Bedauern über die Verletzungen, die meine besten Anteile in der Versenkung verschwinden ließen. Ich habe erkannt, dass sich die Schmerzen und die Begabungen nahe beieinander tief im Inneren eines Menschen befinden. In der Mythologie bewacht ein Drache diese beiden Aspekte unseres Selbst: in einer Höhle voll mit Schätzen. So wie der Held dem Ungeheuer gegenübertreten muss, um das Gold zu finden, müssen wir uns unserer schlimmsten Wunde stellen, um unsere Begabung zu entdecken Das war bei mir sicherlich der Fall. Aus meinem Schmerz heraus sind meine Arbeit, meine Botschaft und meine Mission erwachsen: der Gesellschaft neue Wege zu zeigen, wie wir Kinder erziehen und unser eigenes Leben transformieren können.

Nach jenem fürchterlichen Jahr in Brookline brachten mich meine Eltern in eine andere Schule. Da ich nicht bestanden hatte und die vierte Klasse wiederholen musste, wollten mir meine Eltern den Schmerz ersparen, zusehen zu müssen, wie meine Klassenkameraden ohne mich in die nächste Klasse kamen. Und diese Entscheidung erwies sich als wahrer Segen für mich, denn in der neuen Schule kam sozusagen ein Engel vom Himmel und half mir.

Marie Paquette war für alle Kinder ihrer Klasse eine liebevolle Lehrerin. Sie achtete besonders auf mich – einen lieben, ruhigen Jungen mit lockigem Haar, der glücklich war, mit jüngeren Kindern zusammen zu sein, die ihn nicht verurteilten. Mrs. Paquette ging langsamer voran, als ich es bis dahin gewohnt war, und sie bemühte sich um eine kooperative Atmosphäre, so dass ich bei ihr schließlich lesen lernte. Was ihr an Technik vielleicht fehlte, glich sie mehr als reichlich durch ihre Freundlichkeit und ihre Geduld aus, und ich blühte als Schüler richtig auf.

Am Ende des Schuljahrs verriet Mrs. Paquette mir ein Geheimnis: Sie war eine Kusine meines Vaters und sie waren in der Mittelschule gute Freunde gewesen. Da sie gewusst hatte, wer ich war, hatte sie meine Betreuung zu ihrer persönlichen Mission gemacht. Am Ende des Schuljahrs stellte sie sich mit ihrer Familie bei meinen Eltern vor. Ich weiß noch, wie meine Mutter Marie Paquette umarmte und ihr „danke" zuflüsterte. Ich wusste, was sie dachte: „Sie haben meinen Sohn gerettet und mir fehlen die Worte, um ihnen zu sagen, wie unendlich dankbar ich ihnen bin."

In den darauffolgenden Jahren entwickelte sich meine Freude am Lernen. Mit fünfzehn, mitten in meinem ersten Jahr an der *High School*, bekam ich in Französisch meine erste Eins und erkannte nach und nach, dass ich mit sehr viel Neugier lernte. Ich kam glatt durch die *High School*, ging dann auf ein *College* und schloss meine akademische Ausbildung mit dem Doktortitel der *University of Southern California* ab. Ich erhielt dort sogar eine Auszeichnung für meine Untersuchungen über die Verbindung zwischen Sprache und Denken und deren Bedeutung für das Lesenlernen.

Die natürliche Lust am Lernen

Ich brachte jüngeren Kindern sehr erfolgreich das Lesen bei und eröffnete im San Fernando Valley, nördlich von Los Angeles, eine Kette von acht Lernzentren. Alle, die mich während der qualvollen Jahre in Boston gekannt hatten (besonders natürlich meine Mutter), konnten es kaum glauben, was ich aus mir gemacht hatte. In relativ jungen Jahren war ich zum anerkannten Experten auf meinem Gebiet geworden. Man nannte mich den „Lesedoktor aus dem Tal" und meine Geschäfte gingen gut.

Das reichte mir jedoch nicht. Ich wollte mehr erfahren über die Grundlagen des Lernprozesses und über die Faktoren, die ihn behinderten. Ich wollte für meine Schüler einen Weg finden, wie sie ihr eigenes Potenzial besser nutzen konnten – den Teil in jedem Menschen, der gerne lernt und der der Welt Einzigartiges bieten kann. So befasste ich mich zunächst mit der vorhandenen Literatur über das Lesen und die angewandte Hirnforschung. Mir war klar, dass ich die Grundlagen dieser Arbeit beherrschte, aber jetzt wollte ich Fragen stellen, die andere Lehrer bis dahin nicht gestellt hatten. Von da an begann ich, auf meine Intuition zu vertrauen; ich begann nach Antworten zu suchen, die schließlich zu meinen eigenen Entdeckungen führten.

Ich beobachtete, wie kleine Kinder, ehe sie mit der Schule in Berührung kommen, aus sich heraus mit Vergnügen lernen, wenn dieses Lernen eng mit Bewegung verknüpft ist. Sie erforschen das Leben mit einer Neugier und einem Eifer, wie man es bei Erwachsenen nur selten findet. Aber ich konnte auch beobachten, wie Schulkinder sich allzu oft in ihrer schulischen Umgebung quälen. Ich habe die Methoden kennen gelernt, mit denen Lehrer üblicherweise gegen das Versagen in unseren Schulen angingen: mit Programmen, durch die die Kinder gedrillt, angeleitet, motiviert und bestärkt werden sollen, damit der Lernstoff gleichsam in sie hinein-„gestopft" werden kann. Diese Programme mögen teilweise erfolgreich sein, aber ich habe mich gefragt, warum einige Kinder in der Schule gut mitkommen und andere nicht.

Ich fand heraus, dass einige Kinder sich *zu sehr* anstrengen und dadurch den Mechanismus „abschalten", der Gehirnintegration und damit umfassendes Lernen erst möglich macht. Ich habe erkannt, dass die Herausforderung nicht darin liegt, die Informationen aufzunehmen, sondern eine Information im Körper so anzubinden, dass sie zugänglich bleibt. Informationen werden im Hirnstamm als „Eindruck" aufgenommen, aber der präfrontale Kortex hat, wenn er das Wissen zum „Ausdruck" bringen will, keinen Zugang zu diesen Daten. Deshalb ist ein Schüler nicht in der Lage, sich am Unterricht zu beteiligen und das Gelernte – das in seinem Kopf durchaus vorhanden ist – zum Ausdruck zu bringen, und er bleibt in einer Serie von Misserfolgen gefangen.

Es geht nicht darum, sich mehr anzustrengen

Mit Gail, meiner Ehefrau und Partnerin, habe ich in den letzten zwanzig Jahren die Untersuchungen fortgeführt, mit denen ich lange vorher begonnen hatte. Wir haben Brain-Gym® und das, was wir als Balance bezeichnen, verfeinert – und zwar so weit, dass wir mit voller Überzeugung sagen können: Es wird nie mehr nötig sein, dass sich irgendein Kind für sein Versagen schämt.

Nur die Ignoranz hindert unsere Gesellschaft daran, jedem jungen Menschen den Weg zu Lernerfolgen aufzuzeigen.

Nicht jedes Kind wird Rechtsanwalt, Ingenieur, Kernphysiker oder Internetexperte werden, aber die Welt braucht vielfältige Formen von Genialität. Uns stehen so viele Möglichkeiten offen, unseren Beitrag für die Gesellschaft zu leisten, dass es völlig unnötig ist, dass Kinder in der Schule traumatisiert werden und das Gefühl bekommen, dumm oder weniger gut zu sein. Jedes Kind hat grenzenlose Fähigkeiten, die nur darauf warten, auf die ihm eigene Weise aufblühen zu können. Ich möchte nicht mehr hören, dass ein Kind ein „Problem" habe, und ich habe nicht vor, ein Kind „in Ordnung zu bringen" oder zu verändern.

Die Quintessenz unserer gemeinsamen Arbeit besteht darin, Menschen entdecken zu lassen, wie sie damit aufhören können sich anzustrengen und stattdessen einfach ihr Bestes geben. Nachdem ich selbst lange zu kämpfen hatte, bis ich öffentliche Vorträge halten konnte, habe ich viel über die Folgen negativen Stresses gelernt.

Wenn also Schüler aufgefordert werden, sich mehr zu bemühen, so bedeutet das eigentlich – und das zeigt die Arbeit mit Brain-Gym® –, dass man Anstrengungen von ihnen verlangt, die Stress für sie bedeuten und die ihre natürlichen Fähigkeiten übersteigen. Ich beobachte sehr häufig, dass junge Menschen versagen, einfach weil sie sich zu sehr anstrengen. Wenn ich höre, wie Lehrer oder Eltern den Kindern sagen, sie sollten es versuchen, dann wird mir klar, dass ihnen nicht bewusst ist, was sie damit sagen. Und sie wissen außerdem nicht, wie schädlich sich diese Anstrengung auf die Physiologie auswirkt. Es macht einen großen Unterschied, wenn Eltern sagen können: „Ich vertraue auf deine Fähigkeiten und ich möchte einfach, dass du dein Bestes gibst."

Ich treffe manchmal Eltern und Lehrer, die bestimmte Verhaltensweisen „verbessern" oder ein bestimmtes Verhalten, das ihnen an ihren Kindern oder Schülern missfällt, abstellen wollen. Aber damit wird diesen jungen Menschen unabsichtlich vermittelt, dass sie Anteile besitzen, die weder Liebe noch Mitgefühl verdienen. Wir müssen ihnen stattdessen Wege anbieten, damit sie sich heilen und integrieren können und aus dem Wissen um die tiefere Bedeutung ihres Verhaltens dazulernen. Brain-Gym® liefert das Instrumentarium dazu.

Das Problem liegt aber nicht nur bei den Kindern. Ich beobachte, dass die meisten Erwachsenen sich sehr anstrengen, um Erfolg zu haben, aber dennoch ein Leben führen, das nur ein Schatten dessen ist, was ihnen möglich wäre. Viele von uns sind mit Geist und Körper nicht mehr in der Balance, häufig ohne eine Verbindung zwischen Kopf und Herz. Brain-Gym® bietet die Möglichkeit, die Balance wieder herzustellen und die Verbindung zwischen Geist und Herz zu erneuern.

Wenn diese Balance und Erneuerung gelingt, werden wir klüger und friedlicher, wir empfinden mehr Freude, wir werden sensibler und mitfühlender. Unser Leben verläuft leicht und fließend und wir bewältigen unsere Angelegenheiten mit größerer Effektivität und weniger Stress. Darüber hinaus finden wir leichter Zugang zu unserer eigenen Kreativität, wir verwandeln unser Leben, egal wie schwierig es ist, in ein Kunstwerk voller Schönheit und Freude.

Ein Beispiel aus meinem Leben: die Angst vor öffentlichem Auftreten

In Brookline, der Stadt in Massachusetts, in der ich aufwuchs, wurden Kultur und Künste von den Bürgern begeistert unterstützt. Und als ich etwa sieben Jahre alt war, entwickelten meine Mutter – Tänzerin, Malerin und Bildhauerin – und mein Vater, ein Dichter mit kraftvoller, tragender Stimme, in dieser Stadt das *Dennison Marionetten-Theater*. Es war ein wunderbares Theater für Kinder, das von 20 Mitgliedern des *Boston Symphony Orchestra* musikalisch begleitet wurde. Die Marionetten traten oft in Jugendkonzerten oder in der Aula der *Brookline High School* auf.

Eine unserer besten Aufführungen war *Peter und der Wolf*. Als Erzähler trat Augustus T. Zanzig auf, er war Musikdirektor von Brookline und Autor der Musikbücher, die wir im Unterricht verwendeten. Er war als einer der Gemeindeältesten sehr angesehen und kam extra in unsere Wohnung und probte mit uns im Wohnzimmer für die Vorstellung. Ich saß in einem Sessel in der Ecke und starrte ihn ehrfürchtig an, als er mit seiner schönen tiefen Stimme die Zeilen vorsprach, die ich so gut kannte: „Eines Morgens ging Peter zum Tor hinaus auf die saftig grüne Wiese ..." Ich imitierte mit Vorliebe seine tiefe Stimme. Dr. Zanzig war für mich so etwas wie ein Großvater und ich bewunderte ihn.

Mit zehn Jahren noch sehr zurückhaltend, spielte ich bei meinem ersten öffentlichen Auftritt einen Häuptling der amerikanischen Ureinwohner. In dieser Rolle wollte ich bei Paul Bunyan, dem berühmten Riesen (gespielt von meinem Vater), Mais gegen Juwelen eintauschen.

„Wie viel?", fragte ich und wollte von dem berühmten Mann sein bestes Gebot haben.

Paul Bunyan bot seinen Schmuck an und fragte: „Sind wir im Geschäft, Häuptling?"

„Und wie viel *mehr*?", fragte ich mit Nachdruck.

Paul erhöhte sein Angebot. „Gilt das Geschäft?"

„Abgemacht", antwortete ich, die wohl tönende Stimme von Dr. Zanzig nachahmend, und freute mich am Klang meiner eigenen Stimme.

Diese drei kurzen Zeilen begründeten meine Karriere als „Redner" in der Öffentlichkeit.

Als Musikdirektor organisierte Dr. Zanzig regelmäßig ein gemeinschaftliches Singen in der Stadt, an dem alle Schüler und Schülerinnen teilnahmen. Ich war zwölf Jahre alt und in der siebten Klasse, als ich wieder mit Dr. Zanzig zusammentraf, und das hatte Auswirkungen auf mein weiteres Leben. Da ich die vierte Klasse wiederholt hatte, war ich ein Jahr älter als meine Klassenkameraden und somit der Erste, dessen Stimme tiefer wurde. Als ich mit der Gruppe gemeinsam sang – ein Bass zwischen Tenor- und Sopranstimmen –, holte Dr. Zanzig mich nach vorne und forderte mich auf, nicht laut zu singen, da ich den Wohlklang störe. „Du bewegst einfach nur die Lippen", flüsterte er mir zu.

Unsere Stimme bringt viel von unserem inneren Feuer hervor und es war schade, dass dieser sonst vorbildliche Mann, den ich sehr verehrte, keinen anderen Weg fand, die stimmliche Harmonie zu gewährleisten, als diese unbeabsichtigte Kränkung. Dieses Erlebnis vergrößerte meine Angst, vor einem größeren Publikum zu sprechen, nur noch weiter.

Die Quintessenz meiner Arbeit

Ich wurde jedoch im Verlauf meiner beruflichen Karriere durch die Umstände gezwungen, mich meinen Ängsten zu stellen. Das Leben forderte mich immer wieder heraus, bis ich schließlich Freude dabei empfand, meine Stimme zu gebrauchen. Heute *schreibe* ich, ich halte Vorträge und vermittle meine leidenschaftliche Überzeugung auf verschiedene Arten in der Öffentlichkeit – voller Gelassenheit. Wie seltsam das Leben doch ist! Es kommt oft vor, dass wir als Kinder und Jugendliche genau in dem Bereich Kränkungen erleben, in dem wir als Erwachsene aufgefordert sind Besonderes zu leisten.

Ich möchte Sie ermutigen, nicht aufzugeben – egal wie viele Leute zu Ihnen sagen, Sie sollten *nicht* sprechen oder singen oder sonst eine Schwäche zeigen. Genau da, wo Sie die größten Hindernisse sehen, werden Sie ihr größtes Potenzial entdecken und die besten Chancen haben, um die Freude am Lernen zu erfahren.

Als ich mich durch die vierte Klasse kämpfte und mich fürchterlich schämte, dass ich im Lesen und Schreiben so schlecht war, hätte ich unbedingt jemanden gebraucht, der mich liebte und der an mich glaubte und mir einfach praktische Hinweise gegeben hätte. Das ist der Grund, warum ich Ihnen mit dem vorliegenden Buch Überlegungen und Übungen vorstelle, mit deren Hilfe Sie lernen können sich selbst zu lieben, an sich zu glauben und die Blockaden zu beseitigen, die Ihrem Fortschritt im Wege stehen. Dann wird Ihr natürliches Genie wieder zum Vorschein kommen – zunächst vielleicht nur zögerlich, danach jedoch mit zunehmendem Selbstvertrauen. Sie machen sich die Merkmale Ihrer natürlichen Intelligenz – Neugier, Spielfreude, Kreativität und Freude – wieder zu Eigen und genießen sie.

Sie beginnen sehr viel kreativer zu leben, zu lieben und zu lernen. Sie haben Freude an dem, was Sie tun, und vervollkommnen Ihre Fertigkeiten. Sie erkennen, dass Lernen Spaß machen kann. Ihr Leben wird mit neuem Feuer erfüllt und sein Licht lässt alles wärmer und heller erscheinen. Die Weisheit Ihres Körpers wird aktiviert, Ihr Intellekt übernimmt wieder seine ihm zustehende (dienende) Funktion, Sie stellen die Verbindung zu Ihrer angeborenen Intelligenz wieder her und Ihr Herz öffnet sich. Bis ins Innerste reichende Erfahrungen helfen Ihnen zu erkennen, wer Sie wirklich sind.

Die Quintessenz meiner Arbeit besteht darin, Sie auf Ihrem Weg zu dieser Authentizität zu ermutigen. Ich bin fest davon überzeugt, dass wir alle unserer Gesellschaft oder Gemeinschaft mit einer spezifischen Begabung dienen können. Und wenn wir diese Begabung zum Ausdruck bringen, wird es weniger Missverständnisse und weniger destruktiven Wettbewerb und stattdessen mehr Mitgefühl und Kooperation geben. Wenn wir uns dem *Drachen* stellen, der Schmerz, Verluste oder Verwundungen verkörpert, die in der frühen Kindheit entstehen können, wird es uns möglich, unser *Feuer* zu spüren …, unsere Lebensaufgabe zu finden und sie zu einer Leidenschaft werden zu lassen. Dann können wir voller Freude lernen, arbeiten, leben und lieben, so wie es von Anfang an gedacht war.

KAPITEL 2

Lernen aus Freude am Lernen

Exquisit

Gekennzeichnet durch höchste Wertschätzung und Sensibilität
Im Verbund mit Freude und Entzücken
Ausgezeichnet durch subtiles Verständnis
Ansprechend durch Schönheit
Kostbar und selten
Aufschlussreich
Souverän
Erfindungsreich
Exzellent
Makellos
Einträglich
Auserlesen
Geschickt
Vibrierend
Köstlich
Der Lebenssaft
Die Ekstase
jenseits des Schmerzes
Das Ja in der Bejahung

Paul und Gail Dennison

(„Exquisit" heißt übersetzt so viel wie: ausgesucht, vorzüglich, außerordentlich, einzigartig, besonders. Partizip Perfekt des lateinischen Verbs exquirire, dt.: aussuchen, verlangen, streben nach)

In den frühen siebziger Jahren begann ich einige einfache Körperübungen in meinen Unterricht einzubauen. Damals arbeitete ich gemeinsam mit einem Experten für richtiges Sehen, Richard Sowby, an einem Lernzentrum, wo ich Förderunterricht im Lesen für alle Altersstufen erteilte. Wir wurden gute Freunde und tauschten häufig unsere Erkenntnisse darüber aus, wie die Menschen lernen. Außerdem überwies ich ihm immer wieder Klienten, so wie er umgekehrt an mich. Richard arbeitete sehr innovativ und setzte Bewegung ein, um Klienten bei ihren Sehproblemen zu helfen. An einem Wochenende veranstaltete er zur Weiterbildung seiner Mitarbeiter ein Sehtraining, zu dem er auch mich einlud. Ich verstand die Fachbegriffe nicht, aber ich beobachtete interessiert, wie er Bewegung nutzte – zum Beispiel abwechselndes Hüpfen nach rechts und links, Schlagen auf einen an einem Seil befestigten Ball, Balancieren auf dem Schwebebalken –, damit die Menschen ihre visuellen Fertigkeiten trainieren konnten.

In dieser Zeit machte mich Richard Sowby mit seinem langjährigen Freund und Kollegen Dr. Getman bekannt und wir trafen uns zum Essen. Ich hörte fasziniert Dr. Getmans Geschichten von seinen Klienten zu und ich war beeindruckt von dem, was er über die Beziehungen zwischen Augen, Händen und Gehirn sagte. Und plötzlich dämmerte es mir, dass er der bekannte Augenspezialist G. N. Getman war, aus dessen Buch *How to Develop Your Child's Intelligence* ich die beidhändige Zeichenübung übernommen hatte, die ich im Förderunterricht verwendete. (Dieses beidhändige Zeichnen inspirierte mich später zu der *Double Doodle* oder Simultanzeichnen genannten Brain-Gym®-Übung.)

Richard Sowby lud mich manchmal ein, ihm bei der Arbeit mit Klienten zuzuschauen, und ich war sehr beeindruckt von seiner kreativen Arbeitsweise. Einmal stellte ich eine Frage zu seinem Einsatz von Bewegungen bei seinen Klienten und er antwortete: „Ich weiß nicht, *warum* die Bewegungen funktionieren, aber sie helfen uns, an das Problem *heranzukommen*." Bald nach der Fortbildung bei Dr. Sowby fing ich an, einige seiner Übungen für den Einsatz bei meinen Schülern zu modifizieren.

Nur wenige Wochen, nachdem ich so mein Bewegungsprogramm erweitert hatte, war klar zu erkennen, dass die Schüler in allen Lebensbereichen enorm profitierten – sie machten die Liegende Acht, beidhändiges Zeichnen, Überkreuzbewegungen und sie hüpften am Schwebebalken entlang oder balancierten auf ihm. (Im weiteren Verlauf des Buches werde ich Ihnen einige dieser Brain-Gym®-Bewegungen vorstellen, so dass Sie das für sich ausprobieren können.)

Einmal sagte ein Vater zu mir: „Ich weiß nicht, was Sie mit Sam machen, bisher konnte er den Ball nie auffangen und wollte auch nie spielen. Jetzt spielen wir fast jeden Abend Ball vor dem Haus."

Ein anderer Vater erzählte mir, sein Sohn sei jetzt morgens vor der Schule rechtzeitig fertig und putze sich sogar die Zähne, ohne daran erinnert zu werden. Der Vater war überglücklich, dass er seinen Sohn nicht immer antreiben musste.

Und ein dritter Vater berichtete: „Ich muss ihm nur noch sagen, dass es sechs Uhr ist, und schon macht sich Brian an seine Hausaufgaben. Es gibt keine Kämpfe mehr."

Nicht nur Kinder, auch viele erwachsene Klienten erzählten mir, dass bei ihnen erstaunliche Veränderungen stattgefunden hätten, nicht nur beim Lernen, beim Lesen, Schreiben und in Mathematik, sondern auch bei der Arbeit und im Privatleben. Sie hätten mehr Energie und könnten sich besser entspannen, sich besser konzentrieren und besser kommunizieren. Ich konnte beobachten, dass bei all diesen Menschen ein Wandel eingetreten war, sie empfanden das, was sie machten, nicht mehr als anstrengend und mühevoll. Sie waren in der Lage, ihre eigenen Bewegungen jetzt selbst zu steuern, und wurden aus einer positiven Einstellung heraus selbst aktiv, aus innerer Motivation und Neugier.

Wie Kinder wirklich lesen lernen

Als ich Bewegungen in mein Repertoire aufnahm, wurde mir klar, dass es auch Verbindungen zwischen Bewegung und anderen schulischen Fächern gab. Als Doktorarbeit wählte ich eine Studie mit Erstklässlern: Ich konzentrierte mich dabei auf den Zusammenhang zwischen der Fähigkeit der Kinder, zu denken, ohne laut zu sprechen, und den Erfolgen beim Anfangsunterricht im Lesen.

Die meisten Kinder denken laut, bis sie zwischen fünf und sieben Jahre alt sind – bis etwa zu dem Zeitpunkt, wenn Lesen im Lehrplan steht. Ab da lernen sie, still zu denken (diese Fähigkeit wird auch subvokales Sprechen genannt). Dabei handelt es sich um eine mit der Entwicklung einhergehende Fertigkeit, das heißt, dass die meisten Kinder stilles Denken lernen, ohne darin unterrichtet zu werden: An *einem* Tag kommentieren sie ihre Tätigkeiten und ihr Spiel noch laut und am *nächsten* Tag entdecken sie alles leise für sich.

Im Rahmen der Untersuchung wurden Konzentration und Kurzzeitgedächtnis im Spiel getestet: Die Kinder sollten Karten mit Abbildungen auf die Karten mit den entsprechenden Wörtern legen. Einige der Bezeichnungen dieser Objekte reimten sich *nicht* (Ball, Hund, Fisch), aber sie blieben anhand der Abbildung leicht im Gedächtnis haften. Andere Begriffe dagegen reimten sich (wie Maus – Haus, Hund – Mund). Die Absicht war herauszufinden, welche Kinder subvokale Sprache entwickelten und welche nicht.

Wenn ein Kind über den Klang eines Wortes nachdachte und deshalb das Wort nicht mit dem zugehörigen Bild zusammenbringen konnte, schloss ich daraus, dass das Kind bereits still denken konnte und deshalb durch die schriftliche Bezeichnung verwirrt wurde. Wenn ein Schüler dagegen mit beiden Kartenserien gleich gut zurechtkam, schlossen wir daraus, dass er sich nur auf die Bilder verließ.

In der Einzelarbeit mit den Schülern begann mein Verständnis für die Beziehungen zwischen Klang und Symbol sich zu vertiefen. Ich erkannte deutlich, dass manche Kinder die Wörter anfangs besser durch visuelles Erfassen lernen – über die Buchstaben und Formen – und andere die Wörter lieber über den Klang und den Rhythmus lernen – die phonetische Analyse. Gutes Lesen setzt letztendlich beide Fertigkeiten voraus.

Zu jener Zeit galt mein Interesse vorrangig der Verbesserung der Lesefertigkeit. Ehe ich mit meinen Untersuchungen begann, war mir nicht klar, dass die Art, wie jemand liest, weit reichende Auswirkungen hat: Die Art, wie der Körper, wie Augen und Ohren auf den Text eingestellt sind, bestimmt nicht nur das Ausmaß an visuellem Stress, sondern auch die Konzentrationsfähigkeit, das Denken und Erinnern, das Verarbeiten von Informationen und die Kommunikation mit anderen. Das wurde mir jedoch sehr bald klar und darüber hinaus fiel mir auf, dass der naiv unüberlegte Einsatz körperlicher Fertigkeiten beim Lesen zu Verspannungen in bestimmten Muskeln führen konnte – im Nacken, im Schulter- und auch im Hüftbereich – und dass sogar der Blutzuckerspiegel, das Autoimmunsystem und die Gesundheit allgemein in Mitleidenschaft gezogen werden konnten.

Das half mir zu erkennen, dass ich im Unterricht für Leseanfänger zunächst visuelle Fertigkeiten unterrichten und auch grundlegende Fertigkeiten fördern musste, die der Gesundheit und dem Wohlbefinden dienten.

Beim Lesen geht es nicht nur darum, Wörter und Buchstaben zu erkennen. Lesen heißt meiner Überzeugung nach, einen Text noch einmal zu schreiben – die Leserin entziffert die Wörter und hört sich die Geschichte erzählen.

Lesen ist ein anspruchsvolles Ratespiel, in dem die Leserin im Geist voraus-ahnt, was geschehen wird, und dennoch – gleichzeitig – darauf wartet zu erfahren, ob sich ihre Vermutung bestätigt. Je mehr die Leserin sich entspan-nen kann und je besser ihre Sinne koordiniert sind, desto mehr Hinweise für ihre Vermutung kann sie aus dem Text herauspicken. Aufmerksamkeit ist die Fertigkeit der Leserin zu erkennen, in welche Richtung die Geschichte strebt, so dass ihre Sinne die Reise unterstützen, anstatt sie abzulenken.

Gutes Lesen ist ohne eine Reihe körperlicher Fertigkeiten nicht möglich:

- Aufmerksamkeit und Konzentration
- Balance, Zeitgefühl und Rhythmus
- Zielgerichtetheit und motorische Steuerung
- Binokularität (gleichzeitiger Einsatz beider Augen)
- Visuelle Folgebewegungen (gleichgerichtete Bewegungen beider Augen)
- Konvergenz (Abstimmung der Augen zum Nahsehen)
- Überkreuzen der visuellen/auditiven/kinästhetischen Mittellinie und Arbeiten in diesem Bereich
- Hören und Zuordnen der Grapheme (Symbole) und Phoneme (Sprachlaute)[1]
- Denken (stummes Sprechen)
- Auditives und visuelles Gedächtnis
- Visualisieren
- Augen-Hand-Koordination

Ich entdeckte durch meine Untersuchungen, dass es nicht einfach die *menta-len* Fähigkeiten sind, die gute Leistungen im Lesen möglich machen, sondern auch die körperlichen Fertigkeiten, die wir für selbstverständlich halten.

Wir können nicht lesen, wenn wir nicht zuhören können

Fallbeispiel: Stu

Stu war einer derjenigen Klienten, die für mich eine größere Herausforderung darstellten. Als Bauunternehmer hatte er mit seinem Sinn für visuelle Ästhe-

---

1 Graphem = kleinstes bedeutungsunterscheidendes *grafisches* Symbol; Phonem = kleinste bedeutungsunterscheidende *sprachliche* Einheit. Anmerkung der Übersetzerin

tik ein kleines Vermögen angehäuft, obwohl er im Lesen auf dem Niveau eines Erstklässlers stehen geblieben war. Einer seiner größten Wünsche war es, seinem sechsjährigen Enkel Devon etwas vorzulesen. Obwohl er nicht lesen konnte, war er in der Lage, sich mit einiger Mühe Wörter über das Wortbild zu merken; er konnte jedoch gesprochene Laute beim Lesen nicht unterscheiden und er konnte nicht verstehen, dass er gleichzeitig zuhören und sprechen musste, während er auf die Symbole reagierte. Er konnte das Wort „Hut" lesen, aber er hörte nicht den Unterschied zwischen diesem und dem Wort „Mut" heraus. Die Fähigkeit zu „hören" und mit Hilfe der Laute die Wörter beim Lesen zu erkennen, ist eine Funktion der Schläfenlappen und deshalb ist dieser Bereich des Gehirns für das Lesen und die Rechtschreibung so wichtig.

Als ich beobachtete, wie Stu auf die Buchstaben auf dem Blatt starrte, bemerkte ich, dass der visuelle Stress bei ihm derart stark war, dass er, wenn er auf den Text blickte, nicht gleichzeitig hören oder sich bewegen konnte. Sein breiter Nacken und seine Schultermuskeln schränkten die Beweglichkeit seines Kopfes nach links und rechts ein; in einem anderen Kontext hätte man ihn als „Sturkopf" oder überfokussiert bezeichnet. Ich fragte mich, ob die Beweglichkeit des Kopfes und das Hörvermögen irgendwie zusammenhingen.

Also brachte ich Stu die Liegende Acht bei – man zeichnet eine liegende Acht in der Luft nach, zuerst mit der einen, dann mit der anderen Hand, wobei die Augen der Bewegung jeder Hand langsam und entspannt folgen. Obwohl sich durch diese Bewegung Stus Augen sichtlich entspannten, schien sich beim Lesen keine Veränderung zu ergeben. Stu war sehr motiviert und hoffte sehnlich, dass die Arbeit erfolgreich sein würde, deshalb suchte ich nach neuen Antworten.

Mitten in der Nacht pflegte ich manchmal um Eingebungen zu bitten, damit ich einen Weg fand, um bestimmten Klienten zu helfen, mit denen ich gerade arbeitete. Eines Nachts erwachte ich mit einer Eingebung. Ich wusste, dass Menschen beim Lesen oft Hals- und Nackenmuskeln anspannten, während sie subvokalisierten – als ob sie die Wörter aussprächen. Und mir wurde klar, dass die Tatsache, dass Stu nicht zuhören, nichts behalten und nicht lesen konnte, sicher etwas mit der Anspannung in seinem Nacken und mit der dadurch eingeschränkten Beweglichkeit des Kopfes zu tun hatte. Ich stellte mir vor, wie man die Acht anders ausführen könnte – indem der Körper bewegt wird und die Nackenmuskeln untätig bleiben. (Jahre später, als Gail und ich das Buch *Brain-Gym®* herausbrachten, nannten wir diese neue Bewegung „Elefant".)

Als ich Stu wiedersah, forderte ich ihn auf, seinen Kopf zu drehen, und er schaffte das kaum. Daraufhin erklärte ich ihm die Bewegung, die ich neu entdeckt hatte, und wir übten sie gemeinsam. Danach merkte Stu völlig überrascht, dass er seinen Kopf leichter drehen und jetzt die Wörter im Buch fokussieren konnte, ohne im Nacken anzuspannen. Plötzlich konnte er alles gleichzeitig: sehen, hören, denken, sich erinnern. Die Wörter im Buch ergaben auf einmal einen Sinn.

Da Stu damit die Beziehungen zwischen den Lauten und den Symbolen verstand, lernte er schnell lesen. Wenn er jetzt seinem Enkel vorlas, brachte Devon ihm neue Wörter bei und er wiederum konnte Devon bei Wörtern helfen, die dieser noch nicht kannte. Anstatt so zu tun, als könne er lesen (was er bis dahin getan hatte), genoss er jetzt das immense Vergnügen, gemeinsam mit seinem Enkel zu lernen. Und wenn er Devon zu einem Besuch bei mir mitbrachte, bereitete es mir große Freude, die beiden zu beobachten, wie sie die Bewegungen machten und gemeinsam lasen und lachten.

Stus Engagement beim Lernen veränderte sein eigenes und das Leben seines Enkels; und seine Verletzlichkeit und seine Bereitschaft, seinen Prozess zu erforschen, bewirkten tiefgreifende Veränderungen in *meinem* Leben. Weil er unbedingt Lesen lernen wollte und weil ich entschlossen alle Möglichkeiten ausprobieren wollte, ihm zu helfen, entwickelte auch ich eigene Fertigkeiten wie zum Beispiel die Beweglichkeit des Kopfes, das Zuhören und das Lesen. Und ich sollte bald erkennen, dass ich dank Stu eine bahnbrechende Entdeckung gemacht hatte: Eine der wichtigsten körperlichen Ursachen für mangelnde Leseleistungen sind verspannte Halsmuskeln, und wenn der körperliche Stress dann beseitigt ist, lässt sich die mentale Leistung des Lernens schnell bewältigen.

Wenn ich für meine Klienten um Hilfe bat, so wie ich es für Stu getan hatte, erhielt ich die Antwort gewöhnlich in Form einer neuen Idee, was ich tun könnte. In den darauffolgenden Jahren erlebte ich ein faszinierendes Phänomen: Klienten mit den *gleichen* Bedürfnissen kamen wie in Wellen zu mir, und das hieß, dass ich immer genügend Leute hatte, mit denen ich eine bestimmte Bewegung ausprobieren und vervollkommnen konnte. Und anscheinend immer dann, wenn ich überzeugt war, ich hätte eine entscheidende Bewegung als Lösung für ein spezifisches Lernproblem entdeckt, dann tauchte ein Klient auf, bei dem die eingeführte Bewegung überhaupt nicht wirkte. Dann fing ich wieder an, nach einer Möglichkeit zu suchen, um dem neuen Klienten zu helfen.

Grapheme und Phoneme

Ich erlebte in der Praxis, was ich vorher theoretisch gelernt hatte: dass Lesen ein komplexer linguistischer Prozess ist, das heißt, es geht um Sprache.

Leseanfänger erleben Sprache als gesprochene Kommunikation, die sowohl Sprechen als auch Zuhören einschließt. Lesen lernen bedeutet, dass man auf die eigene Stimme „hört", die einen auditiven Code (phonologisch) spricht, der als visuelles Symbol aufgeschrieben ist. Diese Symbole, die Grapheme, müssen erst visuell erkannt und dann als Phoneme (Sprachlaute) auditiv verarbeitet werden.

Für das Leseverständnis und die Beherrschung des Codes ist es absolut notwendig, dass die Übereinstimmung zwischen Laut und Symbol sensorisch richtig erfasst wird. Der Code ist immer phonologisch, egal ob der Lernende ihn durch „Sehen und Sprechen" (visuelle Worterkennung) oder über die phonetische Analyse erkennt. Um es einfacher zu formulieren: Schreiben bedeutet Gesprochenes aufzuschreiben und Lesen heißt dieses Gesprochene mit Hilfe eines visuellen Codes zu hören.

Ist die Integration geschafft, wird Lesen zunehmend zur visuellen Fertigkeit (wie beim Schnelllesen) und der auditive Code spielt nur noch eine untergeordnete Rolle. Untersuchungen zeigen, dass die Schläfenlappen (die neben weiteren Funktionen auditive Informationen verarbeiten) weniger aktiv sind, wenn sich die Leseleistung verbessert.

Es klingt paradox, aber um lesen zu lernen, müssen wir zuhören lernen, damit wir die Buchstaben anhand ihrer Laute – am auditiven Code – erkennen, nur um dann später als geübte Leser den Code beiseite zu lassen und visuell zu lesen.

Die Rolle der körperlichen Fertigkeiten beim Lernen

Damals entwickelte sich die Hirnforschung sprunghaft. Es herrschte allgemein große Begeisterung, dass man mehr über die Spezialisierung der beiden Hirnhemisphären erfuhr und bestimmte Verhaltensweisen einzelnen neuronalen Bereichen zuweisen konnte. Allgemein herrschte die Meinung vor, das Gehirn sei der Sitz des Intellekts und speziell für das Lernen sei der übrige Körper relativ unbedeutend. Einer meiner Professoren am College, ein bekannter Autor von Lesebüchern, besonders für Anfänger, vertrat sogar die Meinung: „Lesen ist ein mentaler Vorgang. Es hat nichts mit dem Körper zu tun!" Meine Erfahrung lehrte mich das Gegenteil.

Ich erinnere mich noch, wie ich einmal einen Tag in einer örtlichen Schule ver-brachte und beobachten konnte, wie die Ansicht meines Professors hundert-prozentig umgesetzt wurde. Jegliche Bewegung im Klassenzimmer wurde strikt unterbunden, viele Schüler waren auf unbequeme Stühle gezwungen, die entweder zu klein oder zu groß für sie waren. Der Unterricht bestand über-wiegend aus dem Lehrervortrag und die Kinder mussten das Vorgetragene unverdaut wieder von sich geben – ein Prozess, auf den man wahrscheinlich durch deduktives Denken gekommen war, der aber viel mehr an stumpfes Auswendiglernen und Wiederkäuen erinnerte, mit dem Ziel dem Lehrer zu gefallen.

So war Lernen nicht nur ausschließlich auf das Gehirn beschränkt, es war sogar nur auf einen Teil des Gehirns beschränkt, nämlich auf die linke Hälfte, in der lineare, codierte Schritt-für-Schritt-Sequenzen hergestellt und Analysen vorge-nommen werden, Informationen also in kleine Einheiten unterteilt werden.

Ich betrachtete das damals – und so sehe ich es heute noch – als Beweis für eine absolut irreführende Vorstellung von Lernen. Die Bewertung von Schul-leistungen beruht meist auf Tests, die den Erwerb von Informationen über-prüfen. Bei solchen Tests mag der Körper scheinbar überflüssig sein, er spielt jedoch eine unverzichtbare Rolle im Lernprozess, denn zum wirklichen Ler-nen gehören *immer* Bewegung und konkrete Erfahrungen. Wenn wir Dinge nicht im Zusammenspiel von Augen, Ohren und Händen planen, organisie-ren und schaffen, dann liegt weder wirkliches Denken noch Lernen vor.

Ein Buch zu lesen ist zu gleichen Teilen eine körperliche und eine mentale Tätigkeit. Und so kann das Lesen Freude bereiten, wenn der Körper involviert ist, und sehr belastend sein, wenn das nicht der Fall ist. Wenn die körperli-chen Elemente des Lernens beherrscht werden, erfolgt der mentale Prozess anschließend wie von selbst. Das lässt sich sehr anschaulich demonstrieren an der Art und Weise, wie ein kleines Mädchen eine körperliche Tätigkeit wie zum Beispiel das Radfahren lernt. Sie versucht als Erstes, die Balance auf dem Rad zu finden und dann mit ihren Füßen auf den Pedalen zu koordinieren, während sie gleichzeitig auf die Lenkung achtet und lernt, automatisch zu bremsen. Schwieriger ist es dagegen, die körperlichen Fertigkeiten zu erken-nen, die beim Lesen, beim Arbeiten am Computer, beim Kommunizieren mit einem Partner oder beim Einprägen historischer Fakten beteiligt sind. Den-noch setzen alle diese Tätigkeiten körperliche Fertigkeiten voraus: die Koor-dination des Körpers beim Sitzen sowie beim Fokussieren und Bewegen der Augen, die Koordination der Hände oder die Aktivierung der Ohren beim Zuhören, Denken oder Sprechen.

Körperliche Bewegung stimuliert die Gehirnfunktionen. Wenn Kleinkinder Laufen, Sprechen und soziales Verhalten lernen, brauchen sie kaum Unterweisung. Es ist erstaunlich, aber mit drei Jahren beherrschen die meisten Kinder eine neue Sprache sowie die feinen Nuancen der Gestik ihrer Hände und ihrer Gesichtsmimik und die sozialen Interaktionen, die den Kontext für die Sprache bilden. Sie haben gelernt zu gehen und zu laufen und das Gleichgewicht unter dem Einfluss der Schwerkraft zu halten. Und all das lernen sie durch Bewegung und Spiel. Wenn Kinder ihrem Forscherdrang nachgehen können, macht Lernen Spaß, und das gilt genauso für Erwachsene. Jeder Mensch, egal wie alt, kann durch einen natürlichen Bewegungsprozess leichter lernen. Sicher fallen wir auch manchmal hin. Oft aber können wir es kaum erwarten, erneut etwas zu riskieren, um weiter zu lernen.

Wichtige Verbindungen auf meinem Weg

1977 hatte ich die Ehre, den Chiropraktiker Richard A. Tyler kennen zu lernen, als seine beiden Söhne Schüler in meinem Lernzentrum in Studio City waren. Dr. Tyler machte mich mit mehreren Techniken aus einem beeindruckenden System bekannt, das er bei Dr. George Goodheart aus Michigan studierte, der so genannten *Applied Kinesiology*.

Ich war fasziniert von der Möglichkeit, Techniken aus seiner Arbeit in das Wahrnehmungstraining mit meinen Leseschülern zu übernehmen. Später arbeitete ich mit Richard Tyler zusammen, um meine Hypothese von der Beziehung zwischen Bewegung und neurologischer Integration wissenschaftlich zu untermauern.

Zur Vertiefung meiner Kenntnisse nahm ich 1979 in Pasadena an einem Kurs *Touch for Health* teil. Ich beschäftigte mich gründlich mit dem faszinierenden Gebiet der *Applied Kinesiology* und außerdem mit der Relation zwischen Wohlbefinden und Muskelreaktion, mit der Energie der Meridiane und mit Lymphmassage. Ich erweiterte damit meine eigenen körperlichen Fähigkeiten für das Lernen.

Zu dieser Zeit traf ich erstmals den Chiropraktiker Dr. John F. Thie, den Autor von *Touch for Health: A Practical guide to Natural Health with Acupressure, Touch, and Massage*. John Thie war ein hervorragender Pionier im Bereich Gesundheit – ein wahrhaft großer Mann und vorzüglicher Lehrer. Er hat mich ausdrücklich ermutigt, meine Arbeit weiter zu entwickeln und der Welt mitzuteilen. John und seine Frau Carrie wurden bald meine Freunde und

Mentoren. Auf Johns Anregungen hin veröffentlichte ich zwei Artikel in der Zeitschrift der *Touch for Health Foundation (In Touch)*. Während meiner Ausbildung zum Lehrer für *Touch for Health* schrieb ich einen Brief an mich selbst, in dem ich meine Ziele für das folgende Jahr niederschrieb. Dann versiegelte ich den Brief und legte ihn zur Seite. Als ich ihn schließlich wieder öffnete, stellte ich überrascht fest, dass ich in diesem Jahr die mir gegebenen Versprechen erfüllt hatte: Ich hatte mein erstes Buch geschrieben und war dabei, das zarte Pflänzchen eines neuen, aufregenden Berufs weiterzuentwickeln.

Gail und die Geburt von Brain-Gym®

Im Juli 1981 war ich zu einem Vortrag beim jährlichen *Touch for Health*-Meeting in San Diego eingeladen worden. Ich hatte so Gelegenheit, vor mehr als dreihundert führenden Vertretern der Kinesiologie zu sprechen, die aus der ganzen Welt angereist waren. Dort stellte ich mein erstes Buch vor: *Switching On* (dt.: *Befreite Bahnen*, Kirchzarten: VAK, 14. Aufl. 2004).

Unter den Zuhörern befand sich an diesem zauberhaften Sommerabend eine junge Frau – Tänzerin, bildende Künstlerin und Bewegungslehrerin –, die bald mein Herz gewann und meine Lebenspartnerin wurde. Meine Ehefrau Gail, die auch Mitbegründerin von *Brain-Gym*® sowie meine Koautorin und Mentorin war, hat mich gelehrt zu sehen, zu lachen, zu spielen und die Gemeinschaft zu pflegen. Ihre Liebe zur Natur und ihre Vorliebe für Musik und Dichtkunst waren für mich und alle unsere Schüler, Klienten und Kursteilnehmer eine Quelle der Inspiration.

Gail und ich haben gemeinsam mehr als 500 Kurse veranstaltet und als Koautoren fünfzehn Bücher und Skripten über Edu-Kinestetik und natürliches Sehen veröffentlicht. Wir arbeiten sehr gerne zusammen, egal ob wir Geschichten schreiben, Bewegungsfolgen ausprobieren oder neue Programme entwickeln. Unsere Zusammenarbeit spiegelt die Freude wider, dass zwei einzigartige Wesen mit Geist und Seele zusammenfinden und eins werden – ein Ganzes ist sehr viel mehr als die Summe seiner Teile. Gails Begabung, Systeme zu erkennen und auszuarbeiten, hat dazu beigetragen, dass Brain-Gym® auf der ganzen Welt eine bekannte Größe geworden ist.

In den späten achtziger Jahren arbeiteten wir gemeinsam an der Weiterentwicklung der Bewegungen und fügten einige hinzu. Unsere Anregungen

holten wir aus verschiedenen Bereichen: Tanz, Yoga, Bewegungspro-
gramme, Langstreckenlauf, *Applied Kinesiology*, Entwicklungsoptometrie
(Entwicklung des richtigen Sehens) und eigene Erfindungsgabe. Wir
erkannten immer deutlicher, wie wertvoll diese spezielle Serie von Bewegungen ist, die das Lernen derart effektiv unterstützt, die Lebensgestaltung
erleichtert und jedem individuell dabei hilft, das eigene Potenzial besser
auszuschöpfen.

Gail und ich reisten gemeinsam durch Europa, Kanada, Australien, Neusee-
land und die Vereinigten Staaten und wir lehrten seit Anfang der achtziger
Jahre voller Begeisterung einen tief reichenden Prozess, den wir „Edu-Kinestetik: Die sieben Dimensionen der Intelligenz" nannten. Zu jener Zeit blieben wir oft nach einem Kurs noch einige Tage vor Ort und boten private
Beratungssitzungen an. Wir schlugen unseren Klienten am Ende einer Sitzung gewöhnlich vor, einige Bewegungen aus unserem Repertoire als Hausaufgabe auszuprobieren.

Eines Nachmittags hatten wir das Glück, mit dem siebenjährigen Danny arbeiten zu können, der an einer cerebralen Lähmung litt. Schon während der Sitzung besserte sich die Hand-Augen-Koordination seines rechten Arms, der
vorher verkürzt und „nutzlos" gewesen war und jetzt genau so lang zu sein
schien wie der linke. Spielerisch ließen wir ihn einen Papierball fangen, wir
baten ihn, seinen Namen zu schreiben und ein Bild zu malen. Am Ende der Sitzung waren Dannys Augen lebendig geworden, er las zum ersten Mal flüssig
etwas vor, während ihm seine Mutter unter Tränen zuhörte. Wir lachten und
unterhielten uns mit Danny, zufrieden mit dem guten Rapport. Wir waren
„Kumpels" geworden. Dann sprach ich von der „Hausaufgabe" und Danny
stand unvermittelt auf, verließ das Zimmer und kam nicht mehr wieder. Gail
und mir wurde in diesem Augenblick klar, dass unsere Bewegungen eine spielerische Bezeichnung verdienten, und so prägten wir den Begriff *Homeplay*
[spielerische Aufgaben für zu Hause].

Im Zusammenhang mit dem Bildungssystem der siebziger und achtziger
Jahre (als Beeinträchtigungen beim Lernen als „minimale Dysfunktion des
Gehirns" galten) und vielleicht im Vorgriff auf die neunziger Jahre, die
„Dekade des Gehirns", und weiterhin natürlich aufgrund meiner Überzeugung von der engen Verknüpfung des Gehirns mit den anderen Teilen des
Körpers fiel mir der Name „Brain-Gym" ein. Auch Gail mochte den Namen
gleich. „Brain-Gym" bringt klar zum Ausdruck, worum es bei unserer Arbeit
geht: die denkende Intelligenz und die koordinierten körperlichen Funktionen miteinander zu verbinden.

Brain-Gym® selbst ausprobieren!

Was ist Brain-Gym® und wie kann es Menschen dazu bringen, wieder Freude am Lernen zu empfinden? Die Neurowissenschaften erklären, dass zu jedem Vergnügen auch Bewegung gehört, und bei Brain-Gym® geht es um Lernen durch Bewegung. Wie meine Freundin Dr. Carla Hannaford im Vorwort zu diesem Buch erklärt, ist Brain-Gym® ein System von angenehmen, leicht auszuführenden Bewegungen, die den Zweck haben, bestimmte Fähigkeiten zu fördern: die Fähigkeiten zu lernen, Informationen zu verarbeiten und auf unser Umfeld aufgeschlossen, liebevoll und effektiv zu reagieren.

Sie können selbst ausprobieren, wie sich das Vergnügen steigern lässt, sogar schon während Sie in diesem Buch lesen. Von hier an werde ich nach und nach die wichtigsten Brain-Gym®-Übungen beschreiben und ich lade Sie dazu ein, jedes Mal, bevor Sie weiterlesen, eine oder mehrere davon auszuwählen.

Die Liegende Acht

Die Liegende Acht bildet eines der geheimnisvollsten Symbole des Universums, das Unendlichkeitszeichen. Fotografien in einer klassischen Ausgabe der Zeitschrift *National Geographic* zeigen Zeitlupenaufnahmen der Sonne, die im Laufe eines Jahres aufgenommen wurden und den Anschein erwecken als bewege sich die Sonne entlang der Linien eines Unendlichkeitszeichens. Augenscheinlich bewegt sich das gesamte Universum auf einer elliptischen Umlaufbahn, so dass sich daraus das Bild der Acht ergibt.

Vor der Liegenden Acht sollten wir eine so genannte *Voraktivität* ausführen: Nehmen Sie sich einen Augenblick Zeit, um wahrzunehmen, wie Ihre Augen sich anfühlen, wenn sie einfach auf der Textseite ruhen und Informationen aufnehmen. Sind sie entspannt, fühlt es sich angenehm an, oder sind sie angespannt? Wie fühlt sich Ihr Nacken an? Wie schnell und wie flüssig lesen Sie?

Jetzt decken Sie mit einer Hand ein Auge ab. Achten Sie genau darauf, wie das andere (offene) Auge auf den Text blickt. Wie deutlich können Sie die Buchstaben und die Wörter sehen? Wiederholen Sie denselben Ablauf mit dem anderen Auge.

Machen Sie nun die Übung mit der Liegenden Acht (wie auf Seite 41 beschrieben).

Nachaktivität: Decken Sie dann nacheinander noch einmal Ihr rechtes und Ihr linkes Auge ab und achten darauf, ob Sie einen Unterschied bemerken, wenn Sie dieses Mal auf den Text schauen. Zum Schluss schauen Sie dann noch mit *beiden* Augen auf den Text.

Wie viele andere Menschen, die diese Übung machen, bemerken auch Sie vielleicht unmittelbar, dass sich Ihre Augen entspannen, dass Sie den Text danach besser verstehen und schneller lesen können, oder Sie werden sich bewusst, dass es Ihnen Vergnügen bereitet – was Sie vorher nicht bemerkt hatten. Kleine Freuden wie diese waren es, die uns als Kinder dazu verführten, dass wir forschen und lernen wollten, dass wir neugierig unsere Sinne ausprobierten und wissen wollten, was sie uns über die Welt und unsere Beziehung zu ihr übermitteln. So wie die Liegende Acht bietet jede Brain-Gym®-Bewegung eine Chance, die eigene sensorische Erfahrung in den Lernprozess einzubringen.

Das Lernen von innen nach außen bringen

Das amerikanische Wort *education* [dt.: Bildung, Erziehung] leitet sich vom lateinischen educere ab, das unter anderem so viel wie „hinausführen, herausziehen" bedeutet; Kinesiologie befasst sich mit den Muskeln und der Bewegung. Brain-Gym® ist der Zugang zu dem schnell wachsenden Bereich der *Edu-Kinestetik* (Edu-K®), in dem Menschen sich bemühen, das Lernen durch das Studium der Bewegung nach außen zu bringen.

Bewegung und Lernen gehören zusammen, wir können das eine nicht ohne das andere haben. Auf Bewegung gestütztes Lernen ist wahrhaft Nahrung für das Gehirn und die Freude, die wir in dem Augenblick empfinden, in dem wir etwas Neues lernen – und es uns durch Bewegung zu Eigen machen –, wird uns unser Leben lang erhalten bleiben. Die Art von Lernen, die ich meine, ist natürliches, authentisches Lernen, das erhalten bleibt, es ist nicht nur ein Vorgang, bei dem Informationen gelernt werden, die morgen schon vergessen sind. Wahres Lernen stützt sich auf Muster und Rhythmen, die wir hören, sehen oder fühlen.

Das „Herz" des menschlichen Gehirns folgt ganz natürlich einem einzelnen, organisierenden Rhythmus: In der Kindheit können dies der Herzschlag der Mutter, der Rhythmus ihrer Schritte beim Gehen, der Klang verschiedener Stimmen oder Geräusche in der Natur sein. Später kann es unser Rhythmus beim Lesen, Denken oder Schreiben oder auch allgemein unser Rhythmus

Die Liegende Acht

Liegende Acht

Beginnen Sie mit der linken Hand (Daumen nach oben) und „zeichnen"
Sie langsam und fließend eine große, auf der Seite liegende 8 in die
Luft. Fahren Sie vom Mittelpunkt der Acht aus nach links oben. Folgen
Sie mit Ihren Augen (nicht mit dem Kopf) der Bewegung Ihrer Hand.
Lassen Sie Ihren Nacken dabei ganz entspannt und atmen Sie tief und
gleichmäßig. Zeichnen Sie die Acht mit jeder Hand dreimal, dann drei-
mal mit beiden Händen zusammen.

Variationen: Malen oder zeichnen Sie Achten auf große Blätter, an eine
Flipchart, auf einen Malblock, ...

während der täglichen Arbeit sein. In jedem Augenblick werden unsere Sinne bombardiert mit möglichen und oft gegensätzlichen Forderungen an unsere Aufmerksamkeit. Wir finden die Basis für neues Lernen, wenn wir uns in Resonanz mit einem bestimmten Fokus befinden und Ablenkungen ausblenden. Diese Dynamik ist der springende Punkt in einem einzigartigen natürlichen System: dem Lernprozess.

Eltern und Erzieher bereiten oft mit Spielzeug oder Klängen eine spielerische Situation vor, um die Aufmerksamkeit des Kindes auf sich zu ziehen. Aber wie halten wir selbst als Erwachsene unseren Fokus? Ist Aufmerksamkeit lediglich ein Teil unseres Überlebensprogramms oder aber integraler Bestandteil des Lebens, so dass sie ganz natürlich entstehen kann? Die Neurowissenschaft vertritt die Meinung, dass es beide Arten von Aufmerksamkeit gibt.

Kleinkinder lernen Aufmerksamkeit überwiegend auf zweierlei Arten. Einmal geht das über die starke Verbindung mit dem, was uns wachsen lässt, was uns veranlasst, aufmerksam zu bleiben und uns auf etwas hin zu bewegen. Die andere Art ist unsere ängstliche Kampf-oder-Flucht-Reaktion auf jeden Reiz, den wir mit Stress verbinden, der uns zu einem Rückzug (von etwas weg) veranlasst. Sowohl intensive oder ungewohnte Reize (zum Beispiel laute Geräusche oder grelles Licht) als auch der Mangel an Reizen können uns ablenken, so dass wir nicht lernen, unsere Aufmerksamkeit und unseren Fokus zu entwickeln, einen Fokus, der sich aus spielerischer Interaktion mit unserer zu erforschenden Umwelt ergibt.

Aufmerksamkeit, die sich auf der aktiven Suche nach Struktur nach außen richtet, wird durch unsere Stirnlappen stimuliert und bewirkt Integration, die dazu beiträgt, dass wir lernen und Informationen auf sinnvolle Art organisieren. Aufmerksamkeit, die aus Angst, Stress oder Ablenkung entsteht, ist in Wirklichkeit die Suche nach Sicherheit, die durch den Hirnstamm angeregt wird. Diese Art von Aufmerksamkeit *verhindert* meistens wirkliches Lernen.

Tatsache ist, dass die Aufmerksamkeit der Kinder immer auf irgendetwas gerichtet ist. Wenn wir Kinder beim Spielen beobachten, können wir sehen, wie sie ganz natürlich lernen: Ihre Neugier treibt sie dazu, sich auf einen bestimmten Fokus zu konzentrieren – mit ihrer Aufmerksamkeit und ihren Ganzkörper-Bewegungen.

Wie können wir dann als Eltern und Lehrer ein Kind unterstützen, damit es lernt, seine natürlichen Fähigkeiten zu gebrauchen? Zu bestimmten Zeiten müssen wir gute Beobachter sein, um zu erkennen, worauf die Aufmerksamkeit des Kindes gerichtet ist, und uns daran beteiligen. Zu anderen Zeiten müssen wir ein Kind einladen, sich mit uns einer Sache zuzuwenden, die wir für wichtig halten. In beiden Fällen können wir dazu beitragen, dass die Kindern wieder aktiv nach einer Struktur zu suchen, indem wir mit ihnen herausfinden, wie sie sich bewegen können, wenn sie angespannt oder abgelenkt sind.

Wie Sie sehen, besteht ein großer Unterschied zwischen dem Lernen, das dem Überleben dient, und natürlichem, kreativem Lernen. Für Lernen um des Überlebens willen muss unsere Aufmerksamkeit von dem, was uns im Moment interessiert, abgezogen werden. Dann schalten wir um auf den Kampf-oder-Flucht-Zustand, damit wir uns ganz und gar auf das konzentrieren (*overfocus*), was nach Meinung anderer für uns wichtig ist. Wenn die Brain-Gym®-Bewegungen Teil unserer Lernerfahrung werden, lernen wir sehr viel seltener auf dem Weg über stressbeladene Assoziationen; wir entdecken dann mit großer Wahrscheinlichkeit unseren natürlichen, exploratorischen, durch Neugier motivierten Lernprozess wieder.

Grundsätzlich können wir durch die Art, wie wir die Wörter betrachten, wie wir uns selbst beim Denken zuhören und uns beim Lesen bewegen, einen einfachen, angenehmen Rhythmus oder einen harten, unharmonischen und belastenden Rhythmus entstehen lassen. Und beide sind zu bestimmten Zeiten, in bestimmten Situationen angebracht. Wichtig ist für uns folgende Frage: Sind wir in der Lage, zu den heiteren, stärkenden Rhythmen der Bewegung zurückkehren, oder bleiben wir in belastenden Mustern blockiert? Die Brain-Gym®-Übungen können uns helfen, unseren natürlichen Lernrhythmus wieder zu finden.

Wie Brain-Gym® das Lernen fördert

Wenn wir Brain-Gym®-Bewegungen machen, verbinden wir uns wieder mit unserer konkreten, dreidimensionalen Erfahrung. Auf der Basis meiner Beschäftigung mit der Hirnforschung habe ich die Hypothese aufgestellt, dass Brain-Gym® wirkt, indem es neuronale Pfade oder Bahnen für das Lernen anlegt.

Gail und ich sind der Meinung, dass der erste Pfad, über den wir lernen, mit der Unterteilung des Gehirns in einen hinteren und einen vorderen Teil zusammenhängt; die Integration (Verbindung, Koordination, Zusammenarbeit) von Vorder- und Hinterhirn wird auch als Dimension der Fokussierung bezeichnet. Dieses System erfasst die ein- und abgehenden Signale des Hirnstamms (hinten), des *ältesten* Gehirnteils, und der Stirnlappen (vorne). Im Verlauf der Entwicklung dieser Stufe der Intelligenz lernen wir, uns *auf einen Stimulus hin* oder *von ihm weg* zu bewegen, indem wir die Feinabstimmung der Muskelpropriozeption verbessern, durch die unsere Bewegungen im Raum gesteuert werden. Dieser Bereich umfasst unsere kinästhetische, körperliche Intelligenz und hilft uns bei der räumlichen Orientierung – er lässt uns spüren: *Wo bin ich?* Wenn wir uns da, wo wir gerade sind, nicht wirklich sicher fühlen, haben wir keinen Zugang zu einer weiteren Art der Intelligenz.

Der nächste Lernpfad, den wir in unserer Arbeit beschreiben, ist an die Einteilung des Gehirns in Großhirn (oben) und Mittelhirn (unten) sowie an deren Integration gebunden – die Dimension der Zentrierung. Es geht dabei um die Signale, die aus dem Mittelhirn kommen, die uns zum Gleichgewicht verhelfen und unsere Beziehung zur Schwerkraft regeln. Durch das Mittelhirn mit emotionalem Gehalt versehen, bekommen Objekte eine neue Bedeutung, und daraus kann dann beim einzelnen Menschen eine Beziehung zu diesem Objekt entstehen. Die Dimension der Zentrierung ist wichtig für die Koordination von Augen-, Hand- und Körperbewegungen und ebenso für unser Streben nach Organisation, Verbindungen und Zugehörigkeit: *Wo befindet sich (ein externer Fokus) in Relation zu meinem Körper?*

Der dritte Lernpfad schließlich kann der „symbolische" genannt werden; er beschreibt die Bewegung (Koordination) zwischen der linken und der rechten Gehirnhälfte und wird als die Dimension der Lateralität bezeichnet. Diese Dimension betrifft den Neokortex oder das neue Gehirn, in dem Sprache verarbeitet und mündliche oder schriftliche Kommunikation gesteuert wird. Über diesen Pfad werden unsere konkreten Erfahrungen als Sprache codiert. Hierbei handelt es sich um ein bemerkenswertes Geschenk unseres Menschseins: Wir können eine körperliche Erfahrung verschlüsseln/codieren (als Symbol speichern, wie zum Beispiel die Schrift) und sie später wieder entschlüsseln/decodieren (vom Symbol zur Bedeutung, wie beim Lesen). Wir können Jahre später an diese Erfahrung denken, über ihre aktuelle Bedeutung für uns nachdenken und die Erfahrung sogar – durch die Kunst der Unterhaltung – anderen mitteilen. Die Entwicklung der beiden zusammenhängenden Gehirnhälften, die den Neokortex bilden, hilft uns bestimmte Merkmale zu erkennen: *Was ist das?* und *Was möchte ich dazu sagen?*

Wenn sich diese drei Ebenen natürlich entwickeln, stellt das Mittelhirn, in dem sich die emotionalen Zentren befinden, die Verbindung zwischen den automatischen Körperbewegungen – den Reflexen des alten Gehirns – und den bewussten, verbalen Anweisungen des neuen Gehirns her. Lernen, das mit Gefühlen verknüpft ist, wird wieder der natürliche Prozess, als der es gedacht war (und von Anfang gewesen ist).

Wenn der Leseunterricht auf dieser Erfahrungsgrundlage aufbaut, wählen Kinder ganz einfach und natürlich die symbolische Sprache als einen Weg, um das, was für sie real ist, weiter zu erforschen. Das Ziel dieses Unterrichts muss nicht darin bestehen, dass Kinder „lesen lernen", vielmehr sollten Kinder „lesen um zu lernen".

Beim Lernen den Körper einbeziehen

Brain-Gym® lädt uns ein, mehr zu spielen und bewusster im eigenen Körper zu sein. Im Grunde aktiviert es genau den Herzbereich, von dem beim Säugling die Entwicklung der frühesten Bewegungsmuster ausgeht. Brain-Gym® macht Lernen erst umfassend, indem es den körperlichen Aspekt einbringt, der so oft übersehen oder für selbstverständlich gehalten wird und der doch ein unverzichtbarer Bestandteil des Lernens und auch des Lebens ist.

In der Bewegung und beim Spiel werden wir von natürlicher Neugier getrieben und erkunden die Umwelt im Herzrhythmus, dem Grundmuster für unsere Bewegungen. Kinder lernen ganz natürlich – so wie jeder Mensch, der Verbindung zu seinem Herzen hat. Obwohl das Universum seine Kraft aus der Liebe bezieht, hat die westliche Welt seltsamerweise immer gezögert, in der Schule oder am Arbeitsplatz Liebe mit einzubeziehen. Und doch werden wir ohne Liebe, Leidenschaft und Begeisterung leblos und kraftlos. Und was noch schlimmer ist: Unsere Fähigkeit zu lernen, zu wachsen und uns auf unsere Umgebung einzustellen, wird ernsthaft beeinträchtigt.

Die Brain-Gym®-Bewegungen bahnen und verstärken nicht nur effektive neuronale Verbindungen und Pfade, sie verhelfen uns auch zu Entspannung und aktivieren die Nervenpfade über die Mittellinie. Brain-Gym® öffnet auch die Herzen. Wenn Geist, Körper und Herz aktiv und integriert sind, blühen die Menschen auf. Sie lernen leicht, werden kreativ, sie sind mitfühlend und freundlich und – was am wichtigsten ist – sie finden Sinn in ihrem Leben und sind glücklich. Ich werde nie die junge Frau vergessen, die bei einem Workshop zu mir sagte: „Dr. Dennison, ich danke Ihnen, dass Sie mich Brain-Gym® gelehrt haben. Ich wende es mit meinem Mann und meinen Kindern an. Es hat uns als Familie einander näher gebracht. Für uns ist Brain-Gym® eine Möglichkeit, einander 'Ich liebe dich' zu sagen."

Im Verlauf der letzten Jahre hat die Forschung bestätigt, dass das Herz ein integraler Bestandteil der Intelligenz ist. Wissenschaftler beweisen jetzt, wofür Nichtwissenschaftler noch nie Beweise brauchten: dass nämlich das Herz nicht nur die Aufgabe hat, Blut durch den Körper zu pumpen. Ich bezeichne die Herzintelligenz als den Kern der Weisheit unseres Körpers. Das Herz hat einen eigenen Geist und dieser kommuniziert mit dem Gehirn. Tatsächlich fließen mehr Botschaften aus dem Herzen zum Gehirn als umgekehrt. Außerdem deutet sich die Erkenntnis an, dass das Herz ein großes elektromagnetisches Feld besitzt und wir uns auf diese Weise gegenseitig über unser Herz beeinflussen, ohne dass dies sichtbar wird.

In unserer modernen Gesellschaft stehen Menschen nur zu oft „neben sich" und haben keinen Zugang zur positiven Einstellung ihrer Herzintelligenz. Wir müssen den *Körper* wieder in unser Zuhause, in die Schulen und an den Arbeitsplatz zurückbringen. Wir müssen das *Herz* wieder in seine zentrale Rolle einsetzen, und zwar bei allem, was wir tun. Mit einem offenen Herzen und der Verbindung zum Herzen sind wir in allen Bereichen unseres Lebens effektiver und besser organisiert und wir empfinden wieder mehr Freude. Wir erreichen mit weniger Anstrengung bessere Ergebnisse.

Wenn die neunziger Jahre die Dekade des Gehirns waren, muss mit dem Jahr 2000 mindestens ein ganzes „Jahrhundert des Herzens" eingeleitet werden. Wenn Sie wie ich davon überzeugt sind, dass menschliche Beziehungen wichtiger sind als Geld und Technologien, dann sollten wir die Herzen öffnen, denn das „Gehirn" des Herzens lässt uns Empathie und Mitgefühl empfinden – zwei Formen emotionaler Bindung, die die Grundlage für erfreuliche menschliche Interaktionen bilden.

An dieser Stelle möchte ich Ihnen vermitteln, wie das Repertoire der Brain-Gym®-Bewegungen Sie dabei unterstützen kann, Ihre eigenen Lebenserfahrungen zu intensivieren. Vergleichen wir die Erfahrungen mit Brain-Gym® einmal mit einem Spiel „vorher-nachher". Ähnlich wie in Zeitschriftenartikeln über das Abnehmen, die Fotos von vorher und nachher zeigen, können die Mitspieler *vorher* darauf achten, wie sie sich fühlen oder wie sie eine bestimmte Tätigkeit ausführen – zum Beispiel einen Absatz lesen. Und nach einigen Brain-Gym®-Bewegungen überprüfen sie erneut, wie ihnen die Situation erscheint oder wie sie sich fühlen.

„Balance", ein Begriff, dem wir in der Edu-K® eine neue Bedeutung gegeben haben, bezieht sich auf den gesamten Brain-Gym®-Prozess. Dazu gehört, dass wir für jede Sitzung ein bestimmtes *Ziel* haben, dass wir die Tätigkeit *üben*, die verbessert werden soll (oder eine Aktivität, die symbolisch an deren Stelle gesetzt wird), dass wir Freude an der Bewegung erleben und erkennen, was bei uns funktioniert. Eine Balance wird nicht nur einmal ausgeführt und dann sind wir „in Ordnung". Wie Seiltänzer sind wir abwechselnd in der Balance und wieder aus der Balance.

So wie kleine Kinder aus dem Wechsel von Balance, Ungleichgewicht und Bewegung lernen, aktiviert Brain-Gym® das Gehirn so spezifisch, dass jegliches Lernen ähnlich leicht und angenehm wird. Nachdem wir einmal aus dem Gleichgewicht geraten sind, überkommt uns oft ein Hochgefühl, wenn wir unser Zentrum wieder finden. In der Balance sein bedeutet, dass wir jederzeit zur Ausgeglichenheit zurückfinden können.

Die folgende Übung ist ähnlich wie die Liegende Acht, die Sie weiter vorne in diesem Kapitel bereits kennen gelernt haben. Eine kurze Übung wird Ihnen eine Ganzkörpererfahrung von Brain-Gym® vermitteln, einen persönlichen Einblick in das, was Brain-Gym® bewirken kann.

Die Hook-ups im Sitzen

Als *Voraktivität* schließen Sie die Augen und gehen in Gedanken aufmerksam durch Ihren Körper. Wie fühlen Sie sich? Sind Sie verspannt oder entspannt oder irgendwo dazwischen? Gibt es etwas, was Sie beunruhigt? Wie stark und deutlich sind Ihre Eindrücke? Was können Sie über Ihr Herz sagen? Wenn Sie an Menschen in Ihrem Umfeld denken, was spüren Sie dann in Ihrem Herzen?

Nach dieser Vorbereitung machen Sie die Brain-Gym®-Übung Hook-ups. Diese Bewegung verbindet uns mit dem Bereich unseres Herzens, in dem wir die Freude am Lernen spüren können. (Siehe Seite 49)

Zum Abschluss gehen Sie wie am Anfang aufmerksam durch Ihren Körper. (*Nachaktivität*) Wie fühlen Sie sich jetzt? Was nehmen Sie in Ihrem Herzen wahr? Ist Ihr Geist klarer geworden? Fühlen Sie sich etwas besser entspannt? Gibt es noch etwas, was Sie beschäftigt? Wenn Sie jetzt eine schwierige Aufgabe zu erledigen hätten, könnten Sie das jetzt besser als vor den Hook-ups? –

Wenn Sie weiterlesen, werden Sie die Tatsache schätzen lernen, dass solch einfache Bewegungen große Auswirkungen auf Ihr Leben haben können. Das Gehirn braucht nur Sekunden, um etwas Neues zu lernen, und viele Menschen, die die Brain-Gym®-Bewegungen machen, berichten, dass nur wenige Minuten täglich mit diesen einfachen Bewegungen – zu Hause, bei der Arbeit oder in der Schule – einen entscheidenden Unterschied bewirkt haben: in der Art, wie sie lernen, fühlen, denken, erinnern und ihr Leben bewältigen.

Die Brain-Gym®-Bewegungen wurden so ausgewählt, dass sie verschiedene kognitive Funktionen aktivieren; dazu gehören Kommunikation, Verständnis und Organisation. Die Bewegungen sind deshalb so effektiv, weil sie das Gehirn auf eine Weise aktivieren, die uns zum Lernen bereit macht. Brain-Gym® verbessert die körperlichen Fähigkeiten, die beim Lernprozess beteiligt sind, und wenn wir uns körperlich fit für den Tag fühlen, fällt uns der mentale Anteil beim Lernen um einiges leichter.

Verstehen Sie dieses Buch als Einladung!

Mit diesem Buch möchten wir Sie einladen, die Techniken von Brain-Gym®, die im vorliegenden und in den folgenden Kapiteln dargestellt sind, anzuwenden, um Geist, Körper und Herz zu integrieren, damit Sie Ihre Begabung besser zum Ausdruck bringen können. Was würde es für Sie bedeuten, Ihr wahres Potenzial zu verwirklichen? Nur Sie selbst können das herausfinden. Für mich bedeutet es, meinen Weg mit Freuden zu gehen und einem höheren Zweck zu dienen. Es bedeutet kreativ zu arbeiten, Liebe geben und annehmen zu können und besser als je vorher zu wissen, wer ich bin und warum ich auf dieser Welt bin. All das zusammen macht ein in Freude gelebtes, erfülltes Leben aus.

Ich bin überzeugt, dass wir unser Leben immer dann transformieren können, wenn wir von einem gespaltenen Zustand in einen stärker integrierten Zustand wechseln: Das gelingt uns, indem wir lernen, unseren Geist in Balance zu bringen, unser Herz zu öffnen und unseren Körper zu aktivieren. Im gespaltenen Zustand arbeiten wir nur mit einem Bruchteil unserer Fähigkeiten.

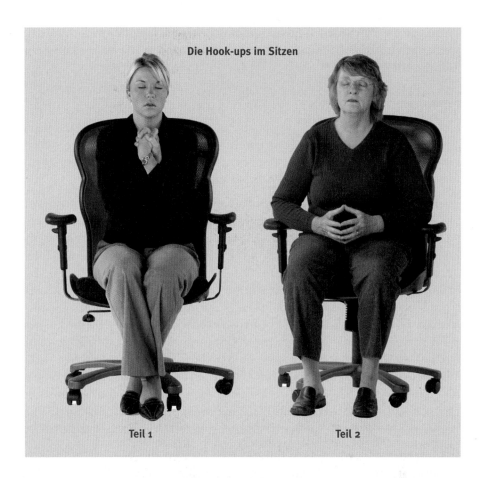

Die Hook-ups im Sitzen

Teil 1   Teil 2

Hook-ups

Teil 1: Legen Sie Ihren linken Fußknöchel über den rechten. Strecken Sie die Arme nach vorne und legen Sie das linke Handgelenk über das rechte. Verschränken Sie die Finger und drehen Sie die Hände nach innen und nach oben, bis vor die Brust. Schließen Sie die Augen, atmen Sie tief und entspannen Sie sich. Drücken Sie die Zunge beim Einatmen an den Gaumen – beim Ausatmen entspannen Sie die Zunge wieder.

Teil 2: Stellen Sie nun Ihre Füße wieder nebeneinander. Führen Sie die Fingerspitzen beider Hände zusammen und atmen Sie (wie in Teil 1) eine weitere Minute lang tief durch.

Wenn wir die Blockaden auflösen, die unsere eigene Integration verhindern, werden wir auf eine Energie und eine Kreativität stoßen, die unsere kühnsten Träume übertrifft.

Wie das Ergebnis im Einzelnen aussieht, ist natürlich individuell unterschiedlich. Vielleicht wird Ihre Arbeit wirklich befriedigend, sowohl finanziell wie auch emotionell. Auch *Beziehungen*, die schon lange nicht mehr funktionierten, könnten auf einmal außerordentlich befriedigend werden. Sie stellen vielleicht fest, dass Ihr Körper, wenn Sie ihn wieder stärker mit einbeziehen, über wunderbare *Selbstheilungskräfte* verfügt.

Auch wenn wir alle unser höheres Potenzial *unterschiedlich* zum Ausdruck bringen, glaube ich, dass Menschen zwei grundlegende Dinge gemeinsam haben: Erstens hat jeder Mensch eine Lebensaufgabe. Wenn wir tief innen spüren, wer wir sind und warum wir auf diesem Planeten leben, dann gelingt unser Leben. Es ist ein wunderbares Gefühl zu wissen, dass wir wichtig sind – in kosmischen Dimensionen gedacht –, dass wir auf dieser Welt sind aus Gründen, die über unsere persönlichen Bedürfnisse und Ambitionen hinausreichen. Zweitens sollte unser Leben von Freude erfüllt sein. Eigentlich ist es nicht vorgesehen, dass wir ein stressiges, sorgenvolles Leben führen, das nur von kurzen Momenten der Entspannung und des Glücks unterbrochen wird. Wir sollten eigentlich morgens beim Aufwachen glücklich sein, dass wir leben, und dankbar sein für jeden Augenblick unseres Daseins. Wenn wir uns mit unserem ganzem Herzen auf ein Ziel zubewegen, wird dieses Ziel durch eine immense Kraft (sowohl von innen als auch von außen) für uns erreichbar.

Brain-Gym® gründet auf der Prämisse, dass Beweglichkeit auch Lebendigkeit bedeutet. Wenn wir uns bewusster bewegen, erleben wir vermehrt die Freude, wahrhaft lebendig zu sein. Wir beschenken damit auch unsere Umgebung und bringen Freude in alle unsere Lebensbereiche: Familie, Arbeit, Schule und Spiel. Fröhliche Menschen sind akzeptierend, liebevoll, zuversichtlich, bescheiden, geduldig, hilfsbereit, freundlich und großzügig … Wenn wir diese Eigenschaften in unserem *Sein* verwirklichen, dann werden wir alles *haben*, was wir uns jemals wirklich gewünscht haben.

Kämpfen, lieben, geben

Im Leben geht es nicht um Haben – einzig Handeln und Sein zählen. Dinge zu bewegen und das eigene Leben zu leben bringt Lebensfreude. Leben heißt, die wunderbare Euphorie angesichts einer meisterlichen Leistung zu erfahren, heißt Handikaps und persönliche Einschränkungen zu überwinden und selbst gesetzte Ziele auf nicht vorherzusehende Weise zu erfüllen. Wirklich lebendig zu sein bedeutet, dass Sie eine Vision haben, Ihre persönliche Rolle in dieser Vision kennen und sich mit ganzem Herzen dafür einsetzen. Sie können sich nicht zurückhalten, Sie müssen sich „verausgaben", um Ihren Traum Wirklichkeit werden zu lassen.

Als kleines Kind lernte ich, dass ich nicht lernen konnte. Das führte dazu, dass ich mich für dumm und ungeschickt hielt. Ich versagte bei allen schulischen Anforderungen. Aber schließlich machte ich die wichtigste Entdeckung meines Lebens: Ich erkannte, wie ich meine offensichtlichen Einschränkungen überwinden konnte. Ich lernte die Mauern meiner frühen Konditionierung niederzureißen und mich selbst neu zu erschaffen. Der Junge, der nicht lesen konnte, machte so lange weiter, bis er sich den Doktor in Pädagogik verdient hatte; der Junge, der sich nicht für einen großen Sportsmann hielt, nahm als Erwachsener an drei Marathonläufen teil; der Junge, der nicht sprechen konnte, wurde in vielen Ländern durch seine Vorträge bekannt.

Was auch immer Sie selbst zu Ihren persönlichen Einschränkungen zählen, auch Sie können sie überwinden. Voraussetzung dazu ist, dass Sie sich Ihren Traum bewusst machen und so leben, als sei er bereits wahr geworden. Und Sie müssen auf *Ihre* Art vorangehen. In *Ihrem* Bewegungsrhythmus erschließen Sie sich die Ressourcen und Fähigkeiten, Ihr Bestes zu geben, und Sie werden lernen, wie Sie sich die Fertigkeiten aneignen können, die Sie brauchen, um Ihr volles Potenzial zu erreichen. Und genießen Sie den Prozess auf dem Weg dahin!

Meine Mutter war meine erste Mentorin. Mit ihrem Streben nach herausragenden Leistungen und Schönheit und mit ihrer Fähigkeit, die Schwierigkeiten zu überwinden, die das Leben unausweichlich mit sich bringt, lehrte sie mich bereits in jungen Jahren, ein einzigartiges Leben zu führen.

Mit etwa dreizehn erlitt ich bei einem schweren Fahrradunfall einen Schädelbruch. Zum ersten Mal wurde mir meine eigene Sterblichkeit bewusst – dass ich eines Tages sterben würde. Nach der Zeit im Krankenhaus durchlebte ich eine Phase morbider Depressionen, ich blieb in meinem Zimmer und weinte tagelang ununterbrochen. Schließlich sprach ich mit meiner Mutter darüber.

„Was hat es für einen Sinn weiterzumachen", fragte ich sie, „wenn wir sowieso alle sterben?" Und die Antwort meiner Mutter lautete: „Der Sinn des Lebens besteht darin, andere auf derselben Reise, auf der auch wir uns befinden, zu begleiten und ihnen zu helfen, mit denselben Dingen fertig zu werden." Und dann legte sie mir noch ein Motto ans Herz: „Kämpfen, lieben, geben."

Das „Kämpfen" meinte sie positiv: im eigenen Leben alle Möglichkeiten ausschöpfen …, kämpfen, um mein Potenzial zu verwirklichen, damit ich bewusst leben und einen Unterschied bewirken könnte. „Lieben" hieß mich selbst und andere zu lieben und dabei zu entdecken, dass es meiner wahren Natur entspricht, zu lieben und meiner Gemeinschaft etwas zurückzugeben.

Ich gebe jetzt die Devise meiner Mutter an Sie weiter, als Ermutigung für Sie, damit Sie Ihren eigenen Weg finden zu kämpfen, zu lieben und zu geben.

KAPITEL 3

Lernen durch bewusste Selbstwahrnehmung (Noticing)

Meine Finger zitterten und meine Augen taten mir weh, wenn ich mich bemühte, die Buchstaben in Druckschrift genau auf die Linien zu schreiben, wie es die anderen Schüler so gut konnten.

Als ich in der zweiten Klasse war, ging meine Lehrerin, Miss Murphy, häufig im Klassenraum umher und kommentierte flüsternd die Arbeit der einzelnen Schüler. „Stephen schreibt das O wirklich schön rund ... Ich finde es gut, wie Sylvia ihren Stift hält ... Nathan macht wirklich ordentliche, perfekte Kreise für das O." Zu meiner Arbeit sagte Miss Murphy nie etwas und dennoch kannte ich den Grund: Meine Os waren nie rund genug, wie sehr ich mich auch bemühte.

Während des Schreibunterrichts war ich sehr verwirrt. Alles ging so schnell; ich hatte das Gefühl, dass ich die Zeit nicht genügend verlangsamen konnte, um den Stift kontrolliert über das Papier zu führen. Wenn ich versuchte, meine Augen mit den Handbewegungen zu koordinieren, bekam ich häufig Magenweh und sah Doppelbilder.

Ich wunderte mich, wie die anderen Kinder derart schnelle Bewegungen schafften. Bei ihnen sah alles so einfach aus! Was war bei meinen Os so anders? Was ich machte, gelang einfach nicht so, wie ich es wollte. Vor meinem inneren Auge sah ich die Os gleichmäßig rund, aber im Heft geriet jedes O krakelig und ungleichmäßig.

Wie ich lernte, meine Erfahrungen zu beobachten

Vieles von dem, was ich in der Schule zunächst wahrnahm, versuchte ich auszublenden, da es für mich keinen Sinn machte. Mein hölzernes Pult war hart und unbequem, viel zu groß für mich und unbequem zum Sitzen. Ich kam mir darin verloren vor, da ich mit den Füßen den Boden kaum erreichen konnte. Alle Muskeln taten mir weh. Die Dinge und die Menschen im Raum waren für mein Gefühl weit weg.

Als Linkshänder in einer Welt von Rechtshändern hatte ich in der Schule immer das Gefühl, gegen den Strom zu schwimmen. Wenn ich nach innen lauschte, konnte ich spüren, dass Miss Murphy und die anderen Kinder sich gemeinsam in einem Rhythmus bewegten, der nur ihr eigener, für mich aber fremd war. Ich fühlte, dass ich zurückblieb, und versuchte mich schneller zu bewegen, um mitzuhalten.

Jener weit zurückliegende Kampf mit dem Stift ist mir immer noch lebhaft im Gedächtnis. Und im Verlauf dieses bewussten zweiten Schuljahrs nahm ich plötzlich mich und meine beängstigende Situation wie ein wohlmeinender Beobachter mit Abstand wahr. Das war ein zentraler, wie ein Traum erlebter Augenblick, und mir war sofort klar, dass mir diese Erinnerung wie ein Schmuckstück in meiner Schatzkiste mein Leben lang erhalten bleiben würde. Ich fühlte mich allein gelassen und hilflos mit meiner Erkenntnis, und dennoch war dieser Augenblick auch ein Geschenk. Während der einzelnen Unterrichtsstunden betrachtete ich meine Situation und meine Erlebnisse, als stünde ich außerhalb meiner selbst und beobachtete die Szene, die sich vor mir abspielte.

Diese Fähigkeit zur Beobachtung ist dem präfrontalen Kortex zuzuschreiben und ist wichtiger Bestandteil der Lernerfahrung. Der präfrontale Kortex beinhaltet sozusagen den Kern unseres Menschseins und bildet die Grundlage für Lernen und Wachstum. Wenn wir in der Lage sind, unser Verhalten zu beobachten und zu bewerten, können wir auch dementsprechend handeln und es verändern. Der präfrontale Kortex – die Stirnlappen des Gehirns – entwickelt sich gleichzeitig mit dem übrigen Gehirn während der Entwicklung von der Kindheit durch die Jugendzeit bis ins Erwachsenenalter. In dem Maß, wie wir lernen zu empfinden, uns zu bewegen, zu fühlen und selbständig zu denken, gelingt es uns auch, unsere Erfahrung mit diesen verschiedenen Funktionen wahrzunehmen und zu speichern.

Bis zu jenem Augenblick der Erkenntnis war ich immer von dem, was im Klassenraum vor sich ging, überwältigt worden und hatte nicht alles mitbekommen. Bald nach dieser neuen Erfahrung mit der Selbstreflexion begann ich meine Fähigkeiten zu überprüfen und meine Lernschritte selbst zu planen und ich übernahm selbst die Verantwortung dafür, dass ich etwas lernte. Dennoch reichte das nicht: Es dauerte noch drei Jahre, bis ich die Verbindung zwischen diesen Beobachtungen und meinen eigenen sinnlichen Wahrnehmungen herstellen konnte. Als ich dann bewusst auf die Bewegung meiner Hände und meine taktile Erfahrung beim Schreiben der Buchstaben achtete, wurde meine Handschrift schließlich besser.

Die erstaunliche Fähigkeit, unseren eigenen sensorischen Prozess zu beobachten, geht auf den präfrontalen Kortex zurück, und diese Fähigkeit ist auch (wie Sie später noch sehen werden) der Kern einer Lernerfahrung. Damals konnte ich noch nicht wissen, was ich heute weiß: Wenn ich den Stift in die Hand nahm, fokussierte ich dieses einzelne Element viel zu sehr, so dass ich den räumlichen Kontext meiner Handbewegungen und anderer Körperbewegungen nicht mehr spüren oder fühlen konnte und auch nicht innehalten und denken konnte. Ich war in einem Stresszustand – ich zog mich zurück und schrumpfte, als ob ich unsichtbar werden wollte.

Ich erlebte die üblichen Stressreaktionen: Schwindel, Muskelanspannung, Atem anhalten, beschleunigter Herzschlag, das Gefühl, dass die Zeit schneller lief, und die Blockade des peripheren Sehens, da die Pupillen weiter wurden.

Ich erinnere mich noch, wie ich meine Hand mit dem Stift bei zunehmender Anspannung verkrampfte. Ich sah immer mehr Dinge, die mir Stress bereiteten – der Stift, der über die Seite glitt –, und ich spürte mich selbst immer weniger. Alles schien nur einen kurzen Moment anzudauern und ich konnte nie mithalten. Wiederholt hatte ich das Gefühl, als ob etwas auf mich zustürzte – die Lehrerin, laute, aufdringliche Klassenkameraden oder ein Test – aber ich konnte nie so schnell arbeiten, dass ich für das Kommende bereit gewesen wäre. Es dauerte Jahre, bis ich darauf kam, dass ich nie und nimmer schnell genug sein würde, wenn es darum ging, für das Lernen bereit zu sein – was ich tun musste, das war, langsamer zu werden. Meine Aufmerksamkeit war zu sehr auf die Zeit und nicht genügend auf den Raum gerichtet.

Bewegung in der realen „Raum-Zeit" nimmt immer mehr ab

Bewegung ist auf ganz natürliche Weise unser erster Lehrer. Als Säuglinge beginnen wir den uns umgebenden Raum zu erkunden und auf der Suche nach unserem Gleichgewicht lernen wir ständig durch unsere Bewegungen. Wir sind keine statischen Wesen. Mit unserem Körper suchen wir beständig nach einem dynamischen Gefühl der Balance und entdecken unser Zentrum immer wieder neu – ein Zentrum, das ständig zwischen rechts und links, vorne und hinten, oben und unten in Bewegung ist. Gehen und laufen bedeutet, dass wir ununterbrochen fallen und uns wieder aufrichten – in einem Zustand dynamischer Balance.

Wenn wir uns zu Fuß fortbewegen, erlernen wir das rhythmische und symmetrische Zusammenspiel der linken Schulter und der rechten Hüfte, der rechten Schulter und der linken Hüfte, die abwechselnde Bewegung von Arm und Bein auf der jeweils gegenüber liegenden Seite sowie die aufeinander bezogenen Bewegungen der Ellbogen- und Kniegelenke und der Hand- und Fußgelenke. Egal ob wir gehen, hüpfen, laufen, springen, tanzen oder einfach gestikulieren – wir aktivieren unseren Körper mit Hilfe eines inneren Gefühls für die Balance und den Balanceausgleich bei entgegengesetzt wirkenden Kräften. Die Wahrnehmung unseres persönlichen Bewegungsmusters, das alle diese Prozesse umfasst, ist die kinästhetische Wahrnehmung.

Säuglinge lernen von Natur aus und leben in der realen, kinästhetischen Zeit. Für meine kleine Enkelin beginnt der Tag mit dem Sonnenaufgang. Ich beobachte, wie sie versucht aufzustehen, und sie tut das in ihrem eigenen Rhythmus und Tempo. Erst streckt sie eine Hand aus und beginnt sich hoch zu ziehen, dann schiebt sie einen Fuß vor, wackelt zwar zunächst, gewinnt dann aber ihr Gleichgewicht mit Hilfe ihrer anderen Hand und ihres anderen Beins. Hoppla – sie fällt um. Das war spannend. Und ein zweiter Versuch folgt, sie hat keine Eile.

Meine Enkelin strahlt vor Freude, weil sie sich ein inneres Bedürfnis nach körperlicher Interaktion mit der wirklichen Welt erfüllt hat. Für sie ist nicht entscheidend, wie schnell oder effizient sie eine entwicklungsabhängige Fertigkeit erlernt. Bald wird sie ihre ersten Schritte tun und wahrscheinlich wieder hinfallen. Erst wenn unsere Sinne erkennen, wie subtil und unbeständig Gleichgewicht sein kann (ehe wir fallen), lernen wir trotz der Schwerkraft ohne Hilfe aufzustehen und zu gehen.

Alles, was wir lernen, von Krabbeln über Laufen, Sprechen, Sitzen, Stehen bis zum Halten eines Stiftes – und das gilt für Erwachsene ebenso wie für Kinder –, ist abhängig von unserer Fähigkeit, unsere Bewegung im Raum und in der Zeit bewusst wahrzunehmen. Und wenn unsere Muskeln entspannt sind, machen es die Propriozeptoren – die Gehirnzellen in unserem Muskelgewebe – möglich, dass wir unsere eigenen Bewegungen als angenehm empfinden, und sie bieten uns außerdem erstaunliches Feedback über Größe, Form und Umfang unseres Körpers – darüber, wie wir uns im Raum bewegen. Und das führt dazu, dass wirkliches Lernen in realer Zeit und im realen Raum Freude macht.

Albert Einstein hat uns bewusst gemacht: „Wissen ist Erfahrung; alles andere ist einfach Information." Noch bis in die jüngste Zeit unserer langen Geschichte arbeiteten die Menschen meist körperlich. Ein junger Mensch konnte Bauer, Schmied oder Händler werden. Unabhängig von persönlichen Interessen lernten die meisten Menschen, indem sie Tätigkeiten mit den Händen oder mit dem Körper ausprobierten – oder als Lehrlinge unter den wachsamen Augen eines Meisters. Die Menschen zogen ihre Befriedigung aus der Qualität ihrer Arbeit und aus ihrer Leistung und sie brüsteten sich nie damit, wie schnell sie eine Arbeit fertig stellen konnten.

Unsere moderne Welt ist viel weniger bodenständig, die Technik hat viele schwere Arbeiten überflüssig gemacht, die früher von Hand verrichtet wurden. Durch die Betonung von Produktivität und Geschwindigkeit um ihrer selbst willen wird das Individuum häufig von seinen Wurzeln in der konkreten, taktilen und kinästhetischen Welt der realen Zeit und des realen Raums abgeschnitten.

Oskar, der Affe, und kinästhetisches Lernen

Ich kann mich daran erinnern, dass ich etwa zu der Zeit, als ich mit meinen Os kämpfte, eines Abends nach dem Essen meine Mutter beobachtete, wie sie eine Schüssel mit flüssiger Stärke und Fetzen aus Zeitungspapier füllte. Sie stopfte eine Socke meines Vaters mit dem nassen Papier aus und bearbeitete sie, bis sie gleichmäßig rund wie ein kleiner Ballon war. Mit voller Konzentration knetete und formte sie die Socke dann mit ihren Daumen.

Ich war sehr überrascht, als die Socke danach aussah wie ein Kopf, mit Pausbacken, zwei großen runden Augen und einer nach oben gerichteten Nase. Mama betrachtete das Gesicht prüfend und überlegte dabei wohl, wie es denn aussehen würde. Auf einmal lächelte sie, hielt die Form hoch und legte sie zum Trocknen an einen sicheren Platz.

Während der nächsten Tage beobachtete ich Mama ehrfürchtig, wie sie große, staunende blaue Augen, rosafarbene Bäckchen und ein verspieltes Lächeln aufmalte. Mein Vater stellte einen Rumpf und bewegliche Arme und Beine aus Balsaholz her. Dann schnitzte Mama wunderschöne Hände aus Balsaholz und nähte eine schwarze Hose und eine Tunika in Gold, Gelb und Grün.

Schließlich nahm sie noch Wollfäden und machte der Marionette daraus einen Schopf aus leuchtend gelbem Haar. Ihre Miene strahlte Gelassenheit und Befriedigung aus, als sie die etwa einen Meter große Puppe an einen Haken in unserem Wohnzimmer hängte, an einen Platz, wo schon andere Puppen hingen.

Ich hätte gerne mit diesem freundlich blickenden Jungen gespielt. Ich mochte es, wie er nach frischem Holz und Farbe roch. Aber ich sah, dass seine Schnüre sich leicht miteinander verwickelten und deshalb lernte ich schnell, nicht mit diesem neuen Freund zu spielen. Diese Marionette wurde nach meinem kleinen Bruder Peter benannt und Peter spielte zusammen mit seinen Freunden – einem Vogel und einer Ente – eine wichtige Rolle in meiner Kindheit.

Sie können sich bestimmt vorstellen, wie begeistert ich war, als Mama mir Material gab, damit ich meine eigene Marionette herstellen konnte. Der kleine Junge, der kein rundes O zustande brachte, der in der Schule ungelenk wirkte und keine Augen-Hand-Koordination besaß, machte jetzt eine schöne Handpuppe mit einem hübschen runden Kopf. In fertigem Zustand war der Affe Oskar 45 Zentimeter groß und braun angemalt.

Mama half mir sein Gesicht zu malen. Sie zeigte mir, wie ich die Farben mischen musste, damit Oskars Backen schön rund wurden und rot wie Äpfel leuchteten. Seine kleinen schwarzen Augen blickten schelmisch unter der Mütze eines Drehorgelspielers hervor. Mein Vater machte die Holzglieder für Oskars Beine und half mir, den passenden Schwanz aus Papiermache, den ich sehr sorgfältig geformt hatte, zu befestigen.

Oskar trug außerdem eine rote Mütze, die ich stolz selbst genäht hatte – mit der linken Hand – mit geraden Nähten, genauso wie Mama. Einfädeln und Nähen zu lernen war eine meiner größten Leistungen in der zweiten Klasse. Mein zwölfjähriger Cousin Louis konnte kaum glauben, dass ich diese Fertigkeit beherrschte. Ich lernte alles kinästhetisch, ich beobachtete, welche Bewegungen meine Mutter machte, und versuchte mich dann selbst daran.

Oskar gehörte nur mir und ich spielte ununterbrochen mit ihm. Bei der Herstellung des Affen hatte ich die Möglichkeit, meinen Körper und meine Bewegungsmuster in der realen Zeit zuerfahren. Ich hatte die Gelegenheit, meine Hand-Augen-Koordination auszuprobieren und zu trainieren und außerdem zu erleben, wie erfreulich sinnliche Wahrnehmung sein kann: berühren, beobachten, kreativ sein und räumliche Zusammenhänge kennen lernen –

während ich die Marionette nach meinen Vorstellungen bewegte. Während meine Eltern probten, wenn die Musik spielte und die Marionetten sprachen und über die Bühne tänzelten, konnte ich mit Oskar experimentieren. Ich ließ ihn springen und hüpfen, in einem Baum der Dekoration von Ast zu Ast schwingen und im Tanz auf geheimnisvolle Weise lebendig werden.

In diesem dreidimensionalen Spiel lernte ich sehr gründlich, wie sich Bewegungen planen und koordinieren lassen. Und ich lernte die Zeit anzuhalten: Wenn ich mehr Zeit für meine Bewegungen hatte, konnte ich atmen, entspannen und meinen eigenen Rhythmus finden. Zum Glück schmolzen der Lärm und die Schwindel erregende Geschwindigkeit des Unterrichts in der Ruhe und Fantasie meines abendlichen Spiels dahin.

Kinder verlieren ihre sensorischen Fertigkeiten

Kinder lernen das, was sie leben, und heute wird die Zeit der jungen Menschen zu sehr verplant, es bleibt wenig Zeit zum Spielen und Erforschen von Dingen und die Kinder verbringen nur wenig oder gar keine Zeit im Freien. Die vorhandene freie Zeit wird passiv verbracht – vor den flachen, zweidimensionalen Bildern von Fernsehen, Computerspielen und DVD-Filmen – anstatt mit dreidimensionalen Erlebnissen wie Laufen, Versteckspielen, Klettern, Bauen, Ausflügen in die Natur oder fantasievollen Spielen. Wir leben in einer Periode mit „künstlicher Zeit", in der Geschwindigkeit und schnelle Reaktionen sofort belohnt werden.

Marshall, ein mir bekannter Junge, war bereits mit zehn Jahren Technikexperte und hatte das Spiel mit dem Gameboy® und das Surfen im Internet sehr viel schneller und besser gelernt als die meisten Erwachsenen. Aber wie so viele junge Menschen war er im Besitz von Informationen, nicht von Wissen, er kannte Fakten, verfügte aber nicht über Fähigkeiten. Und leider schien Marshall nicht zu wissen, was Staunen ist.

Jahrtausende lang hat die natürliche Welt mit Bäumen und Steinen und Gräsern, mit Schluchten und Flüssen, mit Vogelgesang und Tieren der Menschheit reichlich Gelegenheit geboten, ihre visuellen, auditiven und die übrigen sensorischen Modalitäten zu schulen. Staunen zu können setzt Neugier voraus – Empfänglichkeit für Unbekanntes. Diese Empfänglichkeit wird durch die vielen überraschenden Schattierungen, Oberflächen und Materialien in der Natur gefördert.

Begegnung mit einer Sonnenblume

Ich erinnere mich noch lebhaft daran, wie ich als Kind eines Morgens – wie an anderen Tagen auch – in den Hinterhof hinausging. Aber an diesem Tag fand ich etwas vor, was am Tag zuvor noch nicht da gewesen war: Über den Zaun blickte mir aus dem Nachbarsgarten ein großes Gesicht entgegen. Es gehörte zu einer schönen, voll erblühten Sonnenblume, die das Leuchten der Sonne vollkommen widerzuspiegeln schien. Sie schien über den Zaun hinweg nach einem Freund Ausschau zu halten und ich kam ihr nur allzu gern entgegen. Ich lief über den Hof, um sie mir näher anzuschauen, und sah mir genauer an, wie die unzähligen Samen ringförmig in Mustern angeordnet waren. Solange die Blume blühte, machte es mich jedes Mal glücklich, wenn ich sie sah. Sogar solche keinen Begegnungen mit der Natur lehren Kinder Staunen und Ehrfurcht, und aus diesem Gefühl heraus werden sie forschen und lernen.

Für Marshall ist, wie für viele andere Kinder auch, die Vorstellung zu zelten oder auf einem Naturpfad zu wandern entweder beängstigend oder langweilig. „Ich gehe nicht nach draußen", sagte er bereits zu Anfang unserer Freundschaft zu mir.

Marshall vermied körperliches Training, da er dann außer Atem geraten und „vielleicht schwitzen würde." Er wurde in der Schule geärgert, genauso wie ich früher, weil man ihn für einen „Schwachkopf" hielt und weil er sich nicht anpasste. Das kompensierte er, indem er viel las und bei Wettbewerben sehr gut abschnitt.

Nachdem er mit seinem Vater einige Monate lang Brain-Gym®-Übungen gemacht hatte und mit der Familie und für sich alleine Balancen durchgeführt hatte, begann Marshall (wie mir sein Vater sagte), häufiger mit anderen Kindern im Freien zu spielen, was er nie zuvor getan hatte.

In seinem bahnbrechenden Buch *The Executive Brain* [dt.: *Die Regie im Gehirn*, Kirchzarten: VAK, 2002] beschreibt Elkhonon Goldberg, was es bedeutet, „smart" zu sein, und er weist auf die Rolle der Stirnlappen für die Entscheidungsfindung hin. Dieser Bereich des Gehirns verhilft uns zu unseren interpersonalen Fähigkeiten und zu unserem ganz gewöhnlichen gesunden Menschenverstand. Dazu gehören zum Beispiel die Fähigkeiten, Situationen zu deuten, Unterschiede im Gesichtsausdruck zu erkennen, und sich die Konsequenzen verschiedener Handlungen auszumalen. Und jetzt spinne ich Goldbergs Gedanken weiter: Viel zu oft übernehmen (oder anschaulicher *downloaden*) unsere Kinder die Bildung passiv, so wie Marshall. Neue Informationen müssen mit konkreten, dreidimensionalen Erfahrungen integriert werden, damit Lernen ausbalanciert ist. Wie können Kinder sonst lernen, ihre Intelligenz aktiv zu nutzen?

Von Maria Montessori bis zu Jean Piaget haben außergewöhnliche Erzieher und Lehrer im 20. Jahrhundert erkannt, wie wichtig praktische, konkrete Erfahrungen für die Entwicklung der kindlichen Sinne sind. Moderne Techniken, die das Gehirn abbilden, beweisen, wie wichtig es für Kinder ist, dass sie die Welt in der realen Zeit praktisch erfahren, ehe eine Erfahrung als Information kodiert und dann verarbeitet wird, um darüber lesen oder sprechen zu können. Viele Kinder unseres neuen Jahrhunderts werden jedoch durch äußere Reize so überfordert, dass ihnen der sinnliche Input ihres eigenen Körpers entgeht.

Anstelle von *Noticing* (bewusst beobachten, unvoreingenommen wahrnehmen) könnte man auch sagen: neugierig und interaktiv sein. Wir erinnern uns vielleicht, dass wir selbst als Kinder von Natur aus neugierig waren, alles berühren, sehen und hören wollten und begierig waren, die Welt auf alle möglichen Arten zu erkunden. Mit Brain-Gym® sprechen wir diese natürliche Neugier an und fordern dazu auf, die eigene Erfahrung mit Nachsicht zu betrachten und ohne zu urteilen.

Maria Montessori hat uns gelehrt, dass die Arbeit der Kinder in dieser Welt darin besteht, zu entdecken, dass Wasser nass ist und dass Materialien Gewicht, Form, Inhalt und Oberflächenstruktur haben. Sie erkannte, dass Kinder die physische Welt von sich aus erforschen, wenn man ihnen eine Umgebung bietet, in der sie sich bewegen und sich mit deren Eigenschaften auseinander setzen können.

Wir dürfen nicht davon ausgehen, dass die Kinder von heute sich in der Natur sicher fühlen oder dieselbe Vorliebe für Entdeckungen besitzen, an die *wir* uns erinnern und die uns vielleicht erhalten geblieben ist. Wie schon beschrieben, haben bei vielen Kindern, die stundenlang vor einer elektronisch verzerrten Realität sitzen, *passive* „Erlebnisse" die Natur und den Hinterhof ersetzt Ein flacher Bildschirm bietet eine „Realität" ohne echte Eigenschaften, die dargestellten Bilder verfügen über kein Gewicht, keine Masse und keine Oberflächenstruktur. Weil Erwachsene die Kinder nicht mit der sinnlichen Komplexität der natürlichen Welt bekannt machen, verlieren viele Kinder die Gehirnintegration, die nötig ist, damit sie die Natur wirklich genießen oder sich mit ihr beschäftigen können.

Beeinträchtigung der neurokognitiven Fähigkeiten – eine reale Bedrohung

Mein Freund und Mentor, der Bildungsexperte Joseph Chilton Pearce, weist in seinen Vorträgen und Büchern (dazu gehören *Die magische Welt des Kindes, Der nächste Schritt der Menschheit* und *Die Biologie der Transzendenz*) darauf hin, dass die sinnliche Wahrnehmung bei unseren Kindern häufig nicht ausreichend entwickelt wird. 1999 berichtete Dr. Pearce in einem Interview mit Chris Mercogliano über das Ergebnis einer Studie eines psychologischen Instituts in Deutschland. Man hatte dort zwanzig Jahre lang jährlich viertausend Kinder untersucht, die im Alter von sechs Jahren durchschnittlich fünf- bis sechstausend Stunden vor dem Fernsehgerät verbracht hatten. Die Forscher hatten festgestellt, dass junge Menschen zwanzig Jahre zuvor noch zwischen 360 verschiedenen Schattierungen einer einzigen Farbkategorie, zum Beispiel Rot, unterscheiden konnten. Gegen Ende der Studie war diese Zahl auf etwa 130 zurückgegangen – die Fähigkeit zur Farbunterscheidung hatte sich um fast zwei Drittel vermindert.

Das ist nur ein kleines Beispiel für das, was Pearce als den neurokognitiven Zusammenbruch (engl.: *neurocognitive breakdown*) bei Kindern bezeichnet. Noch eine weitere, schwerer wiegende Veränderung wurde in der deutschen Studie aufgedeckt, nämlich die abnehmende Fähigkeit des Gehirns, das gesamte kinästhetisch-sensorische System zu vernetzen. Das bedeutet, dass es immer häufiger vorkommt, dass die einzelnen Bereiche des sensorischen Systems bei Kindern isoliert (für sich) im Gehirn aktiv sind und nicht mehr länger als koordinierte Gestalt.

Bringen wir unseren Kindern bei, sich auf konstante Stimulation von außen zu verlassen? Wenn die Forscher die Kinder, die mit dem Fernsehen aufgewachsen waren, in eine natürliche Umgebung ohne intensive Reize brachten, waren die Kinder schnell gelangweilt und ängstlich und neigten zu Gewalt. Und die abschließende beunruhigende Erkenntnis der deutschen Studie war, dass sich im Laufe der zwanzig Jahre bei den Kindern die Wahrnehmung ihrer natürlichen Umgebung um 20 Prozent vermindert hatte.

Pearce erklärt, dass diese Erkenntnis mit den Studien der Anthropologin Marcia Mikulak (aus den achtziger Jahren) über die Evolution übereinstimme. Sie beobachtete bei Kindern in den Vereinigten Staaten eine um 20 bis 28,5 Prozent verringerte Fähigkeit, sensorische Signale aus der Umwelt aufzunehmen – verglichen mit Kindern aus Gesellschaften, die noch keine Schrift kannten und über keine Technologie verfügten. Damit bestätigt die von Dr. Pearce zitierte Studie vorangegangene Forschung: Kinder, die durch Fernsehen und Computer den exzessiven Reizen der Bilderflut ausgesetzt sind, weisen einen Mangel an sensorischen Fähigkeiten auf.

Das Denken und die Opposition des Daumens

Wenn wir Essstäbchen nach traditioneller japanischer Sitte zwischen Daumen und Zeigefinger halten, wird die praktische Funktion des gegenübergestellten Daumens deutlich. Auch wenn wir einen Stift auf traditionelle Art in die Hand nehmen, nutzen wir die funktionelle Opposition des Daumens.[2]

Anthropologen haben die Theorie aufgestellt, dass der gegenübergestellte Daumen eine der schönsten Errungenschaften der menschlichen Evolution ist, die gleichzeitig auftrat mit der Entwicklung von Denken und Sprache und der Fähigkeit, einen Gedanken im Gedächtnis zu behalten, um sich später wieder mit ihm zu befassen. In unserer modernen westlichen Kultur werden jedoch die Nervenpfade, die diese Funktion steuern, auf Grund unzureichender körperlicher Betätigung und Bewegung nicht mehr entwickelt.

Gail und ich haben in den letzten zwanzig Jahren beobachtet, dass die Menschen nicht mehr wissen, wie man Essstäbchen oder Schreibstifte – weit verbreitete Instrumente –, richtig umgreift. Stattdessen verwenden sie den „Powergriff".[3]

Die Entwicklung des gegenübergestellten Daumens geht einher mit der Entwicklung der Stirnlappen des Neokortex und begünstigt höhere Fähigkeiten, die Schönheit, Präzision und Kunst erst möglich machen. Außerordentlich verfeinerte menschliche Aktivitäten und hoch gesteckte Ziele wurden durch den *Präzisionsgriff* und das dazu nötige fein abgestimmte Nervensystem erst möglich.

Heute jedoch, mit dem Aufkommen von Fernsehen, Handys und Computerspielen, führt das Schreiben auf einer Tastatur dazu, dass die junge Generation kaum noch mit der Kunst des Schreibens konfrontiert wird. Und in der Folge verliert auch der Daumen seine Funktion als Gegenkraft mit den entsprechenden Fertigkeiten.

---

2 Opposition = Gegenüberstellung des Daumens gegen die anderen Finger, macht die Hand einsetzbar als Werkzeug

3 Die Begriffe *Powergriff* und *Präzisionsgriff* wurden von Frank Wilson geprägt. Sein Buch *Die Hand – Geniestreich der Evolution. Ihr Einfluss auf Gehirn, Sprache und Kultur des Menschen* informiert Sie über alles, was Sie über dieses Thema wissen möchten.

Als Lehrer für den Leseunterricht fand ich heraus, dass Lesen eine expressive Tätigkeit ist, die auf der Entwicklung der Sprache aufbaut. Deshalb ist die Fähigkeit zu schreiben Voraussetzung für das Lesen. In meinem Leselernzentrum unterrichteten und unterstützten wir das *Schreiben* und danach ging das Lesen fast wie von selbst. Ich sehe es deshalb als eine Katastrophe an, dass der gegenübergestellte Daumen – der die Evolution von Millionen Jahren darstellt – wahrscheinlich im Laufe einer einzigen Generation verloren gehen wird.

Wir müssen schreiben und unsere Kinder ermuntern, es uns gleich zu tun. Durch das Schreiben und den Gebrauch von Werkzeugen mit dem Daumen als Gegenkraft werden wichtige Pfade im Gehirn gebahnt, die für das Lesen und für die Integration von Aufmerksamkeit und Verständnis wichtig sind.

Bewusstes Lernen üben

Bevor die Kinder sich in der Schule mit abstrakten Dingen wie schriftlichen Codes und Symbolen befassen können, brauchen sie als Grundlage erst einmal praktische, dreidimensionale Erfahrungen – wie es ist, sich im Raum zu bewegen. Leider haben die meisten Kinder im schulfähigen Alter noch nicht erfahren, was es heißt, sich richtig zu bewegen, also die Augen und Hände zu koordinieren oder sich auch nur entspannt aufrecht hinzusetzen. Sie kämpfen immer noch damit, ihren Körper in Auseinandersetzung mit der Schwerkraft zu steuern und aufrecht zu halten. Und auch wenn sie schulische Fertigkeiten beherrschen –solange ihre physische und sensorische Desorganisation nicht beseitigt ist, wird Lernen für sie immer mit dieser physischen und sensorischen Konfusion assoziiert sein und auch so in Erinnerung bleiben.

Stress gehört unausweichlich zu unserem modernen Leben, und je nachdem, wie man damit umgeht, wirkt er sich negativ oder *positiv* auf die Erfahrungen in der Schule aus. Stress ist entweder Anlass für Versagen oder Aufruf zum Handeln. Wenn Kindern erlaubt wird, Anzeichen von Stress bei sich wahrzunehmen und sie mit Brain-Gym® anzugehen, werden sie bald in der Lage sein, den Stress zu ihrem Vorteil zu nutzen und ihr Lernen selbst zu steuern.

Die jungen Leute, die gelernt haben, mit ihrem Stress umzugehen, können ihre Fertigkeiten im Lesen, Schreiben und Rechnen weiter vervollkommnen, da sie die für diese Tätigkeiten notwendigen körperlichen Bewegungen beherrschen – die Bewegungen der Hände, der Augen, des Kopfes und des

Körpers – und weil sie diese Bewegungen in das funktionierende Selbst integrieren.

Stress muss erkannt (und nicht unter den Teppich gekehrt) werden, damit Kinder lernen können damit umzugehen. Vergnügen ist ohne Stress nicht möglich: Vergnügen entsteht, wenn man sich *durch* den Stress hindurcharbeitet. Deshalb bewirkt das oberflächliche Erleben künstlichen Spaßes – zum Beispiel der Ausflug in einen Vergnügungspark – nie dieselbe tiefe Befriedigung wie ein Projekt in der Schule, bei dem die Kinder ein Lernziel erreichen und auf dem Weg dahin Herausforderungen bewältigen.

Als ich das große O lernen wollte, damit ich den Namen meiner Handpuppe Oskar schreiben konnte, bekam das O für mich eine wirkliche Bedeutung. Das O erinnerte mich an Oskars runden Kopf und wie es sich anfühlte, als ich ihn formte, an seine runden, aufgemalten Augen und seine kleine, runde Nase. Jetzt konnte ich endlich das O in meinem Körper spüren, indem ich an einem hölzernen O entlangfuhr, Os in die Luft zeichnete und fühlte, wie mir meine Lehrerin ein O in die Hand schrieb – jetzt fiel es mir leicht, einen kleinen, schönen Kreis auf Papier zu malen, auf den ich stolz sein konnte.

Ich begann bewusster und aktiver zu lernen – ich fand heraus, wie ich meine Aufmerksamkeit auf meinen geistigen, körperlichen und emotionalen Zustand lenken konnte. Ich lernte auf die subtilen und tief greifenden Veränderungen zu achten, dank derer ich mich wohler und selbstsicherer fühlte; und es gelang mir besser, die körperlichen Fertigkeiten und Fähigkeiten, die ich räumlich erfasst hatte, mit allen Sinnen (in der realen Zeit) auf die lineare Ebene zu übertragen.

Exakte Wahrnehmung ist ein Weg, eine kinästhetische Erfahrung (Bewegung und Muskeleinsatz) bewusst mit dem Gefühl einer großartigen Leistung zu assoziieren: Man achtet sorgfältig auf die Bewegungen und nimmt sich Zeit, damit die Aktion gut gelingt. Als Werkzeug zum Lernen bietet minutiöse Wahrnehmung die sensorische Basis, um Veränderungen zu identifizieren, und dadurch kann eine körpereigene Struktur entstehen, die Feedback auf dem Weg zu eigenverantwortlichem Lernen geben kann. Ich zum Beispiel konnte dann wahrnehmen, wie ich dachte, mich fühlte und mich bewegte – ob ich mich mit einer Fähigkeit im „hohen Gang" (automatisch, gelernt, räumlich integriert) oder im „niedrigen Gang" (gesteuert, noch nicht gelernt, Schritt für Schritt) befand.

Der hohe und der niedrige Gang beim Lernen

Als junger Mann finanzierte ich mein Studium mit einer Tätigkeit als Fahrlehrer. Als sich mein neuer Fahrschüler, der achtzehnjährige Benny, zum ersten Mal ans Steuer setzte, fühlte ich mich genauso flau im Magen wie er. Er erschreckte mich mit seinen schnellen, fahrigen Bewegungen manchmal fast zu Tode. Er bewegte das Lenkrad immer wieder ruckartig oder trat unvermittelt heftig auf die Bremse – ein falsches Verhalten, von dem ich annahm, dass er es erkennen müsste, aber als Anfänger wohl nur schwer verhindern konnte. Wenn ich Benny aufforderte, mehrere Dinge gleichzeitig zu tun, also Zeichen geben, nach hinten über seine Schulter schauen und lenken, war er häufig desorganisiert und frustriert.

Genauso wie ich es bei meinen Bemühungen um runde Os in der zweiten Klasse getan hatte, versuchte Benny die einzelnen Aufgaben schneller auszuführen – anstatt langsamer zu werden. Ich bezeichne das, was hier angemessen wäre, als die Ebene des Lernens im „niedrigen Gang".

Wenn wir übermäßig gestresst oder gefordert sind, fällt es uns sehr schwer, die räumliche Komponente des Lernprozesses zu bewältigen. Wir haben uns bereits aus unserer Rolle als aktiv Handelnde verabschiedet und müssen uns dann zu dem Versuch zwingen aufzuholen. Sind wir aber in der Lage, uns zu entspannen und zu unserem Gefühl für den Raum zurückzufinden, scheinen die Dinge sich zu verlangsamen und wir erkennen auf einmal, dass wir sehr viel Zeit haben, um den neuen Prozess zu erlernen.

Autos bieten sich in vielerlei Hinsicht für einen Vergleich mit unserem Leben an. Deshalb betrachte ich eine Stufe des Lernens, die neue mentale Schritte nötig macht, als Lernen im „niedrigen Gang". Alle Bewegungen werden langsam und sorgfältig eine nach der anderen durchgeführt; zwischen den vielfältigen Einzelaktionen kommt kaum Integration zustande.

Deshalb unterteilte ich dann für Benny die Abläufe im niedrigen Gang in Einzelschritte, die er wiederholen musste – zunächst saß er einfach bequem hinter dem Lenkrad, um dann von der „Sehweise des Lesers" zur „Sehweise des Fahrers" zu wechseln: Seine Aufmerksamkeit war dann auf die Mitte der Straße vor ihm gerichtet – auf das „große" Bild. Als Nächstes half ich ihm, zwischen der Bewegung seiner Arme und Hände am Lenkrad und der Bewegung seiner Beine und Füße, die Bremse und Kupplung bedienten, zu unterscheiden.

Nachdem er oft genug trainiert hatte und dadurch die Fertigkeiten in seinem Gedächtnis gespeichert waren, konnte Benny die einzelnen Aktionen flüssiger ausführen. Er hatte ein besseres Gefühl für die räumlichen Relationen seines Körpers, von Kopf, Rücken, Händen und Füßen bekommen und wirkte beim Fahren nicht mehr so ungelenk, unbeholfen oder hektisch. Danach wuchs langsam sein Gefühl für die Abstände zwischen seinem Auto und den Autos der anderen Verkehrsteilnehmer. Gegen Ende seines Fahrunterrichts begann er sogar mühelos Augenkontakt mit anderen Fahrern aufzunehmen und entwickelte allmählich ein Gespür für ihre Absichten und für das Verkehrsgeschehen um ihn herum.

Benny konnte schließlich alle Einzelmomente seiner Erfahrung wie in einer außergewöhnlichen Choreografie zu einem flüssigen Fahrstils vereinen. Als er diesen hohen Leistungsstand erreicht hatte, feierten wir gemeinsam, dass er Autofahren im hohen Gang beherrschte. Benny war unendlich stolz!

Dass wir feierten, bedeutete nicht, dass der Zustand im niedrigen Gang nicht in Ordnung war, denn dieser ist einfach ein natürlicher Bestandteil des Lernprozesses. Beim Fahren braucht man unbedingt den niedrigen Gang, wenn in einer bestimmten Situation *Präzision* gefragt ist. Und Autofahrer greifen immer wieder darauf zurück, wenn präzise geplante Bewegungen wie beim Parken, Zurücksetzen oder Wenden erforderlich sind.

Damit wir wirklich gut fahren, müssen die *elementaren Fertigkeiten automatisiert* sein, damit wir noch Kapazität frei haben, um unsere Fahrweise zu beurteilen, und sie bewusst und gezielt weiter verbessern können. Dasselbe trifft für unsere Reise durch das Leben zu: Je besser unsere Bewegungsmuster integriert und automatisiert sind, desto aufmerksamer nehmen wir unsere Erfahrungen in der Gegenwart wahr, wir assoziieren sie mit vorher Gelerntem, stellen Vermutungen an, wohin die Reise gehen wird, und setzen das neue Lernen entsprechend um.

Funktioniert der Geist im hohen Gang, so spüren wir eine Gewissheit und eine Bestätigung, neben der kein Raum für Zweifel bleibt. Es ist ein Zustand des Wohlgefühls und der Begeisterung, aus dem heraus eine sichere, gewohnheitsmäßige Struktur geschaffen wird und neue Erkenntnisse hinzugewonnen werden, die dazu verwendet werden können, Fertigkeiten oder Wissen auf einem bestimmten Gebiet zu erweitern. Solange Ihr „Fahrzeug" geschätzt, gepflegt und richtig betrieben wird und solange Sie sich auf vertrautem Territorium befinden, können Sie das Fahren in diesem angenehmen, entspannten und eher passiven Zustand genießen, in dem Sie für neue Erfahrungen offen sind.

Wenn wir uns im Leben durch Veränderungen herausgefordert sehen, können wir in den Lernzustand im niedrigen Gang gehen, um eine neue Ebene des Könnens anzusteuern. Vielleicht ist ein Umweg nötig oder es rollt plötzlich ein Ball vor uns auf die Straße. Unsere bequeme Struktur ist vorübergehend bedroht und alle unsere Ressourcen müssen auf die neue Situation fokussiert werden. Also übernehmen wir die Kontrolle und analysieren die vorhandenen Daten. Wir unterscheiden zwischen Bekanntem und Unbekanntem, wir versuchen aus unserer Erfahrung heraus zu entscheiden, wie wir am besten reagieren könnten, und wir machen die Erfahrung, dass wir zwischendurch unentschlossen zögern, bevor wir unseren Fokus auf eine Lösung richten.

Wenn unsere Unsicherheit abnimmt, gewinnen wir unsere Struktur und unsere Ausgeglichenheit sowohl physisch wie mental zurück. Ist die Stabilität wieder hergestellt, sind wir begeistert über die vollbrachte Leistung und die erreichte Kohärenz. Und womöglich empfinden wir es als außerordentlich genussvoll, wenn unsere Muskeln von Anspannung zu Entspannung wechseln.

So wie beim Fahren im niedrigen Gang werden durch Leben, Denken und Lernen im niedrigen Gang positive Erfahrungen möglich. Dann steuern Sie Ihr Gefährt um Kurven oder im langsamen Verkehr. Im niedrigen Gang lernen Sie Ihre Maschine beherrschen. Wie weit wir beim Lernen kommen, hängt davon ab, wie weit wir bereit sind, keine Fragen mehr zu stellen, uns anzustrengen, die Tränen auszuhalten und bis zum Ende durchzuhalten, auch wenn die Verbindung zu unserem bisherigen Wissen nicht erkennbar ist.

Da es unter den Menschen viele verschiedene Körperformen und entsprechend unterschiedliche Erfahrungen gibt, erlebt nicht jeder den hohen Gang auf die gleiche Weise. Da so viele von uns schon früh gelernt haben, external (nach außen) orientiert zu sein, werden wir vielleicht einige Zeit brauchen, bis wir lernen, wie entspannend der integrierte hohe Gang sein kann. Zeit und Geduld sind nötig, damit wir das Gefühl für unsere eigenen inneren Wahlmöglichkeiten wieder gewinnen. Die Mühe lohnt sich jedoch auf alle Fälle.

Wie bei Benny liegt der Schlüssel zur Verwirklichung des eigenen immensen Potenzials in der automatischen Verfügbarkeit des Lernzustands im hohen und im niedrigen Gang, je nachdem, was gerade passt. Jemand, der wirklich lernen kann, fühlt sich wohl, wenn er neu zu Lernendes begutachtet, er fühlt sich durch Ziele, Termine und Verpflichtungen motiviert und herausgefordert. Bei ihm mündet Spannung nur selten in eine Kampf-oder-Flucht-Reaktion, denn Bewegungen und Lernen im angenehmen hohen Gang bieten die Voraussetzungen dafür, dass er innehalten und über neue Aufgaben nachdenken kann. Im Idealfall taucht die Notwendigkeit, etwas zu analysieren, zu hinterfragen oder anzuzweifeln (niedriger Gang) vorwiegend dann auf, wenn er sich in dieser passenden, vertrauten Struktur, dem hohen Gang, befindet.

Ich möchte Ihnen jetzt eine meiner liebsten Brain-Gym®-Bewegungen vorstellen:

Die Armaktivierung

Nehmen Sie sich einen Augenblick Zeit und spüren Sie zu Ihrem Nacken und Ihren Schultern hin. Können Sie dort irgendwelche Spannungen fühlen? Sind Ihre Hände und Ihre Arme entspannt? Sind Ihre Finger noch angespannt? Wie warm oder wie kalt sind Ihre Hände?

Führen Sie nun die Übung aus wie auf Seite 71 beschrieben.

Lassen Sie anschließend beide Arme locker nach unten hängen. Spüren Sie in dem Arm und in der Schulter, die Sie gerade aktiviert haben, dass sich etwas verändert hat? Welche Unterschiede gibt es bezüglich Entspannung, Flexibilität und Wärme? Wie fühlen sich beide Arme an, wenn Sie vergleichen? Fühlt sich einer länger an?

Ihre Wahrnehmungen im aktivierten Arm geben Ihnen Informationen über den erlernten, vertrauten hohen Gang, während Ihre Wahrnehmungen im nicht aktivierten Arm sich auf den „noch nicht gelernten, nicht vertrauten, niedrigen Gang" beziehen. Wenn Sie jetzt lernen würden, mit dem aktivierten Arm Os zu schreiben (auch wenn es sich nicht um ihre Schreibhand handelt), würde sich in Ihren Os widerspiegeln, wie locker Ihre Schulter und Ihr Arm sind.

Wenn Sie Unterschiede zwischen Ihrem rechten und Ihrem linken Arm bemerkt haben, dann haben Sie gerade erlebt, wie grobmotorische Bewegungen bewirken, dass nachfolgende feinmotorische Bewegungen leichter und entspannter ausgeführt werden können.

Nun wiederholen Sie die Armaktivierung mit dem anderen Arm. Nehmen Sie sich Zeit und achten Sie darauf, ob sich weitere Veränderungen zeigen. Vielleicht atmen Sie tiefer durch, vielleicht können Sie klarer denken oder schärfer sehen. Sind Ihre Schultern besser entspannt und vielleicht mehr auf gleicher Höhe?

Als Lehrer die bewusste (Selbst-) Wahrnehmung fördern!

Wir alle haben denken, lesen und schreiben gelernt, indem wir darauf geachtet haben, was funktioniert hat und was nicht. Aber leider haben viele von uns auf die Dinge geachtet, von denen *andere* dachten, dass sie gut wären – nicht jedoch darauf, was wirklich gut für unsere Physiologie war. Trotzdem können wir immer noch (sofort oder allmählich) unseren Bezugspunkt ändern und selbst auf unsere Bewegungen achten, die den Kontext für neues Lernen darstellen.

In der Pädagogik wird die Selbstwahrnehmung so definiert: über eine zentrale Stelle zur Steuerung verfügen. Das ist eine wichtige Fertigkeit für selbst initiiertes oder selbst gesteuertes Lernen und das bedeutet, dass Sie selbst erkennen, ob Sie etwas wirklich lernen oder einfach Informationen in sich hineinstopfen (und sich selbst so viel Stress bereiten, dass sie alles bald wieder vergessen).

Für einige Kinder ist es wichtig, dass im Unterricht die Fertigkeiten der Selbstwahrnehmung *(Noticing)* gelehrt werden. Wenn Kinder gestresst und angespannt sind, weil sie zu vielen Reizen ausgesetzt waren oder sich innerlich zurückgezogen haben, können sie nicht genügend entspannen, um ihre Bewegungen zu spüren. Und ohne bewusst die Bewegungen ihrer Augen, ihrer Hände und ihres Körpers wahrzunehmen, können sie ihr eigenes Lernen nicht steuern.

Lehrer und Eltern müssen sich immer wieder kurz Zeit nehmen, um den jungen Schülern zu helfen, dass sie ...

- erstens wahrnehmen, wie sie lernen,
- zweitens erkennen, wann sie etwas gelernt haben,
- drittens klären können, was das Wesentliche ist, und
- viertens überlegen können, welches der nächste geeignete Lernschritt sein könnte.

(Diese vier unterschiedlichen Schritte der Wahrnehmung finden nicht gleichzeitig statt, da dies eine Überforderung darstellen würde, sondern in entsprechenden Abständen.)

Wichtig ist auch, dass Lehrer und Eltern unterscheiden lernen, was die Schüler wirklich gelernt haben und was sie nicht gelernt haben, aber vielleicht kompensieren. (Ich wusste, dass ich noch nicht gelernt hatte, wirklich runde

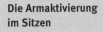

Die Armaktivierung im Sitzen

Armaktivierung

Strecken Sie den rechten Arm senkrecht nach oben und spüren Sie, wie er von den Rippen ausgehend länger wird. Umgreifen Sie ihn mit der linken Hand, direkt unter dem Ellenbogengelenk. Atmen Sie langsam aus und drücken Sie dabei den gestreckten Arm gegen die Hand. Lassen Sie dann den Druck schwächer werden und atmen Sie ein. Drücken Sie Ihren angespannten, gestreckten Arm bei jedem Atemzug in eine andere Richtung, zuerst nach rechts, dann nach vorne, nach hinten und nach links zum Ohr hin.

Os zu machen. Ich wäre aber sehr erleichtert und dankbar gewesen, wenn mir meine Lehrerin beiläufig gesagt hätte, dass ich noch im Lernprozess steckte.) Für jede Entwicklungsstufe gilt: Je mehr wir die Kinder dazu anleiten, genau wahrzunehmen, eine Wahl zu treffen und aktiv mitzumachen, desto mehr helfen wir ihnen, ihre Fertigkeit der Entscheidungsfindung zu entwickeln. Und wie Sie im Weiteren sehen werden, spielen sich alle diese Vorgänge in den Stirnlappen ab.

Sie haben bei der Armaktivierung vielleicht bemerkt, dass Selbstbeobachtung einfach ist, wenn Sie zwei oder mehr Dinge vergleichen. Zum Beispiel: *Ist es bequemer, den Stift in meiner rechten oder in meiner linken Hand zu halten?* Ausgehend von diesem möchte ich an einem weiteren Beispiel zeigen, wie Selbstwahrnehmung immer zum Lernen dazu gehört: Bereits Säuglinge bevorzugen eine Hand, wenn sie eine Rassel in die Hand nehmen, weil sie merken, dass es bequemer ist, oder weil sie diese Hand besser bewegen können.

Für manche Menschen ist die Erkenntnis, dass Selbstwahrnehmung zum Lernen gehört, ein entscheidender Schritt zu mehr Freiheit. So sagte ein Teilnehmer eines Brain-Gym®-Kurses einmal: „Ich muss nicht das gleiche Verhalten unendlich oft wiederholen! Ich kann darauf achten, was ich gerade getan habe, und dann etwas anderes ausprobieren!"

Manche meiner Klienten sind überrascht, wenn sie erkennen, dass der Stress und die mangelhafte Balance, unter denen sie als Erwachsene leiden, zum großen Teil auf die Art und Weise zurückzuführen sind, wie sie als Kinder gelernt haben. Mit den richtigen Brain-Gym®-Bewegungen gewöhnen sich manche Menschen eine ungeeignete Strategie in nur einer Sitzung ab, andere brauchen etwas länger. Ich würde es gerne sehen, wenn wir alle zum Modell für unsere Kinder würden – für ein Lernen durch Spiel und Bewegung. Zeigen wir ihnen, wie sie lernen können, ohne die Kampf-oder-Flucht-Reaktion zu aktivieren!

Der präfrontale Kortex und die Brücke der Selbstwahrnehmung

Der präfrontale Kortex (die Stirnlappen des Gehirns) enthält gewissermaßen den Kern unseres Menschseins, er ist wesentliche Voraussetzung für unser Wachstum und Lernen. Wenn wir unser eigenes Verhalten beobachten und bewerten oder wenn wir das positive Verhalten anderer anschauen und übernehmen, können wir wichtige persönliche Entscheidungen treffen und unser Leben und Lernen weitgehend selbst steuern.

Dieses Gehirnareal liegt genau über den Augen und beherbergt die vorderen 30 Prozent des Neokortex. Es wird auch als Vorderhirn bezeichnet. Der Gehirnforscher Paul MacLean spricht von diesem Bereich als dem „Engelhirn", und weist ihm Tugenden wie Liebe, Mitgefühl, Empathie und Verständnis zu.

Der präfrontale Kortex steuert das Arbeitsgedächtnis, das es Menschen und Tieren ermöglicht, mehrere Informationen gleichzeitig im Gedächtnis zu behalten. Daneben reguliert er aktive Funktionen wie zum Beispiel die Planung und Steuerung von Emotionen und Verhalten. Der Teil des Gehirns, der für die Wahrnehmung zuständig ist, lässt uns Neues lernen und ins Langzeitgedächtnis übernehmen oder von dort ähnliche bereits gelernte Dinge abrufen, um sie mit den neuen Informationen zu vergleichen oder mit ihnen zu verbinden.

In der Edu-Kinestetik beschrieb Gail, meine Frau und Partnerin, den präfrontalen Kortex zunächst anhand seiner Funktion beim Aufbau einer neuronalen Brücke zu den sensorischen Elementen unserer Erfahrung; sie bezeichnete ihn als *noticing bridge*, als Brücke zur Wahrnehmung.

Die Entwicklung des präfrontalen Kortex findet gleichzeitig mit der Entwicklung unserer Bewegungen und unserer sensorischen Fähigkeiten statt. Wenn wir also lernen nach Dingen zu greifen, uns zu drehen, zu rennen, zu kriechen und zu stehen, und außerdem zu riechen, zu schmecken, zu berühren, zu sehen und zu hören, sind diese Vorgänge aufs Engste mit unseren Emotionen verknüpft – also mit unserer Fähigkeit, Verbindung mit unserer Umgebung aufzunehmen oder uns von ihr zu distanzieren.

Bei einigen unserer stärksten Konditionierungen auf der Ebene des Hirnstamms geht es um unsere Bewegungsmuster und deren Wahrnehmung. Da Wahrnehmen eine Tätigkeit der Stirnlappen ist, ist bereits die simple Wahrnehmung unserer Bewegungsmuster eine Aktivität, die unsere Stirnlappen weiter wachsen und die Integration mit dem Hirnstamm erreichen lässt.

Mit anderen Worten: Der präfrontale Kortex entwickelt sich in der Reaktion auf Bewegung, im Zusammenspiel mit den innersten Bereichen unseres Gehirns, und seine Entwicklung ist das Ergebnis unserer Selbstwahrnehmung – indem wir alle Aspekte unseres Wesens beobachten, während wir uns von Kindern zu Jugendlichen und zu Erwachsenen weiterentwickeln.

Joseph Chilton Pearce macht darauf aufmerksam, dass die Stirnlappen bereits im Alter von drei Jahren fertig ausgebildet sind. Im Idealfall, sagt Pearce, entwickeln sich diese Strukturen durch neuronale Interaktionen weiter und schaffen so eine Art „Behälter" für das Bewusstsein beziehungsweise eine Matrix, in der immer wieder der Zusammenhang mit vorherigen Zuständen hergestellt wird.

Pearce weist darauf hin, dass man nicht oft genug betonen könne, wie wichtig es sei, Kleinkindern Anregungen zu bieten für die optimale Entwicklung reichhaltiger neuronaler Verbindungen zwischen der vordersten Sektion der Stirnlappen (die sich im ersten Lebensjahr entwickeln) und der höchsten Region des emotionalen (alten mammalischen) Gehirns, das sich bereits im Uterus entwickelt.

Man könnte sagen, dass Bewegung das Gehirn und der präfrontale Kortex den Geist wachsen lässt. Während wir lernen zu spüren, uns zu bewegen, zu fühlen und selbstständig zu denken, können wir unsere Erfahrung mit diesen vielfältigen Aspekten unseres Wesens registrieren und codieren, das heißt verschlüsseln.

Wir Menschen haben mit einigen der höheren Primaten die Fähigkeit gemeinsam, Dinge um uns herum wahrzunehmen. Wir können uns etwas vor Augen halten oder in die Hand nehmen, etwa eine Blume oder ein Bild, und sagen: „Toll ...!" Das ist das wahre Geschenk des Lebens, dass wir in der Lage sind, über unser Leben nachzudenken und es zu schätzen.

Und da die Wahrnehmung auch eine Schattenseite hat, zu der die Kritik zählt, ist es nur von Vorteil, wenn wir einen Augenblick innehalten, wahrnehmen, dass wir urteilen, und dann zur nicht urteilenden Wahrnehmung wechseln – das heißt, wir streifen wie mit einem Staubwedel leicht über unsere Erfahrungen und registrieren die Ereignisse, Muster und Empfindungen einfach als Informationen.

Mit der nachfolgenden Brain-Gym®-Bewegung können wir unsere Energie und unsere Wahrnehmung zu den präfrontalen „Polen" im vordersten neuronalen Bereich lenken, in dem das Gehirn derart mit unserer Liebe und unserem Herzen verbunden ist, dass die Kampf-oder-Flucht-Reaktion durch unsere willentliche Anstrengung neutralisiert werden kann. George Goodheart hat diese Punkte entdeckt, die in der Arbeit mit *Touch for Health* als Punkte für das Lösen emotionalen Stresses bezeichnet werden.

Die Positiven Punkte

Positive Punkte

Berühren Sie mit den Fingerspitzen beider Hände die beiden Positiven Punkte (oder Stirnbeinhöcker) – sie liegen oberhalb der Augenmitte, etwa in der Mitte zwischen Augenbrauen und Haaransatz. Berühren Sie sie nur sanft, gerade mit so viel Druck, dass die Stirnhaut leicht gestrafft wird. Schließen Sie die Augen und halten Sie diese Punkte für die Dauer von sechs bis zehn langsamen Atemzügen.

Bei Stress kontrahiert der Stirnmuskel als einer der ersten, so dass die normalen neuronalen Verbindungen in den vordersten Bereich der Stirnlappen nur eingeschränkt funktionieren. Wenn wir die Stirnmuskeln durch die sanfte

Berührung entspannen können, werden auch die übrigen Gesichtsmuskeln locker, so dass die neuronalen Botschaften wieder ungehindert fließen. Die Stirnlappen, die das rationale Denken steuern, werden durch verstärkte Blutzufuhr mit Nahrung versorgt und können weiter wachsen. Damit wird es möglich die Kampf-oder-Flucht-Reaktion zu verhindern und somit kann eine neue Reaktion auf jede beliebige Situation erlernt werden.

In neuester Zeit haben einige Forscher die Stirnlappen mit Medikamenten stimuliert. Die eben beschriebene Brain-Gym®-Übung jedoch unterstützt die Stirnlappen alleine durch Berührung.

Die Quelle wahren Vergnügens

Bis unser präfrontaler Kortex voll entwickelt ist, übernehmen die Menschen, die für uns sorgen, dessen Aufgabe: Sie zeigen uns, wie Selbstreflexion und Wertschätzung für das Leben aussehen, also das, was wir „bewusstes Leben" nennen. Daraus entsteht dann Neugier und der Wunsch zu lernen.

Ich frage mich, was in der zweiten Klasse mit mir geschehen wäre, wenn Miss Murphy gewusst hätte, was kinästhetisches Lernen ist, und mich in meinem Kampf mit dem Stift um runde Os angeleitet hätte. Hätte ich vielleicht gelernt, den Stift anders zu halten oder das Papier anders hinzulegen, so dass die Position günstiger für die Augen und die Hand und für einen Linkshänder überhaupt besser geeignet gewesen wäre? Hätte ich vielleicht verschiedene Möglichkeiten vergleichen und die Dinge selbst in die Hand nehmen können, anstatt hoffnungslos zu versagen? Hätte ich vielleicht gelernt, meine Schreibfertigkeit vor dem Hintergrund meiner eigenen körperlichen Voraussetzungen zu beurteilen, anstatt mich mit Nathan, Sylvia und anderen zu vergleichen, denen es mühelos gelang, der Lehrerin zu gefallen?

Wenn Sie auf Ihre eigenen Gedanken und Gefühle, auf Ihre Muskelspannung und die physiologischen Vorgänge in Ihrem Körper achten, ist das der erste Schritt, um etwas anders zu machen. Hätte ich in der zweiten Klasse Brain-Gym® gekannt, so hätte ich vielleicht die Liegende Acht (siehe Kapitel 2) gemacht, um den Unterschied zwischen den in die Luft gezeichneten Kreisen – in meinem linken visuellen Feld gegen den Uhrzeigersinn, im rechten visuellen Feld im Uhrzeigersinn – zu *fühlen*. Ohne den sinnlichen Aspekt der Selbstwahrnehmung fühlt ein Kreis sich wie der andere an, aber bei der Bewegung der Liegenden Acht können wir den Unterschied leicht spüren.

Quelle für das, was ich als wahre Freude bezeichne, ist unsere Fähigkeit, uns selbst wahrzunehmen und uns zu entscheiden, wie auch unsere Entschlusskraft, mit der wir Veränderungen in unserem Leben herbeiführen. Diese Freude entspringt aus positivem Stress, wenn wir uns aktiv in einem Prozess engagieren – nicht wenn wir uns überanstrengen oder uns weigern mitzumachen.

Ohne diese authentische Freude unterhalten wir uns vielleicht gut, vielleicht haben wir auch Spaß. Wenn sich aber andere Menschen um uns kümmern und Entscheidungen für uns treffen, wundern wir uns vielleicht, warum wir nicht glücklich sind.

Wenn wir unter negativem Stress lernen, werden Dinge nur antrainiert und wir werden konditioniert. Ganz anders sieht es aus, wenn unsere Stirnlappen aktiv sind: Dann können wir uns Ziele setzen, uns zielgerichtet bewegen und mit vollem Einsatz lernen. Dieses aktive Engagement und unsere innere Beteiligung erwecken in uns das Gefühl, etwas zu schaffen und zu bewegen, und damit eine der Voraussetzungen für unsere Befriedigung.

KAPITEL 4

Wie Bewegung uns hilft, unsere Persönlichkeit besser zum Ausdruck zu bringen

Mein Zuhause in Brookline (Massachusetts) war ein Reich der Fantasie und der Kreativität. Meine Mutter schuf Marionetten und blieb oft die ganze Nacht auf, um zu nähen und zu malen, die Marionetten anzukleiden und den Bühnenhintergrund zu entwerfen. Hier erlebte ich, welche Kraft Geschichten besitzen, wie Geschichten in der Fantasie entstehen und dann weitergegeben werden, sowohl mit Worten als auch von Herz zu Herz.

Ich liebte schon immer alle Tätigkeiten im Umfeld von Theateraufführungen, ich half als Bühnenarbeiter, ich trat selbst auf und war auch gerne Zuschauer. Besonders gerne schaue ich jungen Leuten bei ihrem Auftritt zu – was auch immer sie tun, sie geben alles.

„Das Land der Ahhhs"

Ich habe im Laufe der Jahre viele Kinderaufführungen genossen und eines meiner Lieblingsstücke ist *Der Zauberer von Oz*. Pamela Curlee, meine gute Freundin und Kollegin in der *Brain-Gym®-Faculty* bat mich einmal, in einer Aufführung für Erwachsene, die sie „Das Land der Ahhhs" nannte, als Zauberer von Oz aufzutreten. Mein Bühnenerlebnis mit Dorothy, der Vogelscheuche, dem Blechholzfäller und dem feigen Löwen inspirierte mich zu der folgenden Metapher.

Für mich ist das „Land der Ahhhs" der Ort, an den wir heimkehren, wenn wir die Verbindung zu unserer wunderbaren Sinneswahrnehmung und zu unserer Bewegung wieder gewinnen. Bei meiner Arbeit heißt dies, Geist, Herz und

Körper zu verstehen und zu integrieren. Diese Integration geschieht auf dem Weg über drei primäre Dimensionen und die sie verbindenden neurologischen Bahnen: Die drei Dimensionen vorne-hinten, links-rechts und oben-unten sind die Bereiche, in denen sich unsere Bewegung und unser gesamtes tägliches Leben abspielen.

Unser Gehirn hat sich entwickelt, weil wir einen Körper besitzen, nicht umgekehrt. Gelerntes bleibt dann „haften", wenn es von unserem empfindenden Körper aufgezeichnet wird – mit Augen und Ohren, taktil und durch Bewegung. Wir schaffen unsere Erinnerungen in den Körperzellen. Für Tausende von Jahren waren unsere körperlichen, konkreten Erfahrungen mehr wert als theoretische oder mentale Überlegungen. Ohne Bewegung sind Informationen, die zu abstrakt oder flüchtig sind, möglicherweise nur schwer zugänglich. Wenn wir uns frei bewegen können, haben unsere verschiedenen Sinne die Gelegenheit, sich um die neue Information herum zu integrieren, und wir „behalten" wirklich, was wir lernen.

Um Brain-Gym® und den Stellenwert von Bewegung dabei zu verstehen, muss man möglicherweise zunächst einen Paradigmenwechsel vollziehen. Deshalb möchte ich Ihnen zur Einstimmung ein visuelles Szenario der Prinzipien anbieten, die wir in den folgenden Kapiteln betrachten. Angeregt durch Pamelas „Land der Ahhhs" werde ich dazu das Kinderbuch *Der Zauberer von Oz* von L. Frank Baum zu Hilfe nehmen. [Übersetzung der Zitate in Anlehnung an: *Der Zauberer von Oz*, übersetzt von Freya Stephan-Kühn, Würzburg: Arena, 2. Aufl. 1995. Anm. des Verlags]

Dieses Buch bietet zufällig eine wunderbar fantasievolle Allegorie für das menschliche Gehirn, sowohl im Zustand der Spaltung *(fragmentation)* wie im Zustand der Integration. Und wie bei guter Literatur üblich, erzählt uns der *Zauberer von Oz* viel über das Leben.

Herausforderungen – Katalysatoren für Veränderungen

Bei Brain-Gym® geht es um Ganzheit und so hoffe ich, dass Ihnen die folgende Kombination von Fabel (die die *rechte* Gehirnhälfte anspricht) und Kommentar (der für die *linke* Gehirnhälfte gedacht ist) gefällt.

Stellen Sie sich ein kleines Mädchen vor. Es heißt Dorothy und lebt mit seiner Tante und seinem Onkel inmitten der Prärien von Kansas. An einem schicksalhaften Tag verdunkelt plötzlich ein Tornado den Himmel. Der Wirbelsturm hebt Dorothys Haus mitsamt Dorothy und ihrem Hund Toto in die Lüfte und trägt sie in ein seltsames, geheimnisvolles Land mit dem Namen Oz. Die kleinen Leute dort werden Munchkins genannt. Sie sind alle blau gekleidet und tragen große, spitz zulaufende Hüte. Dorothys plötzliches Erscheinen lässt sie vor Ehrfurcht erstarren, umso mehr, als ihr Haus direkt auf der bösen Hexe gelandet ist und diese dabei umkam. Ein Munchkin zieht der bösen Hexe die silbernen Schuhe aus, schüttelt den Staub ab und gibt sie Dorothy.

„Die Böse Hexe des Ostens war stolz auf diese Schuhe", sagt einer der Munchkins, „und sie sind mit irgend einem Zauber belegt, aber wir wussten nie, mit welchem."

Dorothy beginnt zu schluchzen. Die Munchkins merken, dass sie über den Verlust ihrer Familie und ihres Heimatlandes Kansas trauert, und schlagen deshalb vor, sie solle sich auf der gelben Ziegelsteinstraße auf den Weg zur Smaragdstadt machen. Dort werde sie den großen Zauberer von Oz finden, der ihr vielleicht helfen könne.

Wie Dorothys Tornado trägt uns unser Geist manchmal auf eine Reise voller Stress davon. Adrenalin, Cortisol und andere neurochemische Stoffe ergießen sich in unser Blut und wir bewegen uns mental immer weiter weg vom Herzen und unserer Basis – von der wahren Heimat unserer Lebendigkeit.

Natürliches Lernen ist ein unendlicher Zyklus von Gleichgewicht und Ungleichgewicht, innerhalb dessen der Status quo jeweils durch ein Ziel herausgefordert wird, durch Bewegung wieder integriert und dann erneut herausgefordert wird. Im Idealfall bildet unsere kinästhetische Intelligenz – unsere Bewegungen und unsere Sinneseindrücke – die Ausgangsbasis für die Verarbeitung räumlicher, mentaler, emotionaler und spiritueller Informationen. Weil unsere Bewegungsmuster bestimmen, wie wir neu zu lernende Inhalte angehen und integrieren, kann entspanntes Lernen ein erfreuliches Nebenprodukt der Bewegungsmuster für das ganze Gehirn sein.

Wir leben in einer Welt voller Schwierigkeiten und Veränderungen – persönlich wie gesellschaftlich. Fast immer, wenn wir hinter die Fassade eines anscheinend sorglosen Lebens schauen, stoßen wir auf irgendwelche Probleme. Das ist auch in Ordnung: Wir leben in einem Universum, das laufend expandiert und sich weiter entwickelt und die nötige Energie für unsere Transformation entsteht durch Reibung. Wie sollten wir lernen und wachsen, wenn es keine Widerstände gäbe?

Deshalb können wir uns dafür entscheiden, die Herausforderungen des Lebens als Katalysatoren zu betrachten. Sie sorgen dafür, dass wir an Grenzen gelangen, wo wir die Spannung der Gegensätze zu spüren bekommen. Aus Schmerz und Leiden zu Gesundheit und Vitalität, aus Angst und Hass zu Liebe und Mut, aus Armut und Versagen zu Erfolg und Überfluss – unsere Erfahrung mit diesen entgegengesetzten Kräften bewirkt, dass wir von ihnen lernen. Wenn wir ein Problem bearbeiten und es überwinden, erleben wir in unserer persönlichen Entwicklung einen Quantensprung und bekommen einen Vorgeschmack auf das einzigartige Leben, das sich aus der Balance jener verschiedenen Elemente entwickelt.

Im Verlauf mehrerer Jahrzehnte arbeitete ich mit vielen Tausend Klienten. Sie repräsentierten das gesamte Spektrum der menschlichen Gesellschaft: vom Spätentwickler bis zum begabten Schüler, von glücklichen Menschen bis zu jenen, deren Leben aus Tragödien und Verzweiflung bestand, vom Bücherwurm bis zum Athleten, vom Hausmann bis zur Direktorin eines Unternehmens ..., und quer durch das gesamte Spektrum wird mir klar, dass es unter all diesen Menschen mehr Ähnlichkeiten als Unterschiede gibt.

Die Menschen suchen mich auf, weil sie das Gefühl haben, in einem oder in mehreren Lebensbereichen blockiert zu sein – die meistgenannten sind Ausbildung, Karriere, Beziehungen und Finanzen –, und sie hoffen, dass ich ihnen helfe, ihr Leben anders weiterzuführen. Auch wenn ich für eine Beratungssitzung einen Übersetzer brauche – Brain-Gym® spricht für sich. Was ich anzubieten habe, ist ganz einfach: Ich gebe mein Bestes, um einen Kontext zu schaffen, in dem die angeborene Intelligenz meiner Klienten wirken kann, damit ihr natürlicher Zustand der Integration wieder hergestellt wird. Wenn das der Fall ist, kehrt der Klient nicht mehr einfach in den vorherigen Zustand zurück (er wechselt nicht nur vom niedrigen in den hohen Gang), sondern er entwickelt sich weiter, hin zu einer völlig neuen Ebene des Funktionierens. Der Grund dafür ist, dass wir von unserem Wesen her kreativ und dazu bestimmt sind, uns selbst ständig neu zu erschaffen.

Fallbeispiel: Julie

Vom Kampf ums Überleben zu neuer Lebendigkeit

Vor einiger Zeit arbeitete ich mit Julie, allein erziehende Mutter und Inhaberin eines Reisebüros. Jahrelang hatten die Fluglinien den Reisebüros für den Verkauf ihrer Flugtickets Provisionen bezahlt. Nach der Einrichtung des Internet verringerten die Fluglinien diese Beträge. Julie berichtete, dass sie in der Vergangenheit beim Verkauf eines Erste-Klasse-Tickets von Los Angeles nach

Chicago 150 Dollar verdient hatte, jetzt aber nur noch ein Drittel dieses Betrages bekam. Sie hatte seitdem gekämpft, um mit der veränderten Situation fertig zu werden, aber ihr Reisebüro machte Verluste.

Julie hatte für die Sitzung bei mir ein Ziel: Sie wollte diese Situation verbessern, damit ihr Geschäft wieder gut ging. Ich beobachtete, dass Julie, während sie sehr lebhaft von ihrer Situation berichtete, zunächst den Kopf leicht bewegte, wie um Nein zu sagen. Und während sie gestikulierte, schwankte sie mit dem Körper in verschiedene Richtungen, so als suche sie nach dem zentralen Punkt ihrer Probleme.

Unsere Bewegungsmuster können sich oft von einem Augenblick zum anderen verändern. Ich betrachte den Prozess der Edu-K®-Balance als eine Gelegenheit, in unserem Alltag langsamer zu werden und einen Augenblick innezuhalten, um die Umstände genau zu betrachten. Dabei können wir das Bewegungsmuster, das wir in Verbindung mit dem aktuell genannten Ziel anwenden, intensiver untersuchen. Dann lassen sich neue Wege zu diesem Ziel aufzeigen, die unsere Ressourcen in größerem Umfang ausschöpfen.

In meiner Arbeit als Pädagoge habe ich die Erfahrung gemacht, dass Menschen, solange sie nicht selbst entscheiden oder Ziele entsprechend ihren eigenen Bedürfnissen wählen können, nicht wirklich lernen. Wenn ich beobachte, wie ein Kleinkind eine neue Fertigkeit lernt, oder wenn ich einen Sportler berate, wie er seine Leistung verbessern kann, beobachte ich immer wieder, wie die Fähigkeit der Wahrnehmung eingesetzt wird. Wahrnehmung (im Sinne von *Noticing*) ist Selbstreflexion mit Hilfe von Fragen: „Wie tue ich das, was ich gerade tue?" und „Von welchen Dingen weiß ich bereits – oder weiß ich noch nicht –, wie man sie macht?" Damit überprüfe ich meine eigene Erfahrung. Gelerntes muss im Körper zu fühlen sein, damit Assoziationen geschaffen werden können. Besonders neugierig Lernende durchforsten spontan ihre Erfahrungen, um festzustellen, welche Anteile des Gelernten integriert sind und was noch nicht wirklich verstanden wurde.

In Anwendung einer von mir entwickelten Technik bat ich Julie, zwei Bewegungen zu vergleichen: zunächst die Knie beugen und sich in Richtung Boden bewegen, dann aufrecht stehen und sich in Richtung Himmel strecken. Ich forderte sie auf, bei jeder Übung auf ihre Empfindungen zu achten. Julie machte die Bewegungen aufmerksam und berichtete mir dann, dass sie ihre Empfindungen und ihre Bewegung wie durch einen Schleier wahrnehme und dass sie nicht mit ihren Gefühlen verbunden sei. Auf diese Art testeten wir anhand von Bewegungen, ob Julies Ziel in Übereinstimmung mit der Weisheit ihres Körpers war – und mussten erkennen, dass dies nicht der Fall war. In dieser Situation, so schien es, hatte Julie den Bezug zu ihren wahren Wünschen und Bedürfnissen verloren.

Julie hatte gelernt, die Botschaften ihres Körpers zu übergehen, um sich trotz Erschöpfung, Schmerz oder Unwohlsein zum Weitermachen zu zwingen. Sie hatte in letzter Zeit nicht oft darauf geachtet, was ihr Körper ihr mitteilte. Sie bevorzugte ganz entschieden die nach oben gestreckte Haltung – der stabilisierende Teil der Übung, das entspannte Nachlassen in den Knien war ihr unangenehm. So wie Dorothy im Tornado gefangen war, steckte Julie in „größeren Höhen" fest – in der analytischen Atmosphäre der linken Hirnhälfte.

Analyse gehört unabdingbar dazu, wenn wir gut „funktionieren" wollen. Wir brauchen unsere Unterscheidungsfähigkeit, damit wir unsere Erfahrungen verstehen – und wenn wir neue Fertigkeiten entwickeln, um diese miteinander zu verbinden und anzuwenden. In unserer modernen Welt hat jedoch leider der analytische Geist die Vorherrschaft übernommen und damit jede Menge Probleme geschaffen. Übermäßig zu analysieren heißt sich Sorgen zu machen – und diese Sorgen führen uns weg von der Balance und der Klarheit unseres Körperwissens.

Mit etwas Unterstützung von meiner Seite entdeckte Julie ein Ziel, das ihr mehr Lebendigkeit versprach: In Wirklichkeit wollte sie ihren Lebensunterhalt mit mehr Freude und auf angenehmere Weise verdienen. Sie fühlte sich ausgebrannt und war von ihrer Situation angewidert, aber dennoch war sie unfähig, auf kreative Art etwas zu unternehmen. Julie spürte, dass sie versuchte, den Mühlstein noch hektischer zu drehen, damit sie am Ende eines jeden Tages ein bisschen mehr Korn gemahlen bekäme.

Wenn wir den cerebralen, denkenden Teil unseres Gehirns einsetzen und dabei unsere Gefühle außer Acht lassen, gehen wir von der Analyse der linken Hirnhälfte oft zur Beurteilung durch den rechten Stirnlappen über, und dann fühlen wir uns blockiert und können keine Entscheidungen treffen. Dieser Kreislauf führt oft zu Frustration, Wut und Depressionen.

Wenn wir jedoch unsere Gefühle respektieren, erhalten die rechten Stirnlappen Zugang zu assoziierten Erinnerungen und Bewegungsabläufen. Diese wiederum sorgen für neuronale Verbindungen zu den linken Stirnlappen, die uns Möglichkeiten erspüren lassen und uns dieses euphorische „Aha"-Erlebnis vermitteln, weil wir nicht nur eine Wahl getroffen haben, sondern weil die Wahl auf uns gefallen ist.

Nach ihrer Balance lief Julie mit bloßen Füßen in meinem Büro umher und stellte mit den Füßen den Kontakt zum Boden her, und sie teilte mir begeistert mit, wie gut es ihr tat. Sie sah ihre eigene Situation jetzt völlig anders. Ihr Reisebüro befand sich im Zentrum der Hauptstadt – was notwendig war, wenn sie bestehen wollte. Ihr war plötzlich klar geworden, dass sie nicht mehr kämpfen wollte. Sie hatte „die Nase voll" von gestressten Reisenden, die Unmögliches von ihr verlangten. Jetzt fühlte sie sich wieder mit einem lange gehegten Traum verbunden: Sie wollte in einem ländlichen Gebiet leben, einige Stunden nördlich von ihrem jetzigen Wohnort.

Als ich Julie das nächste Mal traf, erzählte sie mir eine wunderschöne Geschichte. Sie hatte eine Stelle in der Personalabteilung eines bekannten Hotels gefunden, das in den Bergen an der Küste lag. Sie liebte ihren Job und zusammen mit ihrer Tochter hätte sie nicht glücklicher sein können mit ihrem neuen Leben in einer malerischen, kleinen Stadt, die sie vorher nur als Touristin besucht hatte. Viele der Fähigkeiten, die sie sich als Besitzerin des Reisebüros angeeignet hatte – Menschen einzustellen und anzuleiten, Kenntnis der Reiseunternehmen und vieles mehr – konnte sie in ihrer neuen, lebensbejahenden Umgebung wieder gebrauchen. Da sie sich jetzt freier bewegen konnte, war sie nicht mehr im alten Trott gefangen. Sie war in die Lage, die brauchbaren Fäden aus ihrer Vergangenheit zu bewahren und sie mit einem völlig neuen Lebensmuster zu verweben.

Julies Geschichte lässt mich wieder an den Tornado denken. Wenn er unser Leben aufwirbelt und uns auf unbekanntem Gebiet aussetzt – wo wir uns nicht mehr auf unsere alten Paradigmen und Annahmen verlassen können –, dann ist die Zeit für einen wirklichen Durchbruch gekommen. Das ist jedoch nicht zu schaffen, wenn wir desintegriert sind und keinen Zugang zu den Ressourcen unserer Wahrnehmung haben.

Die Vogelscheuche: Wie wir kommunizieren

Wenn linke und rechte Gehirnhälfte und der übrige Körper zusammenarbeiten, werden mündliche und schriftliche Kommunikation klarer und lebendiger. In unserer Arbeit bezeichnen Gail und ich die Interaktion von links und rechts als die Dimension der Lateralität.

Das Mittelfeld ist der in der Lateralität gemeinsame Bereich, in dem die Bewegung unserer Hände koordiniert wird und die beiden visuellen sowie die beiden auditiven Felder einander jeweils überlappen: Damit werden Fertigkeiten mit Papier und Stift, Malen und andere kreative Tätigkeiten, die Hand-Augen-Koordination voraussetzen, erleichtert. Umfassendes Funktionieren im Mittelfeldbereich ist dann möglich, wenn wir uns im Zentrum oder Kern unseres Körpers unserer Körperhaltung bewusst sind. Wenn die Integration der linken und rechten Seite verbessert wird, kann die Kommunikation zwischen den beiden Gehirnhälften automatisiert und spontan werden und wir können leichter im Mittelfeld arbeiten. Das hat auch zur Folge, dass der expressive, analytische Teil des Systems (gewöhnlich die linke Hemisphäre) synergetisch mit der empfangenden „Gestaltseite" (meist die rechte Hemisphäre) arbeitet, so dass wir in der Lage sind, uns in unserem Denken vom Ganzen zu den Teilen und umgekehrt zu bewegen. Und diese befriedigende Integration bringt uns in das „Land der Ahhhs".

Nun zurück zur Geschichte: Auf ihrem Weg zur Smaragdstadt stößt Dorothy auf eine Vogelscheuche, die ihr zuwinkt und dann auch spricht. Dorothy fragt sie nach dem Weg zur Smaragdstadt, und die Vogelscheuche antwortet: „Aber nein, ich weiß überhaupt nichts. Weißt du, ich bin ausgestopft, deshalb habe ich auch kein Gehirn." Dorothy lädt sie ein, mit ihr zum großen Zauberer von Oz zu gehen: Vielleicht könne er ihr etwas Gehirn geben.

Dorothys Vogelscheuche bewegt Arme und Beine und ihren Kopf in alle Richtungen, während sie denkt und spricht. Als ich einmal eine Schüleraufführung von *Der Zauberer von Oz* sah, beeindruckten mich besonders die Verrenkungen der Vogelscheuche. Der junge Schauspieler in dieser Rolle – ein vollendeter Turner – erweckte die Vogelscheuche zum Leben: Er ließ sich fallen, tanzte, wirbelte und drehte sich und dabei mied er immer das Mittelfeld seines Körpers mit den Haltungsmuskeln des Rumpfes, wo seine rechte und linke Seite koordiniert worden wären.

Unsere Bewegungen und unsere Haltung sprechen Bände. Wir alle hatten zeitweise Schwierigkeiten, uns aufrecht zu halten, oder wir kannten Kinder oder Erwachsene, die mit geneigtem Kopf, nur auf einem Fuß oder mit Ellenbogenunterstützung dastanden oder die auf andere Art das Mittelfeld und damit unbewusst die Position in ihrem Zentrum mieden.

Die Vogelscheuche *sucht* angeblich nach einem denkenden Gehirn, wir erkennen jedoch sehr schnell, dass sie eines *besitzt*. Als Dorothys gelbe Ziegelsteinstraße in einen dichten, dunklen Wald führt, ist es die Vogelscheuche, die den durchaus logischen Vorschlag macht, dass sie weitergehen sollten. Also muss sie nur noch lernen, ihr ganzes Gehirn integriert zu benutzen.

„Wenn die Straße da hineinführt, muss sie auch wieder hinausführen", meint die Vogelscheuche, „und da die Smaragdstadt am anderen Ende der Straße liegt, müssen wir gehen, wohin die Straße führt."

„Das weiß doch jeder", sagt Dorothy daraufhin.

„Genau, deshalb weiß ich es ja auch", antwortet die Vogelscheuche. „Wenn man ein Hirn bräuchte, um das herauszufinden, hätte ich es nie gesagt."

Im weiteren Verlauf ihrer Reise denkt die Vogelscheuche über alle möglichen Dinge nach und findet oft noch vor Dorothy die beste Möglichkeit für ihr weiteres Vorgehen.

Der Blechholzfäller: Wie wir am Leben teilnehmen

Der Körper verfügt über ein erstaunliches System, das Gail und ich als die Dimension der Fokussierung bezeichnen. Dieses System wird durch den Hirnstamm in Koordination mit den Stirnlappen aktiviert. Es repräsentiert die Verbindung zwischen der Vorder- und der Rückseite des Körpers und die sich daraus ergebende Integration von Stirn-, Schläfen-, Scheitel- und Hinterhauptlappen. Wenn die vorderen und hinteren Bereiche des Gehirns und der übrige Körper zusammenarbeiten, können wir uns aktiv am Leben beteiligen.

Fokussierung ist der Schlüssel für ausdauernde Aufmerksamkeit – für Konzentration und Verständnis. Im Zustand der Balance verhilft uns das System vorne-hinten zu dem Fokus, der Aufmerksamkeit und der bewussten Wahrnehmung unserer Muskeln, die nötig sind, damit wir flexibel und mit Leichtigkeit funktionieren. Je aktiver wir uns einbringen, desto mehr Sinn erkennen wir in unserem Leben.

Je mehr wir uns jedoch vom Leben zurückziehen, desto schwieriger gestaltet sich die Sinnsuche. Ein Teil dieses Rückzugssystems trägt den passenden Namen Sehnenkontrollreflex. Durch diesen Reflex werden bei einer vermuteten Gefahr alle Sehnen auf der Körperrückseite angespannt, um vor Verletzungen zu schützen bei plötzlicher Bewegung. Diese innere „Wache" oder auch der innere „Krieger" schützt unsere Grenzen sehr sensibel, er macht uns aufmerksam, wenn wir unsere Grenzen verteidigen oder uns zurückziehen und verstecken müssen, je nach dem, was für unsere Sicherheit notwendig ist. Wird das System übermäßig stimuliert, werden wir hyperwachsam und nehmen eine starre Haltung ein. Wir sind nicht mehr in der Lage zu entspannen und wieder ausgeglichen zu werden. Wir sind nicht mehr fähig weicher zu werden und körperliche Empfindungen zu genießen, auch nicht das Bewusstsein des Raumes, das uns unsere Bewegung verschafft.

Auf ihrer Reise trifft Dorothy dann auf den Blechholzfäller, der nach einem *Herzen* Ausschau hält. „Ein Mann, der völlig aus Blech bestand. Sein Kopf, seine Arme und seine Beine waren an seinen Körper angeschraubt." (a.a.O., S. 45) Er hatte sich beim Holzfällen nach und nach alle Körperteile verletzt und durch Blechteile ersetzen lassen.

Die Tatsache, dass die Gelenke des Blechholzfällers einrosteten, wenn er weinte, spiegelt die Wirkungsweise des Sehnenkontrollreflexes wider, der die Rückseite des Körpers anspannt, damit wir bei Gefahr starr und stark bleiben. Dieser nützliche Reflex ist für unser Überleben wichtig, wird aber allzu oft zu einer gewohnheitsmäßigen Reaktion. Dies hat zur Folge, dass wir unflexibel werden und uns wechselnden Umständen nicht fließend anpassen können; es fällt uns schwer, außerhalb eingefahrener Wege zu denken. Der Reflex ist mit Angst verbunden und diese blockiert den Zugang zum Herzen, dem Zentrum von Kreativität und Inspiration. Brain-Gym® kann uns helfen, dieses Reflexverhalten abzustellen, die Angst loszulassen und wieder mit unserem Herzen in Verbindung zu kommen.

Es ist der Rhythmus des Herzschlags, der als Organisationsprinzip die vorderen und die rückwärtigen Bereiche des Körpers zusammenbringt und den Sehnenkontrollreflex abmildert, damit wir auf unsere Umwelt antworten können, anstatt uns zu verteidigen oder lediglich zu reagieren.

Der Blechholzfäller bekennt der Vogelscheuche, er vermisse sein Herz mehr als sein Gehirn. Und die Vogelscheuche sagt: „Trotzdem werde ich um einen Verstand bitten und nicht um ein Herz; ein Narr wüsste doch nicht, was er mit einem Herzen anfangen sollte, wenn er eines hätte."

„Ich werde das Herz nehmen", meint der Blechholzfäller, „der Verstand macht einen nicht glücklich, und Glück ist das Allerbeste auf der Welt."

Der feige Löwe: Wie wir für unsere Stabilität sorgen

Dorothy und ihre Begleiter treffen als Nächstes auf den ängstlichen Löwen, der sich ihnen anschließt, weil er hofft, dass der Zauberer von Oz ihm Mut verleihen wird. Die Freunde kommen an einen Graben, der viel zu breit ist, als dass sie hinüberkämen. Nur der Löwe könnte es mit einem großen Satz schaffen, und so beschließt er einen Versuch zu wagen. Der Löwe nimmt eindeutig ein großes Risiko auf sich und erweist sich unzweifelhaft als sehr mutig. Nacheinander kann er seinen Freunden über den Graben helfen.

Im Gegensatz zur Vogelscheuche kann der Löwe die möglichen Optionen durchspielen und anders als der Blechholzfäller ist er nicht in der Lage, um seiner eigenen Sicherheit willen seine Grenzen zu schützen. Dem Löwen fehlt außerdem das vestibulare Gleichgewicht: die innere Sinneswahrnehmung, wo im Raum wir uns befinden, die unsere Wahrnehmung erweitert. Der Löwe verfügt jedoch über eine bewundernswerte emotionale Verwundbarkeit, er ist „in seinem Herzen". Zusätzlich besitzt er eine starke kinästhetische Intelligenz (er spürt seinen Körper über die Muskeln) – so dass er über eine detaillierte Vorstellung des Waldes und der Umgebung verfügt. Der Löwe zeigt uns, wie wir die Gefühlsenergie des Mittelhirns einsetzen können, um unsere von Herzen kommenden Träume zu schützen und für sie einzutreten.

Wenn wir es zulassen, sorgt unsere kinästhetische Intelligenz dafür, dass wir unaufhörlich atmen und uns selbst heilen. Sie lässt unsere Organe mit der erstaunlichen Weisheit des Körpers funktionieren und sie ist die Basis, auf der wir Lernen organisieren. Unsere kinästhetische Intelligenz lässt uns mit unseren Füßen den Boden spüren, damit wir nach unseren Träumen greifen können. Die Motivation durch unsere Gefühle ist eine zentrale Komponente für unseren Mut. Wir können spüren, was wir tun, wir können wissen, wie etwas zu machen wäre, und wir können auch körperlich dazu in der Lage sein: Wenn jedoch die Motivation fehlt, wird nichts aus unseren kühnsten Plänen. Wenn die Fürsorge des Löwen nicht stärker als seine Angst gewesen wäre, hätten seine Reisegefährten weiter auf der falschen Seite des Grabens gewartet. Der Löwe zeigt uns, wie unsere Stimme unsere Gefühle und unseren Mut zum Ausdruck bringt.

Kopf, Herz und Körper müssen zusammenarbeiten

Dorothy, Toto, die Vogelscheuche, der Blechholzfäller und der Löwe setzen ihre Reise zur Smaragdstadt fort und stoßen unterwegs auf viele Hindernisse. An einer Stelle schneidet ihnen ein Fluss den Weg ab und sie müssen gemeinsam eine Möglichkeit finden hinüberzukommen. Diesmal denkt sich die Vogelscheuche einen vernünftigen Plan aus und Dorothys drei Gefährten führen ihn gemeinsam aus. Der Blechholzfäller fällt Bäume und baut ein Floß und er ist mit Herz und Seele bei der Sache. Als die Wanderer den Fluss auf dem Floß überqueren, treibt die starke Strömung sie ab. Sie treiben auf das Land der bösen Hexe des Westens zu, die sie verzaubern und versklaven würde. Der Löwe springt tapfer ins Wasser und zusammen mit dem Blechholzfäller, der sich an seinem Schwanz festhält, ziehen sie das Floß ans sichere Ufer.

Geist, Herz und Körper müssen auf die gleiche Weise zusammenarbeiten, mit Vernunft, Fokus und Gefühl, damit wir die Hindernisse überwinden, die uns das Leben präsentiert. Hindernisse werden so auf unserem Weg platziert, dass wir lernen, unsere Fähigkeiten zu entwickeln und zu integrieren. Das Leben bleibt im Fluss, wenn wir lernen, diese verschiedenen Aspekte unseres Wesens zu aktivieren und zu koordinieren. Und hier kommt Brain-Gym® dazu: Es bietet die praktischen Instrumente für die Integration, die außerordentlich einfach, aber sehr effektiv sind. Durch die Brain-Gym®-Balance können wir unsere individuelle Kombination der drei Dimensionen der Bewegung entdecken und miteinander verbinden – Lateralität für die Kommunikation, Fokussierung für das Verständnis und die Bedeutung, Zentrierung für das Herz und für leidenschaftliches Engagement. So werden wir das erfülltere und reichere Leben entdecken, das auf uns wartet.

Ein unverzichtbares Element in dieser Mischung ist das Ziel, das alle weiteren Elemente verbindet. Die Reisegefährten in *Der Zauberer von Oz* haben ein gemeinsames Ziel: den Zauberer von Oz zu finden und geheilt zu werden. Die Vogelscheuche möchte Verstand, der Blechholzfäller ein Herz, der Löwe wünscht sich Mut und Dorothy hat den größten Wunsch von allen: nach Hause zurückzukehren. Es ist die Macht ihres Ziels, die diese Individuen an das Team bindet.

Und ein Ziel bewirkt noch mehr. Wenn wir uns auf ein Ziel ausrichten, setzen wir die Kräfte in Bewegung, die es Wirklichkeit werden lassen. Obwohl es den Gefährten nicht bewusst ist, hat jeder von ihnen bereits das, was er oder sie haben möchte. Die Vogelscheuche ist ein richtiger Philosoph, der Blechholzfäller ist ein Musterbeispiel an Mitgefühl, der Löwe ist tapfer und Dorothy besitzt bereits den Gegenstand, der sie nach Hause bringen wird. Wie ein Magnet hat ein Ziel die Kraft, diejenigen Eigenschaften in uns ans Licht zu bringen, die wir zum Erreichen unseres Ziels brauchen. Wir müssen nur den ersten Schritt tun, dann kommt Hilfe aus allen möglichen Richtungen.

Ziele gehen von den Stirnlappen aus, die im Gehirn die Verbindung von hinten nach vorne herstellen, damit wir erkennen, in welche Richtung wir gehen wollen. Ich rate meinen Schülern und Klienten, sich Ziele zu setzen und ihr ganzes Leben um diese Basis herum zu organisieren. Wenn Sie Ihren Bestimmungsort nicht kennen, wie wollen Sie dann dorthin gelangen?

Wir erreichen die Verbindung von Gedanken, Worten und Handlungen, wenn unser Herz zunächst die Balance zwischen ihnen hergestellt hat. Die neuronale Organisation ist eng verknüpft mit der Dimension der Zentrierung, sie bestimmt die Beziehung der oberen und der unteren Körperhälften zueinander. Unsere Reflexe der Zentrierung sind vom Mittelhirn abhängig: Es stellt die Relation zwischen der „denkenden" Hirnrinde und dem „reagierenden" Hirnstamm her.

Die Meinung der Vogelscheuche ist zum Teil zutreffend, denn ein Mensch mit zu wenig Gehirn wüsste nicht, was er mit einem Herzen anfangen sollte. Vielleicht kennen auch Sie Menschen, die angesichts von Armut und Ungerechtigkeit stark emotional reagieren, aber nie fähig sind, wirklich etwas zu unternehmen. Wenn unser Herz ohne Orientierung ist, sind unser Mitgefühl und unsere Sympathie wenig hilfreich, und das bekommen sogar die Menschen zu spüren, die uns am nächsten sind.

Andererseits ist die moderne Wissenschaft der Meinung, dass das Herz mehr ist als nur das Zentrum der Emotionen. Wie wir in Kapitel 7 zeigen werden, ist das Herz auch ein Zentrum der Intelligenz. Es wirkt in einen Bereich hinein, der für den bewussten Geist zwar unsichtbar, dennoch aber real und unermesslich ist. Wenn wir den subtilen Anregungen der Herzintelligenz folgen, lenken sie uns in eine Richtung, die der Verstand zwar in Betracht ziehen kann, über die er aber kein sicheres Wissen hat. Deshalb ist das Herz ganz konkret auch eine Art Gehirn.

Meine Klientin Julie, die Inhaberin des Reisebüros, folgte der Intelligenz ihres Herzens, als sie ihr Leben umkrempelte und sich auf ein wirkliches Abenteuer einließ. Natürlich setzte sie auch ihre geistige Intelligenz ein und diese bestätigte ihr, was ihr Herz bereits wusste: Der Plan war durchführbar und die Chancen standen gut, dass er funktionieren würde. Mit Hilfe ihrer mentalen Intelligenz gelang es Julie, den Verkauf ihres Hauses und ihres Reisebüros und den Standortwechsel zu planen und durchzuführen. Aber erst die emotional fundierte Motivation ihres Herzens vermittelte ihr die innere Gewissheit, dass ihr Vorgehen richtig war.

Analytisches Denken ist objektiv betrachtet eine wertvolle, unverzichtbare menschliche Fähigkeit. Mit ihrer Hilfe werden Häuser gebaut, Staaten regiert und das Universum erforscht: eine Fähigkeit, durch die das Technologiezeitalter erst möglich wurde. Schwierigkeiten entstehen dann, wenn uns das analytische Denken *beherrscht* und nicht mehr so genutzt wird, wie es gedacht war: nämlich in der Balance und in Kooperation mit dem übrigen Geist-Körper-System. Wenn das analytische Denken uns (Individuen und Gesellschaften) beherrscht, kann es mechanisch und herzlos werden. Wird jedoch das Gleichgewicht zwischen analytischem Denken und unserer inneren Weisheit wieder hergestellt, ist es ein wunderbares Werkzeug.

Zusammenfassend lässt sich sagen, dass wir das Gehirn brauchen, damit es die Pläne des Herzens ausführt und die Gültigkeit seiner Anregungen bestätigt. Hätten wir nur ein Herz, könnten wir zwar fühlen, was wir tun sollen, aber wir wüssten nicht, wie. Und umgekehrt wäre ein Gehirn ohne ein Herz die Grundlage für eine leere, ziellose Existenz.

Da ein Ziel, das vom Herzen bestimmt ist, Freude in unser Leben bringt, hat auch der Blechholzfäller Recht, wenn er sagt, dass das Herz uns glücklich mache. Es ist die Quelle der Begeisterung und wenn das Herz in der Gleichung fehlt, wird das Leben langweilig und fantasielos.

Persönliche Kraft aufbieten

Die Gefährten erreichen schließlich die Smaragdstadt und treffen den großen Zauberer, der jeden von ihnen einzeln zu sich ruft. Jeder Einzelne sieht ihn in einer anderen Gestalt – abwechselnd als riesigen Kopf, als schöne Dame, als schreckliches Ungeheuer, als Feuerball. Der Zauberer weigert sich jedoch, irgendwelche Wünsche zu gewähren, bevor die Reisenden nicht eine unmögliche Aufgabe erledigt haben: die böse Hexe des Westens zu beseitigen.

Sie machen sich auf den Weg zu deren Land, aber die Hexe entdeckt sie und macht kurzen Prozess mit ihnen: Die Einzelteile der Vogelscheuche und des Blechholzfällers werden über das Land verstreut, der Löwe wird vor den Wagen der Hexe gespannt und Dorothy wird ihre Sklavin. Dorothy weiß jedoch nicht, dass die Hexe ihr nichts tun kann. Vielmehr ist die Hexe selbst extrem verletzlich, da Wasser sie dahinschmelzen lässt. Dorothy entdeckt das zufällig und so stirbt die Hexe.

Dorothy kann jetzt die mächtigsten Verbündeten der Hexe – die geflügelten Affen – für ihre Zwecke einsetzen. Sie lässt sich von ihnen zusammen mit ihren Gefährten in die Smaragdstadt zurückbringen.

Das Leben fordert uns auf, dass wir uns unseren schwärzesten Ängsten stellen. Wenn wir das tun, entdecken wir, dass diese Angst keine eigene Kraft besitzt; sie hat die Kraft, die eigentlich *unsere* Kraft ist, an sich gerissen. Als Dorothy sich der Hexe stellt, schmilzt diese, denn sie kann der Güte und Unschuld nicht widerstehen.

Die Heimkehr

Der große Zauberer von Oz erweist sich als ein kleiner Mann, der viele Jahre zuvor vom Weg abgekommen war und dann in diesem seltsamen Land strandete. Er kann den Reisenden nicht helfen, aber er erkennt, dass er das gar nicht braucht, da sie bereits die Eigenschaften besitzen, um die sie ihn bitten. Also tut er so, als würde er ihre Wünsche erfüllen. Er füllt den Kopf der Vogelscheuche mit Nägeln und Nadeln und packt Stroh darüber; er gibt dem Blechholzfäller ein Herz aus Seide, das mit Sägemehl ausgestopft ist; dem Löwen gibt er eine grüne Flüssigkeit zu trinken, die ihm Mut verleiht.

Dorothys drei Gefährten können jetzt glauben, sie seien beschenkt worden, obwohl sie die Begabung dafür bereits mitbrachten.[4] Bei Dorothy ist die Sache aber anders: Der Zauberer Oz hat keine Idee, wie sie nach Kansas zurückgelangen könnte. Aber er meint, dass vielleicht die gute Hexe des Westens, die am Rande der Wüste lebt, die Antwort wisse.

Gemeinsam mit Toto finden die vier Reisenden die Hexe Glinda und sie kann ihnen wirklich helfen. Sie lässt die Vogelscheuche von den geflügelten Affen in die Smaragdstadt zurückbringen und diese wird dort zur Herrscherin. Den Blechholzfäller bringen die Affen ins Land der Winkies (geschickte Handwerker und Goldschmiede), die ihn als Führer haben wollen. Der Löwe nimmt den ihm zustehenden Platz als König des Dschungels ein.

Damit bleibt nur Dorothy übrig, die immer noch nach Kansas zurückmöchte. Die gute Hexe verrät ihr das Geheimnis, das sie dazu kennen muss. „Die silbernen Schuhe", sagt die gute Hexe, „haben Wunderkräfte. Und eines der

---

4 Sprachspiel im Englischen – *gift* bedeutet sowohl „Geschenk, Gabe" als auch „Begabung, Fähigkeit"!

seltsamsten Dinge ist, dass sie dich, wenn du die Hacken zusammenschlägst, mit nur drei Schritten an jeden Platz der Welt bringen, und jeder Schritt dauert nicht länger als ein Wimpernschlag."

Und so endet die Geschichte: Der Geist, das Herz und der Körper haben jeder ein Königreich zu regieren. Der Geist regiert die Hauptstadt, das Herz herrscht über das Land, in dem Gold bearbeitet wird, und der Körper hat die wilden, ungezähmten Regionen als sein Herrschaftsgebiet übernommen. Da nun jede natürliche Anlage ihre Macht und ihr Königreich zurückgewonnen hat und alle harmonisch im Land von Oz zusammenarbeiten, kann sich Dorothy jetzt als voll integrierter Mensch auf den Weg machen, die Hacken zusammenschlagen und nach Hause gehen.

Auch bei Brain-Gym® gibt es ein *Happy End*: Wir aktivieren das Gehirn und verbinden es mit dem Herzen, wir bekräftigen unser Ziel und unsere Bestimmung und wir verankern neues Lernen im Körper. Das Ergebnis ist, dass wir nun deutlich sichtbar die Person werden, die wir immer waren: neugierig Lernende, die ihr Potenzial ohne Einschränkungen verwirklichen.

Wenn wir dann diesen Platz in unserem Körper gefunden haben – wenn wir wieder zu Hause sind –, hat unser Leben einen Sinn und wir können einfach die Hacken zusammenschlagen und uns aufmachen, um das magische „Land der Ahhhs", das Herz und die sinnliche Freude am Lernen in die Heimat unseres Körpers zurückzubringen.

KAPITEL 5

Wie wir über den Körper Zugang zu den Gehirnfunktionen gewinnen

So wie die Vogelscheuche, der Blechholzfäller und der Löwe funktionieren alle Menschen innerhalb der drei Dimensionen der Bewegung: von einer Seite zur anderen, von oben nach unten und von hinten nach vorne. Diese einfachen Bewegungsmuster helfen uns, unser Gleichgewicht im Raum aufrechtzuerhalten. Sie bilden die neurologische Basis für alle höheren menschlichen Funktionen. In Edu-K® sprechen wir im Hinblick auf die drei Dimensionen von Lateralität, Zentrierung und Fokussierung. Im vorliegenden Buch werden die drei Dimensionen so gründlich behandelt, damit Sie besser verstehen, wie wir uns im Raum bewegen. Auch werden Sie daran erkennen, wo sich Zusammenhänge zwischen unseren Bewegungen, unserer Zeitwahrnehmung und unseren Grundfertigkeiten und sonstigen Fähigkeiten zur Lebensbewältigung ergeben.

Die Dimension der Lateralität

Im Laufe der Jahrtausende haben wir Menschen eine bemerkenswerte Fähigkeit entwickelt: Wir haben den unteren Teil unseres Körpers als eine verlässliche, stabile Basis, damit wir unsere beiden Hände und unsere Augen im Mittelfeld gebrauchen können und gleichzeitig koordinieren wir die zwei auditiven Kanäle, um zu denken. Wenn linke und rechte Gehirnhälfte zusammenarbeiten, sind wir in der Lage, Werkzeuge zu benutzen – wir können unsere Gedanken oder Entwürfe schriftlich oder als Zeichnung festhalten und die Gedanken und Vorstellungen anderer Menschen über das Lesen kennen lernen.

Unser laterales Mittelfeld ist der Bereich, wo die visuellen, auditiven und kinästhetischen Felder der rechten und der linken Seite einander überlappen.

Dadurch können wir bilaterale Bewegungen einsetzen und Bilder mit Sprache verbinden, damit wir in der Lage sind zu denken und zu sprechen. Wenn linkes und rechtes visuelles Feld zusammentreffen, entsteht die unmittelbare Schönheit der Tiefenwahrnehmung und der visuellen Welt überhaupt. Das Zusammenführen des linken und des rechten Hörfeldes macht sprachliche Kommunikation und den Eindruck der Klangfülle möglich. Mit Hilfe der Koordination unserer beiden Hände im Mittelfeld können wir Dinge berühren, mit Werkzeug kreativ werden und auf vielfältige Weise unsere Umgebung gestalten.

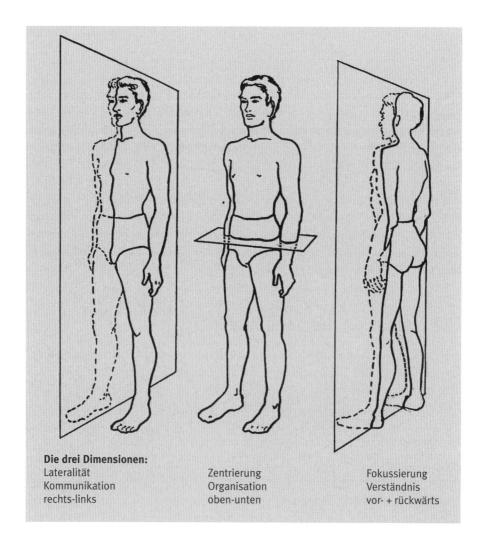

Die drei Dimensionen:

Lateralität	Zentrierung	Fokussierung
Kommunikation	Organisation	Verständnis
rechts-links	oben-unten	vor- + rückwärts

Lateralität ist die Voraussetzung für unsere informationsverarbeitende Intelligenz, an erster Stelle für unsere Fähigkeit, etwas mit Worten zu verschlüsseln und zu kommunizieren. Die Leichtigkeit, mit der wir denken, lesen, sprechen, zuhören und schreiben, gibt einen Hinweis darauf, wie gut wir Zugang zur Dimension Lateralität haben. Die Lateralität ist die Dimension für die Aufnahme und Weitergabe von Informationen.

Es ist paradox, aber diese feinmotorischen höheren Gehirnfunktionen der Kommunikation werden in der linken und rechten Gehirnhälfte mit denselben Mitteln erreicht wie unsere grobmotorische Lateralität. Jahrtausende lang, als die Menschen noch als Nomaden, Jäger und Bauern lebten, war die Überkreuzbewegung, besonders das Gehen oder Laufen, das primäre Bewegungsmuster. So wurde der gleichzeitige Einsatz beider Gehirnhälften und beider Körperseiten trainiert.

Dass wir gleichzeitig Zugang sowohl zur logischen, rationalen, linearen und sprachlichen Hälfte (gewöhnlich die linke Hemisphäre) als auch zur symbolischen, räumlichen, intuitiven Gestalthälfte (gewöhnlich die rechte Hemisphäre) haben, ist eine komplexe Fähigkeit. Für uns bei Edu-K® steht im Vordergrund: Dieser Zugang wird dadurch möglich, dass wir über Bewegung eine starke und aktive Brücke zwischen den beiden Gehirnhälften und den jeweiligen Körperseiten schaffen.

Die Überkreuzbewegung ist vielleicht die ideale Bewegung, um diese Integration beider Seiten zu erfahren, denn sie setzt die Koordination beider Gehirnhälften und beider Arme und Beine voraus, die abwechselnd rhythmisch bewegt werden.

Wenn die Überkreuzbewegung einige Wochen oder Monate regelmäßig geübt wird, trägt sie dazu bei, die drei Kernelemente menschlicher Bewegungsmuster zu entwickeln oder zu stärken: das Bewusstsein für die aufrechte Haltung, die Muskelpropriozeption und das Gleichgewichtssystem. Wie die Vogelscheuche müssen wir uns unserer Haltung bewusst sein (das Gespür für die Rumpfmuskeln), damit wir aufrecht stehen können. Wie der Blechholzfäller brauchen wir die Muskelpropriozeption für flüssige, flexible und koordinierte Bewegungen. Und wie der Löwe müssen wir im Gleichgewicht sein, damit wir ausgeglichen sind. Lernen mit dem ganzen Gehirn – was noch zur Zeit unserer Großeltern viel leichter war – ist dann möglich, wenn mit diesen drei Elementen der Kontext dafür geschaffen wird, und zwar in Form von Ganzkörper-Bewegungen. Diese wiederum sind die Basis für die feinmotorischen Fertigkeiten, die für anspruchsvolleres Lernen wie Lesen und Schreiben nötig sind.

Die Überkreuzbewegung (im Sitzen)

Würden Sie gerne selbst ausprobieren, wie entspannend und belebend die Überkreuzbewegung wirkt? Wir nehmen dazu die Version im Sitzen:

Die Überkreuzbewegung im Sitzen

Überkreuzbewegung im Sitzen

Heben Sie das rechte Bein und gleichzeitig die linke Hand an und berühren Sie mit dem linken Ellbogen das gebeugte rechte Knie. Dann legen Sie die Hand und das Bein wieder ab und heben das linke Bein gleichzeitig mit der rechten Hand an. Führen Sie auch den rechten Ellbogen wieder zum gegenüberliegenden Knie. Wiederholen Sie dieses Muster von Heben und Senken etwa eine Minute lang, so als würden Sie rhythmisch gehen.

Jetzt bleiben Sie – mit beiden Füßen flach auf dem Boden – einen Augenblick ruhig sitzen. Was geht in Ihnen vor, nachdem Sie nun beide Gehirnhälften gleichzeitig aktiviert haben?

Die Dennison-Lateralitätsbahnung

Die Überkreuzbewegung, die uns hilft, Denken und Handeln besser zu koordinieren, wird über den motorischen Kortex gelernt und ausgeführt und sie wird durch längeres Üben automatisiert. Zu meinen bekannteren Übungen zählt die Dennison-Lateralitätsbahnung (DLB), nach deren Anwendung die Vorteile der Überkreuzübung sehr viel leichter erkennbar werden – oft schon nach einer einzigen Übung. Die DLB besteht aus einer Balance mit fünf Schritten, bei der Überkreuzbewegungen und einseitige („homolaterale") Bewegungen in einer bestimmten Reihenfolge ausgeführt werden.

Die homolaterale Bewegung

Bei der *homolateralen* Bewegung werden im Gegensatz zur Überkreuzbewegung der Arm und das Bein *derselben* Körperseite angehoben. Diese Bewegung wird durch das Kleinhirn, den für Bewegung zuständigen Teil des Hirnstamms, gesteuert und sie zählt zu den einfacheren Bewegungen. In der reflexartigen homolateralen Bewegung wird eine Körperseite nach der anderen bewegt. Damit wird im Gegensatz zur Überkreuzbewegung keine Integration des ganzen Gehirns erreicht. Sobald jedoch die Überkreuzbewegung automatisch beherrscht wird, also integriert ist, trägt meiner Meinung nach die homolaterale Bewegung dazu bei, dass sich die Integration der parallelen Verarbeitung verbessert: Das erleichtert es uns in einer Situation, in der beide Seiten gefordert sind, wenn wir uns bewegen und gleichzeitig denken, kurz zu unterbrechen und für Sekundenbruchteile einen Gedanken zu fassen.

Im Normalfall wird die Überkreuzintegration (von Seite zu Seite) etwa im Alter von neun Monaten entwickelt, wenn das Kleinkind mehrere vorher erlernte Säuglingsreflexe miteinander verbindet; zum Beispiel kann es den Kopf heben und mit beiden Augen gleichzeitig sehen und es koordiniert jeweils den Arm und das gegenüberliegende Bein zum Krabbeln. Häufig jedoch haben Kleinkinder heute nicht die Möglichkeit, ihre Säuglingsreflexe zu integrieren. Anders als Kinder früher haben sie heute oft nicht mehr so viele Möglichkeiten, sich umzudrehen, auf dem Bauch zu robben, zu krabbeln, zu spielen und herumzutollen – normale Bewegungserfahrungen, die biologisch einen bestimmten Zweck haben: das Gehirn wachsen zu lassen.

Es ist problematisch, wenn (zumindest in den USA) viele Kinder nicht gestillt werden, denn bei diesem natürlichen Vorgang werden die wichtigen einseitigen kindlichen Reflexe ebenso stimuliert wie die Koordination beider Körperseiten. Weiterhin hält die Angst vor dem plötzlichen Kindstod manche Eltern davon ab, ihr Kind auf dem Bauch liegen zu lassen, und damit sind die Babys nur selten in der Position, die zum Kriechen ermuntert. Die Einschränkungen durch Laufstall und Babytrage, die Ruhigstellung durch das flimmernde Fernsehen (das mittlerweile auch schon im Schlafzimmer von zweijährigen und jüngeren Kindern zu finden ist), außerdem die lange bewegungsarme Zeit in Kindergarten, Vorschule und Schule, all das führt zu einer Schwächung des kreuzlateralen Reflexes.

Die Dennison-Lateralitätsbahnung kann das Leben sehr bereichern. Wenn unser Nervensystem so reagiert, dass wir vor Stress weglaufen, fallen wir in den Überlebensmodus zurück, in dem wir homolateral oder parallel funktionieren. Die homolaterale Bewegung ist dann unsere automatische Reaktion. Und vielleicht bleiben wir den ganzen übrigen Tag bei dieser einseitigen

Bewegungsart, ohne es zu bemerken, und wundern uns dann, warum wir so gehetzt und zerstreut sind und uns gespalten fühlen.

Wenn wir durch die DLB befähigt werden, auf die Überkreuzbewegung als unser bevorzugtes Bewegungsmuster zurückzugreifen, verändert sich unsere Antwort auf wahrgenommenen Stress. Die Überkreuzbewegung beansprucht beide Körperseiten, einschließlich der Hirnrinde, und integriert sie in Form eines beweglichen X. Der linke Arm und das rechte Bein bilden die eine Linie des X, der rechte Arm und das linke Bein die andere.

Wilder Penfield, der Pionier der Gehirnchirurgie, entdeckte, dass seine Patienten unwillkürlich die Augen bewegten, wenn er verschiedene Bereiche ihres Gehirns mit Elektroden stimulierte. Die Augen bewegten sich von dem stimulierten Bereich weg. Bei einer Reizung des motorischen Kortex richteten sich die Augen nach unten; wurde der Hirnstamm angeregt, gingen die Augen nach oben.

Ich kann Dr. Penfields Erkenntnisse nur bestätigen. Ich kann sofort sagen, wenn ein Klient oder eine Klientin mit der Überkreuzbewegung herausgefordert ist, denn sie müssen nach unten schauen, wenn sie sich bewegen, und sie müssen die Überkreuzbewegung visuell bewusst gesteuert ausführen. Das deutet auf einen Stresszustand hin: Sie haben die Überkreuzbewegung nicht gelernt und auch nicht automatisiert, das Gefühl für das X ist nicht im Rumpf geankert. Dinge, die mit dem ganzen Gehirn gelernt wurden, sind nur dann integriert, wenn sie auf der Ebene des Hirnstamms erfasst und damit automatisiert wurden. Die Brain-Gym® zugrunde liegende Vorstellung besagt, dass wir unser volles Potenzial nur dann erschließen, wenn wir diese Ganzhirn-Bewegung beherrschen.

Die Dennison-Lateralitätsbahnung in der Praxis

Fallbeispiel: Paula

Paula hatte den weiten Weg von Perth in Australien auf sich genommen, um zu mir zu kommen. Sie hatte in meinem ersten Buch (*Switching On* – dt.: *Befreite Bahnen*) von der Überkreuzbewegung gelesen und wollte diese Bewegung endlich lernen, da sie sie bis dahin nie geschafft hatte. (Ich berichte über Paula, weil sie eine derart extreme Entwicklungsstörung vorzuweisen hatte, dass sie als gutes Beispiel für den Nutzen der Dennison-Lateralitätsbahnung dienen kann.)

Ich bemerke, dass Paula häufig verschreckt wirkt, sie scheint vergessen zu haben, wie man sich entspannt. Sie sagt, dass sie die homolaterale Bewegung (gleichzeitiges Heben von Arm und Bein auf einer Seite des Körpers und anschließend Wechsel zur anderen Seite) sehr gerne mache, weil sie dabei nicht nachdenken müsse. Diese Übung imitiert den Moro-Umklammerungsreflex (in einer Schreckensreaktion breitet der Säugling die Arme zur Seite aus), den Kleinkinder eigentlich in den ersten Lebensmonaten integrieren. Offensichtlich war Paula in ihrer neuronalen Entwicklung auf dieser Stufe stehen geblieben.

Als Paula die Überkreuzbewegung versucht, bereitet ihr der Anfang Schwierigkeiten. Das Überkreuzen der Mittellinie ist ihr nicht vertraut und sie wirkt verloren und verwirrt. Sie schaut auf ihre Knie und hebt immer wieder Arm und Bein auf der gleichen Seite an. Sie schafft die Überkreuzbewegung nicht, obwohl sie sich bemüht. Während Paula die homolaterale Bewegung macht, beobachte ich, wie sie nach oben schaut und wie ihre Miene einen Zustand kindlichen Glücks verrät. Offensichtlich hat sie Zugang zu ihrem Kleinhirn, ohne dass der motorische Kortex in den Stirnlappen ihr das bewusste Denken zugänglich macht.

Ich bitte Paula, mir einen Textabschnitt vorzulesen. Dabei stelle ich fest, dass sie Probleme hat, die Wörter in der Mitte der Zeilen zu lesen. Das Mittelfeld ist für sie nicht vorhanden und sie fährt beim Lesen mit ihrem Finger die Zeilen entlang. Paula, ihr Vater und ihre Kinder sind alle mit dem Etikett Dyslexie stigmatisiert worden.

1984 habe ich für den Bereich, in dem sich die beiden Wahrnehmungsfelder eines Menschen überlappen, den Begriff „Mittelfeld" geprägt. Wir können uns in der Mitte dieses Konvergenzfeldes ein X vorstellen: Das ist die Stelle, an der das Ganze mehr ist als die Summe seiner Teile. Dort findet zentralisiertes Sehen statt, dort entwickeln wir die Fähigkeit, mit einem Auge zu lernen, ohne das andere zu behindern. Wenn wir das nicht lernen, werden wir immer das Mittelfeld und die Mittellinie meiden. Stattdessen arbeiten wir jeweils nur auf einer Seite und erleben dann den Stress und die gestörten Funktionen der parallelen Verarbeitung. (Die Brain-Gym®-Übung „An ein X denken" unterstützt die Integration beider Körperseiten. Vgl. S. 103)

Wenn wir unter Stress stehen, bewegen sich unsere Augen nach den Seiten und suchen die Peripherie nach Gefahren ab. Werden wir in einer Stresssituation gebeten, etwas vorzulesen, gebrauchen wir dafür nur das nichtdominante Auge, da unsere primären Funktionen auf Überleben ausgerichtet sind. Unser dominantes Auge sucht nach Gefahren und somit werden zentrales Fokussieren und die Augenabstimmung unmöglich. Das verschlechtert die Leseleistung und das Verständnis.

An ein X denken ...

Linkes Feld	Mittelfeld	Rechtes Feld
	Integriertes Lernen	
	Mittellinie →	

Ich helfe Paula bei der Überkreuzbewegung, indem ich einen ihrer Arme und das gegenüberliegende Bein diagonal aufeinander zu bewege und sie dabei auffordere: „Vielleicht schaust du vielleicht besser nach oben anstatt nach unten, wie bei der homolateralen Bewegung, während ich dir bei der Übung helfe." Sie wiederholt die Übung mit meiner Hilfe, ich steuere abwechselnd ihren Arm und das gegenüberliegende Bein, bis sie das Muster drei bis vier Mal wiederholt hat. Als ich spüre, dass sie die Überkreuzbewegung selbstständig macht, lasse ich sie die Übung alleine weitermachen.

„Schau nur, Paula, du kannst es!", ermutige ich sie.

Paula schaut nach unten und sagt mit Nachdruck: „Ja! Ich kann es!" Sie macht zum ersten Mal in ihrem Leben die Überkreuzbewegung.

Und ich biete ihr an: „Lass uns jetzt ausprobieren, was mit der homolateralen Bewegung ist, die du vorhin noch so automatisch und mit Vergnügen gemacht hast."

Dieses Mal führt Paula die homolaterale Bewegung nicht mehr wie einen Reflex aus, sondern gezielt, und sie schaut dabei bewusst nach unten. Es ist offensichtlich, dass sie konzentriert ist und kurz innehalten kann, um nachzudenken über das, was sie gerade tut. Sie kann die Bewegung jetzt gedanklich bewusst steuern. Und sie beherrscht die homolaterale Bewegung immer noch, macht sie aber nicht mehr so mechanisch. Ihr motorischer Kortex organisiert sich um diese Bewegung herum neu und sie beginnt sich ihres Körpers bewusst zu werden, während sie sich im Raum bewegt.

Vor der DLB machte Paula die homolaterale Bewegung automatisch – ein Hinweis darauf, dass die Bewegung vom Hirnstamm (von dem der Umklammerungsreflex ausgeht) gesteuert wurde. Bei der Bewegung wurde ihr Hirnstamm aktiviert und sie schaute instinktiv nach oben – ein weiteres Anzeichen, dass sie in ihrem Urgedächtnis nach Informationen für das Überleben suchte. Als sich Paula an der Überkreuzbewegung versuchte, nutzte sie ihren motorischen Kortex, um das Muster neu zu entdecken, und dazu musste sie nach unten schauen, um die Kontrolle über ihre Körperhaltung, die Muskelpropriozeption und die vestibulare Balance zu bekommen.

Als ich Paula aufforderte nach oben zu schauen, eröffnete sich ihr damit die Möglichkeit, die Überkreuzbewegung als Muster im Hirnstamm zu lernen. Sie konnte die Bewegung jetzt automatisch machen und war außerdem fähig, weiterhin bewusst wahrzunehmen – das heißt, sie konnte sich bewegen und gleichzeitig denken, oder auch – falls nötig – nicht mehr denken. Auf diese

Weise bot die Neubahnung eine Metapher für die Erfahrung der parallelen Verarbeitung (in der homolateralen Bewegung) im Kontext der bilateralen Verarbeitung (der Überkreuzbewegung).

Wenn wir Klienten innerhalb einer Brain-Gym®-Balance durch diesen zehnminütigen Prozess (DLB) geleiten, führt das zu vertieftem Lernen, das gewöhnlich von Dauer ist. Manchmal brauchen Klienten *mehr als eine* Neubahnung, damit die Überkreuzbewegung automatisch wird. Wenn diese Menschen die Bewegung wirklich „kapiert" haben, scheinen sie endgültig mit der dauerhaften Mustervorlage verbunden, die eigentlich bereits vorhanden sein müsste – seit dem entscheidenden Augenblick, wenn ein Kleinkind sich mit neun Monaten auf Händen und Knien krabbelnd einem begehrten Gegenstand nähert.

Ich glaube nicht, dass wir diese Erfahrung mit einem Erwachsenen einfach nachholen können, indem wie ihn auf Händen und Knien krabbeln lassen. Das Gehirn eines Kleinkindes ist stärker holografisch als das eines Erwachsenen, das bedeutet, dass ein Kind Lernen leichter generalisiert. Meiner Erfahrung nach erreicht ein Erwachsener die notwendige Integration nicht mehr durch Krabbeln.

Das Modell der Gehirndominanz

Die Darstellung der Lateralität und der Integration von links und rechts führt uns zum Thema Gehirndominanz – also zu Annahmen über die linke und rechte Hälfte des Gehirns. Die Popularität des Themas und die daraus resultierenden Mutmaßungen über die Eigenschaften der linken und der rechten Hälfte haben dazu geführt, dass die Gültigkeit der Theorie von der Hemisphärendominanz unter den Wissenschaftlern in Frage gestellt wird. Es gab Klagen, dass für die Untersuchungen nur eine kleine Gruppe musikalischer Menschen, die auch Linkshänder waren, ausgewählt wurde, und plötzlich verkünden dann die Schlagzeilen der Zeitungen: „Die Wissenschaft sagt, dass die rechte Hälfte für Musik zuständig ist."

Die heute beliebte Vorstellung von einer linken und einer rechten Gehirnhälfte geht von Annahmen aus, die weit über das hinausgehen, was die Wissenschaft wirklich nachgewiesen hat. Die weit verbreitete Vorstellung zum Beispiel, dass Sprache von der linken Hälfte ausgehe, stimmt so nicht. Sprache, wenn auch eine andere Art von Sprache, wird ebenso von der rechten Hälfte gesteuert.

Die gesamte menschliche Physiologie (Gehirn, Augen, Ohren, Arme, usw.) organisiert sich in jedem Augenblick entsprechend den anstehenden Aufgaben neu. Wenn wir etwas tun, was als erfolgreich wahrgenommen und daher verstärkt wird – unabhängig davon, ob es wirklich vorteilhaft ist –, so entsteht daraus ein Muster, das wiederholt und dann als Verhalten zur Gewohnheit wird. Gesundes Lernen mit dem ganzen Gehirn beruht auf der Fähigkeit, eine Balance herzustellen zwischen den früher erlernten Strategien und, sobald diese verfügbar sind, neuen flexibleren Mustern. Die neuronale Organisation des ganzen Gehirns ist ein dynamischer, ständig sich verändernder Prozess, der die drei Dimensionen einbezieht, und nicht der statische, einseitige Zustand, wie er dem Konzept der „Gehirndominanz" zugrunde gelegt wird.

Dominanz – eine fehlerhafte Bezeichnung

Ich möchte an diese Stelle betonen, dass ich es für sehr bedauerlich halte, dass in der Literatur über die Gehirnfunktionen immer von „Dominanz" gesprochen wird. Ich würde den Begriff der „Führung" durch eine Hemisphäre vorziehen. Dominanz lässt auf eine „Unterdrückung" des nichtdominanten Gegenstücks schließen, so wie es beim Überlebensreflex in der parallelen Verarbeitung der Fall ist. Immer jedoch, wenn man versucht, in einer Atmosphäre der Angst zu lernen, wird eingeschränkte Zusammenarbeit der Hemisphären die Folge sein. Wenn keine Angst im Spiel ist, kann die neuronale Verarbeitung besser balanciert werden: Eine Seite führt, die andere bietet Unterstützung und Mitarbeit. Das verstehe ich als Verarbeitung mit dem ganzen Gehirn beziehungsweise Integration.

Bei Brain-Gym® unterscheidet sich die Vorstellung von Gehirndominanz von den Ansichten früherer Spezialisten, die dem Paradigma anhingen, die „dominante Hemisphäre" sei die linke Gehirnhälfte – die Seite, die Sprache und Ausdruck steuert. Diese Experten gingen früher von der Händigkeit aus und nahmen an, dass die meisten Menschen linkshirnorientiert seien, bei Dominanz des Sprachzentrums. Da etwa 80 Prozent der Bevölkerung Rechtshänder sind, erschien die falsche Schlussfolgerung, ihre „Sprachhälfte" sei die dominante, nur logisch. Glücklicherweise verändern sich diese Vorstellungen mittlerweile, da neue Forschungsergebnisse weitere Informationen über die Gehirnfunktionen bieten.

Häufig wird nach einem Schlaganfall oder Unfall der Verlust der Sprache als schwerwiegender empfunden als der Verlust der Beweglichkeit. Es gibt bei gesunden Menschen jedoch keine „bessere" Dominanz und die Natur hat nicht eine Gehirnhälfte dazu ausersehen, die andere Seite zu führen. Im Gegenteil beweisen viele Untersuchungen mittlerweile, dass die Bevölkerung etwa jeweils zur Hälfte analytisch oder gestaltorientiert ist. Das heißt also, dass die Hälfte der Menschen linkshirnorientiert und die andere Hälfte rechtshirnorientiert ist.

Wissenschaftler haben mittlerweile erkannt, dass in der Tierwelt die eine Hälfte der Tiere die rechte Pfote, die andere die linke Pfote vorzieht. Die gleichen Wissenschaftler müssen dieses Ergebnis mit der Rate von Rechts- und Linkshändern in der menschlichen Population in Übereinstimmung bringen: 90 Prozent von uns sind Rechtshänder und nur 10 Prozent Linkshänder.

Die Erklärung für diese Diskrepanz erhalten wir, wenn wir betrachten, worin Menschen sich von Tieren unterscheiden. Menschen besitzen einzigartige Gaben: Sie haben ein Gefühl für die Zeit und einen bewussten Verstand, mit dessen Hilfe sie lernen, neue Werkzeuge zu gebrauchen und Neues zielgerichtet und kontrolliert mit ihren feinmotorischen Fertigkeiten auszuprobieren. Diese Kontrolle und die Fokussierung im Nahbereich gehen von derjenigen Hemisphäre aus, von der auch das Sprechen und die Sprache kommen, also bei den meisten von der linken Hemisphäre. Und wenn wir unsere linke Hälfte aktivieren, haben die meisten von uns das Gefühl, sie hätten mit der rechten Hand mehr Kontrolle.

Die Rechtshändigkeit geht also zurück auf das Streben nach Überleben in der menschlichen Umwelt und auf die Notwendigkeit, geschickt mit den Händen arbeiten zu können. Deshalb ist die Bevorzugung *einer* Hand kein verlässlicher Indikator für die führende Hemisphäre. Fuß- und Beindominanz mögen da verlässlicher sein, denn das lässt metaphorisch den Schluss zu, wie wir uns in der Welt bewegen: spontan (unter Führung der rechten Hirnhälfte) oder (bei Führung der linken Hirnhälfte) schrittweise und nach Regeln.

Vertretbare Unterscheidungen zwischen den beiden Gehirnhälften

Ich möchte eine nützliche Unterscheidung zwischen der linken und der rechten Gehirnhälfte anbieten, mit der sich die vorangegangenen Spekulationen weitgehend auflösen lassen. Das rechte Hirn, das stärker mit sinnlichen Erfahrungen gekoppelt ist, öffnet sich neuem Lernen und neuen Erfahrungen, es verarbeitet Neues spontan, kinästhetisch und mit Fantasie. Das linke Hirn jedoch ist mehr auf Handeln ausgerichtet, es verschlüsselt neue Informationen und geht dabei Schritt für Schritt vor – linear, logisch, zur richtigen Zeit. Die Integration beider Gehirnhälften macht es möglich, dass eine erlernte Erfahrung vom ganzen Körper in Form eines Musters registriert wird; wenn das nicht geschieht, kann nicht gelernt werden. Sobald jedoch das Muster im Körper etabliert ist, bleibt das neue Verhalten für immer erhalten.

Eine weitere gültige Unterscheidung besteht darin, dass die linke Hemisphäre arbeitet, indem sie vom Kopf aus nach unten vorgeht, während die rechte Hemisphäre vom Körper aus nach oben verarbeitet. Das bedeutet, dass die linke Hälfte nur Informationen wahrnimmt und analysiert, die aus der direkten Erfahrung, auf dem Weg über die rechte Hälfte bei ihr ankommen. Die linke Hälfte erfährt nur dann etwas Neues, wenn sie vom Körper informiert wird, denn ihre Aufgabe ist es, Strategien zu entwerfen und Dinge in Sprache zu fassen, die so für den späteren Gebrauch gespeichert werden können. Die rechte Hälfte wiederum nimmt bewusst wahr, was zu ihr hochkommt, und zwar vom Körper und all den unteren Teilen des Gehirns, einschließlich des emotional geprägten limbischen Systems.

Ohne unseren Körper und die rechte Hemisphäre bleiben wir in der alten Struktur gefangen und können nichts Neues tun. Wir sind auf Autopilot geschaltet und werden mit der Zeit gelangweilt und depressiv. Andererseits kann ohne die linke Hälfte der neue Input, der über die rechte Hälfte aufgenommen wird, nicht genutzt werden. Wir brauchen eine vollständig funktionierende linke Hälfte, um neue Informationen organisieren zu können, und wir brauchen sie außerdem, um Freude zu empfinden, denn die Freude entsteht durch chemische Vorgänge in der linken Hälfte, wenn wir lernen und etwas gut machen.

Wenn unsere linke Hemisphäre uns lehrt – mit Hilfe unserer sensorischen, spielerischen Erfahrungen der rechten Hälfte –, wie wir etwas anders machen können, spüren wir, dass wir erfolgreich gelernt haben. Wir werden dann mit einem erhöhten Dopaminspiegel und den Endorphinen belohnt, die in uns ein euphorisches Gefühl in Bezug auf unsere befriedigende Leistung hervorrufen. Wir sollten jeden Tag lernen und wachsen, damit wir uns lebendig fühlen und das Leben lieben. Sind wir nicht in der Lage zu lernen – besonders wenn wir uns hilflos und überlastet fühlen –, dann gerät der gestresste oder frustrierte rechte Stirnlappen unter den Einfluss eines verringerten Serotoninpegels.

Eine Rolle spielt dabei auch das Melatonin, ein Beruhigungsmittel (produziert von der Schilddrüse), das als das chemische Äquivalent für Dunkelheit gilt, denn es unterdrückt das Retikuläre Aktivierungssystem (RAS)[5], damit das Gehirn ruhen kann. So bringt uns eine nicht balancierte rechte Hemisphäre in einen Kreislauf, der in die Depression mündet. Ist jedoch unsere linke Hälfte dazu in der Lage, neues Lernen zu verschlüsseln und sich auszudrücken, weiß unsere rechte Hälfte, dass alles schließlich gut werden wird: Der Serotoninspiegel steigt und das Melatonin wird vermindert. Anders ausgedrückt heißt das, dass das ganze Gehirn und der Körper immer lernen und etwas anders machen müssen, damit Frustration und Depression vermieden werden. Ekstase entsteht dann, wenn wir etwas gemeistert haben. Das ist so, wie wenn wir einen bestimmten Kuchen immer wieder backen und die Rezeptur immer weiter verbessern, bis der Kuchen entweder perfekt gelingt oder wir ein völlig neues Rezept erfinden. Genauso verhält es sich, wenn das ganze Gehirn und der Körper aktiv sind.

Einheit bedeutet nicht Einförmigkeit

Die Muster der Hirndominanz sind individuell sehr verschieden. Es gibt Rechtshänder, bei denen das linke Auge die Führung übernimmt, und andere, bei denen das rechte führt. Welche Seite in der Wahrnehmung und Bewegung eines Menschen führt, darüber gibt sein (oder ihr) Dominanzmuster Auskunft. Carla Hannaford nimmt an, dass dieses Muster vielleicht durch den ersten Überlebensreflex in der Gebärmutter bestimmt wird.

Mir kam zum ersten Mal die Vermutung, dass es eine Beziehung zwischen Dominanzmustern und Lernprofilen geben könnte, als ich 1969 die Schüler in meinen Lernzentren im südlichen Kalifornien testete. (Ich hatte diese Zentren in der Absicht gegründet, Kindern und Erwachsenen eine Möglichkeit zu bieten, ihre Grundfertigkeiten, insbesondere das Lesen, zu verbessern, und zwar mit den neuesten verfügbaren Techniken.) Ich bestimmte die Dominanzmuster der Schüler und setzte die Ergebnisse in Beziehung zu ihren schulischen Leistungen. Damit erhielt ich den schlagenden Beweis, dass es eine direkte Korrelation zwischen Schwierigkeiten beim Lernen und dem persönlichen Dominanzmuster gab.

---

5 RAS = ein Nervengeflecht, das Impulse vom verlängerten Mark und der Brücke zum Neokortex leitet. Vgl. C. Hannaford: *Bewegung – das Tor zum Lernen*, Kirchzarten: VAK, 1996, S. 40

Die Erkenntnis, dass jeder von uns seinen bevorzugten „Schaltkreis" hat, kann zu mehr Toleranz führen und neue, aufgeklärte Lehrmethoden begründen, nicht nur in den Schulen, sondern überall, wo Lernen stattfindet. Für Erzieher, Lehrer und Eltern ist es von Nutzen, die vielen unterschiedlichen Dominanzprofile zu kennen, weil sie ihnen Aufschluss über den individuellen Lernstil geben. Damit werden wir in die Lage versetzt, Lernszenarien zu planen, die *mit* den Neigungen eines Menschen arbeiten und nicht *gegen* sie.

Ich kann dieses umfassende Gebiet hier nicht vollständig darstellen. Ganze Bücher wurden zu diesem Thema geschrieben, aber vielleicht möchten Sie eine Empfehlung von mir. Ich empfehle Ihnen das Buch von Carla Hannaford: *Mit Auge und Ohr, mit Hand und Fuß. Gehirnorganisationsprofile erkennen und optimal nutzen* (Kirchzarten: VAK, 1997). Sie ist eine langjährige Kollegin und kennt Brain-Gym® sehr gut.

Man muss einiges an Zeit und Geduld aufbringen, um mit den Dominanzprofilen vertraut zu werden, aber die Mühe lohnt sich. Es ist nicht nur für die einzelnen Menschen gut, wenn ihre individuelle Art der Schaltung erkannt und respektiert wird – die Kenntnis der Organisation des Gehirns hat Vorteile für die gesamte Gesellschaft. Wir alle profitieren davon, wenn wir zu schätzen lernen, dass jeder Mensch seinen einzigartigen Stil hat.

In meiner Berufslaufbahn habe ich die Erfahrung gemacht, dass ich mit Hilfe des Dominanzmusters den Lernstil eines Menschen sehr viel leichter bestimmen kann. Damit kann ich auch besser die am meisten Erfolg versprechenden Instrumente und den geeigneten Lernkontext für diesen Klienten herausfinden.

Ich war nicht der erste Forscher, der auf die Dominanz von Hand, Auge oder Ohr geachtet hat: Psychologen und Schultherapeuten hatten das bereits routinemäßig in die tägliche Praxis übernommen. Meines Wissens wurde diese Information bis dahin jedoch nie konstruktiv genutzt. Es war vielmehr so, dass die schulischen, psychologischen und medizinischen Autoritäten die Erkenntnisse über die Gehirnorganisation ignorierten und dass die Lehrer bei der Darbietung des Unterrichtsstoffs nicht speziell auf die verschiedenen Dominanzmuster eingingen.

Wie in der Schule traditionell üblich, wurde von allen Schülern, auch wenn in manchen Schulen ihr Profil bekannt war, das Gleiche verlangt. Im Förderunterricht wurde deshalb der Lernstoff aufgeteilt, so dass kleine, zu bewältigende Einheiten entstanden. Nach wie vor wurde viel auswendig gelernt und die Schüler mussten stundenlang und mit viel Mühe arbeiten. Zuneigung,

Fürsorge, Geduld und Einzelunterricht verhalfen den Schülern oft zu guten Leistungen; zwar hatten viele auf diese Weise Erfolg, aber andere blieben auf der Strecke.

Unterricht braucht jedoch in der Zukunft nicht mehr so planlos zu bleiben. Neue Entdeckungen zum Thema Lernen wird es auch weiterhin geben, aber die vielen Untersuchungen, die es in den Bereichen Bildung und Erziehung und über das Gehirn bereits gibt, haben die nötigen Informationen zutage gefördert. Damit lassen sich Unterrichtsprogramme aufstellen, die auf den individuellen Lernstil jedes Schülers eingehen.

Anstatt Leistungen nach unrealistischen Standards zu messen, könnten die einzigartigen Fähigkeiten des Individuums gewürdigt werden, so wie sie sich in seinem Dominanzprofil zeigen. Darüber hinaus wird es mit der Hilfe von Brain-Gym® für Lernende mit paralleler Verarbeitung möglich, leichteren Zugang zu einem natürlichen Zustand zu gewinnen, in dem ihr Gehirn als Einheit wirkt (in dem beide Hemisphären in Synergie funktionieren).

Wenn man sich die PET-Aufnahmen (PET = Positronenemissionstomografie) oder ein EEG unter Stress anschaut, sieht man, dass die nicht dominante Hemisphäre zu 75 bis 85 Prozent abschaltet. Zu Zeiten, in denen das limbische Gehirn zur Überlebensreaktion übergeht, wird nicht das gesamte Gehirn benötigt. Wenn das Gehirn auf ein Notprogramm für das Überleben zurückgreift, das nicht zulässt, dass das Gehirn als Ganzes funktioniert, gebraucht der Mensch nur noch seine Reflexe. Das Brain-Gym®-Programm wirkt tiefgreifend, denn es sorgt für einen Kontext, in dem beide Gehirnhälften zusammenarbeiten, es stimuliert die Stirnlappen über den motorischen Kortex (sowie den sensorischen Kortex in den Schläfenlappen) und es aktiviert sämtliche motorischen Mechanismen im Gehirn, einschließlich der vestibulären (Balance) und retikulären Aktivierungssysteme.

Bestimmte Gehirndominanzmuster werden von Forschern mit entsprechenden Eigenschaften in Verbindung gebracht. Bei Brain-Gym® respektieren wir die vorhandene Gehirnorganisation eines jeden, wie sie sich sowohl im persönlichen Verhalten als auch in der Bevorzugung eines Auges, eines Ohrs, einer Hand usw. zeigt. Wir erkennen auch, dass Lehrer im öffentlichen System traditionell viele der Lernstile, die durch diese Dominanzmuster repräsentiert werden, ignoriert haben. So können wir nicht nur Erzieher und Lehrer dazu inspirieren, Kindern zu helfen, ihr volles und einzigartiges Potenzial zu verwirklichen – was vielerorts bereits in Gang gekommen ist. Da die gleichen Muster oft auch in der Familie verbreitet sind, klären wir Eltern über die Begabungen und Bedürfnisse auf, die sie mit ihren Kindern gemeinsam haben.

Wie Sie Ihr eigenes Gehirndominanzprofil bestimmen können

Noch eine Vorbemerkung: Das Bestimmen Ihres eigenen Dominanzprofils gelingt am besten, wenn Sie nicht vorher darüber nachdenken, da spontane Reaktionen die Dominanz besser zeigen, als wenn Sie versuchen, die Dominanz durch Nachdenken herauszufinden. Da Sie nur schwer die Anleitung lesen und dann spontan agieren können, sollten Sie vielleicht jemanden bitten, Ihnen das Folgende vorzulesen.

Augendominanz: Fokussieren Sie einen Gegenstand in einiger Entfernung: Strecken Sie beide Arme nach vorne und schauen Sie durch den kleinen Spalt zwischen Ihren Händen auf dieses Objekt. Schließen Sie erst *ein* Auge und dann das *andere*. Welches Auge fokussiert durch die Öffnung?

Ohrdominanz: Nehmen Sie das Telefon ab und horchen Sie auf das Rufzeichen. Welches Ohr benutzen Sie dazu?

Handdominanz: Mit welcher Hand schreiben Sie?

Beindominanz: Stellen Sie sich mit geschlossenen Füßen hin und tun Sie so, als würden Sie sich nach vorne fallen lassen. Welcher Fuß reagiert automatisch, um zu verhindern, dass Sie fallen?

Hemisphärendominanz: Bei jedem Menschen *führt* die eine Hemisphäre und die andere folgt nach. Fragen Sie sich: *Wenn ich gestresst bin, muss ich dann darüber sprechen und eine Lösung finden, bevor ich handle?* Wenn das der Fall ist, ist bei Ihnen wahrscheinlich die *linke* Hemisphäre dominant. Handeln Sie jedoch spontan, ist Ihre Orientierung im Leben mehr von der *rechten* Hälfte dominiert.

Einheitliche Dominanz

Aus Sicht der meisten Schulen wäre es ideal, wenn bei ihren Schülern die analytische (linke) Hemisphäre und das rechte Auge, das rechte Ohr, die rechte Hand und der rechte Fuß dominant wären. Eine Schülerin mit diesem Profil zeigt meist ohne größere Anstrengung hervorragende schulische Leistungen. Sie ist im Unterricht immer aufmerksam, befolgt die Anweisungen, ist verbal sehr begabt und versteht lineare und logische Sachverhalte schneller als die meisten Schüler. Diese Schülerin ist aus dem „Stoff", aus dem Lieblingsschüler gemacht sind!

Wenn aus der linken Gehirnhälfte dieser Schülerin ein Stimulus abgefeuert wird, aktiviert sie ihre rechte Körperseite, ohne dass zwischen der Sprachaktivierung einerseits und Sehen, Hören und feinmotorischer Kontrolle andererseits ein neurologischer Konflikt entsteht. (Schreiben wird vom motorischen Kortex der linken Hemisphäre gesteuert.) Wenn diese Schülerin in einer sicheren und fördernden Umgebung lebt, hat sie bis zum Alter von sechs Jahren ihre Gestalthemisphäre so weit entwickelt, dass sie mit ihrer analytischen Hemisphäre synchron zusammenarbeitet. So kann sie die Mittellinie perfekt kreuzen, ohne dass eine Seite ihres Gehirns „abschaltet". Sie kann das Ganze und seine Teile gleichzeitig erkennen, sie kann gedanklich vorausgreifen, sie kann sich erinnern und visualisieren. Bei ihrem Dominanzmuster wird es, wenn überhaupt Komplikationen auftreten, nur wenige Komplikationen beim Lernen geben.

Diese einheitliche Dominanz von linker Hirnhälfte und rechter Körperseite ist jedoch keine Garantie für eine mühelose schulische Laufbahn. Vielleicht besteht in diesem Fall die Tendenz, die Gestalthälfte auszuschalten, sobald das Sprachhirn aktiviert ist. Hat das Kind nicht genügend Möglichkeiten für positive, vergnügliche Erfahrungen mit Bewegung und bei der Erkundung seiner Umwelt, lernt es vielleicht nicht genügend zu interagieren, seine Fantasie und Kreativität einzusetzen oder zu entspannen und loszulassen. Es schafft sich durch seine Sprachhälfte vielleicht Stress, wenn es um Zeitorganisation, Ziele oder Selbstkritik geht. Vielleicht bemüht es sich auch zu sehr und ist durch den Zwang zur Perfektion wie gelähmt.

Manchmal werden Kinder mit einheitlicher Dominanz in der Schule derart dafür belohnt, dass sie die Gestalthälfte abschalten, dass sie, wenn sie die dritte Klasse erreicht haben, den Vorteil aus den ersten beiden Klassen verlieren. Oft wissen sie die Antwort, können sie aber nicht niederschreiben, weil sie sich zu sehr bemühen: Sie überlassen der analytischen Sprachhälfte die Kontrolle über die Schreibhand, so dass ihre Bewegungen ungelenk werden, wenn sie zwischen Denken und Tun hin und her wechseln. In diesem einseitigen Zustand können sie das, was sie wissen, nicht ausdrücken, weil ihr Sprachhirn, das immer nur *eine* Sache erledigen kann, mit der motorischen Steuerung des *Schreibens* befasst ist anstatt mit Denken und Ausdruck. Die Kinder haben jetzt keinen Zugang zum Langzeitgedächtnis, um die Informationen abzurufen, die sie sicher zu wissen glaubten.

Wenn Kinder mit einheitlicher Dominanz sich zu sehr bemühen (und so in Stress geraten), lesen sie vielleicht nur mit dem rechten Auge und ermüden leicht. Sie können die Bedeutung der Wörter nicht aus dem Kontext erschließen – eine Gestaltfunktion – und verlassen sich übermäßig auf ihre Fähigkeiten beim Entschlüsseln. Häufig lesen sie mit hoher, schriller Stimme, die den Stress des Sprachhirns beim Analysieren des Textes verrät. Die Kinder können sehr viel schneller denken als lesen.

Lesen langweilt sie gewöhnlich, denn die Freude am Lesen rührt von einem integrierten Zustand her, in dem beide Augen und beide Gehirnhälften zusammenarbeiten.

Kinder mit einheitlicher Dominanz machen häufig Rechtschreibfehler; daraus lässt sich schließen, dass sie die Wörter am Klang erkennen und nicht visualisieren. Sie erkennen nur schwer, wenn ein Wort falsch aussieht, und es ist eine große Herausforderung für sie, wenn sie die Ähnlichkeit im Wortstamm zwischen neuen und bereits bekannten Wörtern erkennen sollen. Sie machen wiederholt die gleichen Rechtschreibfehler, da sie das Wort, das sie schreiben, nicht mit dem *gleichen* Wort im Langzeitgedächtnis assoziieren können. Oft helfen ihnen auch rhythmische Hinweise wie Reime oder Silbentrennung nicht.

Dennoch kompensieren einheitlich dominant Lernende in der Schule recht gut, sie können mit relativ wenig Stress schulische Erfolge erreichen. Sie arbeiten gewöhnlich gut, wenn es ihnen auch an Fantasie fehlt. Manchmal fällt es ihnen schwer, ihre Gefühle auszudrücken, und sie assoziieren Kreativität und Gefühl häufig nicht mit Arbeit oder Erfolg. Sie sehen unter Umständen nicht, dass es eine Verbindung zwischen Leben und Schule oder, später dann, zwischen Leben und Arbeit gibt.

Gemischte Dominanz

Gemischte Dominanz liegt dann vor, wenn das dominante Auge und Ohr, der dominante Arm und das dominante Bein *nicht* auf derselben Körperseite sind. Mehr als 50 Prozent der Menschen mit Lernbehinderungen sind gemischt dominant, denn diese Muster fordern Verwirrung und Desorganisation geradezu heraus, besonders bei paralleler Verarbeitung.

Das Problem ist besonders akut, wenn bei einem Rechtshänder das linke Auge dominant ist. Solchen Schülern erscheint das Lesen von links nach rechts aus ihrer Sicht als unnatürlich und das kompensieren sie, indem sie das dominante Auge abschalten, um das rechte Auge führen zu lassen. Damit sind aber ihr visuelles Gedächtnis und andere Gestalthirnfertigkeiten kaum mehr zugänglich.

Einseitige Dominanz

Bei vielen Menschen, für die Lernen eine große Herausforderung darstellt, ist die rechte Körperseite einschließlich der rechten Gehirnhälfte durchgängig dominant. In Stresssituationen sind sie überfordert und blockiert, sie können nicht gleichzeitig denken und dabei Hand, Auge, Ohr und Fuß steuern.

Fallbeispiel: Jim

Jim ist 33 Jahre alt und leitender Angestellter. Er möchte besser lesen können, da er selbst der Meinung ist, er sei durch seine Dyslexie eingeschränkt. Er hat das Gefühl, er komme dadurch in seiner Karriere nicht voran, und er gesteht, dass er alles tue, um seine Schwierigkeiten zu verbergen. Sobald seine Sekretärin ihn bittet einen Brief durchzusehen, gibt er vor, er sei beschäftigt, er werde sich später damit befassen. In Wirklichkeit will er nur vermeiden, den Brief durchzulesen, während sie neben ihm steht. Wenn er bei einer Sitzung Dokumente durchlesen soll, behauptet er, er habe seine Brille vergessen, und bittet einen Kollegen, ihm die Hauptpunkte vorzutragen. Mittlerweile ist seine Arbeit für ihn zum Albtraum geworden.

Jim hat nie gerne gelesen, da er immer viel Mühe damit hatte. Sein Gehirndominanzprofil ist gemischt: rechtshemisphärisch dominant, rechtshändig, linkes Auge und rechtes Ohr dominant. Er sitzt nervös in meinem Sprechzimmer und hält ein Buch in der Hand, aus dem er mir vorlesen soll. Er macht den Eindruck als hinge sein Leben davon ab, dass er mir einen Abschnitt fehlerlos vorliest.

Ich versuche ihn zu beruhigen und erkläre ihm, dass das Lesen „vorher" nicht als Bestrafung gedacht ist. „Damit wird es möglich, vorher und nachher zu vergleichen", sage ich zu ihm. „So können wir beide hinterher befriedigt feststellen, ob es Veränderungen gibt. So wird auch neu erlerntes Verhalten eingeprägt." Jim wirkt nicht sehr beeindruckt und ist offensichtlich nicht bereit sich zu entspannen.

Beim Vorlesen bewegt Jim seine Augen unkontrolliert, anstatt sie Zeile für Zeile fließend vor und zurück gleiten zu lassen. In kurzen Abständen hält er inne, um nachzudenken oder um etwas noch einmal zu lesen, was er wieder vergessen hat. Beim Lesen klingt seine Stimme anders als im normalen Gespräch, an Stelle seines wohl klingenden Tenors ist eine gepresste, hohe Stimme zu hören. Manchmal stolpert er über die Zeichensetzung oder schnappt mitten im Satz nach Luft.

Als ich ihn dann bitte, mit eigenen Worten zusammenzufassen, was er gerade gelesen hat, ist er nicht in der Lage zu paraphrasieren, sondern sucht stattdessen in seinem Kurzzeitgedächtnis, um den Text wortwörtlich wiedergeben zu können. Mit diesem Verhalten bekäme Jim üblicherweise eine Dyslexie oder eine Aufmerksamkeitsdefizitstörung (ADS) bescheinigt. Er schaltet zum Lesen seinen dominanten „Gestalt-Lernstil" und sein weitsichtiges linkes Auge ab. Er meidet durchgängig sein Mittelfeld, hat das Schulsystem aber trotzdem überlebt: Mit Hilfe der parallelen Verarbeitung wechselte er zwischen den Hemisphären hin und her und lernte unzählige Texte auswendig.

Ich bitte Jim einige Brain-Gym®-Übungen zu machen, damit er die bilaterale Verarbeitung im Mittelfeld lernen kann. Dazu gehören einige Bewegungen, die speziell für sein Profil gedacht sind und die beide Seiten des Gehirns integrieren. Zum Beispiel zeichnet Jim mehrmals die Liegende Acht, das Unendlichkeitszeichen, mit der Hand in die Luft. Um sein nichtdominantes „Gestalt-Ohr" zu aktivieren, wiederholt Jim diese Übung, diesmal aber presst er dabei sein rechtes Ohr gegen seinen rechten Arm. Wir nennen diese Bewegung (die es nur bei Brain-Gym® gibt) „Elefant" – der ausgestreckte Arm sieht wie ein Elefantenrüssel aus.

Nach diesen speziell ausgewählten Übungen wenden wir uns wieder dem Buch zu. Jim wirkt immer noch nervös. Er fängt an zu lesen und entspannt sich unmittelbar – er merkt, dass eine Veränderung stattgefunden hat. Er liest jetzt flüssig und erschließt sich die Bedeutung mühelos. Als ich ihn um eine Zusammenfassung bitte, braucht er die entscheidenden Sätze nicht mehr wörtlich zu wiederholen, sondern kann die Bedeutung jetzt mit eigenen Worten wiedergeben. Jim ist begeistert und fragt mich, ob das alles gewesen sei. Ich fordere ihn auf, die Bewegungen einen Monat lang zu üben, damit die neuen Vorgehensweisen verstärkt werden. Und ich versichere ihm, dass er keine Schwierigkeiten mehr haben werde, wenn das Verhalten einmal im Körper verankert sei.

„Ist es wirklich so einfach?", fragt Jim daraufhin. Ich antworte ihm mit einem Vergleich. „Stell dir vor, du hast dir angewöhnt, mit überkreuzten Beinen Auto zu fahren. Du drückst mit dem linken Fuß auf das Gaspedal und bremst mit dem rechten. Das ist für deinen Körper alles andere als natürlich und sehr unbequem, ganz zu schweigen von dem fürchterlichen Fahrstil. Du hast es dir aber von Anfang an so angewöhnt und glaubst deshalb, dass man so Auto fährt, und versuchst das Beste daraus zu machen. Immer wenn du mit dem Auto losfährst, fühlst du dich elend.

Und wie schwierig wäre es für mich, dir beizubringen nicht mehr mit über-kreuzten Beinen zu fahren? Es wäre ganz einfach! Und doch wäre das Ergeb-nis – bezogen auf die bessere Fahrweise und den Spaß daran – erstaunlich."

„Und warum machen dann nicht alle Menschen Brain-Gym®?", fragt Jim dar-aufhin mit jugendlicher Begeisterung. Ich antworte lachend: „Das ist eine Frage, auf die ich selbst gerne die Antwort wüsste!"

Bei der Dimension Lateralität geht des demnach um die Verbindung von links nach rechts, von Seite zu Seite, und darum, dass die beiden sich im Mittelfeld vereinigen. Für optimale Leistungen ist es jedoch nötig, dass eine Integration mit der Dimension oben-unten – das bedeutet Koordination – und mit der Dimension vorne-hinten – das bedeutet Partizipation – stattfindet, oder anders ausgedrückt, dass eine Balance zwischen Rückzug und Drang nach vorne vorhanden ist. Wir brauchen einen Idealpunkt zwischen hinten und vorne, an dem wir den Anreiz verspüren, fokussiert bei einer Aufgabe zu blei-ben und trotzdem den Gesamtkontext nicht aus den Augen zu verlieren. Wir sollten in der Lage sein, uns rational zu verhalten und dennoch die Verbin-dung zu unseren Gefühlen zu behalten. Damit wir unser gesamtes Potenzial verwirklichen können, müssen die Dimensionen Zentrierung und Fokussie-rung verfügbar bleiben und die Lateralität unterstützen.

Die Dimension der Zentrierung

Die Fähigkeit der Zentrierung ist die Quelle unserer emotionalen Intelligenz und die Basis für Freude, Leidenschaft, Spielbereitschaft, soziale Bindungen, Gedächtnis und Assoziationen sowie für unser Bewusstsein für uns selbst und unsere Persönlichkeit. Die Dimension Zentrierung gründet sich auf die Ver-bindung zwischen dem rationalen cerebralen Kortex (an der Oberseite des Gehirns) und dem emotionalen limbischen System (im unteren Teil des Gehirns), das alle eingehenden sensorischen Informationen verarbeitet. Diese Verbindung stellt die eher logischen und verbalen Fähigkeiten des Kortex neben die eher instinktiven, intuitiven und manchmal irrationalen Bedürf-nisse der unteren Teile des Gehirns.

Ist die Dimension Zentrierung durch die Dimensionen Fokussierung und Lateralität ausbalanciert, so sind wir in der Gegenwart stärker präsent, wir leben unsere Gefühle, sind in unserem Selbstbewusstsein geerdet und wir sind so organisiert, dass wir effektiv handeln. Wir können Beziehungen zu anderen Menschen aufnehmen und die Welt im Spiel entdecken. Sobald wir unter negativem Stress leiden, haben wir keinen Zugang zu diesem Balancezustand, die kortikalen Funktionen sind eingeschränkt und das führt zur limbischen Kampf-oder-Flucht-Reaktion. „Kampf" zeigt sich in Form von Aggression oder einfach nur Nichtangepasstsein, „Flucht" bedeutet übersetzt, dass man vor einer Aufgabe wegläuft, nicht bei der Sache ist oder gleich gar nicht anfängt.

Die Brain-Gym®-Übungen Hook-ups und Positive Punkte helfen die Organisation und die emotionale Intelligenz in unserem System wieder herzustellen. Wir können dann besser mit Stress umgehen und dadurch beide Hemisphären eingeschaltet lassen.

Die Dimension der Fokussierung

Fokussierung ist die Intelligenz, die sich in unserer bewussten Aufmerksamkeit zeigt. Die Menschen haben sich auf einzigartige Weise fortentwickelt und sind in der Lage zu planen, Ziele zu verwirklichen und in ihrem Leben Sinn und Bedeutung zu erfahren. Das Gehirn organisiert sich selbst, damit der Fokus der Aufmerksamkeit auf effiziente und gezielte Leistungen ausgerichtet werden kann. Der Stirnlappen beherbergt unser Gefühl für uns selbst als soziale Wesen, die eine Aufgabe zu erfüllen haben. Die Dimension Fokussierung beruht auf den Verbindungen zwischen dem Stirnlappen, in dem die Vision unseres Ziels – ohne Beeinträchtigung durch emotionale Bedenken – bewahrt wird, und dem Hirnstamm, in dem die einfachsten Überlebensinstinkte sitzen: erstarren, sich unsichtbar machen, sich zurückhalten, um emotionale Beteiligung zu vermeiden.

Wenn wir uns überfordert fühlen, können wir nicht mehr fokussieren. In unserer modernen Welt sind viele Menschen unfähig, sich zu bewegen und auf ihren Körper zu vertrauen. Dieser Mangel kann sowohl Ursache wie auch Resultat unserer Unfähigkeit sein, Dinge zu verstehen, uns auszudrücken, mit der Umwelt Kontakt aufzunehmen und bewusst zu leben. Die Brain-Gym®-Übung Fußpumpe versetzt uns in die Lage, die Sehnen zu lockern, die uns zurückhalten, und macht uns frei, Eindrücke und Informationen besser zu verstehen und auch verständlich zum Ausdruck zu bringen.

Die Fußpumpe

Fußpumpe

Setzen Sie sich auf einen Stuhl und legen Sie einen Fuß auf das Knie des anderen Beins. Halten Sie am gebeugten Bein mit den Fingerspitzen den Anfang und das Ende des Wadenmuskels fest. Strecken und beugen Sie den hoch gelegten Fuß, bis sich vorhandene Spannungen lösen. Spüren Sie, wie die Wade sich allmählich entspannt. Anschließend wiederholen Sie diese Bewegung mit dem anderen Fuß.

Wenn uns die drei Dimensionen der Intelligenz – Lateralität, Zentrierung und Fokussierung – zugänglich sind, dann sind wir uns unserer Aufgaben bewusst und streben mühelos in Richtung unserer Zielvorstellungen. Wir spüren unsere Gefühle deutlich, wir sind organisiert und körperlich entspannt und können deshalb in der Gegenwart rational denken. Wir können Informationen lateral ohne Weiteres verarbeiten. Von links nach rechts, von rechts nach links, von Anfang bis Ende, zeitlich gestaffelt oder linear. Die vollständige Integration dieser drei Aspekte ermöglicht den Einsatz des gesamten Gehirns und die Integration von Körper und Herz.

KAPITEL 6

Bewegung und das dynamische Gehirn

F ür die menschliche Zivilisation bedeutete das Aufkommen von Eisenbahn und Telegrafie, von Fahrplänen und verschlüsselten Befehlen, dass Zeit, Geschwindigkeit und Kommunikation über große Entfernungen hinweg zu wichtigen Faktoren unseres Alltags wurden. Das Maschinenzeitalter war angebrochen, zum ersten Mal in der Geschichte verbreiteten sich Informationen ungehindert und schnell.

In den Vereinigten Staaten von Amerika und in Europa war die zweite Hälfte des 19. Jahrhunderts eine spannende Zeit, in der neue Theorien aufkamen, Erfindungen gemacht wurden und neue Forschungsgebiete entstanden. Die industrielle Revolution war in vollem Gange und die gespannten Erwartungen waren deutlich spürbar. Das Leben der Menschen veränderte sich durch verschiedene Erfindungen wie die Nähmaschine, den Fonografen (Tonaufnahmegerät) und wenig später durch das Telefon und die Glühbirne – wie auch durch den Rhythmus des seelenvollen Blues und das Stakkato des beschwingten Ragtime.

In diesem intellektuellen Klima entwickelte sich die moderne Medizin mit so gegensätzlichen Gebieten wie Psychiatrie, Psychologie, Pharmazie, Chiropraktik und Gehirnchirurgie. Die Menschen wollten wissen, wie die Dinge funktionierten. Wissenschaftler, die den menschlichen Körper als eine Maschine betrachteten, sahen Analogien, von denen viele (wie wir heute wissen) nur teilweise zutrafen.

Das menschliche Gehirn: Maschine oder Mysterium?

Die moderne Forschung am Gehirn setzte 1861 in Paris ein, wo die schnellen Strauß-Walzer, bunte, gefühlsbetonte Revuen und Konzerte in den Straßencafés zum alltäglichen Leben gehörten. In den gedämpften Farben von

Impressionisten wie Edgar Degas und Claude Monet wurden die Menschen mit Hilfe des Lichts und nicht mehr mit linearer Genauigkeit abgebildet.

Hier lebte der Pathologe, Neurochirurg und physiologische Anthropologe Pierre Paul Broca, der Begründer der modernen Gehirnchirurgie. Er entdeckte als erster, dass Verletzungen in der linken Hirnhälfte den sprachlichen Ausdruck behinderten. Dies war der Ursprung der Neurologie des Gehirns, die zunächst die Gehirnfunktionen in eine Karte des Gehirns eintrug, während sie sich mit den Auswirkungen von Gehirnverletzungen auf bestimmte Fertigkeiten befasste. Brocas Entdeckung wurde als Durchbruch gefeiert – endlich konnte man die Geheimnisse des Gehirns erkunden.

Aus Brocas Arbeit leiteten sich mindestens drei weit verbreitete Vorstellungen über das menschliche Gehirn ab und diese Fehleinschätzungen sind noch heute verbreitet, obwohl sie durch die Forschung widerlegt wurden. Erstens glaubte Broca, dass bestimmte Funktionen des Menschen – wie Gedächtnis, Musikalität, Hand-Augen-Koordination oder visuelle und auditive Fähigkeiten – nur an bestimmten Stellen im Gehirn zu lokalisieren seien und dass sie ohne weiteres in eine Karte eingetragen werden könnten. Deshalb regte er an, wissenschaftlich nach den schwer zu erfassenden Positionen der Funktionen zu suchen.

Die heutige Theorie der Neurowissenschaft besagt, dass das Gehirn, auch wenn spezifische Funktionen von bestimmten Bereichen gesteuert werden, sich am besten als Hologramm verstehen lässt – das bedeutet, dass alle Funktionen von einem extensiven Netz von Nervenverbindungen abhängig sind. Da das Gehirn sehr plastisch ist, kann es neue Pfade bilden, um so Lernen und Anpassung möglich zu machen. Die frühere statische, mechanistische Sicht des Gehirns weicht langsam zugunsten einer stärker dynamischen und mehrdimensionalen Sichtweise.

Zweitens ging Broca vom Konzept der Gehirndominanz aus – dass das menschliche Gehirn primär der Entwicklung artikulierten Sprechens und der Sprachentwicklung diene. Nach dieser Vorstellung ist es die Entwicklung der Sprache, die die Menschheit zu einer einzigartigen Spezies macht. Deshalb wurde die linke Gehirnhälfte, in der die Sprechmechanismen zu finden sind (heute unter dem Namen Broca-Zentrum bekannt), als die dominante Gehirnhälfte angesehen, wogegen man von der anderen, „weniger wichtigen" Hälfte annahm, sie habe keine bedeutsame Funktion.

Drittens glaubte Broca, Sprechen sei eine spezielle Fähigkeit unabhängig von motorischen Fertigkeiten und daher eine rein intellektuelle Funktion. Brocas

Ruhm als Arzt und Anthropologe bewirkte, dass diese Überbetonung der Sprachentwicklung weiter Bestand hatte, obwohl Kollegen diese Vorstellung bereits gegen Ende des 19. Jahrhunderts widerlegten.

Die Gehirnforschung, die durch Broca und seine Kollegen eingeleitet wurde – in einer historisch bedeutsamen Zeit, die mechanische Objekte und Kunst uneingeschränkt Seite an Seite stellte – hat sich bis in das Zeitalter des Cyberspace weiter entwickelt. Fast täglich gibt es neue Erkenntnisse, die entweder auf den alten aufbauen oder diese widerlegen.

Als immer mehr Menschen in die Städte zogen, kam es zu einer natürlichen Renaissance der Kunst. Städte und Gemeinden gaben Geld aus für Museen, architektonisch besonders gestaltete Bauten, für Ballettkompanien und Symphonieorchester. Die Bürger achteten darauf, ihre Städte schön zu gestalten, und die Künste blühten auf. Brocas Betonung der Linguistik gab einen falschen Eindruck von der Wirklichkeit wider, von der künstlerischen, visuellen und musikalischen Welt, in der er lebte.

Wie die einseitige Ausrichtung auf die Sprache fortgesetzt wird

Eltern überall auf der Welt sind der Meinung, dass Kunst, Musik, Tanz und sozialer Austausch die Erziehung ihrer Kinder bereichern und sie zu guten Leistungen anspornen können. Unsere Schulen bestehen jedoch weithin auf der Bevorzugung einer mechanischen Ausbildung auf Kosten der Kreativität. Und obwohl es reichlich Beweise dafür gibt, dass die rechte Hemisphäre ebenso wichtige Eigenschaften besitzt wie die linke, hat sich die Vorstellung von der rechten Hälfte als der weniger bedeutsamen gehalten.

Untersuchungen zeigen, dass sich die Sprache entwickelt hat, damit wir über unsere Erfahrungen sprechen können, aber nicht, um wirkliche Erfahrungen zu ersetzen, aber die westlichen Gesellschaften hängen immer noch an dem Irrtum von der Bedeutung der linken Hälfte und sie bevorzugen die drei Hauptfächer Lesen, Schreiben und Rechnen[6] anstelle einer auf praktischen Erfahrungen beruhenden Bildung. Dadurch entsteht weiterhin mehr Schaden als Nutzen – besonders in der heutigen pädagogischen Praxis. Erst wenn

---

6   Im Amerikanischen: *the three Rs.* „Der Ausdruck kommt von der ironisch-falschen Schreibweise ,reading, 'riting and 'rithmetic' und wird häufig in öffentlichen Diskussionen über den sich abzeichnenden Niedergang des Bildungsniveaus angeführt." Quelle: Wörterbuch Pons/Collins]

unsere Kultur besser über Balance Bescheid weiß, wird man erkennen, dass eine herausragende, weil stimmige, menschengemäße Konzeption in der Pädagogik keine Frage des Entweder-oder ist.

Mit der Überbetonung akademischer Fähigkeiten führt diese einseitige Sicht des Lernens weiterhin zu Verzerrungen und einer Mechanisierung unseres Bildungssystems. In Wahrheit ist das Auge mehr als eine Kamera, das Herz mehr als eine Pumpe und das Gehirn mehr als ein Computer. Tatsächlich besagt die moderne Hirnforschung, dass das Sprachhirn nur ein Werkzeug für unseren lebendigen, neugierigen und leidenschaftlichen Körper ist. Je mehr wir uns bewusst auf neue Art bewegen, desto mehr lernen wir.

Das Gehirn ist Fleisch gewordene Erfahrung und seine Plastizität wird nur durch unsere Unbeweglichkeit begrenzt. Kinder, bei denen eine „Gehirnschädigung" festgestellt wurde, können in einem anderen Areal neue Verbindungen wachsen lassen, wenn das Gehirn diesen anderen Teil veranlasst, die Arbeit des geschädigten Bereichs zu übernehmen. Das Gehirn ist so anpassungsfähig, dass sogar für den Fall, dass eine Hemisphäre entfernt werden müsste, deren Aufgaben oft von der anderen übernommen werden könnten.

Bis diese Sichtweise ins allgemeine Bewusstsein vordringt, wiederholen wir als Eltern und Lehrer vielleicht bei unseren Kindern alte Fehler: Wir versuchen sie auf dem Weg über die Sprache zu unterrichten und dementsprechend zu beurteilen, obwohl wir eigentlich die vielfältigen in unseren Kindern schlummernden Ressourcen ansprechen könnten, mit denen wirklich neues Lernen möglich wird.

Wir sehen also, dass das menschliche Gehirn in Wirklichkeit ein dynamisches System miteinander verbundener Teile ist, die die natürliche Aufgabe haben, zusammenzuarbeiten und uns zu helfen, dass wir lernen und wachsen, während wir nach Struktur und Ordnung streben. An sich ist kein Bereich unseres Gehirns wichtiger als ein anderer. Geist, Herz und Körper verändern und entwickeln sich bei jedem Individuum kontinuierlich in einem dynamischen Miteinander, in dem Maße, in dem sich ein Mann oder eine Frau mit den vielfältigen Lebenserfahrungen auseinander setzen.

Meine künstlerische „Erbschaft"

Meine Großeltern mütterlicherseits, „Papa Henry" und „Mama Rebecca" Ehrlich, flohen aus Deutschland und gingen nach Amerika, wo sie sich politische Freiheit und größere ausbildungsmäßige und kulturelle Möglichkeiten erhofften. Mit einem Sohn und sechs Töchtern kamen sie in New York an. Dort wurde 1910 meine Mutter, ihr achtes Kind, geboren.

Papa Henry und Mama Rebecca fühlten sich vom Schönen und Besonderen angezogen und die Künste waren ihre verzehrende Leidenschaft, ihr Lebenselixier. Meine Großeltern zogen eine talentierte Familie heran, aber ihnen war klar, dass ihre Kinder nur dann Bestleistungen bringen würden, wenn sie strikte Disziplin einhielten und viele Stunden übten. Alle ihre Kinder wählten schließlich künstlerische Berufe: Unter ihnen gab es einen Maler, eine Bildhauerin, eine Pianistin, eine Opernsängerin, eine Balletttänzerin, eine Innenarchitektin und eine Choreografin in Hollywood.

Fast während meiner gesamten Schulzeit, ab dem Alter von sechs bis etwa sechzehn, hatte ich das große Glück, in einem Milieu aufzuwachsen, das durch die Kunst, durch Musik und Tanz geprägt war. Meine Eltern waren die Produzenten, Direktoren und Puppenspieler der *Dennison Marionettes*, sie traten in Vorstellungen für junge Leute auf und mein Bruder Peter und ich gehörten immer dazu.

Unser bescheidenes Zuhause wurde ständig durch die Kunst verändert. Vor meinen Augen verwandelte sich rohes Holz und wurde zu den Bildern für den Bühnenaufbau: Darstellungen von Peter Pans Niemandsland oder der majestätischen Schönheit des Nordwestens in Paul Bunyans Wald. Die geschickte Schreinerkunst meines Vaters und die gekonnten Wandmalereien meiner Mutter erfüllten diese wunderschönen Szenerien mit Leben.

Meine Mutter verwandelte mit ihrem handwerklichen Geschick Holzstücke, Papiermaché und ausgestopfte Socken in etwa einen Meter große Marionettenfiguren: Captain Hook, Babe, der blaue Ochse, eine spanische Tänzerin mit roten Schuhen oder eine kleine, blonde Ballerina. Oft hörte ich nach dem Zubettgehen die Nähmaschine meiner Mutter noch bis spät in die Nacht surren. Am Morgen waren dann oft fantasievoll gekleidete Figuren gleichsam als Gäste in unserem Zuhause aufgetaucht. Ihre Geschichten wurden mit Leben erfüllt, wenn meine Eltern ihren Text übten und die neuen Marionetten bewegten und tanzen ließen.

Wenn ich auch zu dieser Zeit noch keine Ahnung davon hatte, waren wir Dennisons ein lebendes Beispiel für das ganze, dynamische Gehirn in Aktion – und Bewegung war der Kern von allem. Wir waren der präfrontale Kortex – indem wir uns die Produktion ausdachten, sie entwarfen, planten und leiteten. Die Geschichte, die Musik, die bildende Kunst und auch die Charaktere, die Mutter jeder Marionette zuwies, repräsentierten das Mittelhirn (auch als limbisches System bekannt). Dieser emotionale Kontext war es, der die Geschichte lebendig werden ließ und die zuhörenden und zuschauenden Kinder fesselte. Die Bühne, die Szenerie, die Choreografie und die Fäden, an denen die Marionetten hingen, standen für den Hirnstamm, der den Inhalt der Show in sich barg und von dem aus Bewegungen überwacht und ausgeführt wurden. Das Skript und die Bühnenanweisungen, die den Einsatz unserer Familie für hervorragende Leistungen widerspiegelten, können mit der Arbeit der integrierten Stirnlappen verglichen werden.

Wir ließen uns durch nichts abhalten, wenn wir Kunst schufen. Keine Minute war uns zu viel, es wurde genäht, gemalt und geprobt, bis alles perfekt war. Und die Belohnung war uns sicher: Vorfreude begleitete uns durch jede Phase der Vorbereitungen und wenn wir in der Vorstellung die gebannte Überraschung und das Entzücken auf den Gesichtern der Kinder in den vorderen Reihen sahen, hatte sich die ganze Mühe gelohnt.

Mit Geschichten und Musik die Gehirnstruktur erkennen

Die Hauptbestandteile des Gehirns sind der linke und rechte Kortex, das Mittelhirn (auch als limbisches System bekannt) und der Hirnstamm. Wie in Kapitel 3 aufgezeigt wird der vordere Bereich des Kortex (der Hirnrinde) als der präfrontale Kortex bezeichnet oder als die Stirnlappen – das ist der Teil der Hirnrinde, mit dessen Hilfe wir wahrnehmen, uns auf neue Art bewegen, Entscheidungen treffen und – was am wichtigsten ist – uns unserer selbst bewusst sind.

Die Stirnlappen sind in der Evolution des Gehirns der jüngste Teil, sie machen unser „beobachtendes Selbst" möglich: Deshalb können wir über uns selbst reflektieren, Ergebnisse vorausberechnen, Befriedigung aufschieben, Stimmungen und soziale Interaktionen interpretieren und die großen Muster hinter kulturellen oder globalen Ereignissen erkennen.

Wie stellt sich all das im wirklichen Leben dar? Der Forscher Roger C. Schank setzt sich in seinem Buch *Tell Me a Story: Narrative and Intelligence* entschieden für die Vorteile des Geschichtenerzählens ein. Auch ich bin vom Wert der Geschichten überzeugt – sie bereichern von Kindheit an unsere Fantasie und fördern unsere Intelligenz.

In meiner Kinderzeit war eine meiner liebsten Marionettenaufführungen die bekannte Geschichte *Peter und der Wolf*, mit der wunderbaren Musik von Sergej Prokofjew, die er 1936 für das Moskauer Kindertheater geschrieben hatte. Wir könnten uns Peter, zusammen mit den Streichinstrumenten, die ihn repräsentieren, als *die rechte Gehirnhälfte in Aktion* vorstellen. Vielleicht erinnern Sie sich, dass der Erzähler (betrachten wir ihn als die verbale linke Hälfte) die Geschichte so einleitet: „Eines Morgens öffnete Peter die Gartentür und ging hinaus auf die große, grüne Wiese."

Die beschwingte Melodie lässt vor unseren Augen bildhaft die Szene aufsteigen, wie Peter spielt und tanzt, wie er mit allen Sinnen genießt und offen ist für neue Erfahrungen. Der Erzähler fährt fort und setzt die Erfahrung (wieder wie die linke Hälfte) in Worte um, er gibt ihr dadurch Form, Struktur und einen Zeitablauf. Der Vogel zwitschert munter mit seiner trällernden Flötenstimme, er repräsentiert die Stirnlappen, die unentwegt Feedback bieten – dank der schnellen Auffassungsgabe, des guten Sehvermögens und der Fähigkeit zur Vorausschau auf Kommendes.

Die Ente wird durch den tiefen Klang der Oboe dargestellt, in langsamer Bewegung im fließenden Wasser dahingleitend. Dieses Bild erinnert mich an den langsameren, geerdeten Rhythmus des Herzens. Der Vogel und die Ente streiten und halten einander vor, dass sie nicht fliegen und er nicht schwimmen könne – und wieder vertritt die Ente das Mittelhirn, das in den tiefen Wassern unserer Emotionen „schwimmt". Wir erkennen die uralte Dichotomie zwischen Kopf und Herz: Der kopfgesteuerte Vogel kann fliegen, versteht aber nicht, wie ein anderer Vogel schwimmen kann.

Dieser abstrakte Streit, der die körperlichen Fähigkeiten der beiden in Frage stellt, lässt den „Vorderhirn"-Vogel und die „Mittelhirn"-Ente die Katze übersehen, der sich unter den gedehnten Klängen der Klarinette anschleicht. Die Katze, perfekt in ihrem Körper zentriert, ist beispielhaft in ihren instinktiven Bewegungen und kann in diesem Zusammenhang vielleicht die Reflexe aus der frühkindlichen Entwicklung repräsentieren, die im Hirnstamm gespeichert sind.

Schließlich kündigen die langsamen, getragenen, synkopischen Fagottklänge den Auftritt des Großvaters an. Unsere Großväter müssen für uns die Traditionen und die Grenzen des alten Hirnstamms bewahren – alles, was wir über Einschränkungen wissen müssen, damit unsere Sicherheit und unser Überleben garantiert sind, auf dass wir dann wieder neu beginnen können.

Die Amygdala reagiert auf Gefahr

Die Amygdala und das sympathische Nervensystem übernehmen die Regie, als der Wolf erscheint – angekündigt durch Waldhörner – und hinter der Ente herjagt, die (wie das Mittelhirn in seinem Kampf-oder-Flucht-Reflex) kopflos aus dem ruhigen Wasser flieht, also ihre innere Ordnung und Balance verliert.

Der Wolf beschwört die Gefahren des nicht integrierten Hirnstamms herauf, der alle übrigen Gehirnareale für die reflexartigen Bedürfnisse des Überlebens beansprucht. Der Hirnstamm ist das innere Raubtier, das darauf lauert, das Herz für sich einzunehmen und die angenehmen Seiten des Lebens zu stören.

Der Wolf fängt seine Beute und verschlingt die Ente – das Herz – „mit einmal". Wenn nur noch der Wolf auf der Bühne ist, werden die Zuschauer von Angst und Trauer erfasst.

Jetzt erklärt der Erzähler beiläufig, wo sich die übrigen Mitspieler befinden, und hilft uns so, wieder zu einer Struktur zu finden, damit es weitergehen kann. Er erzählt uns in allen Einzelheiten, wie Peter mit einem Seil Vorbereitungen trifft, um den Wolf am Schwanz zu fangen. Dabei gibt er uns das Gefühl, dass auch wir, falls nötig, den Feind besiegen könnten, wenn er uns unsere Lebendigkeit nähme.

Was hören wir dann? Es sind die Jäger (angekündigt durch Pauken), die dem Wolf auf der Spur sind und mit ihren Flinten herbeieilen. Während wir der Musik lauschen, wird durch die gleichmäßige Gangart und den getragenen Marschrhythmus der Überkreuzbewegung das Kleinhirn aktiviert, das unsere Bewegungen steuert.

Peter aktiviert jetzt seine Stirnlappen und setzt sich über die Reaktion der Amygdala und des sympathischen Nervensystems, die zum Eingreifen bereit sind, hinweg: „Ihr sollt nicht schießen! Der kleine Vogel und ich, wir haben den Wolf doch gefangen ..."

Das Handeln unseres Helden (kombiniert mit der Wahrnehmungsfähigkeit des Vogels) lässt uns zum Gesamtbild zurückkehren und damit zur Normalität. Das parasympathische Nervensystem (alle Instrumente gemeinsam) antwortet, indem es unseren Rhythmus und unsere Atmung verlangsamt und die Ruhe wieder herstellt.

In der Version meiner Eltern wird die Ente lebend wieder hervorgewürgt und es herrscht eitel Freude. Die Balance ist wieder hergestellt und alle Mitspieler marschieren mit Peter an der Spitze in einem Triumphzug über die Bühne. Peter ist durch seine besonnene Beobachtung, seine Gelassenheit und seine von Herzen kommende Reaktion auf die Situation reifer geworden, seine Fähigkeit der Entscheidungsfindung ist gewachsen.

Der Hirnstamm fragt: „Wo bin ich?"

Der Hirnstamm ist das „alte Gehirn", das erste Nervengeflecht, das sich bereits *im Uterus* und im Säuglingsalter entwickelt. Es ist der Sitz aller unserer autonomen Reflexe und Funktionen: Atmung, Herzschlag, Sehen. Meiner Vorstellung nach entwickelt sich der Hirnstamm als Antwort auf die Frage „Wo bin ich?" – eine Frage, die von den menschlichen Sinnen ausgeht, während sie unablässig ihren enormen Beitrag für das menschliche Bewusstsein leisten.

Diese Frage ist kennzeichnend für die anfängliche Suche des Säuglings nach Struktur, wenn er die Umgebung im Mutterleib und später den Herzschlag und den Körper der Mutter wahrnimmt. Es ist seine Frage nach dem Raum, während seine Reflexbewegungen ihn am Leben halten – greifen, drehen, saugen und sich trotz seiner Verletzlichkeit sicher fühlen. Der Hirnstamm entwickelt sich im Zusammenhang mit unserer sinnlichen Wahrnehmung und den Reaktionen unserer Sinne auf die Umgebung. Auf die Frage „Wo bin ich?" erfahren wir über unsere Propriozeption Einzelheiten über unsere Form, unsere Größe und unsere Bewegungsmuster. Durch sie erkennen wir unsere Grenzen und von daher schließlich auch den Platz, wo *wir* uns befinden.

Wir alle greifen auf das „Wo bin ich?" des Hirnstamms zurück, wenn wir uns einer neuen Situation gegenübersehen. Solange wir uns in unserer Umgebung nicht relativ sicher fühlen, versuchen wir immer wieder unsere Position zu bestimmen, und deshalb sind wir nicht in der Lage, den nächsten Schritt zu neuem Wachstum zu tun. Wenn wir zum Beispiel in ein neues Klassenzimmer kommen, wählen wir vielleicht einen Sitzplatz, von dem aus wir gut sehen und hören und uns ohne Ablenkung am Unterricht beteiligen können. Es könnte aber auch sein, dass es uns mehr zur sicheren letzten Reihe zieht, wo wir uns weniger beobachtet fühlen, aber nicht so gut mitmachen können. Während Peter keine Angst vor Wölfen hat und hinaus zu neuen Erfahrungen geht, zieht sich der Großvater schnell hinter seine sicheren Grenzen zurück, er sperrt das Tor zu und meidet mögliche Gefahren ...

Im Hirnstamm sitzt unsere reflexartige Fähigkeit mitzumachen und zu genießen oder aber uns zurückzuziehen, zu erstarren und uns zu verstecken. Erkennt das System, dass die Gefahr vorüber ist und wir uns da, wo wir uns befinden, wieder wohl fühlen können, wird der Hirnstamm wieder aktiv: Durch ihn sind wir fähig, uns sicher zu fühlen und wieder aktiv zu werden und mitzumachen. Solange die Frage nach dem Wo nicht wenigstens einigermaßen befriedigend beantwortet ist, kann keine höhere Gehirnfunktion gestartet werden. Unser System nimmt ständig Informationen auf, aber wir werden erst wieder aktiv, wenn wir wissen, wo wir uns befinden.

Das Mittelhirn fragt: „Wo ist er/sie/es?"

Mit dem Begriff „Mittelhirn" bezeichne ich das emotional-kognitive limbische System des Gehirns. Das Mittelhirn fragt: „Wo ist er/sie/es? Wo ist das andere?" Wer oder was es auch sein mag, dieser Teil des Gehirns will wissen, wo sich jemand oder etwas befindet. Seine Absicht besteht darin, Empfindungen und Gefühle innerhalb und außerhalb Ihrer persönlichen Grenzen zu deuten. Wenn das Mittelhirn in Balance ist, erfasst es mit Hilfe der Herzresonanz den Rhythmus des Gegenübers – auf der Suche nach Verbundenheit und Zugehörigkeit.

In diesem Zentrum mit seinen assoziativen Fähigkeiten entstehen unsere Gefühle – Freude, Angst, Frust und Wut, aber auch Trauer. Wegen seiner assoziativen Fähigkeiten ist das Mittelhirn Voraussetzung für das Gedächtnis. Auch abstraktes oder assoziatives Denken setzt Emotionen und Gefühle auf der Ebene des Mittelhirns voraus, es ist der Kern unserer Herzresonanz.

Das Mittelhirn ist eng verknüpft mit Nervenverbindungen, die zum Herzen führen, und enthält unser emotionales Zentrum. Die Lebendigkeit dieses Zentrums ist Voraussetzung für unsere Fähigkeit, in Beziehungen auf andere zuzugehen. Dass wir als soziale Wesen in Gemeinschaften leben können, wird durch unseren Herzrhythmus möglich: Er fördert unsere Hinneigung zu anderen Menschen in der Freude an Spiel und Kooperation. Wenn wir Dinge berühren oder Verbindung zu Menschen aufnehmen, um unsere Umwelt zu gestalten – um zu bauen, zu forschen und kreativ zu sein –, beantworten wir die Frage des Mittelhirns: „Wo ist er/sie/es?" Der Hirnstamm sorgt dafür, dass wir sicher sind und uns zurückhalten können, das Mittelhirn jedoch ist bereit, nach außen zu gehen, zu interagieren und sich einzumischen. Sofern es sich sicher fühlt, ist es risikobereit. Wie Peter und die Ente ist es bereit für physische und emotionale Erfahrungen, wenn das Tor offen ist.

Ist unser Raum bedroht, so aktiviert das limbische System des Mittelhirns, das eng mit der Amygdala verknüpft ist, eine Kampf-oder-Flucht-Reaktion des sympathischen Nervensystems. Dann tritt an die Stelle unserer Fähigkeit, zu anderen Verbindung aufzunehmen, eine emotionale Antwort: Wir wollen entweder die Fäuste sprechen lassen oder den Kampf mit Worten ausfechten. Vielleicht nehmen wir auch die Beine in die Hand und fliehen oder wir fliegen mit Hilfe eines Buchs oder unserer Fantasie in eine andere Zeit oder an einen anderen Ort. Auf diese Weise ziehen wir uns in den Hirnstamm zurück, bis alles wieder sicher ist und wir hervorkommen und spielen können.

Reaktionen auf negativen Stress

Fast alle Leute, ja sogar kleine Kinder, die in meine Praxis kommen, klagen über Stress und Sorgen. In unserer modernen Welt, die Denken und Schnelligkeit an erste Stelle setzt, ist Stress zu einem chronischen Problem angewachsen. Da Stress uns auf primitivere Teile des Gehirns zurückwirft, führt er auch in der Gesellschaft allgemein zu einer Regression.

Stress wirkt sich tief greifend auf das Gehirn aus. Ich sage oft zu meinen Schülern, Klienten oder Kursteilnehmern, dass sie unter Stress nicht wirklich lernen können. Negative Stressauslöser aktivieren das Kampf-oder-Flucht-Syndrom, das den Körper mit Hormonen überflutet, um ihn auf sofortige Reaktionen vorzubereiten. In der Frühgeschichte unserer Evolution, als wir vor den uns umgebenden Gefahren noch weniger geschützt waren, war die Kampf-oder-Flucht-Reaktion lebensrettend, heute jedoch wirkt sie schwächend. Ich treffe auf viele Menschen (und wiederum auch Kinder), die sich permanent im Stresszustand befinden und nur selten aus ihrer Kampf-oder-Flucht-Mentalität aussteigen können.

Die Stressreaktion sollte eigentlich eine Reaktion auf wirkliche Gefahr sein, aber meistens handelt es sich nur um eine imaginäre Gefahr. Außer wenn wir in einem Krieg oder einer ähnlich ungewöhnlichen Situation kämpfen, sind wir nie permanent in Gefahr zu sterben. Unser Körper ist nicht auf ein chronisches Trauma vorbereitet. Die Wissenschaft weiß, dass intensiver Stress zur Produktion von Hormonen führt, die ihrerseits Neuronen zerstören, die für Lernen und Gedächtnis verantwortlich sind. Ein hoher Pegel dieser Hormone kann unter Umständen noch lange nach dem ursprünglichen Auslösen der Reaktion erhalten bleiben. Das Stresshormon Kortisol zum Beispiel wird in der Leber abgebaut, aber nach einem Streit können bis zu acht Stunden vergehen, bis es völlig abgebaut ist.

Wenn wir gestresst sind, neigen wir dazu, uns auf die Gehirnbereiche zurück-zuziehen, die sich als erste entwickelten. Bei einer Beschränkung auf das nicht integrierte Mittelhirn geraten wir in den emotional aufgeladenen Kampf-oder-Flucht-Zustand. Ziehen wir uns in den Hirnstamm zurück, sind wir im emotionslosen Zustand von Flucht-oder-Erstarrung. Kämpfe, die aus dem Mittelhirn entspringen, sind anders als die aus dem Hirnstamm. Ein Kampf aus dem Mittelhirn heraus ist leidenschaftlich wie der Streit zwischen dem Vogel und der Ente. Dabei sind Gefühle im Spiel, während der Kampf aus dem Hirnstamm heraus gnadenlos und berechnend ist, wie die Jagd des Wol-fes nach der Ente.

Negativer Stress wirft uns also auf das Mittelhirn zurück und dann noch wei-ter zurück in den Hirnstamm, der uns auf Autopilot schaltet. Wir sind nicht mehr vollständig mit den Stirnlappen des Neokortex verbunden, dem Sitz unseres Bewusstseins und unserer Entscheidungen.

Mit den Hook-ups den Hirnstamm und das Mittelhirn verknüpfen

Ohne diese Überlebensreaktionen auf Gefahr hätte die Menschheit vielleicht die Jahrtausende nicht überlebt. Dennoch ist es heutzutage angemessen, wenn wir lernen, das Mittelhirn und den Hirnstamm für unser Wachstum zu nutzen. Die positiven Aktivitäten des Hirnstamms lassen sich fördern, indem die Fähigkeit der Selbstwahrnehmung ausgebaut und bei jeder Arbeit das Herz mit seinen Eigenschaften Liebe, Freundlichkeit und Mitgefühl einbezo-gen wird. Dann werden die Reflexe für Kampf-oder-Flucht und Kampf-oder-Erstarren nur aktiviert, falls die Situation dies erforderlich macht.

Angesichts einer drohenden Gefahr brauchen wir unsere Kampf-oder-Flucht-Reaktion zum Überleben. Wenn wir unachtsam vor einem fahrenden Bus auf die Fahrbahn treten und dann, angetrieben von einem Adrenalinstoß, auf den Gehsteig zurückspringen, nutzen wir unser Verteidigungssystem sinnvoll. Das Problem besteht darin, dass wir uns in der heutigen Welt unter Umständen fast ununterbrochen im Stresszustand von Kampf-oder-Flucht befinden, auch wenn der dazugehörige Reiz dies nicht rechtfertigt.

Wenn wir auf der Autobahn in einem Stau stecken und uns bereits für eine Verabredung verspätet haben, befinden wir uns durch unseren Ärger und Frust vielleicht in demselben Notstand, obwohl unser physisches Überleben in diesem Augenblick nicht gefährdet ist. Der Kampf-oder-Flucht-Reflex lässt unsere Energie von den lebenswichtigen Organen weg zu den Extremitäten strömen, wo sie uns auf Kampf oder Flucht vorbereitet. Aber diese Energie kann bei unserer überwiegend sitzenden Lebensweise gewöhnlich nicht abfließen und der menschliche Körper ist nicht darauf eingerichtet, mit ständigem Stress umzugehen.

Gewohnheitsmäßige unangemessene Reaktionen aus dem Hirnstamm lassen sich nur sehr schwer verändern. Der Grund ist, dass vom Hirnstamm gesteuerte Verhaltensmuster alle möglichen Ursachen haben können: Verletzungen, schlechte Ernährung, Umweltgifte oder auch falsche Bewegungsabläufe. Der Nutzen von Brain-Gym® beruht zum Teil darauf, dass diese Muster durch Bewegungserziehung beeinflusst werden können. Das heißt, dass Brain-Gym®-Übungen automatische Muster ansprechen, die sehr tief im Gehirn sitzen. Wenn wir an dieser Stelle eine Veränderung erzielen, können wir Verhalten auf der Verhaltensebene verändern, auf der es entsteht.

Wenn Verhalten sich nicht ändert, liegt das häufig daran, dass wir mentale und emotionale Erfahrungen nicht mit dem Körper verbunden, sondern nur die oberflächlichen Bereiche des Geistes beruhigt haben. Solange wir nicht wirklich in unseren Körper gehen, können wir automatisiertes Verhalten der tiefsten Ebenen nicht verändern. In unseren Brain-Gym®-Kursen lehren wir: „Lernen heißt Verhalten ändern." Solange das aufnahmebereite, ständig wachsende Gehirn nicht über neues Verhalten verfügt, kann nicht wirklich gelernt werden; es werden lediglich Worte, Gefühle und Informationen aufgenommen.

Unter den Brain-Gym®-Anwendern ist das wirksamste, bekannteste und beliebteste Hilfsmittel für eine solche Situation die Bewegung, die ich bereits in Kapitel 2 vorgestellt habe: die Hook-ups. Führen wir diese aus, so sammeln wir unsere Aufmerksamkeit im Zentrum unseres Körpers, dem Ort, wo sich die wichtigsten Muskeln für unsere Körperhaltung und die lebenswichtigen Organe befinden. Die Zunge am Gaumendach verbindet Mittelhirn und Hirnstamm und die tiefe Atmung aktiviert das Vestibularsystem (Gleichgewicht) auf dem Weg über die Zungenbeinbänder *(Ligamenta hyoidea)*: So kann das Gehirn einen Zustand der Kohärenz erreichen und wir können denken, erkennen, was vor sich geht, und unsere Stirnlappen nutzen.

Die Hook-ups auszuführen ist wie eine Umarmung. Alle Kräfte werden zusammengezogen, alle Schaltkreise verbunden, der Blutdruck sinkt und alles wird verlangsamt (zum Beispiel der Herzschlag). Dann verlassen wir langsam den Hirnstamm mit seinem Zustand von Kampf-oder-Erstarren und fühlen uns wieder sicher. Beim Überkreuzen von Armen, Händen und Füßen wird das Gleichgewichtssystem eingeschaltet, die beiden motorischen Kortizes im Stirnlappen werden angeregt und integriert, so dass sie die Wirkung des sympathischen Nervensystems neutralisieren. „Nicht schießen", sagt Peter zu uns. Wir wissen, dass alles unter Kontrolle ist und dass alles gut wird. Das Gehirn, einem chemischen Cocktail aus Hormonen zum Erzeugen von Gefühlen vergleichbar, nimmt von den Sinnen neue Informationen auf und überprüft sie, so dass wir wieder ruhig und ausgeglichen werden.

Damit erhalten wir die Gelegenheit, uns nach neuen Lebenserfahrungen umzusehen, die auf der Struktur derjenigen Dinge aufbauen, die wir bereits getan haben und die uns deshalb vertraut sind. Ob wir nun lernen, unseren Namen zu schreiben oder einen Wolf zu fangen, immer wenn wir aufmerksam wahrnehmen – das heißt die Verbindung zu den Stirnlappen herstellen, wenn wir den Stift in die Hand nehmen oder das Seil vorbereiten –, verbessern wir unsere Fertigkeiten. Und wenn wir uns auf der Ebene des Mittelhirns genügend sicher fühlen, wird dieses Zentrum für Spiel und Beziehungen unsere von Herzen kommenden Emotionen hervortreten lassen. Unter Einsatz des rechten Stirnlappens der Hirnrinde nehmen wir wahr, was geschieht. Die Information geht an die linke Hirnhälfte, um dort mit Hilfe von Sprache, Systemen und Regeln verschlüsselt zu werden. Sobald die Informationen in der Hirnrinde verschlüsselt sind, wird uns der Inhalt bewusst. Damit verschwindet ein blinder Fleck und wir können das Bewegungsmuster spüren oder uns den Ablauf vor unserem inneren Auge vorstellen.

Als Erwachsene haben wir viele der Tätigkeiten automatisiert, mit denen wir früher zu kämpfen hatten. Unsere erlernten Bewegungsmuster sind im Hirnstamm abgespeichert, wo sie gewohnheitsmäßig funktionieren. Die Ressourcen der linken und rechten Hirnhälfte stehen wieder frei zur Verfügung, so dass weitere Leistungsverbesserungen in Angriff genommen werden können. Der Hirnstamm ist dann sowohl zuständig für die Integration und Vertiefung von neu Gelerntem als auch für die Aktivierung der Überlebensreaktion. Ich bin froh, dass die Forschung endlich die wichtige Rolle des Kleinhirns – der Teil des Hirnstamms, der die Quelle unserer Bewegungsmuster ist – für Lernen und Verhalten anerkennt.

Der Charakter und der Hirnstamm

In all den Jahren hatte ich als Mentoren Persönlichkeiten, die ich sehr bewundert habe für ihren leidenschaftlichen Einsatz und für ihren Mut, ihr Leben so zu leben, dass es ihnen zur Ehre gereichte. Das ist für mich Charakter – jene Fähigkeit, für das einzustehen, an das man glaubt. Früher dachte ich immer, dass charakterlich herausragende Menschen bereits so geboren würden. Ich habe bei meiner Arbeit Schülern und Klienten geholfen, ihre Lebensaufgabe zu finden, und aus meinen Erfahrungen über die Jahre weiß ich heute, dass wir den Menschen zwar keinen Charakter geben können, dass wir ihnen jedoch helfen können, ihn auf dem Weg über Erfolgserlebnisse mit Bewegung zu entwickeln.

Als ich mich zum ersten Mal mit der phänomenalen Wirkung von Bewegungen bei den Schülern in meinen heilpädagogischen Zentren befasste, sagten mir andere Pädagogen, ich solle ein Buch schreiben und meine spannende Arbeit in Kursen weitergeben. Und bald darauf wurde ich auch aufgefordert, Kurse in Europa zu geben.

Einige Familienmitglieder meinten: „Du musst verrückt sein! Du bist kein Experte für Bewegungen – und wen willst du überhaupt unterrichten?" Ich habe schon vorher manches Risiko auf mich genommen und hatte auch mein Teil an Rückschlägen einstecken müssen. Diesmal aber sagte mein Herz: „Ja, du kannst das. Es ist das Richtige für dich." Ich hörte auf mein Herz und vertraute darauf und ich ging nach Europa und lehrte über das Lernen, das sich auf Bewegung stützt.

Vieles von dem, was den Charakter ausmacht, entsteht auf diese Weise – aus Lebenserfahrungen, in denen wir unsere Grenzen erprobt, die unvermeidlichen Fehler gemacht und erkannt haben, was wir tun können und was nicht. Auf körperlicher Ebene entwickelt sich der Charakter aus der einfachen Fähigkeit, die Knie zu beugen und damit Schwung zu nehmen für die Bewegung nach vorne. Diese Basisbewegung ist Startpunkt für Risiken. Peter, der junge Russe, zeigte Charakter, als er den Wolf verfolgte. Sicher und gemessenen Schrittes ging er ein Risiko ein für eine Sache, von der er überzeugt war, dass sie getan werden musste.

Jedes Mal, wenn wir ein körperliches Risiko auf uns nehmen, entwickeln wir unseren Charakter weiter. Der Hirnstamm ist im integrierten Zustand – in dem die Vorwärtsbewegung möglich ist – nur dann zugänglich, wenn wir uns sicher genug fühlen, um den Sehnenschutzreflex zu lockern und damit die

Überlebensmodalität von Kampf-oder-Erstarren hinter uns zu lassen. Unser Nervensystem, für das unser Überleben Priorität hat, reagiert unmittelbar auf diesen Zurückhaltereflex. Brain-Gym® versucht, die negative Komponente des Stehens mit gestreckten Beinen unter dem Einfluss des Sehnenschutzreflexes umzutrainieren. Unter seiner Wirkung erstarren wir – wir machen uns klein und wollen unsichtbar sein. Wenn wir uns sicher genug fühlen, um wieder eine aufrechte Position einzunehmen, sind unsere Füße fest auf dem Boden und unsere Knie soweit entspannt, dass wir uns kraftvoll bewegen und aus der Stabilität heraus Risiken eingehen.

Charakter kann demnach mit einer positiven Form der Selbstbeherrschung gleichgesetzt werden, … mit dem Maß an Selbstdisziplin, das einen verlässlichen Menschen ausmacht. Wenn wir unserem Gewissen folgen und entsprechend unserem eigenen inneren Kompass handeln, egal was der Rest der Welt von uns denkt, zeigen wir wirkliche Charakterstärke.

Wenn wir durch äußere Einflüsse schwankend werden und unsicher sind, wo wir stehen, können wir immer Hook-ups machen. Diese Bewegung (siehe Kapitel 2) wirkt so, als würden wir uns in einen Kokon hineinbegeben: Sie sammelt verstreute Energien im Zentrum des Körpers und wir fühlen uns gefestigt. Die Atmung vertieft sich, die Gehirnwellen werden langsamer (das bringt uns weg von Kampf-oder-Erstarren), die Herzfrequenz verringert sich, der Blutdruck sinkt und das Blut strömt aus den Muskeln in die lebenswichtigen Organe zurück. Wir können das Gewicht unseres Körpers – unsere Substanz – und auch die feinsten Bewegungen spüren.

„Wo bin ich?" Jetzt fällt uns die Antwort auf die Frage leicht. Wir haben das Gefühl: „Ich habe meinen Platz gefunden. Ich weiß, dass meine Füße Kontakt zum Boden haben. Ich sitze (oder stehe) im Raum und kann mich sicher fühlen." In diesem Zustand sind wir stärker präsent und nehmen wahr, was unser Geist, unsere Gefühle und unsere Sinne uns mitteilen über das, was gerade geschieht. Diese Präsenz ist eine Dimension unseres Charakters.

Das Kleinhirn und der Gleichgewichtssinn

Voraussetzung für jegliches Lernen und für unser Verhalten ist die Entwicklung vielfältiger neuronaler Verbindungen quer durch das Gehirn und zum übrigen Körper. Diese Verbindungen sind abhängig von Bewegung und Balance. Das Kleinhirn, die Steuerzentrale unserer motorischen Fähigkeiten im Hirnstamm, spielt eine wichtige Rolle bei der Entwicklung dieser Pfade und für die Funktionsfähigkeit des Systems. Das Kleinhirn, Basis für die Entwicklung im ersten Lebensjahr und alles weitere Lernen, ist an allen automatisierten Verhaltensweisen beteiligt, von den Reflexen des Säuglings bis zu höheren kognitiven Funktionen.

Das Kleinhirn sorgt gemeinsam mit dem vestibularen Gleichgewichtssystem dafür, dass ankommende und ausgesendete Signale des Gehirns und des Körpers koordiniert werden. Es stellt sicher, dass motorische Funktionen präzise und kontrolliert ausgeführt werden. Auf der unbewussten Ebene überwacht das Kleinhirn die Muskelpropriozeption beim Sitzen, beim Finden des Gleichgewichts, bei der aufrechten Haltung, beim Gehen und beim Laufen. Diese grundlegenden Funktionen beeinflussen die Weiterentwicklung des Gehirns entscheidend und haben Einfluss darauf, wie wir lernen oder nicht lernen. Im Idealfall entwickeln wir ein Gefühl für Stabilität und Balance, das uns als Referenzpunkt für gezielte Bewegungen dient und die Grundlage für alle mit dem Lesen und Schreiben verbundenen Aktivitäten bildet.

Durch die neue Technologie der Computeraufnahmen erhalten wir laufend neue Erkenntnisse über das Gehirn. Mit diesen Aufzeichnungen der Gehirntätigkeit können Neurowissenschaftler erkennen, dass bei erfolgreich Lernenden das Kleinhirn aktiv ist, während das bei Schülern, die kämpfen müssen, nicht der Fall ist. Die Erkenntnis, die ich in den letzten dreißig Jahren durch die Arbeit mit meinen Schülern und Klienten gewonnen habe, wird jetzt durch die Wissenschaft bestätigt: Die elementaren Bewegungen des Säuglings sind Voraussetzung für anspruchsvolle kognitive Prozesse.

Das Kleinhirn steuert nicht nur motorische Aktivitäten, es ist auch direkt an meta-kognitiven Tätigkeiten beteiligt, wie zum Beispiel an mentalen bildlichen Vorstellungen, an der Einschätzung von Zeit und Geschwindigkeit, am Wechsel der Aufmerksamkeit zwischen den einzelnen Sinnen und außerdem am metaphorischen Denken. Das Kleinhirn organisiert das Gehirn und beeinflusst seine Entwicklung zur Vollständigkeit, indem es gelernte, wiederkehrende und praktische körperliche Tätigkeiten automatisiert, so dass die höheren Zentren der Hirnrinde sich darauf verlassen und sich sicher fühlen können und somit frei sind, neues an altes Lernen anzuschließen.

Kommunikation und Verhalten

Fallbeispiel: Mark und Gloria

Mark und Gloria suchten mich auf, weil sie gemeinsam eine Balance machen wollten, um ihre Kommunikation zu verbessern. Bald wurde klar, dass Mark mit starken Gefühlsausbrüchen kämpfte und dass seine Ehe darunter litt. Geringfügige Ursachen versetzten ihn in Wut, sowohl zu Hause als auch im Beruf.

Mark war intelligent und sah ein, dass dieses Verhalten nicht akzeptabel war. Er wusste auch, dass er die kognitiven Instrumente, die er in einem Kurs für den besseren Umgang mit Wut kennen gelernt hatte, noch nicht anwenden konnte. Diese Techniken sind besonders dann nützlich, wenn jemand aus dem Kortex heraus handelt – insbesondere aus den Stirnlappen, dem Sitz des Bewusstseins und der Selbstwahrnehmung. Sie sind jedoch weniger hilfreich, wenn jemand wie Mark reflexartig handelt und seine eigenen Handlungen nicht reflektiert oder vorausahnt. In einem solchen Fall sind diese Fertigkeiten einfach nicht zugänglich, so wie Ihnen auch eine Landkarte nichts hilft, wenn Sie sich nachts im Wald verirren und keine Taschenlampe bei sich haben.

Wenn wir uns innerlich nicht sicher fühlen können – wegen einer wirklichen oder eingebildeten Bedrohung –, eilen wir wahrscheinlich, wenn wir provoziert werden, mit dem Aufzug sofort hinunter in den Hirnstamm und holen alte schlechte Gewohnheiten oder „halbstarkes" Verhalten hervor, das in ruhigem Zustand für uns keineswegs typisch ist. Oft lassen wir es zu, dass das, was wir in unserem Leben gut machen, von einem „gierigen Raubtier" sabotiert wird – ein innerer Reflex zu erstarren oder zu kämpfen –, und die anschließenden Kämpfe können boshaft und destruktiv sein. Wenn wir uns sicher fühlen und unsere Erlebnisse positive Assoziationen hervorrufen, besteht weniger die Gefahr, dass irrationale Überlebensmuster ausgelöst werden.

Wenn Mark also vom Stress überwältigt wurde, bevor er seine Reaktionen unter seine bewusste Kontrolle gebracht hatte, funktionierte er aus dem begrenzten Bereich der Überlebensreaktionen. Ausgehend von diesem Hirnstammreflex hatte er sich angewöhnt, zunächst zu erstarren und danach eventuell zu kämpfen.

In unserer Kultur wird das Erstarren – Handlungsunfähigkeit und Lähmung angesichts von Gefahr – als ein für einen Mann unpassendes Verhalten angesehen. Mark wollte wie so viele Männer den Eindruck erwecken, er könne selbstständig handeln und benötige keine Hilfe. Also versuchte er meistens sich zu verteidigen, wurde aber schnell feindselig und wütend und beschimpfte seine Frau sogar. Er erklärte dann rationalisierend, dass er nur seine Gefühle ausdrücke – worum ihn Gloria so oft gebeten habe.

Mit Hilfe der Brain-Gym®-Übungen machte Mark sichtlich Fortschritte. Durch die Balance lernte er auf die ersten Warnsignale zu achten, die ihm anzeigten, dass er nicht mehr bewusst, sondern aus dem Überlebensreflex heraus reagierte. Er lernte, in diesem Fall sofort die Hook-ups zu machen. Außerdem entdeckte er, dass er entspannter blieb, wenn er täglich immer wieder die Positiven Punkte (siehe Kapitel 3) hielt, unabhängig davon, ob er offensichtliche Anzeichen für zunehmenden Stress entdeckte.

Ich habe Mark und Gloria vorgeschlagen, gegenseitig einige Minuten lang die Positiven Punkte zu berühren, wenn sie ihre gemeinsame Zeit intensiv nutzen wollten. Da wir weder den Partner noch uns selbst liebenswert finden können, wenn wir im Überlebensreflex gefangen sind (entweder in sich gekehrt und erstarrt oder defensiv oder im Zustand von Kampf-oder-Flucht), ist diese gemeinsame vorbereitende Aktivität eine Möglichkeit für Partner, wieder empfänglicher für die Liebe des jeweils anderen zu werden.

Auf diese Weise konnte Mark, sobald sein Nerven- und Gefäßsystem wieder balanciert war, Glorias liebevolle Berührung spüren. Mit der lösenden Wirkung der Positiven Punkte können die Stirnlappen auch in Stresssituationen aktiv bleiben und wir können lernen präsent zu bleiben, ohne in die Kampf-oder-Flucht-Reaktion zu wechseln, außer wenn dies für unser Überleben notwendig ist. Da Liebe das Gegenteil von Angst ist, half die Balance der Positiven Punkte Gloria und Mark mit der Zeit, „Hirnstamm-Verhalten" zu erkennen und leichter von Rückzugsverhalten zu liebevollem Verhalten [aus den Stirnlappen] überzugehen. Die Balance half ihnen auch, ihre Unterhaltungen angenehmer zu gestalten und ihre Bedürfnisse und Gefühle besser zum Ausdruck zu bringen.

Die Hirnrinde fragt: „Was ist das?"

Der Kortex stellt die Frage „Was ist das?". Er ist das „neue Gehirn", dem wir unsere Fähigkeiten zu logischem, rationalem Denken und die linguistischen Fähigkeiten zuschreiben. Dort entscheidet sich, wie wir denken, entscheiden, staunen und uns Dinge vorstellen – auf der Grundlage des Inputs und der

Erfahrungen, die das Mittelhirn und der Hirnstamm an den Kortex weiterleiten. In der Hirnrinde hat die rechte Hemisphäre den Überblick über eine Situation, sie denkt räumlich und spontan. Die linke Hemisphäre ordnet bei allen Primaten die Informationen zeitlich nacheinander. Die Fähigkeit, Tätigkeiten zeitlich gestaffelt auszuführen, ermöglicht die Genauigkeit der feinmotorischen Fertigkeiten, die nötig sind für die kontrollierte Handhabung von Werkzeug, den Gebrauch des Daumens in Opposition [Gegenüberstellung] zu den anderen Fingern und für die Entwicklung der Sprache (bei den Menschen).

Der Neurowissenschaftler Elkhonon Goldberg schreibt in seinem Buch *Die Regie im Gehirn* [Kirchzarten: VAK, 2002], dass das menschliche Gehirn daraufhin ausgelegt sei, unentwegt nach einer Ordnung, nach Regeln, Mustern, Struktur und Bezugsrahmen zu suchen. Wenn der Organismus einem neuen Muster von Signalen aus der Umwelt ausgesetzt sei, schreibt er, dann verändere sich die Stärke der synaptischen Kontakte allmählich in komplex verteilten Konstellationen. So werde Lernen, wie wir es heute verstehen, repräsentiert.

Diese Suche nach Struktur und Stabilität kann in verschiedenen Lebensphasen und in unterschiedlichen Kulturen verschiedene Formen annehmen. Wir brauchen irgendeine Art von verlässlichem Kontext, in dem wir funktionieren oder existieren können. Goldberg stellt die Hypothese auf, dass bei unserer Suche nach einem Bezugsrahmen ständig zwei wichtige Subsysteme am Werk seien: eines zum Verschlüsseln (Kodieren) und eines zum Empfangen. Die linke Gehirnhälfte lässt Erfahrungen vertraut werden, indem sie diese linear und sequenziell (zeitlich hintereinander) anordnet, so dass wir sie Schritt für Schritt wiederholen und Sprach- und Verhaltensmuster erlernen können. Die rechte Gehirnhälfte sucht nach neuen Informationen, zunächst mit Hilfe der Sinne (und macht uns offen für Neues), und dann durch Spiel und Interaktionen mit der fassbaren Welt.

Scheint die Lage ihm sicher genug, um sich bewegen zu können, öffnet sich das System für das Neue und nimmt alles bereitwillig auf, was unsere Erfahrung erweitert. In dem Umfang, wie wir uns bewegen, unsere Bewegungsabläufe lernend verbessern und dabei neue neuronale Pfade ausbauen, in demselben Umfang sind wir auch stets bereit, unser Gehirn umzubauen und damit letztlich auch unser Leben neu zu erschaffen.

Befindet sich eine Erfahrung einmal im Körper, wird sie vom Gehirn mit einem strukturierten, geordneten Kode gespeichert. Auf diese Weise schaffen wir eine neue Struktur, mit deren Hilfe wir handeln und die Welt wahrnehmen. Was wir als Muster erkennen können, wird für uns sichtbar und Bestandteil des Kontexts, so dass wir sicher, engagiert und wissbegierig nach neuen Informationen suchen und diese auch erkennen können.

Der präfrontale Kortex

Die Stirnlappen machen 30 Prozent des Neokortex aus und sind die Struktur, mit deren Hilfe wir wahrnehmen, entscheiden und gewahr sind. Im Rahmen der Evolution haben sich die Stirnlappen erst spät entwickelt. Elkhonon Goldberg, der sich die Erforschung des präfrontalen Kortex zur Lebensaufgabe erwählt hat, beschreibt ihn als den neuronalen Bereich, der bewusst auf die Umgebung, auf unsere Verbindung zur Natur und unseren sozialen Kontext achtet.

Bei manchen von den Stirnlappen ausgehenden Entscheidungen berücksichtigen wir, ob sie zweckdienlich sind und wie sie sich für uns praktisch auswirken. Es sind Entscheidungen persönlicher Art, sie beziehen sich auf uns selbst. Andere wieder, bei denen Werte und Prinzipien im Hintergrund stehen, haben Auswirkungen auf andere Menschen oder sogar auf den gesamten Planeten. Die Stirnlappen machen, sofern sie vollständig entwickelt und gut zugänglich sind, unseren zivilisierten Geist aus. Wenn sie jedoch aufgrund von Ängsten und infolge der Aktivierung des Überlebensinstinkts nicht zugänglich sind, können wir gewalttätig oder depressiv werden.

Die Stirnlappen sind mit allen anderen Teilen des Gehirns verdrahtet und entwickeln sich in jedem Wachstumsstadium gemeinsam mit ihnen. Daher führt auch eine verschwenderische Vielzahl von Nervenbahnen aus den Stirnlappen in alle übrigen Gehirnbereiche. Der präfrontale Kortex ist das Instrument für die Integration des gesamten Gehirns. Sobald unser Gehirn auf der Basis unserer Lebensaufgabe und unseres Ziels um die Stirnlappen herum organisiert ist, können wir uns Tätigkeiten zuwenden, die uns unser *Herz* eingibt. (Mehr über den präfrontalen Kortex siehe Kapitel 3.)

Die „analytische" Hemisphäre

Die Begriffe, mit denen bestimmte Hirnfunktionen der linken oder der rechten Hemisphäre zugeschrieben werden, sind inzwischen allgemein verbreitet. So kommt es vor, dass sich eine Frau beschwert, ihr Mann sei zu stark „linkshirnorientiert", und damit meint, dass er dazu neige, sich viel zu rational zu verhalten und alles wörtlich zu nehmen. Ich halte diese Art der Etikettierung nicht für nützlich. Andererseits ist es äußerst hilfreich, die Funktion der Hemisphären im System des dynamischen Gehirns zu verstehen. Deshalb ziehe ich es vor, die Hemisphären als „expressiv/analytisch" einerseits und „rezeptiv/gestaltorientiert" andererseits zu bezeichnen.

Das Wort „Analyse" ist von dem griechischen Wort für auflösen abgeleitet und genau das bewirkt das analytische Denken: Es zerlegt ein Ganzes in seine Bestandteile, genauso wie Wasser eine darin gelöste Substanz in ihre einzelnen Moleküle aufspaltet. Analytisches Denken bewegt sich in einer Linie von *einem* Baustein zum *nächsten*, so wie wir eine Route auf einer Karte festlegen oder wie wir vorgehen, wenn wir unsere Kontoauszüge kontrollieren. Analytisches Denken betrachtet erst die Details und erstellt aus den Einzelheiten ein allgemeines Bild. Nachdem wir die einzelnen Reisestationen festgelegt oder unsere Kontobewegungen geprüft haben, gewinnen wir einen Überblick über unsere Reiseroute oder über unsere Finanzen.

Oder anders beschrieben: Analytisches Denken prüft jeden einzelnen Baum und tritt erst dann ein Stück zurück, um den ganzen Wald wahrzunehmen. Ein solches Denken ist kritisch, wertend und zeitorientiert. Es arbeitet mit Zielen, Sprache und Selbstausdruck. Wie ein Computer stützt es sich auf Informationen in Bit-Größe, die eine nach der anderen geordnet und sortiert werden können. Dieses Denken formt das Sprachzentrum, von dem die Fähigkeit zu sprechen und das Verständnis für verbale Informationen ausgehen und auch gespeichert werden.

Die „Gestalt"-Hemisphäre

Gestaltorientiertes Denken auf der anderen Seite beginnt mit „Ganzheitlichkeit", das heißt, es erfasst zuerst das Gesamtbild und bewegt sich dann zu den Details. Der Begriff „Ganzheitlichkeit" bezieht sich auf die Theorie, dass das Ganze in der Natur der bestimmende Faktor ist und dass dieses Ganze mehr ist als die Summe seiner Teile. Nach dieser Theorie erklärt auch noch so viel Analysieren (das Bestimmen der einzelnen Bäume) nur unvollständig die Prinzipien, die das Ganze (den Wald) charakterisieren.

Deshalb ist gestaltorientiertes Denken ganzheitliches Denken. Es registriert den Kontext und Gefühle und es ist intuitiv. Es *spürt* zum Beispiel, dass die Finanzen in Unordnung sind und eine Ehe belasten; es registriert zunächst die Gesamtsituation und überlegt sich erst dann Einzelaktionen wie das Ausgleichen des Kontos. Es schaut erst auf den ganzen Wald und dann auf die einzelnen Bäume.

Die Gestalthälfte ist für das Erkennen von Gesichtern und andere langfristige visuelle Erinnerungen zuständig. Sie ist bei der räumlichen Orientierung, bei Rhythmus und Tonlage sowie bei der Körperwahrnehmung beteiligt. Die Gestalthälfte ist in ihrem Element, wenn wir Informationen als überschaubare Einheiten verarbeiten müssen – immer dann, wenn keine Analyse und kein lineares, schrittweise erfolgendes Vorgehen notwendig ist. Diese Hemisphäre ist offen für neue Erfahrungen und nimmt Informationen passiv auf. Auch unsere Verbindung zu unserem Körper, zur Natur und unserer Umgebung ist hier angesiedelt.

Vorteile der Integration beider Hemisphären

Schachspieler verstehen die Unterschiede zwischen analytischen und gestaltorientierten Funktionen ohne weiteres, da für dieses Spiel beide Denkweisen eingesetzt werden müssen. Die Planung des nächsten Zugs kann ein ausschließlich analytischer Vorgang sein. Wie ein Computer überlegt der Spieler jeden Zug und seine Konsequenzen – nicht zu vergessen die Konsequenzen der Konsequenzen – Schritt für Schritt, bis er herausfindet, welcher Zug zum besten Ergebnis führt. Hier ist das analytische Gehirn am Werk. Manchmal aber braucht ein erfahrener Spieler nur einen Blick auf das Schachbrett zu werfen und erkennt sofort den besten Zug, das heißt, dass die Situation in seinem Geist als Gesamtbild präsent ist. Dann ist die Gestalthälfte am Werk.

Wir wissen alle, welche Art der mentalen Verarbeitung unsere Gesellschaft favorisiert. Der analytische Geist baut Einkaufszentren, verfasst juristische Schriften, verteidigt unsere Grenzen, produziert Autos, engagiert sich in der Politik, arbeitet an der Börse und entwickelt Kommunikationssysteme, auf die sich die übrige Bevölkerung verlässt.

Deshalb ist es nicht verwunderlich, dass unsere Schulen genau das widerspiegeln. Mathematik, Naturwissenschaften und der analytische Erwerb von Sprache dominieren, auf Kosten von gestaltorientierten Aktivitäten wie Musik, Tanz oder kreatives Spielen mit der Sprache. In Zeiten knappen Geldes werden gestaltorientierte Aktivitäten wie die Künste vielleicht einmal völlig ausgegrenzt.

Wenn ein Pendel in eine Richtung ausschlägt, besteht die Tendenz, dass es anschließend extrem in die Gegenrichtung geht. Wir können dieses Phänomen bei der Präferenz der Hemisphären beobachten. Zunehmend mehr Menschen sprechen abschätzig von „Linkshirn"-Denken, weil es langsam, langweilig, altmodisch und männlich und außerdem der Stoff sei, aus dem Kriege entstünden. Das „Rechtshirn"-Denken – von Herzen kommendes, die Gesamtsituation erfassendes, intuitives, weibliches Denken – hat seit einiger Zeit eine bessere Presse. Allerdings ist jedes Ungleichgewicht, in welche Richtung auch immer, ein Problem.

Zu viel lineares Denken lässt uns gefühllos und unpersönlich werden, eine dominante Gestalthemisphäre ist jedoch unpraktisch und impulsiv. Die beiden Hälften sind dazu bestimmt zusammenzuarbeiten; sie funktionieren am besten, wenn sie im Sinne von Synergie zusammenwirken.

Integration durch Bewegung

Ein kluger Mensch sagte einmal, das Gehirn sei Fleisch gewordene Erfahrung. Es bewegt sich in einem immerwährenden Reigen auf Neues zu, es speichert alles gründlich und trägt die neue Struktur weiter zum nächsten unerforschten Gebiet. Integriertes Lernen wächst von der Basis nach oben. Es erforscht die Welt wissbegierig und kompetent, es aktiviert zunächst den Hirnstamm und das Mittelhirn, indem es spielerisch und praktisch beginnt – ein Prozess, der erst später, wenn überhaupt, als mentales Muster im Kortex gespeichert wird.

Der Tanz kann auch in die entgegengesetzte Richtung führen – Desintegration statt Integration. Das ist dann eine Folge von Stress, Wettbewerbsdruck und Angst: Die Reaktionen Kampf-oder-Flucht oder Kampf-oder-Erstarren sorgen für Sicherheit, schließen aber die Chance zu neuem Lernen aus.

Bewegung ist damit eindeutig das Tor zum Lernen. Struktur finden wir zuallererst in Bezug zu unserer Bewegung im Raum. Das vestibulare System (das Wort bezieht sich auf die Vorhöfe, lateinisch *vestibula*, die Bogengänge in unseren Ohren), das für unser Gleichgewicht sorgt, ist bei unserer Suche nach einer neuen Struktur immer die Grundlage. Es hat uns bereits im Säuglingsalter geholfen hat, damit wir uns unter dem Einfluss der Schwerkraft bewegen konnten. Sobald wir diese erste Balance im Rahmen der Schwerkraft beherrschen, entdecken wir, dass wir im Körper sind. Dann können wir laufen, springen und spielen und damit unsere mentale Geschicklichkeit trainieren, damit wir lernen, die körperliche Realität in nützliche Kodes und Symbole umzuwandeln – für unsere Sicherheit, unser Wachstum und unsere Entwicklung.

Wenn das Ziel darin besteht, möglichst viele Informationen und Daten zu sammeln, können wir konditioniert, gedrillt und gezwungen werden, uns Informationen einzuprägen – allerdings vom Kopf abwärts. Aber die Rate dessen, was wir vergessen, wird hoch sein. Die Entwicklung der linken Gehirnhälfte ohne Einbeziehung der rechten ist zwar möglich, aber nur beschränkt sinnvoll. Das führt dazu, dass das Gefühlszentrum und die kinästhetische Intelligenz umgangen werden, und begünstigt einzig reflexartiges Verhalten auf der Grundlage von Kampf, Flucht oder Überleben. Derartige Erfahrungen werden in ein funktionierendes Selbst nie wirklich integriert.

Das *Corpus callosum* – eine Brücke, keine Barriere

Ein lateral ausgeglichener Mensch benutzt beide Hemisphären gleichzeitig als ein Gesamtsystem. Ein einseitig [englisch *fragmented*] agierender Mensch hat noch keinen Zugang zu seiner angeborenen Fähigkeit, jeweils mehr als nur einen kleinen Teil seines Bewusstseins zu nutzen. Als Säuglinge sind wir auf Integration programmiert, denn Krabbeln zum Beispiel stimuliert die Aktivität des *ganzen* Gehirns. Aber leider bedeutet die Bevorzugung der linearen Gehirnfunktionen in unserer Gesellschaft, dass unser natürlicher Zustand einer Balance der Hemisphären häufig verloren geht.

Viele von uns erkennen nicht, welches Maß an Integration wir tatsächlich erreichen können. Anstatt ein spontanes und vergnügliches Leben zu führen, wie es uns durchaus möglich wäre, neigen wir dazu, nach kontrollierten, rigiden Mustern zu funktionieren, ähnlich wie Maschinen. Viele intellektuelle und emotionale Dysfunktionen sind nur Symptome für die Unfähigkeit, einen integrierten Zustand zu erreichen. Die Symptome verschwinden, wenn der Mensch lernt, sein gesamtes Gehirn zu gebrauchen.

Die linke und die rechte Hemisphäre waren schon immer auf Zusammenarbeit ausgelegt. Sie sind durch ein Bündel von zweihundert Millionen Nerven, das *Corpus callosum*, verbunden, über das in jeder Sekunde erstaunliche vier Milliarden Botschaften übermittelt werden (können). Dieser „Balken" ist keine Barriere, sondern eine Brücke, deren hauptsächliche Funktion darin besteht, die beiden Hälften des Gehirns miteinander zu verbinden. Unsere neuronale Anatomie belegt eindeutig, dass Integration der vorherbestimmte Zustand des Gehirns ist.

In den ersten Lebensmonaten entwickeln wir ein komplexes System von Schaltungen. Beim Krabbeln oder ähnlichen Aktivitäten, durch die Informationen in beiden Hemisphären synchronisiert werden können, nutzen wir den Balken, um Kooperationsmuster zu etablieren, die unser ganzes Leben hindurch erhalten bleiben sollen.

Die parallele Verarbeitung

Die rechte Gehirnhälfte steuert die linke Körperseite und die Wahrnehmung von linkem Auge und Ohr. Umgekehrt steuert die linke Gehirnhälfte die rechte Körperseite und das rechte Auge und Ohr. Wie bereits erwähnt verlaufen die Nerven von der steuernden Gehirnhälfte quer durch den Balken zu den Muskeln und den Sinnesorganen der anderen Körperseite. Wenn eine Gehirnhälfte aktiv ist, kann die andere Seite kooperieren oder sie kann abschalten und die Integration blockieren. Stress löst häufig dieses Abschalten und das einseitige Funktionieren aus. Wenn bestimmte Fertigkeiten unter Stress gelehrt werden, bevor wir die jeweilige Entwicklungsstufe erreicht haben, kann der Balken die beiden Seiten nicht verbinden, wie es von Natur aus vorgesehen wäre.

Ich nenne dieses einseitige Funktionieren „parallele Verarbeitung", weil ein Mensch in diesem Zustand zwar von einer Hemisphäre zur anderen und wieder zurück wechseln kann, aber nicht ohne weiteres in der Lage ist, beide Seiten des Gehirns gleichzeitig zu nutzen. Ein Mensch jedoch, der integriert ist, hat die Bilder aus beiden Hälften gleichzeitig zur Verfügung.

Um es am Beispiel der Wald-Metapher zu verdeutlichen: Eine Person befindet sich im Hubschrauber und eine andere am Boden und beide schicken Informationen an ein Kontrollzentrum, das beide Perspektiven *integriert*. Bei der *parallelen* Verarbeitung jedoch können die Perspektiven nur teilweise vereinigt werden. Der betreffende Mensch kann entweder im Hubschrauber oder auf dem Boden sein, aber nicht an beiden Orten gleichzeitig. Er hat vielleicht ein Talent dafür, schnell von einer Perspektive zur anderen zu wechseln, aber er wird immer bis zu einem gewissen Grad ein Problem mit der Koordination haben. Ob es sich bei den Augen, den Ohren oder in seinem ganzen Körper zeigt – ein bestimmter Grad an Spaltung ist immer erkennbar: Es gelingt ihm nicht, beide Gehirnhälften mit Hilfe des Balkens *gemeinsam* zu gebrauchen, wie es von Natur aus vorgesehen ist.

Ein Beispiel: Ein Schüler schaltet in der Schule das analytische oder „Sprach-Ohr" ab und konzentriert sich so sehr auf die *Intonation* der Stimme des Lehrers (Gestaltwahrnehmung), dass ihm die *Bedeutung* der Worte entgeht. Beim Lesen schaltet er das „Gestalt-Auge" ab, er spaltet die Wörter in Laute auf und unterlässt es dann, sie wieder zu einem Ganzen zusammenzusetzen oder in sein visuelles Langzeitgedächtnis aufzunehmen.

Menschen, die parallel verarbeiten, geraten durch bilaterale Tätigkeiten in Verwirrung. Gehen, Schwimmen, Laufen oder Joggen setzen vermehrt bewusste Anstrengungen und bewusste Kontrolle voraus, was diese Menschen veranlasst, die Gestalthälfte abzuschalten. Sportliche Aktivitäten führen bei diesen Menschen nicht dazu, dass sie sich entspannt und mit neuer Energie aufgeladen fühlen, vielmehr scheinen diese Anstrengungen die Frustration zu verstärken und können sogar zu Verletzungen führen. Parallel verarbeitende Menschen vermeiden nach Möglichkeit Aktivitäten mit viel Muskelarbeit oder aber sie fordern von ihrem Körper ganz besondere Leistungen, um sich im Wettbewerb oder durch das Setzen bestimmter Ziele Erfolgserlebnisse zu verschaffen – anstatt die reine Freude an der Bewegung an sich als Belohnung zu empfinden.

Wenn ein parallel verarbeitender Mensch sich im Raum bewegt, findet keine gemeinsame Bewegung des Rückgrats, der Schädelknochen und des Kreuzbeins statt. Das führt zu einer Störung im Fluss der Cerebrospinalflüssigkeit, die eigentlich das gesamte Gehirn von vorne bis hinten ernähren und kühlen sollte. Parallele Verarbeitung lässt die Bewegungen des Menschen nach eher rigiden, blockierten oder stark kontrollierten Mustern ablaufen – oft begleitet von schwacher Atmung, die den Integrationsprozess zusätzlich behindert.

Menschen mit parallelem Denken funktionieren meist aus dem Hirnstamm heraus. Dort werden ankommende Empfindungen verarbeitet, dort werden motorische Aktivitäten, angeregt durch diese Empfindungen, gestartet und von dort kommen die reflexartigen Überlebensmuster. Der parallel Verarbeitende kann Dinge leicht auswendig lernen und beherrscht das oft sehr gut. Und in der Tat können solche Menschen mit vertrauten, automatisierten oder konditionierten Verhaltensweisen gut leben. Allerdings verpassen sie oft die Erfahrung wirklichen Lernens, die nur zustande kommt, wenn wir uns etwas wirklich zu Eigen machen.

Laterale Integration

Paralleles Denken ist eine Funktionsstörung, egal welche Seite des Gehirns genutzt wird. Die Eigenschaften, die dem derzeit allgemein favorisierten „rechten Gehirn" zugeschrieben werden, kommen nicht wirklich zum Ausdruck, wenn dieses für sich alleine arbeitet. Auf sich gestellt ist die Gestalthälfte eher passiv und aufnahmefähig, kann aber nur begrenzt Verhalten kodieren. Sie drückt sich mit Hilfe des Körpers aus und nicht verbal. Allein für sich sind ihre Fähigkeiten begrenzt. Und das analytische Gehirn kann – nur auf sich gestellt – kaum mehr tun als vergleichen, kritisieren und Informationen wiederkäuen.

Was die meisten Menschen der rechten Hälfte zuschreiben, ist in Wirklichkeit das Ergebnis der Integration von Hirnstamm und Vorderhirn, die im allgemeinen Integrationsbereich stattfindet. Ein integrierter Mensch äußert sich aus einem Kontext heraus mit Hilfe seines Sprachzentrums. Er weiß, wer er ist, er glaubt an das, was er sagt oder tut, sein Ausdruck ist flüssig. Keine Leistung, sei es Malerei, Tanz, Leseverständnis oder eine sonstige Tätigkeit, ist wirklich eine ureigene, persönliche Leistung, bevor diese Ebene der Integration erreicht ist.

Ein lateral integrierter Mensch kann unterschiedliche Informationen gleichzeitig verarbeiten – beide Hemisphären sind gleichzeitig angeschaltet. Er kann gleichzeitig denken und sich bewegen, er kann lesen, während er gleichzeitig die Schreibhand betätigt, kann sprechen, während er gleichzeitig als Zuhörer seine Ohren spitzt, und er kann überhaupt jede Aufgabe mit dem vollen Einsatz seiner Person erledigen. Ein integrierter Mensch blüht auf, wenn sich Neues bietet und er spontan und kreativ sein kann. Selbst die einfachste Tätigkeit bietet dann eine willkommene Chance zum Selbstausdruck.

Das ist die Kraft der Kreativität ..., die Stirnlappen sind in Aktion – ein Leben, wie wir es uns erträumt haben. Wenn wir nicht mehr unbedingt wissen müssen, warum etwas ist, wie es ist, schaffen wir Platz für unseren leidenschaftlichen Wunsch nach Kreativität. Für diesen Wunsch geben wir alles, was wir haben. Wir forschen, wir lernen, wir fragen, wir wachsen – bis wir aus der Euphorie (angesichts meisterlicher Leistungen) heraus die ganz besondere, außerordentliche, einzigartige Spitzenleistung erreichen.

KAPITEL 7

Das Herz, unsere ordnende Intelligenz

I ch unterrichte sehr gerne. Wenn ich mit einem Schüler gut kommunizie-re oder mit einer Klasse auf gleicher Wellenlänge bin, genieße ich die Freude, die aus der Herzresonanz entspringt.

Ich erinnere mich noch an Miroslava, eine kleine Spanierin in einer meiner dritten Klassen, die sich sehr bemühte, in Englisch, ihrer zweiten Sprache, die Anfangsgründe im Lesen und in der Rechtschreibung zu bewältigen. Ich unterrichtete die zwei Fächer getrennt und war mir sicher, dass sie beides integrieren würde, wenn sie in ihrem eigenen Tempo dazu bereit war.

Und der Tag kam, an dem Miroslava mich bat: „Sagen Sie die Wörter nicht vor, Mr. Dennison, ich finde sie ganz alleine heraus." Ich spürte, wie mir ein Schauer über den Rücken lief, wie ich es bis dahin nur selten erlebt hatte, als ich diesem kleinen Mädchen zuhörte, wie es zum ersten Mal selbständig las. Meine Freude rührte daher, dass ich sehen konnte, wie es die Phase, in der es sich mental sehr anstrengen musste, hinter sich ließ und die innere Gewiss-heit erahnen ließ, die für das Herz kennzeichnend ist.

Das Herz ist unsere harmonische, ordnende, spielerische Intelligenz. Es weiß, wo Dinge sind, wohin sie führen und wohin sie gehören. Wenn wir uns sicher genug fühlen können, das Herz die Regie übernehmen zu lassen, weiß es, was zu tun ist. Lernen findet nicht statt, wenn wir kein Risiko eingehen oder keine Fehler machen wollen. Das Herz ergründet „Fehler" sehr gerne.

Das Herz erfasst Beziehungen intuitiv: Wenn wir der Stimme des Herzens folgen, lässt es die Partner wissen, wie sie sich gleichsam wie Tänzer gemein-sam bewegen können. Ich habe Edu-K®-Sitzungen abgehalten, in denen Ehepartner, die einander entfremdet waren, langsam lernten sich wieder gemeinsam zu bewegen und ihr Gefühl der Verbundenheit wieder zu ent-decken.

Ich habe einem Vater zugehört, der kurz davor stand aufzugeben und mir mit gepresster Stimme von seinem Kind erzählte, das wegen einer Behinderung nicht lernen könne. Und ich konnte nach weniger als einer Stunde eben dieses Kind dabei beobachten, wie es sich synchron mit seiner Mutter und seinem Vater bewegte – die ganze Familie lernte kinästhetisch voneinander.

Ich hatte das Glück und konnte in Nordamerika, Australien und Europa bei Edu-K®-Veranstaltungen erleben, wie dreihundert und mehr Menschen wie im Tanz vereint von *einem* Geist beseelt zu sein schienen. Ich habe an Lehrerkonferenzen und Gremiensitzungen (unserer Edu-K®-Foundation) teilgenommen, bei denen Menschen verschiedener Kulturen – manchmal mit völlig gegensätzlichen Bedürfnissen – bereit waren, intellektuelle Differenzen eine Zeit lang beiseite zu lassen, damit man sich gemeinsam in Richtung gemeinsamer Ziele bewegen konnte und gemeinsame Entscheidungen und manchmal sogar Harmonie erreichte.

Der Sitz unserer emotionalen Intelligenz

Es heißt, dass mehr als 90 Prozent jeder menschlichen Kommunikation nonverbal sind – der Austausch geschieht in Form von Mimik und Körpersprache, stimmlicher Intonation und über den Rhythmus des Atems und der Bewegungen. Mit dieser nonverbalen Sprache, die durch unsere sprachliche Kommunikation farbiger und klarer wird, verfügen wir über eine starke Ausdruckskraft.

Diese rhythmische Sprache ist uns aber nicht über den Geist zugänglich. Das Herz – der Sitz unserer emotionalen Intelligenz – dient als organisierendes Prinzip für unsere Bewegung und deren Feinabstimmung. Wenn wir unseren Platz bei unserem Herzen einnehmen, wissen wir, wohin wir gehören, und können uns mit anderen verbinden, die ebenfalls in ihrem Herzen sind.

Ich beobachte das Phänomen überall: Herz und Geist sind entweder verbunden oder voneinander getrennt – bei Lehrern, Politikern, Büroangestellten und Managern. Ich kann mich an die Abschlussfeier an einer *High School* erinnern, bei der eine Schülerin eine Rede hielt, von der ich sehr beeindruckt war. Was sie sagte, war nicht besonders gelehrt oder klug, aber ich war irgendwie gefesselt. Ich lachte und weinte und fühlte mich ihr bei jedem Wort verbunden, als spräche sie mich direkt an. Was das Herz für einen Unterschied ausmachen kann! Worte, mit deren Hilfe wir Dinge unterscheiden, wirken unter Umständen trennend, während Worte, in denen das Gefühl gemeinsam erlebter Erfahrungen aufscheint, uns alle in unserem Menschsein verbinden.

Wissenschaftliche Erkenntnisse über das Herz

Was steckt tatsächlich hinter dem Phänomen der von Herzen kommenden Kommunikation? Teilweise lässt sich das darauf zurückführen, dass das Herz häufig lebendige, leidenschaftliche Gefühle in bestimmte Situationen bringt – und Gefühle bringen uns einander menschlich näher. Gefühle sind so etwas wie der Rhythmus in einem wohl klingenden Musikstück. Sie sorgen für einen lebendigen Takt – einen Puls – für unseren Tanz der Verbundenheit. Und Gefühle binden uns in eine Geschichte ein.

Der Aufstieg der amerikanischen Filmindustrie zu ihrer wirtschaftlichen Vormachtstellung ist auf viele Faktoren zurückzuführen – ein wichtiger Faktor ist jedoch, dass amerikanische Filmemacher die Kunst, ihre Zuschauer emotional aufzuwühlen, perfektioniert haben. Sie wissen, wie sie mit Bildern, Musik und allgemein menschlichen Erlebnissen die grundlegende Sehnsucht der Menschen nach Liebe und Verbundenheit ansprechen können – oder auch wie sie an weniger edle Gefühle wie Angst, Wut oder Rachsucht appellieren können. Ohne Ausnahme bringen sie Gefühle in die Geschichte und bieten uns so die Möglichkeit, Zugang zu unseren eigenen Gefühlen zu finden.

Wir machen nicht nur persönlich die Erfahrung, dass das Herz wichtig ist; auch die Wissenschaft gewinnt laufend neue Erkenntnisse über die Rolle des Herzes. Der erste Durchbruch für die Wissenschaft vom Herz fand in den siebziger Jahren statt, als John und Beatrice Lacey, zwei Physiologen am Fels *Research Institute* von Pennsylvania, das beliebteste Vorurteil über das Gehirn in Frage stellten: dass es nämlich als einziges Organ im Körper Entscheidungen treffe.

Die Laceys fanden heraus, dass das Herz, wenn es einen Befehl vom Gehirn erhält, nicht reflexartig wie eine Maschine reagiert. Vielmehr sind die Reaktionen des Herzes auf Reize vom Gehirn je nach Situation unterschiedlich. In den Untersuchungen der Laceys beschleunigte sich der Herzschlag manchmal, aber unter anderen Umständen verlangsamte er sich, während andere Organe mit Erregung antworteten. Die Forscher entdeckten, dass das Herz sowohl Befehle erhält als auch *tatsächlich seine eigenen Befehle an das Gehirn sendet* und dass das Gehirn entsprechend reagiert.

Seit den Untersuchungen der Laceys haben Neurowissenschaftler herausge-
funden, dass das Herz auch ein *physiologisch* bestimmbares „Gehirn" in
Form von vierzigtausend Nervenzellen in sich birgt, also genau so viele Nervenzellen, wie es in bestimmten subkortikalen Bereichen des Gehirns gibt.
Jeder der im Gehirn agierenden Neurotransmitter (= die verschiedenen
Botenstoffe, die neuronale Informationen übermitteln) findet sich auch im
Herz. Aus neurologischer Sicht ist das Herz intelligent und befindet sich in
einem ständigen Dialog mit dem Gehirn – wenngleich beide nicht immer über-
einstimmen.

Sie können sich das so vorstellen: Eines Morgens wollen Sie mit Ihrem Auto
möglichst schnell zur Arbeit kommen und Sie sind in Gedanken bereits bei
Ihrem anstrengenden Tagesprogramm. Sie treten auf das Gaspedal ... und auf
einmal *spricht* der Motor zu Ihnen und macht Ihnen freundlich den Vorschlag,
Sie sollten doch lieber Richtung Süden fahren und am Strand spazieren
gehen ...

Das Herz scheint in vielfältiger Weise mit dem Gesamtorganismus zu interagieren. Das *HeartMath Institute,* das von Doc Childre gegründet wurde und
in dem Kardiologen und andere Ärzte zusammenarbeiten, leistet seit mehr als
dreißig Jahren einen wissenschaftlichen Beitrag zum Nachweis der Kraft des
Herzes. In ihrem Buch *Die HerzIntelligenz-Methode* (Kirchzarten: VAK, 2000)
beschreiben Doc Childre und sein Mitarbeiter und Mitautor Howard Martin
diese Forschung und ihre Methode, Kopf und Herz mit Hilfe von Biofeed-
back-Techniken zu verbinden.

Childre und Martin konnten wissenschaftlich nachweisen, dass das Herz mit
dem Gehirn und dem übrigen Körper über mindestens drei biologische Sprachen kommuniziert: neurologisch (durch Übertragung von Nervenimpul-
sen), biochemisch (durch Hormone und Neurotransmitter), biophysikalisch
(durch Druckwellen) und möglicherweise energetisch (durch Interaktionen
des elektromagnetischen Feldes). Wer ihr Buch liest, der versteht, dass kein
anderes Organ größeren Einfluss auf unseren Intellekt und alle unsere Kör-
persysteme, unseren Gesundheitszustand und unser Wohlbefinden ausübt als
das Herz. Wir entdecken, dass das Herz mehr ist als ein Organ des Kreislauf-
systems, das nur das Blut durch den Körper zirkulieren lässt. Das Herz ist ein
selbständiges Organ, das mit dem übrigen Körper kommuniziert und nicht
nur unsere Emotionen beeinflusst – unsere Reaktionen auf Menschen und
Situationen –, sondern auch unsere körperliche Gesundheit einschließlich
unseres Immun- und Nervensystems.

Für unsere unter Hochdruck stehende Welt ist es von besonderem Interesse, dass das Herz Signale mit der Amygdala (Mandelkern) austauscht, die das Alarmsystem im Körper bildet und Kern des limbischen Systems im Gehirn ist. Die Amygdala ist für alle reaktiven emotionalen Vorgänge verantwortlich, sie stimuliert die Produktion des Blutzuckers, des Adrenalins sowie des Stresshormons Kortisol. Sie vergleicht eingehende Informationen mit gespeicherten emotionalen Erinnerungen und bewertet so die Bedeutung eines Ereignisses, insbesondere dann, wenn sie es für nötig hält, uns zu einer Kampf-oder-Flucht-Reaktion zu veranlassen. Das Herz übernimmt bei diesen Vorgängen die Mediation und sagt uns manchmal (sofern wir zuhören), dass etwas, was wir als Bedrohung betrachten, keinesfalls ein lebensbedrohlicher Notfall ist.

Stellen Sie sich vor, Sie gehen alleine in der Dämmerung eine ruhige Straße entlang und auf einmal kommt Ihnen eine Gruppe Jugendlicher entgegen, die Sie für eine Jugendbande halten. Vielleicht möchten Sie davonrennen. Dieser Drang ist das Ergebnis einer komplexen Serie von Interaktionen zwischen dem Herz und der Amygdala, wobei das Herz zu steuern scheint, denn in diesem Fall gehen mehr Signale vom Herz zum Gehirn als umgekehrt.

Wenn die Jugendlichen näher kommen, erkennen Sie, dass es sich nicht um eine Bande, sondern um eine Gruppe von Sportlern handelt, sie tragen Fußballbekleidung und sind offensichtlich auf dem Weg zu einem Spiel. Jetzt werden Ihre Gefühle ihnen gegenüber freundlicher …, ja, Sie fühlen sich sogar durch ihr Lachen und ihre jugendliche Kameradschaft angeregt. Ihr Herz hat Ihrer Amygdala die Botschaft übermittelt: „Alles in Ordnung", die Kampf-oder-Flucht-Reaktion ist abgeklungen und Sie fühlen sich wieder sicher.

Herz und Temperament

Neuere Studien mit Patienten, die sich einer Herztransplantation unterzogen hatten, enthüllen einen weiteren Aspekt, den Wissenschaftler bis dahin nie beachtet hatten: Das Herz könnte tatsächlich der Sitz unseres Temperaments sein. Einige Empfänger eines fremden Herzes berichteten von erstaunlichen Veränderungen: Sie hätten mit dem Herz der Spender auch deren Vorlieben, Sehnsüchte und Persönlichkeit übertragen bekommen. Beispiele dazu erwähnt der international bekannte Psychologe und Autor Paul Pearsall in seinem interessanten Buch *Heilung aus dem Herzen. Die Körper-Seele-Verbindung und die Entdeckung der Lebensenergie.*

Eine besonders günstige Gelegenheit, dieses Phänomen genauer zu untersuchen, bot sich bei den seltenen Fällen, in denen Spender und Empfänger des Herzes noch lebten. Sie fragen vielleicht, wie das möglich ist? Das ist der Fall, wenn ein Patient mit Lungenversagen von einem gerade Verstorbenen nicht nur die gesunde Lunge, sondern auch das Herz erhält (– um die Chancen für den Erfolg der Transplantation zu erhöhen) und sein eigenes gesundes Herz einem anderen Menschen spendet. Pearsall berichtet, welche Veränderungen die Frauen der beiden betroffenen Männer nach einer solchen „Domino-Transplantation" an ihren Ehemännern beobachteten. Die Untersuchungen legen nahe, dass das Herz ein eigenständig funktionierendes Organ ist, denn es kann offensichtlich seine charakteristischen Merkmale nach einer Transplantation beibehalten und so das Verhalten seines neuen Trägers stark beeinflussen.

Der Faktor Kohärenz

Dr. Carla Hannaford richtete in den neunziger Jahren ihr Interesse zunehmend auf die Vorstellung von der „Kohärenz" [– logische Verbindung, Übereinstimmung, harmonischer innerer Zusammenhang, Zusammenhalt]; dieser Begriff wurde im Zusammenhang mit Messungen des elektromagnetischen Feldes des Herzes verwendet, man sprach von kohärenter Herzfrequenzvariabilität *(Heart rate variability)*. In ihrem lesenswerten Buch *Was jedes Kind zum Wachsen braucht* schreibt Carla Hannaford dazu Folgendes:

„Fühlte sich die Person, an der die Messung vorgenommen wurde, geschätzt und anerkannt und erlebte sie Gefühle, die auf ein kreatives, harmonisches Umfeld oder auf ein erfülltes Arbeiten, Lernen oder Meditieren zurückzuführen waren, so erhielten die Wissenschaftler eine kohärente Herzfrequenzvariabilität ... Im nächsten Schritt ließ sich mit diesen Erkenntnissen der Beweis führen, dass ein kohärentes Herzmuster ausschlaggebend für die Fähigkeit des Gehirns war, Sinnesinformationen aus der Umgebung optimal zu empfangen. Dieses Kohärenzmuster hatte außerdem Einfluss auf die Fähigkeit des Gehirns, diese Sinnesinformationen zu assimilieren und daraus verständliche Muster zu bilden, sich diese zu merken, aus ihnen zu lernen und in angemessener, effektiver und kreativer Weise danach zu handeln." (Ebd., Seite 12)

Kohärenz ist der energieeffiziente, koordinierte Zustand eines Systems, der dann auftritt, wenn alle Elemente synchron funktionieren. Ein Beispiel: Wenn Sie selbst Basketball spielen oder Berufsspielern zusehen, kennen Sie das Phänomen. Es gibt eine Phase des „Flow", den die Spieler manchmal erreichen. Befindet sich das Team in dieser Spielphase, so verläuft das Spiel wie die Choreografie eines Balletts. Die einzelnen Spieler scheinen gemeinsam zu *tanzen* – *für sich* in ihrer Individualität, *vereint* in ihrem kollektiven Ziel.

Ich erinnere mich noch daran, wie Gail und ich das erste Mal nach Dänemark reisten, um dort einen Kurs zu geben. Wir waren gerade in Kopenhagen angekommen und erschöpft vom Jetlag und der langen Reise. Als wir am Bahnhof ausgestiegen waren, kamen wir zufällig gleich nebenan im Tivoli-Park zu einem Konzert. Wir fühlten uns angezogen von dem Park und der anregenden Musik, dem satten Grün, den blinkenden Lichtern und dem Lachen der Menschen, die durch den Park flanierten.

Wir bekamen gerade noch die beiden letzten Eintrittskarten, allerdings nur Stehplätze, für ein Konzert mit dem Geiger Itzak Perlman unter dem Dirigenten Zubin Mehta. Gegen die hintere Wand gelehnt ruhten wir uns in den wundervollen Klängen aus. Während wir mit höchster Aufmerksamkeit lauschten, schwoll die Musik an und wurde wieder leiser, sie ging wie Wellen über uns hinweg, ihr voller, vitaler Klang belebte und verzauberte uns. Das ganze Konzert hindurch waren wir wie entrückt und wiederholt stiegen uns Freudentränen in die Augen.

Nach dem Konzert, als der Dirigent und der Virtuose vortraten, sich an den Händen fassten und gemeinsam verbeugten, antworteten die Zuhörer wie eine Einheit und klatschten *alle im gleichen Rhythmus* – etwas, was wir bis dahin noch nie erlebt hatten. Mein Herz schlug laut vor Freude über diesen Augenblick der Einheit. Gail und mir war klar, dass wir etwas Außerordentliches erlebt hatten, und obwohl wir müde waren, fühlten wir uns beide durch diese erstaunliche, heilsame Erfahrung belebt und erfrischt.

Unharmonische Rhythmen wie zum Beispiel bei einer holprigen Zugfahrt, an einem Tag voll angestrengten Nachdenkens oder bei einer irritierenden Unterhaltung können dazu führen, dass wir uns gestresst, desorganisiert und nicht synchron fühlen. Kohärente (zusammenhängende, übereinstimmende, harmonische) Rhythmen wie bei einem schönen Musikstück, die Geräusche und Laute oder die Szenerie einer natürlichen Umgebung oder Menschen, die sich gemeinsam freuen, können uns dagegen empfindsamer werden lassen und mit Energie aufladen.

Basis für Brain-Gym® ist die Vorstellung, dass natürliche Rhythmen, die durch einfache, spezifische Bewegungen hervorgerufen werden, eine der zuverlässigsten Möglichkeiten sind, um wieder in den natürlichen Zustand der Kohärenz zu kommen. Einfacher gesagt: Wenn das Herz in Harmonie ist, funktioniert das Gehirn optimal. Und eine balancierte Bewegung kann uns helfen, die Stressreaktion zu lockern und uns wieder mit dem Herzen zu verbinden. Wenn das gesamte System von Geist und Körper balanciert ist, kann der Mensch optimal lernen und kreativ arbeiten. Das natürliche Genie kann sich frei entfalten.

Das „Tauziehen" zwischen Kopf und Herz

Das rationale Gehirn und das intuitive Herz fordern sich jedoch ständig gegenseitig heraus und das hindert uns daran, integriert zu bleiben. Dieses Ungleichgewicht ist wohl bekannt. Es zeigt sich nach außen in den verschiedenen Kämpfen, denen wir uns täglich gegenübersehen: Wir fühlen uns hin und her gezogen zwischen Anspannung und Leichtigkeit, zwischen Strategie und Flow oder zwischen dem Wunsch kreativ zu sein und der Notwendigkeit, Geplantes zu erledigen. Diese Spannung müssen wir aushalten, wenn Ehrgeiz und Rationalität mit Gefühl und Intuition kämpfen. Das ist das uralte Spannungsfeld zwischen Macht und Liebe.

Wer in einer engen Beziehung lebt, erfährt diese Auseinandersetzung in Form der stereotypen Charakterisierung der Geschlechter. Meistens projizieren wir Eigenschaften wie Bestimmen und Dominieren oder Empfänglichkeit und unentschlossenes Schwanken auf unsere Partner, die uns an unsere Eltern erinnern. Dann spielen wir unsere eigene Polarisierung gegen sie aus. Auch im Bereich der Ökologie wird dieser Kampf ausgefochten, wenn Kontrolle und Ausbeutung den Kampf gegen die nährende, freigiebige, aber letztlich zerbrechliche Mutter Erde aufnehmen.

Wie aber war es möglich, dass der Intellekt den Vorrang gegenüber der „Körperweisheit" des Herzens erlangte? Das Kind in jedem von uns möchte dem Herzen folgen. Da jedoch die Gesellschaft den Geist hoch hält, sind die Signale aus dem Herzen gegenüber den Signalen aus dem Intellekt schwächer geworden. Und deshalb sind wir herausgefordert wieder zu lernen, auf die feineren Signale zu achten. Das Gehirn ist oberflächlich betrachtet stärker, und wenn wir uns daran gewöhnt haben, seinem Diktat zu folgen, fällt es uns schwer, die sanfteren Töne des Herzens zu hören. Und es ist dringend nötig, dass wir anfangen, die Signale des Herzens zu hören, denn sie führen uns aus dem Chaos, der Gewalt und dem Stress der Welt, in der wir heute leben.

Egal ob wir es beachten oder nicht, das Herz kann nicht zum Schweigen gebracht werden. Wenn es nicht direkt Gehör findet, wird es sich *indirekt* bemerkbar machen. Obwohl seit Beginn unserer Geschichtsschreibung Männer autokratisch regiert haben, während Frauen meist eine dienende, gehorchende Rolle einnahmen, wäre es falsch anzunehmen, dass Frauen machtlos waren – so wie es falsch ist anzunehmen, dass Liebe machtlos ist. Sie ist es nicht. Liebe ist die stärkste Kraft der Welt.

Als ich zehn Jahre alt war, brachten meine Eltern eine Marionettenaufführung mit der biblischen Königin Esther heraus. Sie war mit König Ahasver (Xerxes) verheiratet, dessen Königreich sich über Persien und Medien erstreckte und 127 Provinzen umfasste. Der König hatte so viel Macht, dass ein Gesetz bestimmte, dass niemand – nicht einmal die Königin – sich ihm ohne Aufforderung nähern durfte; bei Nichtbeachtung drohte die Todesstrafe.

Besonders gefielen mir in der Aufführung meiner Eltern die großen farbenprächtigen Handpuppen, die mit ihren Bewegungen und ihren kräftigen Stimmen die Dramatik der Bühnenhandlung steigerten. Als Esthers Cousin Mardachai sie bittet, beim König zu vermitteln, um den gerade stattfindenden Völkermord an ihrem Volk zu beenden, riskiert Esther ihr Leben, um bei ihrem Mann vorzusprechen. Und sie kann mit ihrer Grazie und ihrem Mut, dazu mit ihrer Schönheit und ihren Verführungskünsten den König vom Verrat des Vizekönigs überzeugen und sie überredet ihn, das Dekret zu widerrufen. So triumphiert das Gute über das Böse.

Während der Vorstellung bekam Esther wegen ihrer leidenschaftlichen Fürsorge für ihr Volk von den Kindern Applaus und anfeuernde Zurufe, der böse Unterdrücker dagegen erntete Buhrufe und Pfiffe. Wenn wir uns sensibel auf die Interaktionen unseres Herzens und unseres Geistes einstellen, können wir erkennen, wie diese Geschichte genau den inneren Kampf darstellt, dem wir alle immer wieder ausgesetzt sind.

Die Bedeutung der Kohärenz

Damit wird deutlich, wie wichtig es ist, dass die Bewegungen des Geist-Körper-Systems in harmonische Kohärenz mit dem Herz gebracht werden, da das Herz uns in einer Weise anleitet, wie es der Geist alleine nicht vermag. In dem

Maße, in dem unsere körperlichen Bewegungsmuster und unser Rhythmus besser integriert werden, sind wir mitfühlender und lernen das Leben besser zu schätzen, wir spüren deutlicher, was uns gut tut, und wir können mit mehr Ruhe fokussieren und uns konzentrieren. Wir lernen besser, wir sind kreativ und verstehen Dinge leichter – wir haben generell mehr Freude an dem, was wir tun, ob zu Hause, in der Schule oder am Arbeitsplatz.

Diese Leichtigkeit wird möglich, weil kohärente Herzfrequenzen kohärente Gehirnwellen auslösen, die die Aufnahmefähigkeit des Gehirns für Stimuli von außen optimieren, so dass Informationen gut aufgenommen, verschlüsselt und integriert werden. Angewandt auf das Beispiel von der Basketballmannschaft bedeutet das, dass die Spieler besser sehen und hören und dass sie diese Informationen besser koordinieren.

Das Herz trägt dazu bei, dass wir *sind*, das Gehirn wiederum – zumindest die linke Gehirnhälfte – drängt uns, etwas zu *tun*. Der Kopf bemüht sich sehr, aber er verfügt nur über eine begrenzte Anzahl von Reaktionen. Wenn wir jedoch mit unserer Herzintelligenz verbunden sind, erkennen wir unendlich viele Möglichkeiten. Sind wir von der Herzintelligenz getrennt, werden wir selbst eine ganz *offensichtliche* Lösung nicht sehen, weil unsere Suche danach unsere Sicht behindert. Haben wir die Verbindung zum sich selbst organisierenden Herz wieder gewonnen, so finden wir die Lösung oft mühelos.

Elkhonon Goldberg berichtet, dass die linke Gehirnhälfte sich so entwickelt hat, dass sie unsere Erlebnisse kodiert, aufzeichnet und uns vertraut werden lässt, damit die rechte Hirnhälfte sie kreativ nutzen kann. Die linke Hälfte fragt automatisch „wieso" oder „wieso nicht", das heißt, ihre Funktion besteht darin, zwischen den Dingen zu unterscheiden und sie einzeln und linear einzuordnen.

Aber das Leben verläuft nicht geradlinig und organisiert. Es ist wild und verworren – voller Paradoxien und Geheimnisse. Wir brauchen die Abstraktionsfähigkeit unserer cerebralen „Linkshirn-Sprache", um Dinge neu zu schaffen, folgerichtig zu denken und Symbole und Zeichen zu entwickeln, damit wir wissen, was wir zu tun haben. Und doch sind es Poesie, Musik und Tanz der rechten, auf Neues sinnenden Gehirnhälfte, die Dinge wieder zusammenfügen und uns helfen, Freude, Spieltrieb, Schönheit, Harmonie und Kooperationsbereitschaft zum Ausdruck zu bringen.

Lernen und die Sprache des Herzens

Wie können wir die Stimme des leidenschaftlichen Herzens wieder zum Klingen bringen? Wenn wir uns ein Gedicht einprägen, zeigt uns dessen innerer Rhythmus, wie wir uns auf neue Art bewegen können. Auswendig lernen heißt im Englischen *learning by heart* (wörtlich: „mit dem Herzen lernen") und das bedeutet, dass wir die mit den Worten verbundenen Bewegungsmuster internalisiert haben. In ihrer reinsten Form spricht die Sprache des Herzens mit der Stimme der Poesie. Deren Rhythmus und deren Metrum entstehen direkt aus den natürlichen Bewegungen des Körpers. Poesie geleitet uns zurück in unser Herz und zu unserer Leidenschaft, zurück zu den Mustern der Natur und zurück zum Geheimnis des Lebens. Diese Sprache der Integration (gleichgültig ob Versform oder Prosa) kann uns direkt in unser Herz bringen und sogar unser Stammhirn erreichen.

Wenn ich Poesie verfasse, bin ich immer wieder erstaunt, wie die Worte fließen. Ähnlich wie die Brain-Gym®-Bewegungen führt die Poesie mich zurück zu meiner sinnlichen Wahrnehmung, in meinen Körper und weiter in mein Herz. Es geschieht etwas und meine Beziehung zum Raum verändert sich.

Es spielt keine Rolle, ob wir Poesie *verfassen* oder *lesen* – wir können dabei die besonderen Qualitäten der Sprache der Poesie erfahren: wie sie unsere Fähigkeiten der Wahrnehmung *(Noticing)* sowie unsere sprachlichen Fertigkeiten (die Stirnlappen und die linke Gehirnhälfte) mit der bewussten Wahrnehmung unserer Sinne, unserer Gefühle und unserer Bewegungsmuster (Hirnstamm und rechte Hälfte) vereint.

Poesie lädt uns ein, auf unsere inneren und äußeren Rhythmen und Klänge zu lauschen – auf Herzschlag, Atmung, Intonation und Modulation der Stimme, Rhythmen beim Gehen oder Bewegen – und auf Bilder zu achten, mit deren Hilfe bestimmte Bewegungsmuster in unserem Bewusstsein bewahrt werden. Ich selbst kann nur dann Poesie verfassen, wenn ich mich sicher genug fühle, um meine inneren Erfahrungen wahrzunehmen.

Wenn Schüler dazu eingeladen und ermuntert werden, Poesie zu lesen oder zu schreiben, müssen sie ein Gefühl der Sicherheit haben, damit sie sich diese Form der Kunst erschließen können und damit die Chance haben, sich selbst wahrzunehmen und die Verbindung zum Herzen herzustellen. Deshalb bemühe ich mich, wenn ich Erwachsene unterrichte, für die Poesie eine Atmosphäre der Offenheit zu schaffen, in der die Teilnehmer voneinander lernen und Wettbewerb nicht belohnt wird.

In der Schule führen Belohnungen oder Strafen für bestimmte Verhaltensweisen gewöhnlich dazu, dass eine raue, auf Wettbewerb gerichtete Atmosphäre herrscht. Dieser Stress vermindert die Kohärenz von Herz und Gehirn und erzeugt bei den Anwesenden ein Gefühl der Bedrohung, was wiederum zur Kampf-oder-Flucht-Reaktion führt.

Die Reaktionen der Schüler sind unterschiedlich; häufig zu beobachten sind jedoch aggressives Verhalten entweder in Form von exzessivem Lernen von Fakten, um dem Lehrer zu gefallen, oder aber trotzige Diskussionen mit der Gruppe – manchmal verbunden mit Wut oder störendem Verhalten. Das Fluchtsyndrom zeigt sich in der Form des Rückzugs: Diese Schüler versuchen abzutauchen, um sich nicht beteiligen zu müssen.

Auf jeden Fall vermindern sich in dieser schulischen Atmosphäre von Belohnung oder Bestrafung die Chancen des Einzelnen ernsthaft, mit dem eigenen Herzen und mit der wunderbaren Welt der Poesie und ihren unendlichen Möglichkeiten verbunden zu bleiben. Im Gegensatz dazu verhilft ein Unterricht, bei dem Musik, Lernspiele und viele Brain-Gym®-Bewegungen eingesetzt werden, zu einer entspannten, experimentierfreudigen Atmosphäre, in der Schüler ihren Stress vermindern und mit ihren Gefühlen und ihren Sinneswahrnehmungen verbunden bleiben können.

Unsichtbare Verbindungen

Stress und Wettbewerb sind ansteckend, da sich die Herz- und Gehirnkohärenz zwischen Menschen über viele unsichtbare Verbindungen mitteilt. Das wird zum Teil dadurch möglich, dass das elektromagnetische Feld des Herzens, wie bei Pearsall beschrieben, durchschnittlich etwa zwei Meter über den Körper hinausreicht.

Gewöhnlich lernen wir diese Stressmuster – also nichtkohärente Herz- und Gehirnrhythmen – zu Hause, in der Schule und am Arbeitsplatz. Nur allzu leicht blockieren uns diese Stressmuster und so können wir nur begrenzt lernen, wir sind nicht wirklich kreativ und können auch nicht gut kooperieren. Durch Anstrengung, Disziplin und Willenskraft können wir diese Einschränkungen bis zu einem gewissen Grad vermindern; derartige Bemühungen verlaufen jedoch genau entgegengesetzt zu der zugrunde liegenden Struktur, so dass integriertes Funktionieren über den bestehenden Rahmen hinaus zusätzlich behindert wird. Ich habe festgestellt, dass der einzig wirkungsvolle Weg, Herzkohärenz zu erreichen, über Bewegung und Spiel führt.

Wayne Muller macht in seinem empfehlenswerten Buch *The Sabbath: Finding Rest, Renewal and Delight in our Busy Lives* den Vorschlag, sich einen Tag in der Woche frei zu halten, um auszuruhen und das Leben zu feiern, und er betont, dass wir keine guten Entscheidungen treffen können, wenn wir erschöpft sind. Sein Buch hat mich dazu inspiriert, jeden Tag fünf Minuten durch meinen Garten zu gehen und einfach wahrzunehmen, was ich dort sehe. Und häufig fordere ich die Teilnehmer in meinen Kursen dazu auf, dies auch zu tun. Manchmal sehe ich, wie die Leute bei meinem Vorschlag erschrecken. Vielleicht ist unserer Kultur die Kunst der Ruhe und der Entspannung so vollständig verloren gegangen, dass uns schon der Gedanke daran in Schrecken versetzt. Man gewöhnt sich leicht an die stressigen Bewegungsmuster und deshalb sollten wir uns daran erinnern, dass bereits wenige Minuten der Ruhe und die Freude an schönen Dingen uns wieder in erholsamere Muster zurückversetzen.

Spiel und Aggression

Beim Spiel kommt das Herz zum Vorschein. Kinder mit verschlossenem Herzen öffnen sich langsam. Es gibt eine schöne Videoaufzeichnung von einem Eisbärenjungen, das traumatisiert und in sich zurückgezogen ist. Ein anderes Junges im Käfig spielt immer wieder mit ihm und gibt nicht auf. Schließlich öffnet das traumatisierte Junge sein Herz und kann sich allmählich an den Spielen beteiligen. Und genau so sollte *Pädagogik* für Menschen (und für Eisbären) aussehen.

Sind Kinder entspannt und wirklich in Stimmung für das Spiel, gibt es weder Aggression noch Wettbewerbsstreben. Wenn es darum geht zu kämpfen, zu gewinnen oder zu verlieren, dann ist das Teil des Spiels und es steckt keine Bosheit dahinter. Schädliche Aggression entsteht, wenn Stress und soziale Konditionierung ein Kind auf sein Stammhirn zurückverweisen. Damit werden seine Wahlmöglichkeiten stark eingeschränkt. Es bleibt keine Zeit für Lernen oder Kreativität, das körperliche Überleben scheint gefährdet und alle weiteren Überlegungen werden zweitrangig. Wie bereits erklärt ist diese Reaktion angesichts einer wirklichen Gefahr durchaus angemessen. Aber wie oft verirrt sich ein Bär schon auf einen Spielplatz?

Bis vor kurzem passten sich Mädchen in der Schule besser an als Jungen – jedenfalls aus der Perspektive von Brain-Gym®. Sie hatten offensichtlich besser Zugang zu Liebe und damit verwandten Gefühlen, wie sie mit integriertem

Funktionieren verbunden sind, und die Mädchen waren den Jungen in Bezug auf ihre sprachlichen Fertigkeiten überlegen. Sie lösten emotionalen Stress im Gespräch mit einer Freundin oder einer erwachsenen Vertrauensperson auf und waren so weniger anfällig für Reaktionen aus dem Bereich niedriger animalischer Instinkte. Heute verwischen sich die Grenzen. Beiden Geschlechtern fehlt oft die notwendige Stimulation des Herzens. Der „Hirnstamm-Wettbewerb" greift auch in der Welt der Mädchen um sich.

Spaß, Spiel, Sport, Berührung – alle diese aufbauenden Interaktionen innerhalb der Gruppen verschwinden aus der Entwicklungsphase. Spiel wird immer mehr digital, steril und kaltherzig.

In der Vergangenheit regelten Jungen ihre Streitigkeiten zehn Mal häufiger als Mädchen im Kampf. Mittlerweile ist die Rate geringer geworden und Mädchen sind an 25 Prozent der Kämpfe beteiligt. Außerdem werden die Kämpfenden immer jünger. Kürzlich brachte meine Zeitung auf der Titelseite die Geschichte eines Mädchens unter zehn Jahren, das fast zu Tode geprügelt worden war. Es liegt jetzt im Koma und trägt vielleicht einen bleibenden Hirnschaden davon. Die Kinder, die zusammen mit der Mutter eines der betroffenen Kinder bei dem Angriff Zeuge waren, stachelten die Angreiferin an und ermutigten sie, ihre Ehre zu verteidigen, da das andere Mädchen ihren Freund geküsst hatte.

Wohl meinende Erwachsene machen häufig das Fernsehen und Videospiele für die zunehmende Gewalt verantwortlich, aber aus der Perspektive von Brain-Gym® wissen wir, dass das Herz der Kinder nicht entwickelt wird, und das bedeutet, dass sie zunehmend zu „Stammhirn-Verhalten" Zuflucht nehmen, wozu auch kaltblütige Aggression zählt.

Gelingt es Eltern, Lehrern oder Arbeitskollegen, verstärkt kohärente Herz-Hirn-Rhythmen in die jeweilige häusliche, schulische oder berufliche Umgebung zu bringen, wird das auch zu spüren sein. Ich habe viele Male erlebt, wie es ist, wenn nur relativ wenige Menschen lernen, sich selbst mental und körperlich in eine synergetische Balance zu bringen: Von ihnen ausgehend breitet sich eine Welle der Veränderung im Raum aus und kehrt unter Umständen das Geschehen völlig um. Eine derartige Veränderung könnte, sofern sie auf breiterer Basis erfolgt, unsere gesamte Gesellschaft transformieren.

Kohärenz zurückgewinnen

Als Reaktion auf die vorangehenden Informationen fragen mich Menschen oft: „Wie komme ich in einen Zustand der Kohärenz zurück, wenn mir die Kohärenz verloren gegangen ist? Was kann ich tun, um Balance und Offenheit zu fördern? Wie kann ich meinen Geist und mein Herz erneut in Verbindung bringen, um mein Lernvermögen und meine Lebensfreude zu steigern?" Als Antwort gebe ich zwei Empfehlungen:

Erstens müssen wir *erkennen*, dass wir nicht mehr kohärent sind, das heißt, dass wir von vornherein anerkennen, dass es uns an Kohärenz fehlt. Das Leben drängt sich uns nie auf; es wartet geduldig, bis wir erkennen, was wir brauchen, und darum bitten. Sobald wir klar erkennen lassen, dass unser Ziel eine stärkere Kohärenz von Geist und Herz ist, wird uns das Leben – als Antwort auf unseren ehrlichen Wunsch – die nötige Hilfe anbieten. Das geschieht auf vielerlei Weise, mein Fokus ist jedoch auf die leicht verständliche Art gerichtet, wie dies über den Körper geschieht. Der Körper antwortet auf unsere Gedanken und deshalb ist es lebenswichtig, dass wir positive, heilende Gedanken pflegen. Wenn wir ruhig den Wunsch nach irgendeiner Veränderung ausdrücken – sei es emotionale Stabilität, mehr Liebe in unserem Leben (größere innere Kohärenz) oder sonst etwas –, beginnt der Körper seine Ressourcen in Richtung unseres Wunsches zu mobilisieren.

Zweitens (und das entsteht ganz von selbst aus einem ehrlichen Wunsch nach mehr Kohärenz) können wir diesen Zustand der Kohärenz wieder erlangen, wenn wir weiterhin die Brain-Gym®-Bewegungen ausführen, die in diesem Buch beschrieben sind.

Die PACE-Bewegungen, die ich in Kapitel 12 vorstellen werde, helfen das Stress-Reflex-Verhalten zu überwinden und im entspannten Zustand der Kohärenz des Herzens zu bleiben. Im vorliegenden Kapitel möchte ich Sie einladen, zwei weitere Brain-Gym®-Bewegungen auszuprobieren, die Ihnen wieder zu einer koordinierten Reaktion des Herzens verhelfen. Diese zwei Bewegungen sind insbesondere dazu gedacht, das Gefühl zu stärken, im Körper „geerdet" zu sein. Diese Bewegungen fördern auch die Gesundheit allgemein, denn sie helfen, den Sehnenkontrollreflex und die Reaktionen von Rückzug oder Erstarren *(freeze)* aufzugeben; sie vermindern die Stressreaktion und die Ausschüttung von Stresshormonen (wie Adrenalin und Kortisol), so dass wir schneller zur beruhigenden Kohärenz des Herzens zurückkehren können. Wenn sich der Kortisolspiegel vermindert, wird vermehrt DHEA (Dehydroepiandrosteron) ausgeschüttet, das „Jungbrunnen"-Hormon.

DHEA wirkt Alterungsprozessen entgegen und sorgt dafür, dass alle Systeme im Körper genügend Flüssigkeit erhalten, es verbessert die Immunfunktion, löst Gefühle wie Verwirrung und Frustration auf und verhilft zu mehr gedanklicher Klarheit und Aufmerksamkeit.

Achten Sie während der kurzen Zeit, die Sie für die beiden Bewegungen brauchen, darauf, ob Sie irgendwelche Veränderungen im Aktivitätsmuster ihres Nervensystems feststellen können.

Der Schwerkraftgleiter

Der *Schwerkraftgleiter* ist die entscheidende Bewegung zum Lösen des Sehnenkontrollreflexes – der Stressreaktion mit Erstarren oder Rückzug. Mit der Lösung dieses Reflexes können wir die Kohärenz des Herzens wieder erreichen.

Diese Übung ist besonders dann geeignet, wenn Sie für einen öffentlichen Auftritt besonderen Mut brauchen, beispielsweise wenn Sie eine Rede halten wollen. Wahrscheinlich fällt es Ihnen leichter, aus dem Herzen heraus zu sprechen, und Sie werden selbstbewusster auftreten.

[Hinweis: Wenn Sie Probleme mit dem unteren Rücken haben, sollten Sie auf diese Übung lieber verzichten!]

Der Schwerkraftgleiter

Schwerkraftgleiter

Setzen Sie sich bequem auf einen Stuhl und legen Sie die Fußgelenke übereinander; die Knie bleiben dabei locker entspannt. Machen Sie sich von der Hüfte aus lang und strecken Sie Oberkörper und Arme nach vorne, neigen Sie den Kopf (er soll aber *über* den Armen bleiben) und lassen Sie die Arme sanft fließend in Richtung der Füße gleiten – so weit, wie es für Sie angenehm ist. Legen Sie die Arme entspannt auf ihren Beinen auf. – Es geht hier darum zu entspannen und auf der Schwerkraft zu „gleiten", als würde man auf einem Luftkissen ruhen, deshalb sollten Sie sich nur so weit nach vorne beugen, wie es Ihnen bequem möglich ist.

Atmen Sie dabei aus und richten Sie sich beim Einatmen Wirbel für Wirbel langsam wieder auf. Wiederholen Sie das dreimal und wechseln Sie dann die Beine.

Das Erden

Übungen, die den Geist in Balance bringen und das Herz öffnen, sind ebenso wirksam wie Übungen zur Stärkung des Fokus. Die folgende Bewegung hat eine ähnliche Wirkung wie der Schwerkraftgleiter. Außerdem fühlen Sie sich dadurch besser geerdet und entspannt.

[Hinweis: Schonen Sie bei dieser Übung Ihre Knie und beugen Sie sie nicht über die Fußmitte hinaus. Stellen Sie stattdessen lieber Ihre Beine weiter auseinander. Die Übung wird dann noch wirkungsvoller und Sie schonen Ihre Knie.]

Das Erden

Erden

Stellen Sie sich zunächst breitbeinig, aber bequem hin. Richten Sie Ihren linken Fuß nach links, während der rechte geradeaus nach vorn zeigt. Nun atmen Sie aus, beugen das linke Knie, halten das rechte Bein gerade und drücken die Hüfte nach unten Richtung Fußboden. Atmen Sie dann ein, richten Sie sich langsam auf und entspannen Sie sich dabei. Oberkörper und Hüfte sollen gerade bleiben und nach vorne ausgerichtet sein, während der Kopf, das gebeugte Knie und der Fuß des gebeugten Beins zur Seite zeigen. Diese Übung stärkt die Hüftmuskeln. Sie spüren das an dem gestreckten Bein. Wiederholen Sie dreimal, dann wechseln Sie zur anderen Seite.

Das Wissen des Herzens

In unserer modernen, überaus geschäftigen Welt mit der täglichen Flut an Informationen neigen wir dazu, die meiste Zeit im Kopf zu bleiben, wo wir Zugang zu einer beschränkten Form analytischer Informationen haben. Über unseren Körper haben wir jedoch Zugang zur Weisheit des Körpers – einer sehr viel persönlicheren Form von grenzenlosem, innerem Wissen.

Jeder Mensch ist auf der Herzebene mit jedem anderen Menschen verbunden, und alles vorhandene Wissen ist über die Kohärenz des Herzens potenziell für uns verfügbar, in Form von Einsichten und Intuition.

Wenn ich beobachte, wie Wissenschaft und Technologie sprunghaft fortschreiten, habe ich den Eindruck, dass eine Intelligenz im Universum entscheidet: „Okay, jetzt ist es an der Zeit, diese Information in die Geschichte menschlichen Wachstums einzufügen; die Menschen sind bereit für den nächsten Schritt."

Nachdem wir die neue Information erhalten haben, sind wir jedoch darauf angewiesen, dass unser Körper sie in eine Struktur integriert. Und es ist in der Tat diese spezielle Kombination an Erfahrungen – Inspiration und Integration –, die beim Lernen euphorische Gefühle weckt. Die Brain-Gym®-Bewegungen aktivieren die beiden Gehirnhälften und verbinden sie mit dem Herz. Damit machen sie uns bereit für einen Kreativitätsschub und versetzen uns in die Lage, die neuen Erfahrungen zu verarbeiten und zu verinnerlichen.

Auf die Frage „Was sind die wahren Wunder dieser Welt?" könnten wir mit Hilfe unseres *Geistes* antworten – und uns an die denkwürdigen Orte erinnern, die wir besucht haben, an die Menschen, die wir kennen gelernt und von denen wir gehört haben, und an die Ereignisse, über die wir gelesen haben. Wenn wir auf diese Frage jedoch mit der Kohärenz des *Herzens* antworten, sind wir sofort mit dem *Wunder der Schöpfung* verbunden: Wir haben unsere eigenen Hände, um alles zu berühren, Ohren, mit denen wir zuhören und Eindrücke aufnehmen, Augen, mit denen wir sehen und uns freuen, und ein Herz, mit dem wir fühlen, lachen und lieben.

KAPITEL 8

Bewegung und Gedächtnis

Rückblende: Wir haben das Jahr 1963. John F. Kennedy ist Präsident der Vereinigten Staaten von Amerika. Ich sitze in einem Hörsaal der Universität von Boston in der Abschlussprüfung für amerikanische Geschichte und arbeite an einer ökonomischen Interpretation der historischen Ereignisse vom Bürgerkrieg bis zur Gegenwart. Ich muss einen Aufsatz schreiben, mich an die wichtigen Daten, an berühmte Namen und Orte erinnern und vergangene politische Ereignisse mit zeitgenössischen Themen vergleichen und gegenüberstellen.

Dr. Hill, die Direktorin der Fakultät für Geschichte und Aufsicht in dieser vierstündigen Prüfung, steht zufällig hinter meinem Tisch. Ich spüre ihre Anwesenheit und bin vor Angst ganz starr, ich kann meinen Kopf weder nach rechts noch nach links drehen. Mein Kopf ist plötzlich leer. Ich kann immer nur im Geiste wiederholen: „Bitte gehen Sie weiter! Bitte gehen Sie weiter!" Bis sich Dr. Hill endlich entschließt, sich anderswo hinzustellen, kann ich nicht denken, mich an nichts erinnern und kein einziges Wort schreiben.

Was war die Ursache für meine mentale Blockade, dass ich weder denken noch meinen Stift bewegen konnte, bis die Aufsicht weiterging? Auf welche Weise beeinflusst Angst das geistige Erinnerungsvermögen?

Weitere zwanzig Jahre vergingen, bis ich erkannte, welche körperliche Ursache dem zugrunde lag, dass ich in jenen endlosen Augenblicken damals im College nicht denken konnte. Auslöser für die Störung meiner mentalen Aufmerksamkeit war der Sehnenkontrollreflex, er hatte mich fest im Griff, genauso wie den Blechholzfäller in der Geschichte des Zauberers von Oz. Wenn wir im Nacken nicht loslassen können, um den Kopf zu bewegen, haben wir keinen Zugang zu bestimmten Nervenbahnen der Stirnlappen, die für die Gedächtnisfunktion und die Sprache wichtig sind.

Das Phänomen Gedächtnis ist eine komplexe Funktion, die auch die Modalitäten Berührung und Bewegung einbezieht. Beteiligt sind auch Gefühle, wie wir sie etwa bei spielerischen Aktivitäten empfinden. Das Erinnerungsvermögen stellt mit Hilfe einer emotionalen Assoziation eine Verbindung zwischen dem gegenwärtigen Augenblick und einer früheren Erfahrung her. Und so können wir ein vergangenes Ereignis noch einmal durchleben, als ob es in der Gegenwart stattfände. Mit einem Satz: Erinnerungen sind geistige Zustände oder konditionierte Assoziationen, die durch Empfindungen im Körper aktiviert werden.

Dass der Geruchssinn leicht Erinnerungen wachruft, ist den meisten Menschen bekannt, da sie es bereits selbst erlebt haben. Immer wenn ich in eine Bäckerei komme und es riecht nach Apfelkuchen, erinnert mich das an einen Besuch bei meiner Großmutter, an einem eisigen Nachmittag in Neu-England. Der kalte Wintertag und die rosige Wärme von Omas Händen sind dann wieder unmittelbar zu spüren.

Wenn keine Erinnerung bleibt, haben wir dann etwas gelernt? Wenn wir ein Erlebnis nicht noch einmal durchleben, wenn wir nicht die Verbindung zu unserem eigenen Leben herstellen können, hat dieses Ereignis dann wirklich stattgefunden?

Auswendig lernen

Ein gutes Gedächtnis zu haben bedeutet mehr als nur den Stoff für eine Prüfung gut zu behalten, denn bei einem derartigen „Einpauken" gehen anschließend wenigstens 80 Prozent wieder verloren. Um etwas auswendig zu beherrschen, etwa ein Lied oder ein Gedicht, ist mehr nötig als nur fehlerloses Vortragen aus dem Gedächtnis. Etwas auswendig vortragen heißt, dass die Bedeutung der Worte im Körper Widerhall findet und Gefühle auslöst, so dass das Gedicht oder das Lied die eigene Erfahrung zum Ausdruck bringt.

Beim Lernen geht es im Kern um das Schaffen neuer Erinnerungen. Jede neue Erfahrung, die uns Freude bereitet, lässt vorhandene Nervenbahnen großzügig weiter wachsen. Unsere ersten Lernschritte sind physisch und körperbezogen. Wenn wir laufen lernen, wird dieses kinästhetische Lernen im Gehirn als Erinnerung gespeichert und sie ist uns immer zugänglich, wenn wir einen Schritt machen wollen. So müssen wir – außer nach schweren Verletzungen – nie mehr überlegen, was wir beim Gehen tun müssen. Diese neuronalen

Verbindungen, die aus unseren ersten Bewegungen, unseren ersten Entdek-kungen in der Welt entstehen, bilden später die Basis für die abstrakten Denk-prozesse des Erwachsenen.

In Resonanz mit etwas zu sein heißt so viel wie eine harmonische Beziehung herzustellen. Wenn wir in Resonanz mit unserer Umwelt sind, können wir mit entspanntem Herzen lernen, aus einem Gefühl der Freude heraus, voller Unternehmungslust und bereit zur Kooperation – und nicht voller Angst, unter Stress und Wettbewerbsdruck. Unser Gehirnwellenmuster ist bestimmt durch die langsamen Alphawellen, wir fühlen uns im Flow – jetzt herrschen nicht die schnelleren Betawellen für Stress vor. Genau das ist Alpha-Lernen (im Unterschied zu Beta-Lernen), es entsteht aus unserem Gefühl der inne-ren Verbundenheit mit der Welt.

Das Alphabet, das sich mit Bewegung leicht lernen lässt, hat die Zeit überdau-ert. Die Erfinder des Alphabets, die Phönizier, wussten, wodurch das Gehirn integriert wird und was die Balance der Eigenschaften der linken und der rechten Hemisphäre herbeiführt – und Bewegung war ein Teil davon. Ich kann durch die Bewegungen meiner Schreibhand, genauso wie durch beliebi-ge andere Bewegungen, wieder in einen Balancezustand gelangen.

Körperliche Bewegung spielt bei *jeder* Erfahrung eine Rolle: Jeder Gedanke setzt die Bewegung von Neuronen im Gehirn voraus, auch wenn die physi-sche Bewegung manchmal kaum erkennbar ist, zum Beispiel bei Augenbewe-gungen. Das Kleinhirn moduliert die im Säuglingsalter erlernten Bewegungs-muster, so dass wir in der Zeit und im Raum agieren und in unsere Umwelt hinausgehen können, um neue Erfahrungen zu machen. Unsere Erinnerun-gen bauen aufeinander auf und schaffen eine Matrix von Querverbindungen, die sich uns als ein erfülltes Leben darstellt.

Das Kurzzeitgedächtnis

Unser moderne Welt ist besessen von der Angst vor Gedächtnisverlust und tägliche Berichte über die Verbreitung der Demenz und der Alzheimer-Krankheit verstärken noch das Interesse an diesem Thema. Wenn uns ein Freund oder ein geliebter Mensch gesteht, dass er fürchte, sein Gedächtnis zu verlieren, denkt er dabei meist nicht an sein Langzeit-, sondern an sein Kurz-zeitgedächtnis. Wenn wir nicht mehr wissen, was wir gerade gesagt oder gele-sen haben oder warum wir in diesen Raum gekommen sind, haben wir so sehr die Verbindung zu unseren Bewegungsmustern verloren, dass wir nur noch die passiven, rezeptiven Bereiche des Gehirns nutzen. Ausdruck, Planung und Intention, die für eine Handlung notwendigen Funktionen der Stirnlappen, sind für uns unerreichbar geworden.

Unser Kurzzeitgedächtnis ist unser „Arbeitsgedächtnis" oder bewusstes Gedächtnis: Dazu gehören unsere Gefühle, die uns mit einem vergangenen Ereignis verbinden, unsere Sinne, die uns in der Gegenwart halten, und unsere Gedanken, die uns für vermutete Ereignisse in der Zukunft planen lassen.

Wenn ich verreise und meinen Koffer packe, gehe ich im Geist meine letzte Reise durch und versuche mich zu erinnern, was ich getragen oder was ich für meine Vorträge gebraucht habe – und durchlebe damit erneut die Erlebnisse meiner letzten Reise. Wenn ich dann, wieder in der Gegenwart, auf die Dinge schaue, die ich zusammengetragen habe, und die einzelnen Teile auf meiner mentalen Liste abhake, stelle ich mir die Zukunft vor und überlege, was ich für meine nächste Station wohl brauche und was nicht.

Wir müssen neue Nervenbahnen schaffen – also im buchstäblichen Sinne unsere Zukunft mental erschaffen, ehe wir sie leben. Das Kurzzeitgedächtnis ist die Wahrnehmung, die für den aktiven Vergleich eingehender Daten mit langfristigen Mustern verantwortlich ist, so dass wir uns in die unbekannte Zukunft begeben können. Es handelt sich hier um einen Prozess der Restrukturierung, in dem wir uns selbst erneuern und Kontexte für zukünftiges neues Lernen eröffnen. Ohne die Aktivität und Beteiligung der expressiven Stirnlappen können wir neue Informationen oder Erfahrungen nicht in der beschriebenen Weise verarbeiten.

Das Langzeitgedächtnis beruht, im Gegensatz dazu, auf körperbezogenen Lernerfahrungen. Deshalb erinnern sich ältere Menschen oft an die Zeit, als sie jünger und aktiver waren – als sie noch wanderten, arbeiteten, kochten, Sport trieben und ihre Kinder umhertrugen. Das heißt, als sie viel Bewegung hatten und ihre Muskeln trainierten.

Ich erinnere mich noch daran, wie ich als Student Bücher für Gedächtnistraining las. Es ging um Gedächtnis-„Krücken" und die Notwendigkeit, die rechte Gehirnhälfte zu aktivieren, um mentale Bilder und Assoziationen entstehen zu lassen, die mit Hilfe der Imagination mit neuen Informationen verknüpft werden konnten. In meiner Studentenzeit war ich von meinem Körper und von realen Erfahrungen abgespalten, aber mit Hilfe dieser Tricks konnte ich ohne weiteres beeindruckend lange Listen mit Daten speichern und wieder abrufen.

Trotz ihrer Techniken und Tricks wirkten diese Programme nur begrenzt, obwohl sie für bestimmte Arten des Lernens (und um Freunde zu beeindrucken) recht nützlich waren. Sie brachten mich dazu, über das Gehirn nachzudenken und wie wichtig es ist, bewusste emotionale Assoziationen zu schaffen. Viele dieser Techniken werden heute noch gelehrt. Aber wird dabei nicht außer Acht gelassen, wie wichtig es ist, bedeutsame, echte Erinnerungen ohne Krücken hervorzuholen – Erinnerungen aufgrund tatsächlicher Erfahrungen mit der konkreten Wirklichkeit und mit Menschen, die ich liebe, Menschen, mit denen ich im Spiel verbunden bin?

Frühere Erinnerungen

Wann immer ich in meinen Kursen über das Gedächtnis spreche, fragen mich die Teilnehmer, warum sie sich ohne weiteres an ein Gesicht erinnern können, aber nicht so leicht auf den Namen der betreffenden Person kommen. Wenn ich eine Geschichte erzähle, fällt mir oft ein wichtiges Wort oder der Name einer Stadt nicht ein. Das weit verbreitete Phänomen betrifft Menschen jeden Alters und jeder sagt dann: „Es liegt mir auf der Zunge." Wir wissen, was wir sagen wollen, und können die Assoziationen sehen und spüren, aber wir können das Wort noch nicht sagen. Also nehmen wir ein anderes Wort oder wir warten, bis uns das gesuchte Wort etwas später doch noch einfällt – dann, wenn wir uns nicht mehr angestrengt bemühen, uns zu erinnern, und uns mit etwas anderem beschäftigen.

Wie können wir stärker präsent sein und alle sinnlichen Wahrnehmungen bei unserem Lernen einbeziehen, so dass wir aktiv zuhören können und die expressiven Stirnlappen und die auditiven Schläfenlappen ansprechen? So könnten wir unsere Vorliebe für den Klang der Sprache fördern und damit auch unsere verbale Erinnerung.

Ähnlich faszinierend sind die Gedächtnisphänomene, die man als Primat-Effekt und als Rezenz-Effekt bezeichnet.[7] Die rechte Hemisphäre (durch die wir Dinge erfahren) ist bemüht, Neues für die langfristige Speicherung zu verarbeiten und Ereignisse aus jüngster Zeit kurzzeitig zu bewahren. Als ich das vorliegende Buch verfasste und einige Beispiele für meine Arbeit anführen

---

7 Beide sind Positionseffekte: Beim Primat-Effekt werden die ersten und beim Rezenz-Effekt die letzten Elemente einer Reihe im Durchschnitt länger behalten als die in der Mitte stehenden, weil sie weniger störende Konkurrenten vor bzw. hinter sich haben. Quelle: Werner D. Fröhlich, *Wörterbuch Psychologie*, München: dtv, 2002. E. L.]

wollte, konnte ich mich am ehesten an die frühesten Sitzungen mit Klienten erinnern und natürlich auch an diejenigen neueren Datums. Am besten erinnern wir uns meist daran, wie wir etwas *zum ersten Mal* machten – an unsere frühen Erfahrungen –, und auch an erst kürzlich erlebte Ereignisse. Es sind die dazwischen liegenden Tage, Monate oder Jahre, an die wir uns nicht so leicht erinnern.

Die ersten Untersuchungen der Eigenschaften der linken und der rechten Gehirnhälfte legten die Vermutung nahe, dass das Gedächtnis stärker mit der rechten Hälfte assoziiert sei. Dem widersprechen die gegenwärtigen Erkenntnisse der Neurowissenschaft: Sie verweisen darauf, dass die rechte Hemisphäre an der Verarbeitung neuer Erfahrungen mit Hilfe der Sinne und der Emotionen beteiligt ist und die Freude an neuen Entdeckungen weckt.

Daraus lässt sich schließen, dass wir mehr Erinnerungen zusammentragen, wenn unser Geist sich spielerisch mit Dingen beschäftigt, die neu für ihn sind. Wenn Routine *zu sehr* Routine wird, ist sie auch weniger erinnernswert. Darum sollten wir uns fragen, wie wir unser Leben so gestalten und unsere Kinder so erziehen können, dass wir mehr Neues, mehr Bewegung und mehr Abenteuer einbeziehen, damit es auch mehr zu erinnern gibt!

Das Gedächtnis lässt sich im Gehirn nicht nur an *einer* Stelle lokalisieren. Bestimmte Organe wie der Hippocampus sind wichtig für das Gedächtnis, und wenn er verletzt ist oder entfernt wird, versagt das Gedächtnis. Das Gehirn ist jedoch holografisch. Das „Ganzhirn-Gedächtnis" ist abhängig von den Schnittstellen der verschiedenen Gehirnbereiche für Sprechen, Sehen, Hören und taktiles Empfinden, wenn das Gehirn um ein Ziel herum organisiert ist. Neues Lernen hat für uns so lange keine Bedeutung, bis wir es mit vergangenen Erfahrungen verglichen haben und uns mit Hilfe der neuen Erkenntnisse vorstellen können, was in Zukunft sein könnte. Unser Gedächtnis funktioniert sehr gut, wenn wir voll und ganz in der Gegenwart leben können und uns dabei an Vergangenes erinnern, weil wir das brauchen, um unsere Bedürfnisse in der Zukunft vorauszuahnen.

Die biochemische Komponente des Gedächtnisses

Wir haben uns daran gewöhnt, den Gedächtnisverlust als einen biologischen Prozess zu akzeptieren – als eine unvermeidliche Begleiterscheinung des Alterungsprozesses. Aber in Wirklichkeit tragen Umweltfaktoren zur Verschärfung dieses Problems bei. Das Gehirn und die Erinnerungen basieren auf elektrischen und biochemischen Vorgängen: Elektrische Impulse werden mit Hilfe der Neurotransmitter über die Synapsen zwischen den Nerven übertragen. Wegen dieser biochemischen Komponente wirkt sich alles, womit wir die chemische Balance im Gehirn fördern, positiv auf die langfristige Sicherung unseres Gedächtnisses aus.

Brain-Gym® kann das Gedächtnis entscheidend unterstützen, indem es den Körper wieder ins Gleichgewicht bringt und bewusste Bewegungen als das Tor zum Lernen nutzt. Mit unserer körperlichen Aktivität bringen wir verstärkt Sauerstoff zum Gehirn und unterstützen die zahllosen Prozesse in den verschiedenen Organen, darunter auch die Produktion aller benötigten chemischen Elemente. All das führt zu mehr Klarheit im Denken. In der Edu-K® beobachten wir, wie Erwachsene, die täglich eine Reihe von Brain-Gym®-Übungen ausführen, bessere mentale Leistungen erbringen als Menschen, die viel sitzen – und neue medizinische Untersuchungen über die Vorteile eines täglichen körperlichen Trainings bestätigen das.

Spiel und Gedächtnis

Ich hatte das Glück, mit dem Spielexperten O. Fred Donaldson zu arbeiten. Er ist international anerkannt für seine Forschung über das Spiel mit Kindern und wilden Tieren. Fred Donaldson ist der Autor des Buches *Von Herzen spielen* (Freiamt im Schwarzwald: Arbor, 2004), das für den Pulitzer-Preis nominiert war, und hat mehr als dreißig Artikel geschrieben über ursprüngliche, natürliche Spiele (engl.: *original play*), wie er sie bezeichnet. Er schreibt, Spielen bedeute sich zugehörig fühlen und in Berührung sein mit einer Welt, die mit uns Berührung habe. Und weiter: Ursprüngliches Spiel sei praktizierte Freundlichkeit, die alle Beziehungen eines Menschen durchdringe. Es fördere das Gefühl der Begeisterung, die sich immer wieder erneuere, und das Sich-einlassen auf die Welt. Fred Donaldson hat typische Merkmale für das Spielen identifiziert, die Menschen und Tiere gemeinsam haben, und er ist der Meinung, dass die dem Spiel innewohnende Intelligenz universal sei, alle Lebensformen übergreifend.

Bereit sein zu lernen heißt entspannt sein und offen für alles, was kommen mag – bereit zu spielen. Brain-Gym® macht uns frei für das Spiel, es hilft uns aus dem wettbewerbsorientierten Kampf-oder-Flucht-Zustand heraus und zurück zu dem Gefühl der Verbundenheit und zur Homöostase. Kinder machen die Bewegungen sehr gerne, besonders paarweise oder in Gruppen. Sobald Brain-Gym® fester Bestandteil ihres Tagesablaufs geworden ist, fragen sie nach, wenn die Bewegungen aus Versehen vergessen wurden.

Was fällt Ihnen als Erstes ein, wenn Sie an Spiele denken? Im Spiel erleben wir ein Gefühl von Leichtigkeit und Freude und fühlen uns wohl. Wir bemühen uns sehr ausdauernd, unsere Leistungen laufend zu verbessern, und wir freuen uns über zusätzliche neue Herausforderungen. Ohne Angst vor Fehlern lernen wir ganz natürlich und betrachten Lernen nicht als harte Arbeit. Wenn wir uns aus diesem kreativen Raum heraus mit der Welt befassen, machen wir kognitiv einen großen Sprung nach vorne. Wir sind stärker präsent, achten aber nicht übertrieben auf die Zeit. Im Spiel achten wir mehr auf den Austausch mit anderen, statt unseren Fokus auf uns selbst zu richten, wir sind motiviert durch das Gefühl von Gegenseitigkeit und wechselseitiger Anerkennung. Wir lachen unbefangen und interagieren in einem Zustand seelischen Gleichgewichts.

Bewegung stimuliert das Wachstum von Neuronen im Gehirn. Die beste Art körperlicher Betätigung sind Bewegungen, bei denen das Mittelfeld des Körpers einbezogen ist, das heißt, bei denen die visuelle, auditive und kinästhetische Mittellinie gekreuzt wird, die den Körper entweder spiegelbildlich teilt oder als Brücke beide Seiten vereinigt. Bei solchen körperlichen Übungen ist das Ganze mehr als die Summe seiner Teile. Ein Säugling macht diese Art der Bewegung beim Krabbeln, beim Umdrehen vom Rücken auf den Bauch und später beim Laufenlernen. Untersuchungen zeigen, dass diese universellen Bewegungsmuster für die Entwicklung der kindlichen Nervenverbindungen entscheidend wichtig sind und in der Folge entscheidend wichtig für optimale mentale Leistungen beim Erwachsenen.

Wie man das Überkreuzen der Mittellinie üben kann

Die Überkreuzbewegung (siehe Kapitel 5) und die Liegende Acht (siehe Kapitel 2), zwei der in diesem Buch beschriebenen Brain-Gym®-Bewegungen, schließen das Überkreuzen der Mittellinie ein, so dass die beiden Hemisphären integriert und damit Gedächtnis und geistige Klarheit gefördert werden. Führt man diese Übungen langsam aus, stimulieren sie das vestibulare System in den Ohren, das für Gleichgewicht und Ausgeglichenheit sorgt und Sehen, Hören und mentale Integration unterstützt.

Das Nackenrollen

Wenn Sie das Gefühl haben, dass Sie sich etwas bewegen sollten, aber bei der Arbeit oder in einer Umgebung sind, wo Sie die Überkreuzbewegung und die Liegende Acht nicht machen können, schlage ich Ihnen das Nackenrollen vor.

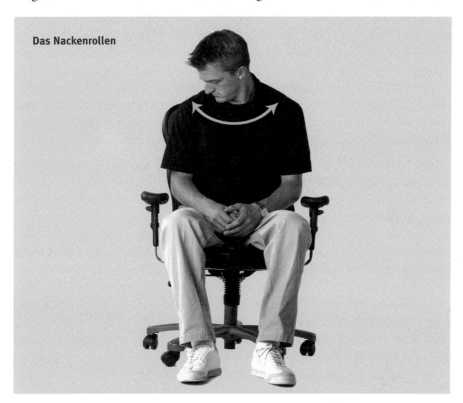

Das Nackenrollen

Nackenrollen

Neigen Sie den Kopf ein wenig nach vorne und rollen Sie ihn langsam von einer Schulter zur anderen. Entspannen Sie sich dabei und atmen Sie tief aus. Sie können das Nackenrollen mit geschlossenen und mit offenen Augen machen. (Wenn Sie irgendwo eine besonders angespannte Stelle spüren, dann verweilen Sie dort und machen Sie ein paar „Mini-Nackenrollen".) Während Sie so Ihren Nacken entspannen, malt Ihr Kinn sanft einen Halbkreis auf Ihre Brust.

Hinweise: Wenn Sie Nackenprobleme haben, dann achten Sie darauf, dass Sie nicht das gesamte Gewicht Ihres Kopfes nach vorne fallen lassen. – Die Übung wird noch wirkungsvoller, wenn Sie Ihre gesamte Aufmerksamkeit auf die Bewegung konzentrieren und diese *langsam* ausführen.

Zu unserem Leben gehören bereits einige Sportarten (wie Tischtennis, Tennis oder Golf), die uns helfen, die rechte und die linke Gehirnhälfte gleichzeitig einzusetzen, wenn wir uns dieses Ziel während des Trainings bewusst machen. Sogar beim Reinigen des Fußbodens kann das Überkreuzen der Mittellinie geübt werden! Und natürlich *gehen* wir alle täglich. Für die Brain-Gym®-Übung *An ein X denken* müssen Sie nur wirklich an ein X denken und beim Gehen Ihre Arme vor Ihrem Körper von einer Seite zur anderen – über die Mittellinie – schwingen lassen. So können Sie ganz einfach Ihrem neuronalen Netzwerk neuen Schwung geben.

Verlegte Schlüssel finden

Stress ist Gift für das Gedächtnis. In unserem Haus ist die Suche nach verlegten Unterlagen oder Gegenständen ein beachtlicher Stressfaktor. Ist es Ihnen auch schon passiert, dass Sie für einen Termin spät dran waren und Ihre Autoschlüssel verlegt hatten? Auch wenn wir wissen, wo wir unsere Schlüssel zuletzt gesehen haben, hasten wir durch das ganze Haus und schauen überall nach und wir sind überzeugt, dass die Schlüssel wie vom Erdboden verschluckt sind. Wir sind deshalb so kopflos, weil Stress unsere integrierten Hirnfunktionen abgeschaltet hat und wir auf Kampf-oder-Flucht umgeschaltet haben. Unsere einzige Hoffnung ist, dass wir die Schlüssel bei unserer hektischen Suche zufällig irgendwo finden – und selbst dann könnte es sein, dass wir sie übersehen!

Wenn Ihnen das wieder einmal passiert und wenn Sie sich so weit beruhigen können, dass Sie die *Hook-ups* ausführen können (obwohl Sie unbedingt aus dem Haus gehen wollten), wird Ihre Physiologie sich nach dem Abschalten der Kampf-oder-Flucht-Reaktion wieder normalisieren und Sie werden wahrscheinlich eine Überraschung erleben: Meistens wird Ihnen plötzlich wieder einfallen, wo Ihre Schlüssel (oder ein anderer gesuchter Gegenstand) liegen.

Diese Brain-Gym®-Übung bringt uns die Ruhe des Mittelhirns und die Rationalität des Kortex zurück, so dass wir sofort Zugang zu der betreffenden

Erinnerung haben. Der Stress weicht unserer neu gewonnenen Zuversicht und das Gehirn kann den Alarmzustand aufheben, der unser Erinnerungsvermögen stark einschränkt, und in einen stärker integrierten Zustand zurückkehren.

Erinnern setzt ein Gefühl der Sicherheit voraus

Eine Möglichkeit, Leben zu definieren, besteht darin, es als Chance zum Aufbau von Erinnerungen zu betrachten. Die Freude am Lernen beruht auf der Erkenntnis, dass wir gelebt haben und noch am Leben sind. Das Spiel des Lebens besteht im spielerischen Zusammenleben, bei dem wir durch die Musik der Herzrhythmen verbunden sind, die uns durch wechselseitiges Geben und Nehmen erfahren lassen, wer wir sind. Wir erfahren, wer wir sind, wenn wir Geschichten erzählen, gemeinsam singen und tanzen und einander bewusst wahrnehmen.

Ohne dass sie es weiß, hat Dr. Hill (die Fakultätsdirektorin, von der ich zu Beginn dieses Kapitels erzählte) mir beigebracht, dass Prüfungen und das Abfragen gespeicherter Informationen mit wirklichem Lernen wenig zu tun haben. Wenn ich Angst habe, ist meine Leistungsfähigkeit häufig blockiert, bis ich mich wieder sicher fühle. Wenn ich „Leistung bringen" soll, wenn ich mein Gedächtnis mit einem Stichwort abfrage und wenn ich mit anderen kommuniziere, brauche ich die Verbindung zu dem Gefühl der Sicherheit, wie ich es im Spiel kenne.

Wie man sein Gleichgewicht schnell überprüfen kann

Die Version der Hook-ups im Stehen – mit den Fußknöcheln übereinander und den Armen vor der Brust verschränkt – ist besonders effektiv, wenn Sie die Muskeln im Körper aktivieren wollen, die für Ihr Gleichgewicht sorgen. Ich möchte Sie einladen, sich jetzt kurz Zeit zu nehmen, um diese Bewegung auszuprobieren – die Version im Sitzen kennen Sie bereits aus Kapitel 2. Im Stehen befindet sich der Muskelapparat, der für Gleichgewicht sorgt, in einem Zustand dynamischer Entspannung – beschäftigt, aber nicht vollständig angespannt. Wir können diese Haltung nutzen, um unsere strukturelle Balance bewusst wahrzunehmen.

Für den ersten Teil der Hook-ups im Stehen lassen Sie einfach Ihren Körper nach links und rechts schwingen und achten darauf, wie Ihr Körper sich in der Neigung zu Seite verhält (Lateralität). Ziehen Ihre Augen, Ihr Kopf oder Ihr gesamter Körper nach rechts oder links oder bleiben Sie auf die Mitte ausgerichtet? Spüren Sie irgendwo Anspannung, Schmerzen oder Unbehagen?

Jetzt strecken Sie sich nach oben und lassen anschließend wieder locker – es entsteht eine leichte Auf-und-ab-Bewegung – und achten auf Ihre Zentrierung. Welche Stellung ist angenehmer für Sie, das Strecken oder das Nachgeben in die geerdete Position? Vielleicht können Sie sich aber auch strecken und *entspannen* und in jeder Stellung Ihr Zentrum spüren.

Und jetzt lassen Sie Ihren Körper noch einmal von vorne nach hinten schwingen und achten dabei auf den Fokus Ihres Körpers. Entsteht durch Ihre eigene Haltung eine Tendenz nach *vorne* oder werden Sie eher *hinten* zurückgehalten? Können Sie beide Bewegungen ohne Anstrengung ausführen, können Sie die Stellung in der Mitte zwischen beiden halten?

Schließen Sie jetzt die Augen und bleiben Sie etwa dreißig Sekunden (etwa drei bis fünf entspannte Atemzüge) in dieser Stellung. Öffnen Sie die Augen, stellen Sie sich so hin, dass die Beine schulterbreit voneinander entfernt sind, und legen Sie die Fingerspitzen etwa dreißig Sekunden aneinander. Probieren Sie dann alle drei Bewegungen noch einmal aus: von einer Seite zur anderen, auf und nieder, vor und zurück. Achten Sie genau darauf, wie es sich anfühlt, wenn Sie sich bei den Bewegungen jeweils im Zentrum befinden. Gibt es eine Veränderung in der Körperspannung? Bemerken Sie irgendwelche Veränderungen, fühlen Sie sich wohler oder entspannter?

Wir können diese Übung nutzen, wenn wir den Kampf-oder-Flucht-Reflex abschalten wollen, bei dem unsere Muskeln sich verspannen und unser Adrenalinspiegel in die Höhe steigt. Oder wir können damit den Reflex Kampf-oder-Erstarren abstellen, der uns zum Rückzug veranlasst und kaum mehr aktiv sein lässt. Stattdessen können wir zur Kohärenz des Herzens und zur Normalität zurückkehren. Eine kleine Veränderung unserer Haltung, durch die wir vom Rücken und vom Rumpf her besser unterstützt werden, schafft auch mehr Raum für die Bewegung und die Funktionen unserer lebenswichtigen Organe.

Auf diese Weise können wir eine Veränderung bewirken: Wir werden gesünder und steigern unser Wohlbefinden, wir lassen viele alltägliche stressige Belastungen und Krankheiten hinter uns, indem wir täglich diese einfache einminütige Bewegung ausführen.

Meine Frau Gail und ich haben die folgenden **Leitlinien für unser Kursskript Optimale Gehirnorganisation** verfasst, damit die Teilnehmer leichter erkennen können, ob Gedanken, Gefühle und Empfindungen kongruent sind.

Was denke ich?

Um festzustellen, wie der Lernprozess verläuft, besteht *eine* Möglichkeit darin, die eigenen Denkmuster genau zu beobachten – zum Beispiel ob wir in Ruhe denken können oder gestresst sind. Die Augen und die Ohren sind ein weiterer guter Indikator für die Balance. Falls wir Informationen nur mit *einem* Auge oder mit *einem* Ohr aufnehmen und dadurch Informationen von der anderen Seite blockieren, geschieht das gewöhnlich als Kompensation für zu viel „Lärm". Diese Störungen zeigen sich vielleicht in Form verschwommener Wahrnehmung, in Form von Verzerrungen oder Desorientierung, und sie sind darauf zurückzuführen, dass die beidseitigen Wahrnehmungen nicht integriert sind. Letztendlich entsteht daraus ein Hintergrund, der Gedankenprozesse stört.

Wenn beide Seiten nicht kooperieren, ist es tatsächlich einfacher, sich eine Aufgabe vorzunehmen, die nur laterale Fertigkeiten voraussetzt (wie Lesen oder Schreiben), und diese dann auch einseitig und nicht beidseitig auszuführen, und dazu muss dann jegliche Ganzkörper-Bewegung verhindert werden. In anderen Fällen kann die Einschränkung eine Folge der mangelnden Integration zwischen den visuellen und den auditiven Kanälen oder zwischen den visuellen und den taktilen Kanälen sein, oder jede beliebige Kombination verschiedener nicht integrierter Faktoren, die ihrerseits physiologisches Ungleichgewicht verursachen.

Was fühle ich?

Wenn wir uns genau beobachten, inwieweit wir unsere Gefühle zum Ausdruck bringen oder wie sehr wir uns gestresst fühlen, richten wir damit den Fokus auf unsere Gefühle. Hände, Arme und Atemmuster sind weitere gute Indikatoren für emotionalen Stress. Unter dem Einfluss von Stress wollen wir instinktiv davonlaufen oder kämpfen. Die Fähigkeit, das Arbeitsumfeld oder die physische Umgebung mit beiden Körperseiten gemeinsam zu organisieren, geht in dem Moment verloren, in dem unsere Emotionen uns dazu veranlassen, uns gegenüber unserer Umwelt irrational zu verhalten. Nur wenn wir wieder für Ausgeglichenheit sorgen und die Gefühle an die Oberfläche kommen lassen, uns aber auch gleichzeitig gestatten, die Situation vernünftig zu betrachten, sind wir in der Lage, die leichte Auf-und-ab-Bewegung des Atems direkt an der Mittellinie des Körpers zu spüren. Dann können wir mit unseren Gefühlen eins werden und unsere geerdete Mitte und unsere Erfahrung spüren. Nur wenn wir uns mit dem Herzen nach außen hin öffnen und Mitgefühl für uns selbst und die anderen an einer Situation Beteiligten empfinden, sind wir wieder in der Lage, angemessen zu handeln.

Welche Empfindungen nehme ich in meinem Körper wahr?

Wenn wir sorgsam darauf achten, wie gut unsere Sinne arbeiten, können wir Rückschlüsse auf unser Körperbewusstsein ziehen. Weiteren Aufschluss erhalten wir, wenn wir auf das Zusammenspiel zwischen unserem Gehirn und unserer Haltung achten: Unsere auf ein Ziel gerichtete Aufmerksamkeit sorgt für die nötige Energie, damit wir eine Sache in Angriff nehmen können und uns nicht von diesem Ziel abhalten lassen. Die körperliche Energie folgt dem spezifischen Ziel, aus dem das von beiden Gehirnhälften gesteuerte Verhalten seine Kraft bezieht. So ist das Verhalten direkt mit der Seele oder der Lebensaufgabe verbunden. Wenn Gehirn und Körperhaltung nicht integriert sind, ist die Fokussierung mangelhaft: Ein Mensch ist dann unfähig, eine Situation oder deren Bedeutung zu verstehen, er hat das Gefühl, blockiert zu sein, und nimmt nicht am Leben der Gemeinschaft teil.

Wenn wir Verbindung zu unseren Gedanken, Gefühlen und Sinneswahrnehmungen haben – was wir durch Selbstbeobachtung erkennen –, werden wir häufig einen Zustand der Balance und der Integration des ganzen Gehirns erleben. Können jedoch einer oder mehrere Bereiche *nicht* integriert werden, treten in der Folge Stress, Spannungen, Verwirrung, chronische Schmerzen oder generelles Unwohlsein auf; außerdem sind unsere Leistungen alles andere als optimal.

Zugang zu den integrierten Bereichen

Wir alle kennen *bestimmte* Tätigkeiten, die wir überwiegend mit dem ganzen Gehirn ausführen. Ich halte es für wichtig sie zu entdecken und wir sollten zu schätzen wissen, dass diese integrierten Bereiche zu unserem Leben gehören: Dies sind Bereiche, in denen die Bewegung unseres Gehirns und unseres Körpers nicht immerzu gleich bleibt, vielmehr organisieren wir uns hier stets neu, um die mit der jeweiligen Aufgabe verbundene Herausforderung kreativ zu meistern.

Sind das Gehirn und die entsprechenden Bewegungsmuster auf optimale Leistung eingestellt, so sind wir in Bestform. Wir bewegen uns im „Flow", wir spüren die Synergie oder haben das Gefühl, dass alles bestens ist. Ein Lernumfeld, das uns zu derartiger Lebendigkeit inspiriert, findet sich häufig in der Kunst, im Sport, in der Natur, in der Musik oder wenn wir etwas Neues erfinden wollen oder auf irgendeine Art kreativ tätig werden.

Menschen mit Lernschwierigkeiten finden dieses Gefühl der Integration oft bei einer Betätigung wie Laufen oder Schwimmen, bei der ein Fokus auf die Nähe nicht notwendig ist, wie etwa beim Lesen oder Schreiben. Ich möchte Sie dazu ermuntern, immer wieder einmal eine Pause zu machen und sich an eine Zeit in Ihrem Leben zu erinnern, als Sie sich lebendig und im Fluss fühlten. Und versetzen Sie sich dann für einen Augenblick vollständig in diese Erfahrung. Wenn Sie auf diese Weise das umfassende Gefühl der Integration des ganzen Gehirns wieder beleben, können Sie in Zukunft darauf aufbauen.

Die drei Dimensionen des Lernens mit dem ganzen Gehirn

Sie erinnern sich wahrscheinlich an Kapitel 2, in dem beschrieben ist, wie Balance unsere drei Dimensionen der Lateralität (Kommunikation), Zentrierung (Organisation) und Fokussierung (Verständnis) beeinflussen kann. Achten Sie jetzt darauf, ob Sie bei diesen drei Funktionen eine Veränderung erkennen, nachdem Sie die Hook-ups ausgeführt haben. Wie können solche einfachen Bewegungen Ihre „mentalen Fähigkeiten" beeinflussen?

Kommunikation, sowohl mündliche wie schriftliche, wird klarer und lebendiger, wenn die linke und die rechte Seite des Körpers und des Gehirns zusammenarbeiten. Wie bereits in Kapitel 2 erwähnt, sprechen wir hier von der Dimension der Lateralität. Wird die Integration beider Seiten verbessert, verläuft die Kommunikation zwischen den beiden Gehirnhälften spontaner. Und anschließend arbeitet der analytische Teil des Gehirns (gewöhnlich die linke Hälfte) in Synergie mit der Gestalthälfte. Wie die Vogelscheuche aus Kapitel 4 können wir dann Informationen verarbeiten, indem wir vom Ganzen auf die

Teile und auch von den durch die Analyse getrennten Teilen auf das Ganze schließen.

Organisation geht auf die Dimension der Zentrierung zurück: von oben nach unten. Unsere Zentrierreflexe sind von der Verbindung zwischen der Großhirnrinde und dem emotionalen Mittelhirn abhängig – unserer Fähigkeit, unser Denken so zu organisieren, dass wir aufnahmefähig sind und Dinge zum Ausdruck bringen können (rezeptives und expressives Denken). Wie beim Löwen sind auch bei uns die Organisation von Denken, Sprache oder Handeln von der Balance abhängig, von dem Gefühl der Stabilität dieser Reflexe um einen zentralen Punkt – die Kohärenz unseres Herzens.

Verständnis entsteht durch die Dimension der Fokussierung – die Verbindung zwischen den expressiven Stirnlappen und den rezeptiven Scheitel-, Schläfen- und Hinterhauptlappen. Verständnis kommt letztlich nur zustande, wenn wir das, was wir erlebt und erfahren haben, integrieren und darüber sprechen können und es uns auf diese Weise nachhaltig aneignen. Wenn wir dann wie der Blechholzfäller den Sehnenkontrollreflex lösen und unseren Körper nach vorne entspannen können, sind wir stärker präsent, wir können besser vorausplanen, sind aufmerksamer und konzentrieren uns besser, während wir lesen, schreiben, sprechen oder auf sonstige Art interagieren.

Die Brain-Gym®-Bewegungen, die die Integration der Dimensionen Lateralität, Zentrierung und Fokussierung stimulieren, wurden ursprünglich dazu entwickelt, langsam Lernende zu fördern. Sie sind jedoch zu einem effektiven Lernwerkzeug für jedermann geworden – von Sportlern bis zu Schulkindern und leitenden Angestellten. Alle Menschen können die Übungen nutzen und sich damit auf den Weg zu einem besseren, zu einem einzigartigen Leben machen.

KAPITEL 9

Natürliches Lernen in der Schule

Lernschwierigkeiten sind keine Krankheit. Sie zeugen nur von falsch verbundenen Leitungen im Kommunikationsnetz, das ein Kind mit seiner Welt verbindet.
Paul Dennison

Vor weniger als sechshundert Jahren verbreitete sich in der westlichen Welt eine revolutionäre Idee vom Lernen, die im Verbund mit der Vorstellung von Bildung und Erziehung insgesamt die Sozialstruktur der Menschen veränderte. Die neue Idee war die folgende: Eine physische Erfahrung kann in Worten verschlüsselt und dann von einem Leser übernommen [englisch: *downloaded*] werden, der sich diese Erfahrung damit indirekt, nachempfindend aneignet. In den darauf folgenden Jahrhunderten hat diese Vorstellung weiter an Einfluss gewonnen.

Vor 1450 galten diejenigen als gebildet, die mit ihren Händen ein Handwerk ausübten. Die Menschen beherrschten ein bestimmtes Handwerk, für das sie eine Ausbildung genossen hatten – zum Beispiel als Bäcker, Schneider, Schuhmacher, Silberschmiede oder Freskenmaler.

Ein junger Mann verbrachte seine Jugend gewöhnlich bei seinem Meister, mit dem er eng zusammenarbeitete, und dieser Meister modellierte für ihn die praktischen, kinästhetischen Fertigkeiten des Berufes, den der junge Mann sein Leben lang ausüben würde. Außer wenn er Mönch war, ergab sich für den jungen Menschen nie die Notwendigkeit zu lesen oder zu schreiben. Bücher waren nicht verbreitet, es gab nur die seltenen, handgeschriebenen Bände, die streng bewacht und innerhalb einer Elite ausgetauscht wurden. Die meisten Informationen wurden mündlich weitergegeben und das bedeutete, dass Geschichtenerzählen und Zuhören wertvolle Fertigkeiten waren.

Um 1450 baute der deutsche Erfinder Johannes Gutenberg eine hölzerne Olivenpresse zu einer Vorrichtung um, mit der er Wörter auf Papier druckte. Gutenbergs Erfindung beweglicher Metallbuchstaben brachte eine neue Art des Lernens hervor. Bald galt derjenige als gebildet, der die Gutenberg-Bibel lesen konnte. Mit der Erfindung der Druckerpresse veränderte sich die Definition eines intelligenten Menschen: Nicht mehr die körperlichen Fertigkeiten waren ausschlaggebend, sondern die Fähigkeit, einen gedruckten Code zu lesen. Diese grundlegende Veränderung beeinflusst uns noch heute.

Die Tyrannei von Lesen und Schreiben

Über die Jahrhunderte ist aus der besonderen Kunstfertigkeit, lesen und schreiben und den „Code" buchstabieren zu können, eine Basisqualifikation, eine grundlegende Kulturtechnik geworden; es wird erwartet, dass jeder Durchschnittsbürger lesen und schreiben kann. Die Schulen entstanden als offizielle Institutionen für den Unterricht der jungen Menschen und seitdem gibt es Strafen für schlechte Schüler, standardisierte Tests, Lernbehinderungen, Hyperaktivität und die Aufmerksamkeitsdefizitstörung.

Die Fähigkeit zu lesen wurde als eine natürliche Fertigkeit betrachtet, so wie das Laufen. Kinder, die nicht genauso schnell wie ihre Mitschüler lernten, wurden von ihren Eltern und Lehrern als faul, als nichtkooperativ oder als in ihrer geistigen Entwicklung zurückgeblieben bezeichnet. Aus der Lerntheorie entstand ein System, das Lehrern den Umgang mit Schülern, die nicht gut lernten, erleichtern sollte.

Obwohl zur Geschichte des Menschen auch Bewegung und Körpereinsatz gehörten – Tanzen, Singen und gemeinschaftliches Arbeiten und gemeinsames Spiel –, machte sich ein neuer Isolationismus breit und damit einhergehend, eine Loslösung vom Körper. Pädagogen betrachteten Lernen nur noch als eine mentale Betätigung ausschließlich für den Intellekt. Bildungsziel wurde (und ist heute noch) der Erwerb der nötigen Fähigkeiten, um sich Informationen anzueignen und sie zu nutzen. In Kulturen auf allen Kontinenten ist die Schule heute ein Ort, an dem man lernt, um in einer Welt zu überleben, in der Wettbewerb, hierarchische Ordnungen und Schuldzuweisungen üblich sind.

Die Wiedereingliederung des Lernens in den Körper

Stellen Sie sich eine Welt vor, in der Lernen als natürliche physische Fähigkeit anerkannt ist, bei der die angeborene Herzintelligenz und der übrige Körper einbezogen werden.

Unsere modernen Grundfertigkeiten oder Kulturtechniken Lesen, Schreiben, Buchstabieren und Rechnen sind ursprünglich aus unseren Interaktionen mit realen Menschen und konkreten Objekten in der realen Welt entstanden. Zu Anfang zählten die Menschen mit Hilfe ihrer zehn Finger; was Gewicht, Entfernung, Dichte und Masse bedeutet, erlebten sie in alltäglichen Situationen am eigenen Körper. Bildung hat sich viel zu weit von ihrer eigentlichen Ausgangsposition im materiell-körperlichen Bereich entfernt.

Nüchtern betrachtet wurde das Gehirn durch die Lebensweise geschaffen – und nicht umgekehrt. Wissenschaft, Arithmetik und unsere Art zu denken haben ihre Wurzeln im Physischen. Dank unseres Körpers haben wir einen Sinn für Zahlen, wir können unsere Gedanken organisieren (in eine Ordnung bringen) und wir sprechen davon, dass wir etwas „sehen" oder „be-greifen", wenn wir etwas endgültig verstanden haben.

Wirkliches Lernen ist ein lebenslanger Prozess, der Hände, Herz, Geist und den ganzen Körper gleichermaßen einbezieht; es geht nicht darum, Gegenstände anzuhäufen oder ein festes Ziel zu erreichen. Kinder lernen etwas über Mengen, sobald sie eine Beziehung zwischen den Zahlen und ihren Fingern herstellen. Zum Wohl all der Kinder, die mit Problemen kämpfen und zu oft beim Lernen versagen, sollte die moderne Bildung sich auf die Wurzeln des Lernens zurückbesinnen.

Der Körper im Spiel bietet einen idealen Kontext, um die körperlichen Codes wieder einzuführen, die in unserer Kultur über die Jahrhunderte weitergegeben wurden. Im Spiel kann der Lernende die Form, die Struktur, die taktilen und sensorischen Merkmale und die gegenseitige Abhängigkeit seiner eigenen Bewegungsmuster beobachten, so wie sie bei seinen Interaktionen mit seiner Umwelt auftreten. Durch das Spiel kann er die Erfahrungen seiner Ahnen mit der Bewegung wieder beleben und entdeckt so seine Kultur wieder.

Bei dieser natürlicheren Sichtweise von Bildung liegt die Betonung mehr auf der Entwicklung von Weisheit als auf dem Umgang mit Informationen. Der Lehrer stellt Fragen und gibt nicht nur Antworten. Der spielerische Umgang der Lernenden mit ihrer konkreten körperlichen Welt verschafft ihnen eine unmittelbare Erfahrung mit den Eigenschaften dieser Welt – Größe, Gewicht, Masse, Entfernung, Schwerkraft und so weiter – und lässt sie unmittelbar ihren Platz darin erspüren.

In dieser Idealvorstellung von Schule legen die Lehrer Wert auf Kooperation, auf das „Wir"-Gefühl und auf Teamwork, auf einen geschützten, sicheren Raum, auf Ganzheit und gegenseitige Wertschätzung. Sie modellieren eine natürliche Bildung, da sie verstanden haben, wie man Kinder aus reiner Freude lernen lassen kann, wenn sie ihren eigenen Interessen und ihrer kreativen Neugier folgen dürfen.

Diese Art von Schule wird nie mit vergeblichen Versuchen und harter Arbeit assoziiert werden. Wenn wir mit dem Sinn unseres Lebens verbunden sind und unser wahres Potenzial zum Ausdruck bringen können, lässt sich das, was wir tun, nicht einmal annähernd als Arbeit bezeichnen. Das Wort „Spiel" trifft den Kern sehr viel besser.

Spielerisches Lernen statt Lernzwang

Die traditionelle Schule der Moderne hat sich aus der industriellen Revolution entwickelt. So wie es damals in den Fabriken Arbeitspläne, Massenproduktion und Standardisierung gab, begann man auch Kinder nach Alter und Fähigkeiten in Gruppen einzuteilen, sie wurden getestet und bewertet, als wäre es primäre Aufgabe der Gesellschaft, ähnlich aussehende und ähnlich denkende Schulabsolventen zu produzieren.

Manche Kinder spielen gerne, andere mögen Musik. Manche lernen gerne für sich in einer ruhigen Ecke, während andere lieber im Freien lernen, wo sie auf Bäume klettern und Naturbeobachtungen machen. Manche möchten stillsitzen und lesen, andere wollen sich lieber bewegen und tanzen. Einige erzählen gerne Geschichten und andere wollen Geschichten erzählt bekommen.

Was geschieht mit Kindern, wenn wir sie so behandeln, als wären sie alle gleich? Wenn sie nicht der „Typ" von Kindern sind, die zufällig dem vorgeschriebenen Schema entsprechen – und kein Schüler entspricht dem wirklich –, dann machen sie „dicht" und langweilen sich in der Schule. Sie brauchen nur in irgendeine Mittelschule oder eine *High School* in Amerika zu gehen und werden feststellen, dass die Mehrheit aus uninteressierten Schülern besteht, die mehr oder minder frustriert oder wütend sind.

Da wir die Kinder in einem Umfeld versammeln, das ihre angeborene Liebe zum Lernen nicht weckt, wie motivieren wir sie dann dafür, etwas zu leisten? Wir verlassen uns wie seit Urzeiten auf Zuckerbrot und Peitsche. Wir ziehen sie in diese Tretmühle hinein, wir scheuchen die Herde zum Erfolg, indem wir ihnen „gute Noten", die Zulassung zum College und Karrierechancen als Belohnung in Aussicht stellen und andererseits mit dem Gespenst des Versagens drohen. Wenn sie sich beklagen, versichern wir ihnen, das alles sei nicht nur absolut notwendig, sondern auch zu ihrem eigenen Besten.

Auch ich selbst war in jungen Jahren zum Erfolg getrieben worden, „zu meinem eigenen Besten". Als junger Erwachsener blickte ich auf meine Erfahrungen in öffentlichen Schulen zurück und erkannte, dass ich vom System betrogen worden war. Ich wurde dazu verleitet, dem schwer erreichbaren Zuckerbrot hinterherzujagen, und ich versuchte die Peitsche zu vermeiden, aber dabei wurde mir die Freude am Lernen verweigert, die uns eigentlich als Geburtsrecht zusteht.

Damals formulierte ich ein neues Ziel für mich: Ich wollte eine von außen gesteuerte Lebensweise vermeiden. Mit der Zeit konnte ich mich von dem System von Strafe und Belohnung befreien und mein Verhalten wurde wieder ehrlicher und direkter, wie es meiner wahren Natur entspricht. Auf diese Weise gewann ich etwas von der Aufrichtigkeit zurück, die ich schon als Kind besaß, als ich voller Neugier lernen und entdecken wollte und nicht durch das Bedürfnis nach dem „Zuckerbrot" abgelenkt war.

Dieser Wandel fiel mir jedoch nicht leicht. Ich musste lernen, Zuckerbroten zu misstrauen, und mich immer wieder fragen, auf welches Ziel ich mich zubewegte: ob das Ziel die Mittel rechtfertigte und ob ich zu mir selbst ehrlich war. Wenn ich sage, dass ich eine ehrlichere Methode fand, meine ich mit Ehrlichkeit die emotionale und intellektuelle Authentizität, die für jedes Individuum charakteristisch ist, das ein ausgefülltes Leben führt.

Ein lebenswertes Leben ist ein Prozess, ein sehr individuelles Bemühen – ein selbst gewählter Fahrplan, könnte man sagen. Wir sind auf dieser Welt, um Erfahrungen zu machen, zu lernen und zu wachsen. Ehrliches, authentisches Verhalten ist diesem Ziel verpflichtet, nichtauthentisches Verhalten leugnet dieses Ziel. Um aufrichtig zu sein, muss ein Mensch wissen, wer er ist; er muss die Verantwortung für sein eigenes Leben übernehmen, sein eigenes Verhalten einschätzen können und anderen die gleichen Rechte zugestehen. Das gegenwärtig vorherrschende Bildungssystem bewirkt das Gegenteil: Es überzeugt unsere jungen Menschen davon, dass sie ihre wahre Natur verleugnen müssen, wenn sie überleben wollen.

Kinder wissen, was sie lernen müssen

In den sechziger Jahren las ich alles, was ich an Material von dem Pädagogen John Holt finden konnte. Er sprach in seinen Büchern viele der bereits erwähnten Themen an: zum Beispiel in *How Children Learn*, in dem er über Vorschulkinder schreibt, die noch nicht die Bekanntschaft mit Bildungsinstitutionen gemacht hatten.

Holt beobachtete in diesem Buch Kinder in einem natürlichen Umfeld, in dem sie sich von ihrer Neugier leiten lassen können. Solche Kinder haben noch nicht die Vorstellung der Erwachsenen von Versagen angenommen und wissen instinktiv, dass „Fehler" im Grunde Sprungbretter für neue Möglichkeiten sind und außerhalb des Lernumfelds keine Bedeutung haben. Ohne die hemmende Angst vor Versagen erfassen sie die jeweilige Situation insgesamt, entscheiden sich für eine Vorgehensweise und lernen methodisch. Um Dinge zu klären, verlassen sie sich auf ihre Einsichten und auf ihre Logik. Sie kennen ihre eigenen Grenzen. Sie begreifen eine neue Aufgabe von ihrer Struktur her und ihre Aufmerksamkeitsspanne kann beachtlich sein, sofern sie genügend motiviert sind.

Das Lernen, wie Holt es beschreibt, ist mit dynamischer Bewegung verknüpft und nicht mit Stress, wie es heute in unseren Schulen üblich ist. Mit Holts Arbeit startete eine Reformwelle in öffentlichen Schulen und Holt selbst brachte seine Arbeit in die *Home-Schooling*-Bewegung ein.[8] Er hatte sehr wohl erkannt, dass ein Unterricht, der als Antworten nur Informationen haben wollte, ein Unterricht mit einer einzigen Motivation (Leistungsdruck), zu einer Bildung ohne jegliche intellektuelle Ehrlichkeit führte.

Die Psychologin Barbara Clark schreibt in ihrem Buch *Optimizing Learning: The Integrative Education Model in the Classroom* zum selben Thema, die Verwendung äußerer Belohnungen sei eine weitere Praxis, die zu anderen Ergebnissen als den gewünschten führe. Untersuchungen hätten ergeben, dass externe Belohnungen (jede Belohnung, die sich nicht als natürliche Konsequenz aus einer Tätigkeit ergibt) oft zu den eigentlichen Zielen würden.

Kindern die Gelegenheit zu geben, dass sie die intrinsische (in der Sache selbst liegende) Belohnung für Entdeckungen und Problemlösungen erfahren, ist deshalb die vornehmste Aufgabe für Erzieherinnen und Lehrer. Kinder lernen, indem sie ihre Umgebung durch Berührung erfahren, sie mit

---

8 Anmerkung: Diese Bewegung verfolgt das Ziel, dass Eltern ihre Kinder zu Hause selbst unterrichten, was in Amerika möglich ist. Vorbilder sind dabei unter anderem die Methoden von Maria Montessori und Rudolf Steiner. E. L.

ihren Händen bearbeiten und sich in ihrem Umfeld bewegen. Die Bewältigung körperlicher Leistungen ist für das Selbstbild des Kindes oder sein Identitätsgefühl sehr viel wichtiger als die Anerkennung des Lehrers. Der Psychologe William Glasser schrieb dazu, es spiele keine Rolle, über welchen Hintergrund jemand verfüge, aus welcher Kultur er komme, welche Hautfarbe er habe oder wie seine wirtschaftliche Situation sei; ein Mensch werde im Allgemeinen keinen Erfolg haben, solange er nicht in einem für ihn wichtigen Bereich seines Lebens einen Erfolg erzielen könne. [Vgl. Literaturverzeichnis]

Erfährt ein Kind Sicherheit und Beständigkeit, kann es ein Gefühl des Vertrauens entwickeln. Darüber hinaus kann ein Kind Authentizität entwickeln wenn Eltern oder Lehrer zeigen, dass sie an seine Fähigkeit zu lernen glauben. Im Idealfall spüren Schüler, dass ihr Lehrer sie fördern will, damit sie lernen, mehr sie selbst zu werden. Ein solcher Lehrer behandelt Themen jeweils so einfühlsam, dass die Schüler herausfiltern können, was für ihr eigenes Leben wichtig und nützlich ist, um es in ihr Selbst zu integrieren.

Diese Lehrer möchten die Schüler in die Lage versetzen, ihre eigenen Gedanken, Meinungen und Überzeugungen aus eigenem, echtem Interesse und aus persönlichen Nachforschungen heraus zu entwickeln. Solche Lehrer sind nicht daran interessiert, nur ihre eigenen Worte wiederholt zu bekommen. Die Schüler sollen erkennen, dass sie selbst wählen, *frei* wählen können, was sie lernen – und dass sie selbst verantwortlich sind für das, was auch immer sich daraus ergeben könnte. Wenn Schülerinnen und Schüler keine solchen Lehrer haben, entwickeln sie vielleicht nie die Fähigkeit, Entscheidungen zu treffen.

Nur allzu oft haben die für Bildung zuständigen Behörden kein Vertrauen in die Kinder und die Lehrer. Es wird nicht anerkannt, dass die Lehrer Fachleute sind. Sie werden vom Staat rigoros beurteilt, aber dann wendet sich dieser von ihnen ab und schenkt ihnen nur noch das absolute Minimum an Vertrauen. Ärzten gesteht man zu, dass sie wissen, was sie können, und man vertraut ihnen, aber Lehrer müssen sich an staatliche Stundentafeln und Lehrpläne halten, die eher zur Fließbandproduktion in einer Fabrik passen.

Kinder wissen, was sie lernen müssen. Sie wollen sich bewegen, spielen, singen, erfinden und lachen. Sie finden Vergnügen daran, ihre Grenzen zu erweitern. Sie verkleiden sich gerne und schlüpfen gerne in andere Rollen; Sie müssen keine „Experten" sein, um zu erkennen, dass Kinder wirklich lernen, wenn sie die Rollen der Erwachsenen in ihrem Umfeld imitieren: Mutter, Vater, Krankenschwester, Feuerwehrmann. Aber haben Sie auf dem Stundenplan Ihrer Kinder jemals „Verkleiden und Rollenspiel" gesehen?

Das Problem erstreckt sich bis in die Universitäten hinein. An meinem ersten Tag in der Universität erklärte uns einer der Professoren den üblichen Ausleseprozess: „Schauen Sie sich bitte alle ihren Nachbarn zur Rechten und zur Linken an. Statistisch gesehen wird im nächsten Semester keiner Ihrer Nachbarn noch hier sein." Die Professoren benoteten die Arbeiten der Studenten nach einem Bewertungsschlüssel, in dem von vornherein festgelegt war, wie viele Studenten die Prüfung bestehen und im nächsten Jahr weitermachen durften. Damit war sichergestellt, dass die Vorhersage des Professors auch zutraf, egal wie gut die Leistungen des jeweiligen Studentenjahrgangs waren.

Meine vier Jahre an der Universität verliefen nicht anders als die vorangegangenen Schuljahre. Man hatte das Gefühl, man müsste für die Noten seine Seele verkaufen.

Als ich für meinen Graduiertenabschluss wieder an der Universität antrat, erklärte einer der Professoren allen Neuzugängen: „Sie alle sind erstklassiges Material. Sie haben die akademischen Ausleseprozesse bis hierher überstanden und sie haben es geschafft. Jetzt können Sie die Belohnung ernten – endlich können Sie kreativ sein, ohne Angst vor Versagen haben zu müssen." Bedeutet das, dass der Rest, das heißt die Mehrheit der Bevölkerung – jene, die ausgesondert wurden – nur Verlierer sind? Dieser Meinung bin ich nicht.

Jedes Kind besitzt das Potenzial für Erfolg und verdient es auch, sein Potenzial auf seine Art, zu seinen Bedingungen zu verwirklichen. Unsere Gesellschaft kann es sich nicht leisten, noch mehr Versager zu produzieren. Die Menschen, die durch das Raster fallen, agieren ihre Wut und Frustration aus und werden gewalttätig. Sie werden von Ersatzdrogen abhängig. Oder sie beenden ihr Leben durch einen sinnlosen Akt mit Selbstmord (was heute bereits bei Kindern unter zehn Jahren vorkommt).

Ein anderes Modell von Bildung und Erziehung

Wettbewerb ist in der Schule genauso ein Fluch wie außerhalb. Wenn im Geschichtsunterricht zum ersten Mal über das Auswandererschiff *Mayflower* berichtet wird, dann würde ich die Kinder am liebsten immer fragen: „Was glaubt ihr, was geschehen wäre, wenn alle an Bord versucht hätten, selbstsüchtig nur die eigenen Interessen zu vertreten? Die Pilgerväter hätten Amerika nie erreicht, genau das ist es! Und das trifft auch für eure Klasse zu. Wir schaffen es entweder alle zusammen oder keiner von uns schafft es. Ja, ihr habt richtig gehört – entweder die gesamte Klasse kommt weiter oder aber die gesamte Klasse fällt durch."

Ich kann mir vorstellen, wie die begabten Kinder erschrecken würden: „Sie meinen, ich bestehe nicht, nur weil Joe Mathe nicht kann?" Und ich kann mir die Kommentare der schockierten Eltern vorstellen.

Aber überlegen Sie einmal, was geschehen würde, wenn dieser Vorschlag wirklich umgesetzt würde. Mit der Zeit würden die begabten Kinder den weniger begabten helfen. Die Schüler, die in den eher wissenschaftlichen, kognitiven Fächern gut abschneiden, würden vielleicht feststellen, dass sie – sobald es um Theater, Musik oder Basketball geht – selbst Hilfe brauchen. Das Spiel der gegenseitigen Unterstützung würde Spaß bereiten. Die natürliche Neigung der Kinder im Team zu spielen würde wieder belebt und ihre Erfahrungen mit der Schule könnten ihnen Vergnügen bereiten, wie es vorher nie der Fall war.

Würde sich in diesem Szenario der Notendurchschnitt bei standardisierten Tests verbessern oder verschlechtern? Sollten Eltern oder Leute aus der Schulverwaltung mir diese Frage stellen, könnte ich sie nicht beantworten. Ich hätte keine Antwort für jemanden, dessen Vision von Bildung so sehr von der meinen abweicht.

Würde ich zu einer Antwort gedrängt, so könnte ich sagen, dass die allgemeine Erfahrung zeigt, dass Schüler von progressiven Schulen und Schüler von traditionellen Schulen im Leben etwa gleich gut vorankommen. Mit „Vorankommen" beziehe ich mich auf die üblichen Standardkriterien. Abweichend vom üblichen Standard jedoch bedeutet Erfolg für mich, danach zu streben, ein wirklich erfülltes Leben zu leben – Sie entdecken, wer Sie sind und wofür Sie eintreten, und Sie bringen das jederzeit zum Ausdruck.

Die ideale Schule wäre eine Schule mit Projektunterricht, zu dem die Schüler mit Menschen von außen zusammenkommen; sie stimmen ab, was sie tun wollen und wer dabei welche Aufgabe übernimmt. Sie könnten einen Garten gestalten, ein Haus anmalen oder ein Bushäuschen bauen. Egal wie das Projekt aussieht, die Schüler sollten alles, was sie wissen müssen, selbst herausfinden, indem sie mit Mentoren sprechen, im Internet suchen oder in entsprechenden Büchern nachschlagen usw. Sie brauchen Kindern nur genügend interessante Projekte anzubieten und sie werden umfassend ausgebildet.

Welche Rolle haben die Lehrer in diesem Szenario? Die Lehrer würden gemeinsam mit den Kindern lernen und für die Schüler modellieren, wie Probleme gelöst werden können und wie am besten gelernt wird. Sie würden als

„Ressourcen" oder als „Ressourcenvermittler" dienen und entweder an sie gerichtete Fragen beantworten oder die Schüler auf die Ressourcen hinweisen, die für die Beantwortung ihrer Fragen nötig sind. Zum Ende eines Projekts würden die Lehrer ihren Schülern helfen, einen Erfahrungsbericht zu schreiben.

Bildung sollte auf eigenen Erfahrungen beruhen. Für eine optimale Ausbildung auf der Ebene der *High School* bräuchten wir außergewöhnliche Lehrer, die Themen so spannend finden, dass es ihnen gelingt, sie für ihre Schüler zum Leben zu erwecken. Ob amerikanische Geschichte oder Biologie, die Schüler würden praktische Projekte zu einem Thema bearbeiten und sich nicht nur in Büchern informieren. Das ist der einzige Weg, Schüler dazu zu bringen, sich freiwillig für ein Thema interessieren.

Ich habe das selbst erlebt, als ich ins College kam und das Glück hatte, an der Universität von Boston in einem außerordentlich fortschrittlichen Kursprogramm *(College of General Education)* lernen zu dürfen. Wir saßen dort mit Doktoren zusammen, die sich um ihre Studenten kümmerten und so unterrichteten, wie gerade beschrieben. Wir konnten Projekte diskutieren, sie durchführen und mit Unterstützung eines Beraters den Entwurf für unsere Abschlussarbeiten verfassen. Die Berater hatten die Aufgabe uns zu sagen, welche Vorstellungen sie zum jeweiligen Thema hatten, und sie gaben uns Anregungen für die praktische Durchführung.

Es handelte sich hier um ein integriertes Studienprogramm, in dem jedes Thema, das bearbeitet wurde, mit allen anderen Themen in Beziehung stand. Wenn wir zum Beispiel das antike Griechenland behandelten, befassten wir uns ausführlich mit dieser Zeit: mit Kunst, Musik, Drama, Geschichte, Politik, Literatur, Mythologie, Philosophie, Geografie, usw. Mit dieser Methode wurden die verschiedensten Elemente des Themas zusammengeführt, so dass es in meiner Fantasie lebendig wurde. Damals kam mir eines Tages der Gedanke, dass ich alles, was ich in meinem Leben bis dahin gelernt hatte, mit dieser Methode in sechs Monaten gelernt hätte.

Wie bereits dargelegt, betrachtet unsere Kultur Bildung gerne als einen Weg, um Schüler und Studenten mit Informationen in der Form von „Antworten" zu versorgen. Das Problem ist nur, dass wir den jungen Leuten laufend Antworten auf Fragen geben, die sie gar nicht gestellt haben! In dem pädagogischen Modell, das die Freude am Lernen fördert, warten die Lehrer, bis die Kinder ihre Fragen stellen: Wenn Kinder eigene Fragen haben, sind sie auch am ehesten bereit zu lernen. Und ein kluger Lehrer wird mit seiner Antwort nur so viele Informationen anbieten, dass weitere Nachforschung angeregt wird. Die Möglichkeit zu fragen und nicht die abschließende Debatte sind das Merkmal eines guten Unterrichts.

Rhythmisches Unterrichten

Der Musiker Don G. Campbell, Autor des Buches *The Mozart Effect: Tapping the Power of Music to Heal the Body, Strengthen the Mind, and Unlock the Creative Spirit*, und der Pädagoge Chris Brewer haben gemeinsam ein Buch verfasst: *Rhythms of Learning: Creative Tools for Developing Lifelong Skills.* Darin schreiben sie über die wichtige Rolle von Rhythmus im Unterricht: Die Methoden des rhythmischen Unterrichtens förderten viele Aspekte des Lernens. Ein Wechsel der Tonlage und der Intonation der Stimme habe Einfluss auf die Fähigkeit des Zuhörens und auf die Konzentration. Ein rhythmisches Wiederholen von Informationen diene dem Aufbereiten der Informationen und führe zu besserer Gedächtnisleistung. Zyklen in der Präsentation des Stoffes wirkten wie eine rhythmische Aufforderung. Die entsprechende Vorbereitung des Geist-Körper-Systems führe einen Zustand wacher Entspannung herbei und periodische Wechsel des Tempos bei den Unterrichtsmethoden hielten die Aufmerksamkeit auf einem optimalen Level. Diese Tempowechsel über den Tag verteilt trügen dazu bei, dass wir uns immer wieder mit anderen abstimmen, um synchron im Fluss zu bleiben. Alle diese Techniken für den rhythmischen Unterricht wirkten zusammen und bildeten pädagogisch eine Einheit.

Wird die Fähigkeit, die eigene innere Verfassung zu beobachten und Veränderungen des Zustands eindeutig zu erkennen, bereits in jungen Jahren erworben, kann sie später interne Anker für jede Art von Lernen bereitstellen. Im Idealfall entwickeln sich die Fertigkeiten der Selbstwahrnehmung ganz natürlich: Zunächst ist das Bewusstsein in seiner Beobachtung noch unsicher, es lernt jedoch immer besser zu fokussieren, um Gedanken, Gefühle und Empfindungen zu identifizieren und darauf zu antworten. Diese Entwicklung kann durch Brain-Gym® entscheidend unterstützt werden, entweder durch Einzelsitzungen oder durch Kurse, denn Brain-Gym® vermittelt die Sprache, mit der die Wahrnehmungsfähigkeit verbessert werden kann.

Brain-Gym® in der Schule

Wenn Brain-Gym® Bestandteil des täglichen Stundenplans ist, kommen Kinder und ihre Lehrer gerne zur Schule. Die Lehrer, die Brain-Gym-Bewegungen in ihren täglichen Unterricht einbauen, entdecken die Freude am Unterrichten wieder, die sie ursprünglich veranlasste, diesen Beruf zu wählen. Und gesunde Kinder, die in einer optimalen Umgebung lernen, brauchen weder Zwang noch Kontrolle. Solche Kinder wissen, wann sie Bewegung und wann sie Ruhe brauchen, wann sie Neues lernen und wann sie die neuen Fertigkeiten üben müssen.

Ursprünglich war das Brain-Gym-Programm als eine Bewegungsreihe für die Anwendung in Schulen gedacht und dort ist es weiterhin sehr erfolgreich. Ein Teil seiner Anziehungskraft besteht darin, dass es erstaunliche Verbesserungen in allen schulischen Unterrichtsfächern bewirken kann, ohne einen Konflikt mit den in der Schule gebräuchlichen Methoden heraufzubeschwören. Es unterstützt vorhandene Programme und arbeitet nicht gegen sie. Obwohl unser Bildungssystem großenteils noch einen langen Weg vor sich hat, können Lehrer mittlerweile von dem effektiven Werkzeug profitieren, das sich leicht in das gegenwärtige System einfügen lässt.

Das Brain-Gym-Programm betont die körperlichen Fertigkeiten des Lernens, jene Fähigkeiten, die zu kurz kommen, wenn der Lehrplan nur mentale Fähigkeiten benennt. Mit Brain-Gym entdecken wir, dass es beim Lernen mehr darum geht, wie man etwas macht, als darum, was als Nächstes kommt. Wenn Kinder noch nicht wissen, wie sie beide Augen auf eine Textzeile richten sollen, ohne doppelt zu sehen oder die Zeile zu verlieren, was für einen Wert hat es dann, dass sie die richtige Antwort wissen? Wenn sie nicht wissen, wie man ein b oder ein d schreibt, wozu soll dann ein Rechtschreibtest gut sein?

Wenn Schüler in Brain-Gym eingeführt werden, scheinen sie es zu mögen, sie fragen danach, bringen es ihren Freunden bei und integrieren es ohne Beratung oder Supervision in ihr Leben. Wenn sie die körperlichen Grundlagen des Lernens beherrschen, haben sie gelernt, auf ihren Körper zu vertrauen, und sie bekommen dann die Informationen, die sie brauchen, durch gelegentliche Hinweise oder Hilfen vom Lehrer. Nachdem Kinder ihre Liebe zum Lernen entdeckt hatten, konnte ich beobachten, wie sie sich in einem Jahr die „akademischen" Fertigkeiten aus bis zu neun Jahren angeeignet haben. Unabhängig vom Fach und vom Lehrplan bringt Brain-Gym wieder Freude ins Lernen.

Den Code erkennen

Lesen ist nur nebenbei visuell und phonologisch. Wenn der Leser auf der bedruckten Seite nach einer Struktur sucht, nimmt er eine Reihe von Hinweisen zu Hilfe. Wie viele Hinweise er benötigt, das ist umgekehrt proportional zur Qualität seiner Lesefertigkeit: Je mehr Hinweise er braucht, desto langsamer liest er. Und je weniger flüssig er liest, desto unsicherer ist er und desto weniger glaubt er daran, dass Lesen für ihn eine Bedeutung haben und ihm Erfolg bescheren könnte. Auf der anderen Seite, wenn jemand sehr flüssig liest, wird sein Lesen immer mehr von der Struktur und der Bedeutung bestimmt und die gedruckten Hinweise bieten ihm lediglich zusätzliches positives Feedback für seine linguistischen Vermutungen.

Ein Programm zur Förderung der Lesefertigkeiten, das ein Lehrer durchführt, der die oben formulierten Annahmen beachtet, kann ein wertvolles Werkzeug sein. Es hilft dem Lehrer, dass er *mit* dem Kind und nicht *gegen* dessen Interessen arbeitet. Die vorgegebene Reihenfolge der Fertigkeiten hält das Kind davon ab, voreilig falsche Schlüsse bezüglich des Codes zu ziehen, während es noch dessen Struktur verinnerlicht. Das Kind bekommt einen Standard vorgegeben, mit dem es das, was es mit Hilfe seiner linguistischen Kompetenz interpretiert, überprüfen kann. Dann geht es nicht um die Frage: „Warum rät das Kind?", vielmehr um die Frage: „Welche Informationen muss das Kind haben, damit seine Vermutungen besser zutreffen?"

Die Kenntnis des Codes ist natürlich wichtig. Einmal verinnerlicht muss dieses Wissen wiedererkannt werden und dann hinter syntaktischen und semantischen Hinweisen an die zweite Stelle rücken. Lehrer, Direktoren, Koordinatoren und Vertreter von Leseprogrammen müssen immer bedenken, dass alle diese Mittel nur ein „Ziel" haben, nämlich dass ein Kind wachsen kann. Ein Lehrer sollte den Kindern vor allem Unterstützung anbieten: damit sie sich selbst als wertvolle Menschen betrachten lernen, die ihre Probleme lösen können, eine Ordnung inmitten des Chaos finden und sich Dinge selbst beibringen können.

Der Leseunterricht für Anfänger wird von den meisten Lehrern als eine *mentale* Tätigkeit angesehen, bei der die Kinder einen schriftlichen Code beherrschen und ihren Körper der Aufgabe anpassen müssen. Baut diese Art des Unterrichtens auf der natürlichen Entwicklung hin zur neurologischen Organisation auf oder behindert sie diese? Ich bin überzeugt, dass bei jedem Kind zunächst die Muskelpropriozeption, die Körperhaltung und die visuelle Wahrnehmung kongruent funktionieren müssen, ehe mit dem Leseunterricht begonnen werden kann. Sonst entsteht bei den Kindern visueller Stress und sie versuchen zu kompensieren. Anspannung, Verletzungen oder frühzeitig fixierte Fehlhaltungen können die natürliche kindliche Freude am Lernen einschränken.

Durch die Jahrhunderte lernten unsere Ahnen auf natürliche Art und ungehindert anhand von Beispielen, durch Bewegung, praktische Erprobung und Imitation. Um zu überleben mussten die Menschen sich in ihrer Umwelt körperlich bewähren. Wichtige Fertigkeiten wurden von Generation zu Generation weitergegeben, vom Vater an den Sohn, von der Mutter an die Tochter, außerdem durch eine Lehre. Mündliche sprachliche Überlieferungen, wozu Geschichtenerzählen, Rituale und Gesänge gehören, hielten die Geschichte und die dazugehörigen Lektionen lebendig. Kunst, Musik und Tanz boten jedem Einzelnen einen visuellen, auditiven und kinästhetischen Kontext, so dass er wusste, wohin er gehörte.

Seit Beginn der Zivilisation nutzten die Menschen schriftliche Symbole, um ihre Lebenserfahrung für die Nachwelt darzustellen. Unser Bewusstsein braucht Symbole, sowohl im Wachzustand als auch in Traumphasen, weil sie unserem Leben Kontinuität und einen Sinn verleihen. Wie wir jedoch gesehen haben, wurde mit den modernen Unterrichtsmethoden – als Folge der weiten Verbreitung von Büchern und elektronischen Geräten – der Karren vor das Pferd gespannt: Man hat vergessen, dass Kinder *praktische* Erfahrungen brauchen und dass es ihnen erlaubt sein muss, ihre eigenen Symbole und ihre Sprache neu zu erschaffen.

Lehrer und Erzieher erwarten heute von den Kindern, dass sie lesen, Symbole entschlüsseln und Fakten kennen, ohne erst einen Bedeutungskontext geschaffen zu haben, innerhalb dessen die Informationen gespeichert und wieder abgerufen werden können. Außerdem haben die Kinder nicht die konkreten Erfahrungen gemacht, mit denen sie die Symbole verbinden könnten.

Der hohe und der niedrige Gang beim Lesen

Für jeden einzelnen Schüler lässt sich der Lesestoff entsprechend dem Schwierigkeitsgrad in drei Ebenen unterteilen: Der Text kann selbständig gelesen werden, er stellt *erhöhte* Anforderungen an den Schüler oder er ist *zu schwierig* für den Schüler und verursacht nur Frustration. Gehört der Lesestoff zur ersten Ebene, sind wir mit dem Vokabular und dem Thema vertraut.

Wir lesen dann im hohen Gang und müssen nur wenig im niedrigen Gang nachdenken. Wir erfahren zusätzliche neue Fakten oder freuen uns an einer neuen Handlung innerhalb eines verständlichen Kontexts. Auf dieser ersten Stufe des Lesens verbessern wir Fertigkeiten wie Worterkennung und Lesegeschwindigkeit. Lesen auf dieser Stufe ist entspannend und angenehm, fordert uns aber nicht heraus, unser volles Potenzial einzusetzen.

Lesen wir einen Text mit erhöhten Anforderungen, so kennen wir die meisten Wörter und der Kontext ist bekannt. Wir kommen leicht in den hohen Gang und können mit Hilfe des Kontexts vorausahnen, worauf der Text abzielt. Wenn wir auf neue Wörter stoßen, können wir sie verstehen, entweder mit Hilfe der Sprache des Verfassers oder mit anderen Techniken der Worterkennung. Wir lernen die neuen Wörter, ohne dass unser Gedankenfluss unterbrochen wird, während wir die Augen gleichmäßig über die Seite gleiten lassen. Wir können automatisch vom hohen in den niedrigen und wieder in den hohen Gang umschalten. Wir sind zufrieden, weil wir etwas Neues lernen und unsere Struktur erweitern, ohne dass uns die Kontrolle entgleitet. Hier handelt es sich um integriertes Lernen, bei dem der niedrige Gang in einem durch den hohen Gang gegebenen Kontext mühelos zugänglich ist.

Bei dem Schwierigkeitsgrad, der uns Frustration bereitet, sind zu viele Wörter für uns neu und unbekannt, es ist weder ausreichend Kontext vorhanden, noch gibt es genügend Informationen, um den Code in eine verständliche Sprache umzusetzen. Wir müssen den Text Wort für Wort entschlüsseln und das bereitet uns weder Vergnügen noch Befriedigung. Jetzt herrscht negativer Stress in einem vom niedrigen Gang geprägten nicht integrierten Zustand.

Zu viele Schüler in unseren Schulen erreichen weder die Lernstufe, auf der sie selbständig arbeiten, noch die Ebene mit erhöhten Anforderungen, für sie ist Lernen auf der Frustrationsebene die Norm. Im niedrigen Gang zu fahren und keine Möglichkeit zu haben, in den hohen Gang zu wechseln, das ist sehr schwierig, wenn nicht gar unmöglich. Im Idealfall sind wir uns beim Fahren immer der Möglichkeit bewusst, in den hohen Gang zu schalten. Wann immer wir uns im niedrigen Gang befinden, arbeiten wir konzentriert und halten nach Gelegenheiten Ausschau, in den hohen Gang zu wechseln, damit wir zwischen den Arbeitsphasen entspannen können.

Unsere Schulen sollten den Schülern die Chance bieten, beim Lernen in den hohen Gang zu wechseln: Dadurch würden die negativen physiologischen Reaktionen auf Dauerstress abgeschwächt, die Konzentration, Verständnis und Erinnern unmöglich machen.

Ganzheitliche Pädagogik

Um unsere Kinder natürlicher zu erziehen und dabei den körperlichen Aspekt besser zu berücksichtigen, müssen wir ihnen sehr früh ganzheitliche Erfahrungen bieten, zum Beispiel Musik, Kunst und Ausflüge in die Natur, wie schon beschrieben. Die potenziellen Vorteile solcher Aktivitäten, die Bewegung und Kreativität fördern, sind nicht hoch genug einzuschätzen. Man sagt, dass ein Kind im Alter von sieben Jahren bereits so viele Verbindungen im Gehirn besitze, dass es damit für 80 Prozent dessen, was es je wissen und können wird, ausgestattet sei. Alles weitere Wachstum baut auf diesen frühen Verbindungen auf.

Ein fähiger Architekt zum Beispiel könnte seinen Erfolg auf die Häuser aus Bauklötzen zurückführen, die er als Dreijähriger mit seinem Onkel baute. Zu jener Zeit wurden in seine Nervenverbindungen Erfahrungen „eingebaut" (oder „ver-körpert"), die ihm keine Architekturausbildung je bieten könnte. Wir möchten unseren Kindern Situationen anbieten, die vielfältiges Lernen ermöglichen, wodurch dann die entsprechenden neuronalen Bahnen ausgeformt werden. Wir werden das nicht erreichen, indem wir Analyse, Ordnung und Routine auf Kosten von Spiel und Fantasie überbewerten.

Heute ersetzen Geschwindigkeit, Simulation und virtuelle Realitäten die natürliche Umwelt der Vergangenheit, als die Menschen gemeinsam sangen und tanzten und ihr Leben miteinander teilten. Das Leben fand in der wirklichen Welt statt, mit spielerischen Interaktionen und echten Erfahrungen. Ich kann mich nur wundern, wie wir auf die Idee kamen, das Schulzimmer als eine Produktionsstätte zu betrachten, aus der am Tag des Schulabschlusses „fertige" Produkte hervorgehen.

Staatliche Prüfungsprogramme, die Schulen für die Ergebnisse „verantwortlich" machen, betrachten Schulen als Fabriken. Wenn Lehrer, Direktoren und die Schulverwaltung schlechte Noten in standardisierten Tests fürchten, ist ihnen am Ende die Prüfung wichtiger als das Kind. Und wenn Eltern Angst haben, dass ihr Kind in Prüfungen versagt, setzen sie ihr Kind übermäßigem Leistungsdruck aus, anstatt eine Atmosphäre zu schaffen, in der ihr Kind in *seinem* Tempo natürlich lernen kann.

Unterricht als Vorbereitung auf Tests – dieses Konzept kann nur als Betrug bezeichnet werden. Wenn die richtigen Antworten auf Fragen, die in den Prüfungen zu erwarten sind, vorher im Unterricht besprochen werden – und das nur, damit die Schule nach außen gut abschneidet – ist das Betrug, insbesondere wenn es dabei um Fragen geht, die die Kinder gar nicht gestellt haben.

Mit dieser Methode betrügen wir unsere Kinder, wir betrügen diejenigen, die die Tests beurteilen, und letztlich auch unsere Gesellschaft. Bildung hat nicht den Sinn, eine Bevölkerung heranzuziehen, die sich nicht bewegt, nichts bemerkt und nicht selbständig denkt. Das bestehende öffentliche Bildungssystem entlässt jedoch Kinder, die keine Probleme lösen und keine Entscheidungen treffen können, die nicht selbständig denken oder durch entsprechende Fragen zeigen können, dass sie etwas wirklich gelernt haben. *[Paul Dennison meint hier in erster Linie das amerikanische Schulsystem. Inwieweit seine Kritik auch im deutschsprachigen Raum zutrifft, mögen die Leser selbst beurteilen. Anmerkung des Verlags]*

Die ideale Schule ist ein Ort, an dem junge Leute Erfahrungen *machen*, anstatt nur darüber zu lesen. Kinder schreiben eigentlich gerne über das, was sie *tun*, und sie lesen auch gerne Berichte über die interessanten Dinge, die andere getan haben. Wenn der Zweck der Schule aber nur darin besteht, zu lernen, wie man Prüfungen besteht und Fragebögen ausfüllt – kein Singen, Tanzen oder kreatives Theater –, warum sollten Kinder viel Sinn darin sehen, am Unterricht teilzunehmen? Man versagt ihnen wahre Bildung und Erziehung und unsere Gesellschaft betreibt ihren zukünftigen Bankrott, indem sie ihre wertvollsten Ressourcen verschwendet.

Sich zu bewegen bedeutet zu leben

Nachdem ich 1975 meine Promotion zum Doktor der Pädagogik abgeschlossen hatte, war ich erschöpft und es war höchste Zeit, meinen Lebensstil zu ändern. Ich hatte meine Lernzentren geleitet, Forschungsarbeiten organisiert und außerdem meine Dissertation geschrieben und dabei ging es körperlich mit mir bergab, ich war völlig überfokussiert, ließ die Schultern hängen und hatte Übergewicht. Ich erinnere mich noch, dass ich wegen meiner Rückenbeschwerden einen Chiropraktiker aufsuchte. Nachdem er meinen Rücken eingerichtet hatte, verordnete er mir „keine Bewegung". Er war der Meinung, mein Rückgrat sei derart instabil, dass jede stärkere Bewegung mein System wieder aus dem Lot bringen würde. Und natürlich hätte ich bereits eine weitere Behandlung gebraucht, als ich wieder auf dem Parkplatz bei meinem Auto war.

Aber irgendetwas stimmte an diesem Bild nicht. Mir war klar, dass ich mich bewegen musste. Der Körper besteht aus Muskeln, die aufeinander abgestimmt bewegt werden müssen, damit unsere Organe, unsere Sehnen und

Knochen ihre Struktur und Integrität behalten. Sich bewegen heißt leben: Lebt man aber passiv oder in seiner Bewegungsfreiheit eingeschränkt, so ist das, als würde man gar nicht leben.

Lebewesen bewegen sich ihrer Definition gemäß, sie wachsen und reproduzieren sich, ob es nun die Bewegungen der Pflanzen in Richtung des Chlorophyll produzierenden Lichts sind oder die Eigenbewegungen der winzigen Seescheiden [Lebewesen mit schlauchförmigen Organen], die bei Ebbe in Wasserpfützen nach dem besten Platz zum Überleben suchen. Bewegung gehört unabdingbar zur dynamischen Evolution des Lebens, die wir als Lernen bezeichnen. Wo keine Bewegung ist, gibt es auch kein Leben.

Lernen bedeutet ganz allgemein betrachtet, dass die Reaktionen auf bestimmte Stimuli mit der Zeit modifiziert werden. Auch ein Virus – im Grenzbereich zwischen der belebten und der nicht belebten Welt einzuordnen – passt sich wechselnden Bedingungen an und „lernt" dadurch. Auch bei Menschen, die durch eine Lähmung stark eingeschränkt sind, hört das Lernen nicht auf, solange bestimmte autonome Bewegungen wie die Atmung und der Blutkreislauf noch funktionieren. Lernen ist eine Konstante des Lebens, im Bereich der Psychologie jedoch ist es das wichtigste Merkmal des Lebens.

Untersuchungen haben gezeigt, dass der Fetus bereits im Mutterleib wichtige Dinge über die Natur der äußeren Welt lernt. Ein Neugeborenes verhält sich wie ein übereifriger Wissenschaftler: Es nimmt begierig sensorische Informationen auf, es passt – als Reaktion auf die Daten – neurologische und andere Strukturen sehr schnell an und es entwickelt unermüdlich neue Modelle dazu, wie die Welt funktioniert. Während das Neugeborene wächst und sich entwickelt, nimmt das *Spiel* immer mehr die zentrale Rolle in seinem Verhalten und Lernen ein. Auch wenn der Säugling sich im Schlaf in der Traumphase befindet, sichtet sein Bewusstsein reale und archetypische Bilder und versucht unaufhörlich, deren Sinn zu verstehen und das Chaos immer wieder neu zu ordnen und zu strukturieren.

Vom Beginn bis zum Ende (abgesehen von wenigen Ausnahmen, falls es die überhaupt gibt) ist Lernen ein bestimmendes Charakteristikum des menschlichen Lebens. Gehen Sie an einem sonnigen Tag in einen Park und Sie können dieses universale Phänomen beobachten: Kinder, die Ball spielen, und ältere Menschen, die Kreuzworträtsel lösen, alle Menschen im Park – und in geringerem Maße auch die übrige Fauna – bilden ein einziges riesiges Lernsystem.

Beobachten Sie einen Säugling beim Krabbeln, ein Kleinkind bei seinen ersten Schritten oder ein Mädchen bei seinen ersten Fahrversuchen auf dem Fahrrad und Sie bekommen das Wunder des Lernens demonstriert. Von Anbeginn an haben uns Kinder und ihre Entwicklungsmuster fasziniert, aber erst seit Kurzem haben wir die Technologie entwickelt, um die Lernprozesse aus neurologischer Sicht erklären zu können. Mit der Technik der Kernspintomografie und der Positronenemissionstomografie können Wissenschaftler heute nachvollziehen, wie das menschliche Gehirn beim Lernen funktioniert.

Ein Säugling wird mit hundert Milliarden Neuronen im Gehirn geboren, er besitzt also doppelt so viele Neuronen wie der Erwachsene. Damit wird sichergestellt, dass sich das Gehirn an jede Art von Bedingungen und Umständen anpassen kann. Mit der Zeit verliert das Kind diesen Überschuss an Neuronen, denn nur diejenigen Neuronen überleben, die durch Erfahrungen gestärkt werden. Bestimmte wichtige Lernphasen im Leben des Kindes, die ungenutzt verstreichen, können nicht nachgeholt werden. Die entscheidenden Lernphasen für das Sehen, die Sprache, die soziale Entwicklung, die Förderung der musikalischen und der logisch-mathematischen Fähigkeiten liegen in den ersten zehn Lebensjahren, einige von ihnen bereits in den ersten fünf Jahren. In allen diesen Zeiträumen – und zweifellos das ganze Leben hindurch – ist Bewegung die wichtigste Komponente des Lernens.

Sich zu bewegen bedeutet zu lernen

Die Mehrheit von uns hat das öffentliche Schulsystem durchlaufen. Als „Überlebende" seiner Institutionen wurden wir durch sie geprägt. Wir glauben, wir müssten das System am Leben erhalten und unseren Kindern beibringen, sich einer bedeutungslosen Tradition anzupassen, in der Lehrer passive Schüler mit Informationen versorgen.

Jegliches Lernen – auch Lernen, das abstraktes Denken voraussetzt – findet über Bewegung statt, denn abstraktes Denken bedeutet, dass Ideen innerlich umgewälzt werden. Es geschieht vor allem über Bewegungen, dass wir Gelerntes integrieren und in expressives Handeln umsetzen. Kinder und Erwachsene lernen, indem sie Dinge ausprobieren und in die Tat umsetzen, indem sie Wissen in Handeln überführen und den Wachstumsprozess spüren. Deshalb müssen wir unserer jüngsten Generation zugestehen, dass sie kinästhetisch lernt, auf natürliche Weise – anstatt von ihr zu fordern, Lernen auf passives Zuhören und mechanisches Auswendiglernen zu beschränken.

Für Kinder ist es ganz natürlich, sich im Rahmen einer gesunden physischen Lernumgebung zu bewegen, laut zu lachen, ihr Missfallen auszudrücken und mit ihren Klassenkameraden zu reden. Als Lehrer an einer öffentlichen Schule beobachtete ich jedoch, dass diese Freiheiten nur den Kindern zugestanden wurden, die als begabt eingestuft wurden. Kinder mit schlechteren Leistungen hatten diese Möglichkeit meistens nicht. Wir müssen anerkennen, dass alle Kinder auf ihre Art begabt sind, dass Kinder, die motiviert und aus eigenem Antrieb lernen, in jedem Stadium ihrer Bemühungen eine hohe Selbstachtung haben dürfen. Es sollte klar sein, dass die Gesellschaft insgesamt profitiert, wenn man *allen* Kindern zutraut, dass sie auf ihre eigene Weise lernen, und ihnen die Freiheit lässt, sich zu bewegen und sie selbst zu bleiben.

Warum werden Fähigkeiten nicht bei *allen* Lernenden gleichermaßen unterstützt und gelobt? Warum werden gerade die Verhaltensweisen beanstandet, die für den Lernprozess so wichtig sind? Wenn Lernen essenziell zum Wesen des Menschen gehört – und von Natur aus eine mit Freude verknüpfte Erfahrung ist –, wie konnte es geschehen, dass unsere Schulen zu Orten wurden, an denen Freude die Ausnahme und Stress und Angst die Norm geworden sind? Die Antwort lautet, dass wir Lernen institutionalisiert und dabei zugelassen haben, dass das System wichtiger wurde als die Kinder. Nur wenige fragen: *Wenn wir daran glauben, dass alle Kinder begabt sind und weit mehr lernen können, als wir gegenwärtig annehmen, wie könnten wir dann die Schule anders gestalten?*

Wenn Lernen in den Neurowissenschaften als verändertes Verhalten definiert wird, behaupte ich, dass kein Lernen ohne Bewegung stattfinden kann. Wir verändern ein Verhalten, wenn wir neu Gelerntes emotional gespeichert haben (englisch: *imprint*); dann sind wir in der Lage, Aufgaben präziser zu erledigen und bestimmte Fertigkeiten besser zu beherrschen. Im Gehirn findet eine Bewegung zwischen den Synapsen statt, die mehrere wichtige Gehirnareale verbinden, die für die Veränderung des Verhaltens notwendig sind: vom Hinterhaupt zum Stirnhirn, vom Scheitel zum Stammhirn und von der rechten zur linken Hemisphäre.

Lernen mit dem ganzen Gehirn ist die spontane Verbindung aller für den Lerninhalt wichtigen Bereiche des Gehirns. Es finden physische, emotionale, und mentale Prozesse statt, die zu dauerhaften Veränderungen in Bezug auf Fertigkeiten, Einstellungen und Verhalten führen – diese Art von Lernen ist nicht künstlich, das Gelernte wird vollständig verinnerlicht.

Auf einer einfachen Stufe lässt sich die Verbindung zwischen Lernen und Bewegung am Beispiel von Tieren zeigen. Wenn junge Kätzchen spielen, probieren sie aus, wie sie sich in verschiedenen Lebenssituationen verhalten können. Sie tollen mit ihrer Mutter umher und entdecken auf diese Art, welche Verhaltensweisen akzeptabel sind. Sie jagen einem Ball nach und integrieren all die Reflexe, die für die Jagd nötig sind.

Eine komplexere Version dieses Sachverhalts findet beim Menschen statt. Wir glauben, wir könnten Kindern einfach sagen, was sie tun sollen, und erwarten, dass sie das auch tun. Wir müssen jedoch erkennen, dass das nicht der Fall ist. Kinder müssen selbst fühlen, was sie in ihrem Körper lernen. Sie müssen spielen und im Spiel die Nervenverbindungen ausprobieren, die durch die Bewegung belebt werden: Sie imitieren zunächst die Verhaltensweisen, die sie beobachten, und wenn dann das Gefühl für das Verhalten körperlich verankert ist, führen sie die Handlungen selbst aktiv aus.

Wenn wir eine Klasse beobachten, zeigt sich, dass die lebendigen und aktiven Kinder auch aktiv lernen. Diese Kinder sind mit ihrem Körper auf der Suche nach Informationen und nach Gelegenheiten sich auszudrücken. Bei ihrer begeisterten Suche nach Wissen können sie kaum stillsitzen, während sie schreiben, die Seiten umdrehen und sich an ihre Mitschüler wenden. Diejenigen Kinder andererseits, die sich beim Lernen *nicht* bewegen, scheinen gestresst, passiv und gelangweilt zu sein. In beiden Fällen können die Kinder ihre wahren Gefühle gegenüber dem Lernen nicht verbergen. Ihre Gefühle zeigen sich in ihrer Bewegung, ihrem Benehmen und in ihrer Körperhaltung.

Schulbildung nach dem Vorbild der Industrie?

Unsere Schulen halten sich in der Schulbildung an ein industrielles Modell, das ursprünglich in Deutschland und insbesondere in Preußen entstand und dann während der industriellen Revolution in Amerika ohne weiteres übernommen wurde. Entsprechend diesem Modell versetzen wir Kinder in eine Umgebung, die das widerspiegelt, was sie als Erwachsene an ihrem Arbeitsplatz vorfinden werden – eine Welt, in der Zeitpläne und Bewertungen wichtig sind, in der viel Anspannung herrscht und kaum Zeit für Kreativität, Spontaneität oder Individualität übrig bleibt. Gehen Sie zur Hauptverkehrszeit durch die Straßen irgendeiner Großstadt auf der Welt und Sie werden sehen, wie erfolgreich das Bildungssystem war: Die Menschen sind identisch gekleidet und auf ihren Gesichtern zeigt sich die gleiche besorgte Miene, während sie zu ihren austauschbaren Arbeitsplätzen eilen.

Wenn wir die Effektivität unseres Bildungswesens an diesen Standards messen, waren wir ausgesprochen erfolgreich. Wenn wir jedoch zu träumen wagen – von außerordentlichem Spaß am Lernen und von Kindern, die ihre wahre, kreative Natur immer mehr zum Ausdruck bringen können –, dann müssen wir zugeben, dass das Bildungssystem bei unseren Kindern fürchterlich versagt hat.

Wir bilden Gruppen mit lauter Gleichaltrigen und setzen damit voraus, dass alle Kinder im selben Alter die gleichen Dinge tun sollten. Wir teilen Tätigkeiten, die sich nicht unterteilen lassen, in verschiedene Fächer auf: Lesen wird vom Schreiben getrennt und das wiederum vom Zuhören und davon wird wiederum das Sprechen abgetrennt – und das alles bei Anfängern. Um diese getrennten Fächer herum schaffen wir dann Stundenpläne, Lehrpläne und Notenstufen. Und weil das immer schon so war, meinen wir, es müsse so richtig sein.

In diesem aberwitzigen System von Gewinnern und Verlierern spielt es keine Rolle, unter welche Kategorie ein Kind fällt. Auch die erfolgreichen Kinder (die mit den *guten* Noten) sind Verlierer. Sie werden genauso wie die so genannten Verlierer in eine Form gepresst, denn alle sind das Produkt des industriellen Paradigmas, das ihre Kreativität und ihre Fähigkeit, ihr persönliches Bestes zu geben, erstickt. Sie sind auf eine bestimmte vorgegebene Form beschränkt, bis sie den Kontakt zu ihrer eigentlichen Lebensaufgabe verlieren und damit auch kaum mehr Freude empfinden können.

Eine alte Redensart besagt, dass wir in der Grundschule die *Kinder* unterrichten und in der höheren Schule das *Fach*. Für die Kinder wäre es wunderbar, wenn das wirklich der Fall wäre. Aber in der Grundschule unterrichten wir heute das *Lesen* – wir unterrichten *nicht das Kind*. Lesen lernen hat heute den Vorrang vor dem Wohlbefinden der Kinder. Sie sollen lebende junge Lagerstätten für Informationen werden, anstatt in einer sicheren, stressfreien und fördernden Umgebung aufzuwachsen.

Junge Erwachsene mit einem Universitätsabschluss kommen dann am besten weiter (gemessen am Erfolg in der Geschäftswelt), wenn sie eine Fertigkeit besitzen, die sich vermarkten lässt. Meine Tochter machte kürzlich ihren Abschluss an der *University of California* in Davis. Da ihr Hauptfach nicht zu den gängigen Fächern zählt, hätte sie keine Arbeit gefunden, wenn sie darauf bestanden hätte, in dem Bereich zu arbeiten, für den sie ausgebildet war. Sie konnte wählen zwischen einem Job als Berufsanfängerin mit sehr geringer Bezahlung und einer Stelle in der Computerindustrie, wo sie sofort das Vierfache verdienen konnte. (Sie wählte das Erstere.) Und das ist es, was unsere Schulen gegenwärtig hervorbringen: Menschen, die wissen, wie man mit Computern arbeitet.

Jane Healy, die Autorin des Buches *Endangered Minds: Why Children Don't Think and What We Can Do about It*, kommentiert die Situation so: Die Schulen würden die Tatsache akzeptieren müssen, dass Vorträge und Lehrergespräch, die gewöhnlich etwa 90 Prozent des Unterrichts ausmachen, zugunsten einer effektiveren Beteiligung der Schüler zu weichen hätten. Die Lernenden von heute müssten lernen, Wissen *zusammenzustellen* und nicht nur passiv Informationen aufzunehmen, wie es der einfachste Computer viel effektiver leisten könne.

Die Aufgabe von Bildung und Erziehung besteht eigentlich darin, (das Beste) ans Tageslicht zu bringen, was in einem Menschen steckt. Wenn Bildung Vergnügen bereiten soll, müssen wir Schüler in Situationen versetzen, die für sie selbst Bedeutung und einen Wert besitzen. Erst dadurch entsteht Lernen, das über die Schule hinaus einsetzbar ist.

Lernstörungen

Marilyn Bouchard Lugaro, eine frühere Schülerin und jetzt meine Freundin und Kollegin, zitiert in ihrer unveröffentlichten Doktorarbeit aus dem Jahr 2004 *(Hunting the Myth of the Hunter in AD/HD: An Educational Kinesiology Perspective)* die Äußerung eines Kindes:

„Hallo. Ich heiße Hunter. Sie sagen, ich hätte ADS – und manchmal, wenn ich zapple und in der Schule nicht ruhig auf meinem Stuhl sitze, sagen sie, ich hätte außerdem ADHS (Aufmerksamkeitsdefizit-Hyperaktivitätsstörung). Ich weiß nicht, was sie damit meinen, und ich verstehe nicht, warum alle immer wütend auf mich sind. Mein Vater sagt, dass ich eigensinnig bin und dass ich wieder in Ordnung sein werde, wenn er mir eine kräftige Ohrfeige gibt. Meine Mutter sagt, ich sei faul und bemühe mich einfach nicht. Und ich sage: Ich bin gut so, wie ich bin, mit mir ist alles in Ordnung! Schule ist einfach langweilig, sonst nichts. Ich bin achteinhalb Jahre alt, ich habe braune Augen und braunes Haar."

Wenn ich höre, wie ein Kind so etwas sagt, könnte ich weinen. Ich halte es nicht aus, wenn ich sehe, was wir unseren Kindern antun. Alleine in Amerika nehmen mehrere Millionen junge Menschen Medikamente gegen ADHS ein, obwohl Experten schätzen, dass nur etwa fünf Prozent von ihnen diese Medikamente wirklich benötigen würden. Auf jeden Fall beruht ADHS nicht auf Ritalinmangel! ADHS ist zurückzuführen auf die unzureichende Fähigkeit, die Aufmerksamkeit zu fokussieren; und dieser Mangel kann durch die Prozesse behoben werden, die zur besseren Integration von Gehirn und Körper beitragen. Mit Brain-Gym® erreichen wir die notwendige Fokussierung durch Übungen, die den Sehnenkontrollreflex lockern und Kindern dazu verhelfen, dass sie sich in ihrem Körper sicher fühlen.

Was ich damit sagen möchte, ist vor allem dies: Hat Ihr Kind die Diagnose ADHS bekommen, suchen Sie doch bitte nach Alternativen zur Einnahme von Medikamenten. Ritalin wird offiziell in eine Gruppe mit Kokain, Morphium und Opium eingestuft und kann eine ganze Reihe möglicher Nebenwirkungen hervorrufen: Depressionen, Erregbarkeit, Bluthochdruck, Magenschmerzen, Wachstumsstörungen, sozialen Rückzug, Appetitverlust und Beeinträchtigung des Immunsystems. Das Medikament wirkt auf das Basalganglion und das Striatum ein, also auf die Bereiche des Gehirns, die für motorische Steuerung und das Zeitgefühl zuständig sind.

An dieser Stelle sollte ich noch etwas zur *Dyslexie* sagen. Ich habe herausgefunden, dass die meisten Kinder, die Schwierigkeiten beim Lesen haben, zu der Gruppe mit gemischt-dominantem Profil (vgl. Kapitel 5) gehören: Bei Stress schalten sie das dominante linke Auge ab und schalten zum rechten Auge um, damit dieses der rechten Hand und dem rechten Ohr (beide linear) besser folgen kann. Das rechte Auge ist mit der feinmotorischen Kontrolle befasst und versucht, die Wörter an der Stelle zu halten. Gemischt-dominante Kinder, die ihre Fähigkeit der visuellen Erinnerung einschränken, sehen nur Teile der Wörter und stottern deshalb und geben die Wörter anhand der Laute wieder. Häufig besteht keine Verbindung zwischen den Lauten und dem Wortverständnis, das normalerweise mit der rechten Gehirnhälfte und dem linken Auge bewerkstelligt wird; deshalb sagt ein Schüler zum Beispiel „t-e-u-e-r" statt „teuer".

Viele Lehrer meinen, dass die Kinder, wenn sie die Wörter nur oft genug nachsprechen, eines Tages spontan lesen können, das heißt die Lesefähigkeit erwerben. Meiner Erfahrung nach ist das nicht der Fall, denn ein Lesender mit Dyslexie erlebt in Wahrheit eine Blockade im visuell-auditiven Lernprozess. Manchmal kann dann eine Brain-Gym®-Sitzung helfen, damit der

Betreffende lernt, einen linearen Prozess und gleichzeitig die Wiedererkennung zu bewältigen und damit die Lesestörung namens Dyslexie zu überwinden.

„Zauberformeln" für den Lese-, Schreib- und Rechenunterricht

Unsere Kinder haben in der Schule nur selten ein Umfeld, in dem sie in ihrer Entwicklung gefördert werden. In meine Brain-Gym®-Sitzungen kommen immer wieder Eltern mit Söhnen und Töchtern, deren Geist derart verletzt wurde, dass sie kaum mehr zu irgendetwas fähig sind.

Ich habe im Lauf der Jahre viele Heranwachsende gesehen, die in Mathematik so blockiert waren, dass sie noch nicht einmal einfache Zahlen addieren und subtrahieren konnten. Und ich spreche nicht von Kindern, die „Förderung" brauchten – nur von Kindern, die aufgrund ihrer Intelligenz durchaus 1,25 € von 5,00 € abziehen könnten, denen aber die konkrete praktische Erfahrung fehlt, mit der sie die entsprechenden neurologischen Verbindungen hätten aufbauen können, um diese Aufgabe zu lösen. Das bedeutet, dass sie die Schule verlassen, ohne grundlegende praktische Alltagsfertigkeiten zu beherrschen.

Diese jungen Menschen haben sich vielleicht zwölf Jahre lang abgemüht, um so weit zu kommen, dass sie die Aufgabe „$2y = 18$" lösen können (und das vielleicht nur mit Hilfe des Taschenrechners!), aber sie haben nicht gelernt, ihr Konto ausgeglichen [in den „schwarzen Zahlen"] zu halten oder schnell abzuschätzen, ob ihnen jemand ihr Wechselgeld korrekt herausgegeben hat. Wenn sie in den ersten Schuljahren nur für kurze Zeit mit Münzen gespielt hätten (wenn sie vielleicht im Rollenspiel als Verkäufer oder Kassierer Wechselgeld herausgegeben hätten), wäre die höhere Mathematik für sie realer und in den Jahren danach als Fähigkeit entwickelt worden. Sie sind durchaus normal, die Millionen junger Menschen, die jedes Jahr die Schule verlassen und die Grundrechenarten nicht beherrschen.

Ähnliches gilt für das Lesen. Die Analphabetenquote *in den USA* ist ähnlich hoch wie in einigen Ländern der Dritten Welt. Das alleine wäre bereits schockierend, aber noch verräterischer ist die Anzahl der Kinder, die die Freude am Lesen verlieren oder nie gekannt haben. Wenn Kinder das Lesen mit dem *ganzen* Gehirn und ausgehend vom jeweiligen Stand ihrer Fertigkeiten lernen, dann haben sie von ganz alleine Freude an Büchern. Warum? Gute Geschichten beleben die Fantasie und Kinder spielen ausnahmslos gerne mit ihren eigenen Fantasien.

Das öffentliche Schulsystem geht den falschen Weg, indem es zwar die richtigen Schritte zum Lesen lehrt, jedoch nicht in der richtigen Reihenfolge. Erst lernen die Kinder das Lesen, dann das Schreiben und dann schließlich lernen sie Geschichten zu schreiben über das, was sie in der Welt um sie herum beobachten. Ein als Ganzheit funktionierendes Gehirn arbeitet aber nicht auf diese Weise.

Die natürliche Reihenfolge der Ereignisse ist genau umgekehrt. Im Idealfall beobachten und erkunden Kinder die Welt zuerst mit ihrem Geist, ihrem Herzen und dem ganzen Körper. Dazu gehört dann, dass die Kinder – ohne sich mit den technischen Fragen des Lesens und Schreibens beschäftigen zu müssen – Geschichten zu dem erfinden, was sie sehen.

Als Nächstes „schreiben" sie das, was sie wahrnehmen und sich vorstellen, indem sie es einem Erwachsenen diktieren. So spricht beispielsweise ein Mädchen aus, was es aufschreiben möchte, und lernt anschließend zu lesen, was sie gesagt (und was der Erwachsene aufgeschrieben) hat. Auf diese Weise wird eine Verbindung zwischen seiner Fantasie und dem geschriebenen Wort hergestellt.

Dann lernen die Kinder schreiben. Sie fragen nach einem Wort und der Lehrer schreibt es für sie auf. Sie fahren das Wort mit dem Finger nach, bis sie es taktil und kinästhetisch erfasst haben, dann erst schreiben sie selbst. So erfragen sie sich nach und nach immer mehr Wörter und erweitern allmählich ihre Fertigkeiten. Sie lernen mit einer Gesamtvorstellung zu beginnen und diese dann aus den Teilen wieder zu erschaffen, anstatt mit den Teilen (den Buchstaben und den Phonemen oder Sprachlauten) zu beginnen und zu versuchen, aus den Teilen vollständige Ideen bzw. Wörter zu bilden.

Zuletzt lernen die Kinder Wörter zu lesen, die *andere* aufgeschrieben haben, um ihre Gedanken, Emotionen und Beobachtungen mitzuteilen, und dabei lesen sie zunächst die Sätze ihrer Klassenkameraden.

Um es anders auszudrücken: Das Kind beginnt bei der Liebe und kommt von da aus zu den Sprachlauten und nicht umgekehrt. Sie können aus Phonemen keine Liebe erschaffen, aber sie können Phoneme verwenden, um Liebe zum

Ausdruck zu bringen. Wenn Kinder so lernen, entsteht von Anfang an eine innere Verbindung mit dem Lesen, dem Schreiben und der Fantasie, so wie es sein sollte.

Übrigens vergehen wir uns gegen das natürliche Gesetz der sozialen Evolution, wenn wir die orale Phase des Geschichtenerzählens auslassen und gleich zum geschriebenen Wort übergehen. Lesen und Schreiben tauchen erst relativ spät auf der Bühne der menschlichen Geschichte auf. Zehntausende von Jahren davor übermittelten die Menschen Informationen nur mündlich von einer Generation an die nächste. Und so wie ein Fetus in seiner Entwicklung bestimmte Phasen der biologischen Evolution zu durchlaufen scheint (vom Reptil über das Säugetier zum Menschen), sollte es auch möglich sein, dass die Ausbildung und Erziehung der Kinder Schritt für Schritt der sozialen Evolution folgt.

Der besondere Wert von Theaterspielen und Musikunterricht

Das gemeinsame Verfassen und Aufführen von Theaterstücken ist eine gute Gelegenheit, Bewegung in den Lehrplan zu bringen. Es ist erstaunlich, was junge Menschen leisten können, wenn man sie in eine realistische, mit Bewegung verbundene Lernsituation versetzt, wie es das Theaterspielen darstellt. Für die Proben bleiben sie bis abends um neun Uhr in der Schule und betrachten das auch als ganz normal. Nur das an der Industrieproduktion ausgerichtete Erziehungsmodell sieht die Kinder lieber in Reih und Glied an ihre Pulte gepflanzt, wo sie passiv Informationen aufnehmen wie Salatköpfe das Wasser.

Auch Musikunterricht sollte integraler Bestandteil des Lehrplans sein. Musik, Rhythmus und Lieder bewirken die Integration des Gehirns, wir singen die Melodie mit der rechten Hälfte und halten den Rhythmus mit der linken. Musik und Tanz, Metrum und Rhythmus, den Takt klatschen, aktives Zuhören, die gleichzeitige Aufnahme visueller, auditiver, kinästhetischer und taktiler Eindrücke – mit all dem werden die grundlegenden Strukturen und Bahnen geschaffen, die das Gehirn automatisch speichert und die die Grundlage bilden für alles, was der Einzelne später noch schaffen wird.

Praktische Vorschläge für den Einsatz von Brain-Gym® in der Schule

Diese Anregungen, wie Brain-Gym® sich in den Unterricht einbauen ließe, gründen sich auf umfassende Erfahrungen und haben sich in der Praxis bewährt. Trotzdem sind die Ideen nur als Ausgangsbasis gedacht: Ich möchte Sie dazu ermuntern, selbst weitere Möglichkeiten zu entdecken, wie sich dieses einfache und effektive System in den Unterricht einbauen lässt.

Denken Sie daran, dass der Schulalltag für alle sehr viel befriedigender werden kann, wenn Lehrer ihre Schüler dieses praktische Instrumentarium erproben lassen. Egal welches Fach, sei es Lesen (Aussprache oder Worterkennung), Rechnen, Naturwissenschaften oder Sport – wenn die Klasse vor dem Unterricht einige Brain-Gym®-Übungen macht, ist das geistig-körperliche System der Kinder besser darauf vorbereitet, neue Informationen zu verarbeiten.

Für die Einführung der Brain-Gym®-Bewegungen empfehle ich die folgende Reihenfolge, die mit einfachen Bewegungen beginnt und darauf aufbauend zu komplexeren Übungen überleitet. Dieses Programm besteht aus einem Wochenplan, der aber auch über Monate gestreckt werden könnte, entsprechend dem Alter, den Fähigkeiten und der Motivation der Klasse.

Woche 1:　Einführung in Brain-Gym®
　　　　　　Wasser trinken
　　　　　　Gehirnpunkte
　　　　　　Hook-ups

Woche 2:　Sehen und Denken im Mittelfeld
　　　　　　Liegende Acht
　　　　　　Positive Punkte

Woche 3:　Integration durch Ganzkörperbewegung
　　　　　　Überkreuzbewegung

Woche 4:　Das X entdecken
　　　　　　Dennison-Lateralitätsbahnung
　　　　　　An ein X denken

Woche 5:　Die Fertigkeiten Zuhören und Sprechen
　　　　　　Denkmütze
　　　　　　Elefant
　　　　　　Eule

Woche 6: Organisationsfertigkeiten
Erdknöpfe
Raumknöpfe
Balanceknöpfe

Woche 7: Zielgerichtetheit und Hand-Augen-Koordination
Simultanzeichnen
Alphabet-Acht

Die Liegende Acht

Die Liegende Acht (vgl. Kapitel 2) dient der Neubahnung des visuellen Systems, in der gleichen Weise, wie die Überkreuzbewegung die Ganzkörperbewegungen neu regelt. Die Liegende Acht lehrt den Übenden, beide Augen im rechten und im linken visuellen Feld einzusetzen, und deshalb ist sie wichtig für die Verbesserung der Lesefertigkeiten.

Die Liegende Acht kann man Kindern jeden Alters leicht beibringen. Zunächst führt der Lehrer die Bewegung vor, indem er das Unendlichkeitszeichen in einer fließenden Bewegung in die Luft zeichnet. Die Schüler fahren die Liegende Acht auf unterschiedlichen Materialien nach, um ihr taktiles Empfinden zu schulen: auf einem Teppich, auf einer Fensterscheibe oder einer glatten Holzoberfläche. Sie verfolgen aufmerksam, wie ihnen jeweils ein zweiter Schüler die Liegende Acht auf den Rücken zeichnet, oder die Kinder können vielleicht mit ihrem Finger das Unendlichkeitszeichen in einer Rille im Holz entlangfahren. Wenn die Kinder Kugeln verfolgen können, die in einer Rinne in Form einer Acht rollen, schult das ihre visuelle Aufmerksamkeit und verbessert die Beweglichkeit der Augen, beides wichtige Fertigkeiten für das Lesen.

Die Dennison-Lateralitätsbahnung

Die Dennison-Lateralitätsbahnung lässt sich in jeder Klassenstufe durchführen, und zwar sooft es nötig erscheint. Bei großen Klassen muss die Neubahnung vielleicht in mehreren Gruppen durchgeführt werden. In einem Zeitraum von etwa 40 Minuten kann die ganze Klasse eine Neubahnung ausführen, mit deren Hilfe der Lernstoff durch Bewegung integriert wird. Durch die Neubahnung sollen Kinder lernen, neu Gelerntes stärker zu automatisieren, und sie sollen reflexartige Bewegungen bewusster wahrnehmen, die schulische Leistungen erschweren. Üben Sie zu Beginn des Schuljahres vor allem die Dennison-Lateralitätsbahnung, so dass die Schüler das Jahr über davon profitieren können.

Die Alphabet-Acht

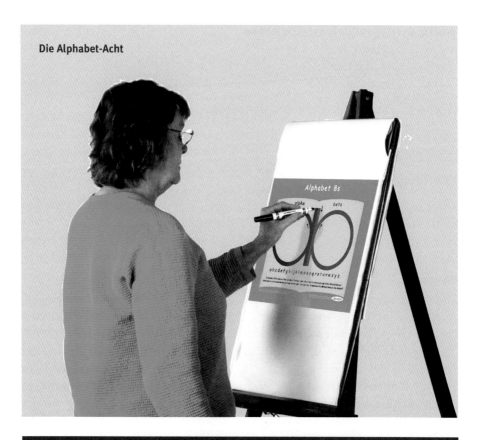

Alphabet-Acht

Egal ob es darum geht, Schreibanfänger bei der Druckschrift zu unterstützen oder etwas ältere Schüler zu fördern, damit sie die Schreibschrift flüssiger bewältigen – insgesamt erleichtert die Alphabet-Acht den Lernprozess. Zur Alphabet-Acht gehört, dass die Buchstaben des Alphabets innerhalb des Kreises der Liegenden Acht geschrieben werden – dazu werden nur die Kleinbuchstaben verwendet und nach jedem Buchstaben wird die Liegende Acht ausgeführt. Zweck der Übung ist es, dass die Schüler kinästhetisch erleben, dass die Buchstaben des Alphabets entweder rund beginnen und auf der Mittellinie enden oder mit einem Abstrich auf der Mittellinie beginnen und nach rechts verlaufen. Die Liegende Acht ist das Ganze und die Buchstaben sind die Teile.

Das Simultanzeichnen

Simultanzeichnen aktiviert beide Seiten des Gehirns und des Körpers gleichzeitig, es unterstützt eine Hemisphäre, damit sie führen kann, während die andere folgt. Schüler malen gerne Bilder mit zwei Händen gleichzeitig.

Wenn sie als Aufwärmübung das Simultanzeichnen machen, können sie anschließend von ihren Plätzen aus dem Unterricht mit mehr Aufmerksamkeit folgen. Der begeisterte Kommentar eines Siebtklässlers: „Die Sache ist super!" Sobald die Schüler erkennen, wie schnell sich ihre Fertigkeiten für Lesen und Schreiben verbessern, machen sie das Simultanzeichnen sehr gerne. Ich möchte Ihnen vorschlagen, dass Sie die Schüler vor und nach dieser Übung einige Zeilen schreiben zu lassen. Anschließend vergleichen die Schüler die Zeilen von vorher und nachher und Sie besprechen gemeinsam, wo Unterschiede (Veränderungen) zu erkennen sind.

Brain-Gym® in der Mittel- und Oberstufe

Sollten die Schüler sich hier anfangs sträuben, die Übungen auszuführen, könnte man ihnen die Alphabet-Acht und das Simultanzeichnen wie oben beschrieben vorführen. Vor der Übung jedoch würde ich die Schüler über die neuesten Ergebnisse der Hirnforschung informieren: wie wichtig es ist, dass eine Integration der rechten und linken Hemisphäre stattfindet, damit die Kommunikation erleichtert wird. Das Wissen, dass durch diese Übungen eine neurologische Stimulation stattfindet, erweckt eine gewisse Neugier und erhöht vielleicht die Bereitschaft der Schüler, die Brain-Gym®-Bewegungen auszuprobieren und die Wirkung an sich selbst zu erfahren.

Brain-Gym®-Spiele

Man kann zum Beispiel Karten mit den 26 Brain-Gym®-Bewegungen in einer Kiste oder einem Beutel aufbewahren. Daraus könnte dann jeden Tag ein anderer Schüler die Übung für den jeweiligen Tag ziehen. Oder man schiebt vier Pulte zusammen und übergibt diesen Schülern den Behälter mit den Karten. Sie werden dann aufgefordert, vor allen gemeinsamen Unterrichtsthemen eine Karte zu ziehen. Der Lehrer könnte auch die Karten nach den drei Kategorien Längungsbewegungen, Mittellinienbewegungen und Energieübungen sortieren lassen und die Schüler dann eine Übung aus einer bestimmten Kategorie ziehen lassen, bevor die Klasse mit einer neuen Aufgabe beginnt.

Ein „Lernzentrum" im Klassenzimmer!

Um in Ihrem Klassenzimmer (zeitweilig) sozusagen eine Art „Lernzentrum" (nach dem Muster der von mir gegründeten *Learning Centers*) einzurichten, können Sie jede Woche einmal das *Brain-Gym®-Lehrerhandbuch* zu Hilfe nehmen, wo die Übungen für bestimmte Fertigkeiten zusammengestellt sind, entsprechend den drei Kategorien im letzten Absatz (oben). Dort finden Sie Anregungen, welche Bewegungen Sie für die Bedürfnisse Ihrer Schüler auswählen könnten.

Als recht erfolgreich hat sich auch folgendes Spiel erwiesen: Der Lehrer hat aus Pappe oder laminiertem Papier eine Würfelform hergestellt und an dieser können auf allen Seiten passende Karten mit verschiedenen Brain-Gym®-Übungen befestigt werden. Es werden jeweils die Übungen ausgewählt, die zu der Fertigkeit passen, die gerade entwickelt werden soll.

Wenn ein Lernbereich für das Schreibenlernen vorbereitet wird, werden auf der Würfelform die Karten mit der Liegenden Acht, der Alphabet-Acht, der Armaktivierung, der Wadenpumpe, der Fußpumpe und dem Energiegähnen angebracht. Jeder Schüler, der in den Lernbereich kommt, kann sich die Übungen auf dem Würfel ansehen, und wenn der Würfel in Bewegung gesetzt wird, sollten die Schüler daran erinnert werden, wie die Übung richtig ausgeführt wird. Die Schüler können nacheinander den Würfel in Bewegung setzen und dann die Übung machen, die sie gewürfelt haben. Nach zehn Minuten kehren die Schüler an ihre Pulte zurück und beenden ihre schriftlichen Aufgaben.

Gruppenbalancen

Kinder machen die Balance gerne in der Gruppe. Sie freuen sich, wenn ihnen klar wird, wie sie eine Fertigkeit verbessern können, nachdem sie die entsprechenden Übungen ausgeführt haben. Lassen Sie die Schüler zum Beispiel nach den PACE-Übungen (vgl. Kapitel 12) einen Abschnitt oder auch nur einen Satz schreiben. Danach üben Sie mit den Schülern die Brain-Gym®-Bewegungen für das Schreiben und lassen Sie anschließend wieder einen Satz schreiben. Dann werden die zwei Proben verglichen. Sicher werden die Schüler Unterschiede bemerken, sie schreiben vielleicht gleichmäßiger, ihre Bewegungen sind flüssiger oder sie können sich besser ausdrücken. Die Übungen wirken sich auch sehr positiv auf die körperlichen Fertigkeiten aus, die im Sportunterricht gefragt sind. Ich werde nie vergessen, wie gut die Schüler einer fünften Klasse nach einer Balance das Radschlagen vorführten ...

Brain-Gym®-Geschichten

Erzählen Sie Geschichten und bauen Sie Brain-Gym®-Übungen ein. Ich mache mit den Schülern gerne folgendes Spiel: Ich erzähle den Beginn einer Geschichte und jeder Schüler hängt an meine Geschichte einen weiteren (selbst erzählten) Abschnitt an. Außerdem integriert jeder Schüler in seine Erzählung eine oder mehrere Brain-Gym®-Bewegungen. Das folgende Beispiel ist der Anfang meiner Geschichte, die ich in einer vierten Klasse erzählte (wobei die passenden Übungen in Klammern eingefügt sind).

Ein riesiger Bär erwachte aus tiefem Schlaf (Energiegähnen) und entschloss sich, ins Freie zu gehen (Überkreuzbewegung), um die Sterne zu sehen. Als er zum Himmel hinaufschaute, sah er sie über seinem Kopf leuchten (Raumknöpfe). Irgendwo in der Ferne hörte er den Ruf einer Eule (Eule). Ein mächtiger alter Waschbär verbarg sich hinter dem Stamm einer großen Eiche (Erdknöpfe) …

Die Geschichte wird von den Schülern mit ihren eigenen Ideen fortgeführt. Der Lehrer kann, wenn nötig, Brain-Gym®-Bewegungen ergänzen. Die Geschichte endet, wenn alle Schüler an der Reihe waren oder wenn es Zeit wird, mit dem Unterricht weiterzumachen. Brain-Gym® aktiviert auf alle Fälle das Gehirn und trägt dazu bei, dass Schüler und Lehrer freier und unbeschwerter zur nächsten Tätigkeit übergehen.

Arbeit mit Brain-Gym® in einer Grundschule

Cecilia Koester, Brain-Gym®-Instruktorin und eine Freundin von mir, hatte in ihrem eigenen Unterricht erlebt, wie effektiv Brain-Gym® sein kann. Deshalb wollte sie, um ihre Ergebnisse zu untermauern, ein kleines Forschungsprojekt an ihrer Schule durchführen. Hier ist ihr Bericht:

Forschungsbericht: Brain-Gym® in einer Grundschule

„Ich hatte bereits längere Zeit an der Saticoy Elementary School von Ventura (Kalifornien) den Förderunterricht für Schüler mit ernsthaften Lernschwierigkeiten durchgeführt. Schließlich wandte ich mich an den Direktor Paul Jablonowski und bat um die Erlaubnis, dieses Projekt mit einigen anderen Schülern durchführen zu dürfen. Er war einverstanden und die zwölf Lehrer, aus deren Klassen meine Schüler kamen, empfingen mich mit offenen Armen und freuten sich auf das Projekt.

Ich traf mit den Lehrern folgende Absprachen:

- Wir treffen uns während des ganzen Schuljahrs jeden Montag nach dem Unterricht für eine Stunde.

- Jeder Lehrer macht täglich fünfzehn Minuten Brain-Gym-Übungen, jedoch nicht auf einmal (am Stück), sondern immer wieder kurzfristig in den Unterricht eingebaut.

- Von den Lehrern ausgewählte Schüler gehen einmal im Monat während des Unterrichts zu einer halbstündigen Brain-Gym-Sitzung, die in Kleingruppen von einem Brain-Gym-Trainer oder Berater (Instruktor) durchgeführt wird.

- Die Brain-Gym-Berater kommen mindestens zweimal im Schuljahr in die Klasse, um ihre Schüler im Unterricht zu beobachten.

- Die Ergebnisse der Tests werden gesammelt und anschließend verglichen. Außerdem werden mit Erlaubnis des jeweiligen Lehrers die Testergebnisse anderer Schüler herangezogen, um damit eine Kontrollgruppe zu haben.

Die Begeisterung und der Durchhaltewille blieben während des ganzen Schuljahrs erhalten. Und alle Beteiligten hielten sich an die verabredeten Punkte. Wir veranstalteten zu Beginn einen Elternabend, an dem zu unserem Erstaunen 120 Mütter und Väter teilnahmen. Wir gaben ihnen Informationen zu Brain-Gym® und erklärten ihnen, wie die Übungen im Unterricht eingesetzt wurden. Die beteiligten Lehrer hängten überall im Klassenzimmer eine Auswahl von Brain-Gym-Materialien aus; sie zeigten den Schülern, welche Übungen für welche Lernaufgaben geeignet waren, und wiesen die Schüler besonders darauf hin, welche Brain-Gym-Übungen sie machen konnten, ehe sie ihre Hausaufgaben erledigten. Die Lehrer selbst lernten die Bewegungen und brachten sie dann ihren Schülern bei.

Als ich drei Monate nach Beginn des Projekts in die Schule kam, sah ich, wie die Kinder Brain-Gym-Übungen auch zwischendurch ausführten, ohne Anleitung durch einen Lehrer. Schüler, die weiterhin Schwierigkeiten beim Lesen hatten, gingen in kleinen Gruppen von zwei bis vier Schülern zu einem Brain-Gym-Berater. Dort wurden Balancen für spezifische Schwierigkeiten durchgeführt: Probleme mit Aufmerksamkeit oder Verständnis, mit der fein- oder grobmotorischen Koordination oder auch mit speziellen schulischen Fertigkeiten.

Die Ergebnisse dieser Pilotstudie waren phänomenal: Die Schüler gewannen mehr Selbstbewusstsein, die Atmosphäre im Klassenzimmer wurde ruhiger, die Schüler berichteten, dass ihnen das Lesen sehr viel leichter fiele, und die Lehrer waren unendlich dankbar für dieses einfache, effektive Instrumentarium, das so viel Unterstützung für ihre Unterrichtsstrategien bot.

Ich sammelte auch Testergebnisse aus einer anderen Schule. Schüler in allen Klassenstufen, die Brain-Gym-Übungen ausführten, verbesserten ihre Notenleistungen um das Doppelte, verglichen mit den Schülern einer Kontrollgruppe ohne Brain-Gym.

Die folgenden Zitate stammen aus Unterhaltungen, die Brain-Gym-Berater nach den Übungen mit Schülern führten.

Eine Drittklässlerin sagte vorher: ‚Ich möchte besser lesen können.' Nach den Brain-Gym-Bewegungen meinte sie: ‚Ich fühle mich ganz anders, ich denke, dass ich jetzt bereit bin, etwas zu tun. Ich kann die Wörter leichter verstehen.'

Ein Viertklässler wollte lernen, längere Wörter besser zu unterteilen. Er zeigte beim Lesen auf jedes Wort und las den ersten Teil, kam aber meist nicht zum Ende. Nach Brain-Gym-Bewegungen sagte er erstaunt: ‚Lesen fühlt sich einfacher an. Was ist passiert?'

Eine Fünftklässlerin wollte ‚leichter lesen können'. Sie begann viele Buchstaben des Alphabets von unten nach oben. Nach den Bewegungen meinte sie: ‚Vorher hatte ich das Gefühl, als ob meine Augen über die Seite hüpften. Jetzt schaue ich wirklich auf die Seite und kann gut lesen!'"

Ein Paradigmenwechsel ist im Gange

Ein Paradigmenwechsel kann definiert werden als eine radikale Veränderung in der Wahrnehmung und im Denken, ein Wechsel von *einer* Sichtweise zu der *gegenteiligen* Sichtweise. Innerhalb eines Paradigmas lässt sich nicht vorhersagen, wie das nächste aussehen wird. Die Menschheit hat sich von einer Gemeinschaft von Jägern und Sammlern über bäuerliche Gemeinschaften zu einer Industriegesellschaft weiterentwickelt. Sie hat viele Entwicklungen durchlaufen, die die Lebensweise und das Denken ständig veränderten. Die

Menschen der westlichen Welt glaubten einmal, die Erde sei das Zentrum des Universums, und so war das kopernikanische Modell mit der Sonne im Zentrum, die von den Planeten umkreist wird, zunächst eine radikal revolutionäre Vorstellung.

Wenn im Verlauf der Geschichte das Pendel zu weit in eine Richtung ausschlug, entwickelte sich immer eine Gegenbewegung, die vorübergehend wieder für Balance sorgte. Brain-Gym® ist eine wichtige Komponente in einem entscheidenden Paradigmenwechsel, der jetzt stattfindet – es ist der Wechsel zu einer Erziehung und Bildung, die sich auf das Gehirn und auf Bewegung stützen und die anerkennen, dass Kinder von Natur aus gerne lernen.

KAPITEL 10

Lebensaufgabe und Leidenschaft

Du konntest das damals noch nicht wissen
Eines (noch unbestimmten) Tages
wirst du auf einmal begonnen haben,
den Teil von dir zu leben,
der unendlich viele Träume hat.
Und ohne zu wissen warum,
hast du die straff gespannten Zügel bereits losgelassen,
auch wenn du dir geschworen hattest, das nie zu tun.
Du wirst es noch nicht verstehen
– und du hättest es nicht geglaubt,
wenn es dir jemand gesagt hätte –,
aber der Tag wird kommen,
an dem du endgültig all die Kämpfe
und all das gewichtige Leiden
aufgeben möchtest.

Du konntest es damals noch nicht wissen
und beginnst erst jetzt darauf zu vertrauen,
dass in der seltsamen Gegenwart der Schwerkraft
in deinen Knochen und in deinem Fleisch
wie auch in dem seltsamen Gefühl der Stabilität
unter deinen Füßen
der eigentliche vergessene Segen liegt,
der nur zu erreichen ist,
wenn der leidenschaftliche Träumer sich hingibt
an das geheimnisvolle Geschehen,
in dem er geträumt wird.
So haben wir uns die Dinge nicht vorgestellt.

Das ist die hart erarbeitete Reife,
die nur erreicht wird,
wenn wir ja dazu sagen,
dass wir geformt werden
von den langsam arbeitenden Händen
und dem langsam brennenden Feuer des Lebens.

Richard Palmer
(© 2004. Übersetzung: E. Lippmann)

Ich definiere die Lebensaufgabe oder den Sinn des Lebens als etwas, was von Anfang an in uns vorhanden ist, dank unseres göttlichen Ursprungs. Eine Lebensaufgabe ist umfassender als ein Ziel oder ein persönliches Motiv. Die Lebensaufgabe für einen Einzelnen besteht vielleicht darin, andere zu führen – er selbst möchte jedoch vor allem eine Wahl auf lokaler Ebene gewinnen. So betrachtet heißt wirklich zu leben die heikle Balance zu finden – zwischen der persönlichen Gestaltung unseres eigenen Lebens und den Bemühungen, uns selbst nicht im Weg zu stehen.

Der große Gelehrte und Mythenforscher Joseph Campbell schrieb über die Notwendigkeit, den gottgewollten Sinn unseres Lebens manifest werden zu lassen: Wir müssten uns von unserem Leben loslösen, um das Leben zu bekommen, das auf uns wartet.

Dennoch sind wir nicht nur Marionetten: Wir sollten zulassen, dass sich der göttliche Plan natürlich entwickelt, und wir können unter dem Dach des allumfassenden Sinns immer noch unsere eigenen Ziele und Motive bestimmen und in unserem Leben Regie führen.

Ein Gefühl von unbegrenzten Möglichkeiten

Irgendetwas passiert mit jungen Menschen im Alter von 13 Jahren. Ich selbst erholte mich in diesem Alter von dem Schädelbruch, den ich bereits in Kapitel 2 erwähnte. Im Krankenhaus hatte ich auf die Kraft der Gebete vertraut und um eine schnelle Genesung gebeten. Ich bekam viel Besuch. Sogar Norma, die Kellnerin des Restaurants, in das wir manchmal mit der Familie zum Essen ausgingen, kam zu Besuch und setzte sich an mein Bett. Ich erlebte ein neues Gefühl der Zugehörigkeit, ich war dankbar, dass ich am Leben geblieben war und Beziehungen zu anderen Menschen hatte. Mein Vater sagte immer wieder, dass diese Beule am Kopf ein Segen für mich sei. Er meinte, dass ich mich nach dem Unfall endlich wie ein menschliches Wesen benehme – ich war nicht mehr so still und verträumt und mit meinen Gedanken in meiner eigenen Welt.

Als ich aus dem Krankenhaus entlassen und aus meiner vorübergehenden Depression wieder aufgetaucht war – Ursache dafür war die Berührung mit meiner eigenen Sterblichkeit –, hatte das Schuljahr bereits begonnen. Ich kam mit Verspätung in die sechste Klasse, wollte aber unbedingt aufholen, was ich versäumt hatte, und ich hatte große Lust zu lernen und die Welt zu erforschen. Joe Pearce sagt, dass in der Zeit des Heranwachsens ein außergewöhnlich starkes Wachstum der Nervenverbindungen in den Stirnlappen stattfinde. Und damit eröffne sich den Jugendlichen, die die Welt, die da auf Eroberung wartet, mit all ihren Sinnen in sich aufnehmen, ein Ausblick auf die unendlich vielen Möglichkeiten. Auf mich traf das sicher zu.

Ich beteiligte mich eifrig an gemeinsamen Aufgaben und Gruppendiskussionen. Meine Klassenkameraden beschäftigten sich mit möglichen Berufen und sammelten dazu Informationen über einzelne Berufe. Ich schloss mich an, hatte aber noch keine Vorstellung, was ich in Zukunft tun wollte, und wusste doch, dass ich eine Wahl zu treffen hatte. Ich las das Informationsmaterial durch und stellte mir vor, wie es wäre, Anwalt zu sein, und deshalb wählte ich schließlich Jura aus. Als letzte Aufgabe bei dieser Berufsinformation hatten wir einen Aufsatz zum Thema Erfolg zu schreiben. Wie in einer Theateraufführung trat ein Teil der Klasse als Chor auf und las im Sprechgesang Ausschnitte aus den Aufsätzen vor.

Ich weiß noch, dass ich für die kleine und elegante Phyllis John schwärmte, das klügste Mädchen der Klasse. Ich war fasziniert von den schönen Worten und dem singenden Tonfall, als Phyllis sang: „Erfolg ist etwas, wonach man streben, was man wertschätzen sollte." Ihre Ziele klangen trotzdem sehr abgehoben und weit entfernt. Das war vielleicht das erste Mal, dass ich die Körpersprache bei einem Menschen deutete, der körperlich nicht zentriert war, denn obwohl ich Phyllis überaus bewundernswert fand, fragte ich mich, ob sie wusste, wovon sie da sprach!

Zu der Zeit hatte ich bereits vier Jahre lang Erfahrungen in der Arbeitswelt gesammelt und den ständigen Kampf meiner Eltern um einen ausreichenden Lebensunterhalt miterlebt. So lautete mein eigener Beitrag zum Chor: „Erfolg wird durch Opfer und harte Arbeit erreicht." Bereits in jungen Jahren begriff ich, dass Opfer notwendig sind, um der Bedeutung unserer Träume gerecht zu werden. Ich wusste, dass wir schwierige Entscheidungen treffen und manche Dinge aufgeben müssen, wenn wir herausfinden wollen, was wir leidenschaftlich gerne tun. Und ich dachte mir, dass zu dieser Gleichung immer auch harte Arbeit gehörte.

„Ich wusste, dass ich es kann!"

Im Grunde genommen wollen wir nicht unaufhörlich kämpfen, aber entschiedene, wohl überlegte Anstrengungen sind so lange nötig, bis sie schließlich nicht mehr nötig sind. Wenn Sie Klavier spielen lernen, halten Sie sich an die Übungen, bis Sie das Instrument so gut beherrschen, dass Sie vergessen, dass Sie Klavier spielen, und nur noch die Musik genießen. Wenn Sie an einem Marathonlauf teilnehmen wollen, trainieren Sie hart und halten sich an einen Trainingsplan, damit Sie am entscheidenden Tag vielleicht das Glücksgefühl genießen können, das entsteht, wenn Sie im „Flow" sind.

Das Leben ist ein ständiger Prozess des Wechselns zwischen hohem und niedrigem Gang. Der niedrige Gang ist für neue Erfahrungen angemessen, wenn wir bewusst und methodisch das tun, was notwendig ist, damit wir die neuen Dinge lernen, verschlüsseln und anwenden. Das ist die Phase, in der wir einen Berg vorsichtig besteigen, bis das Bergsteigen im Körper verankert ist (in Fleisch und Blut übergegangen). Wenn wir schließlich den Gipfel des hohen Gangs erreichen, genießen wir dieses Gefühl von „Ich wusste, dass ich es kann, ich wusste es", wie es in der Geschichte *The Little Engine That Could* beschrieben ist. (Die Geschichte ist in einem bekannten Geschichtenbuch von 1940 enthalten, zu dem es auch eine Schallplatte gab. Als Kind spielte ich diese Platte so oft, dass sie schließlich kaputt ging.)

Dass Anstrengung nicht gut angesehen ist, liegt wohl daran, dass in unserer Kindheit von uns immer wieder erwartet wurde, dass wir uns anstrengen, und zwar ohne besonderen Grund – zumindest war er für uns Kinder weder ersichtlich noch verständlich. Wenn Erwachsene zu Hause oder in der Schule das angeborene Interesse des Kindes nicht fördern, sind sie gezwungen, dieses Interesse durch äußere Motivation zu ersetzen; die Seele wird im Namen der Bildung eingefangen. Die Spaltung von unserem inneren Gefühl für Sinn und Bestimmung bleibt uns auch als Erwachsene erhalten. Sie ist verantwortlich für die wohl bekannte Krise in der Lebensmitte, die hauptsächlich dadurch ausgelöst wird, dass das Herz immer stärker das Bedürfnis hat, mit seiner bis dahin verleugneten Lebensaufgabe endlich Gehör zu finden.

Fallbeispiel: Billy

Ein junger Musiker entdeckt das Lesen

Allzu oft arbeite ich mit Menschen, die der Meinung sind, wenn sie keinen Erfolg haben, liege das daran, dass sie sich nicht genug anstrengten, dass sie nicht konsequent genug seien oder sich eine größere Belohnung ausdenken müssten. Und wenn ihre Kinder in der Schule keine guten Leistungen bringen, vermuten sie das Gleiche bei ihrem Nachwuchs.

Billy kam mit fünfzehn zu mir, als er in der zweiten Klasse der *High School* war. Als seine Mutter Lee Anne zum ersten Mal bei mir war, um einen Termin zu verabreden, kam sie schnell mit ihrer traurigen Geschichte von Kämpfen, Frustration, Demütigung und Schuld heraus.

„Mein Sohn hasst die Schule", sagte Lee Anne. „Das Einzige, was er tut, ist, dass er mit seinen Freunden in der Garage herumhängt und Gitarre spielt. Und ich glaube, dass er jetzt auch Pot raucht. Wenn er zur Schule geht, schwänzt er zwischendurch, und in diesem Jahr war er keine fünf Tage hintereinander im Unterricht. Er bekommt nur Fünfer und Sechser. Mehr hat er noch nie erreicht. Wir haben alles ausprobiert, aber er will es nicht einmal versuchen. Er mochte die Schule noch nie."

Und Lee Anne fährt fort: „Als Billy in der zweiten Klasse war, sagten sie, er habe Lernschwierigkeiten, also ließen wir ihm zu Hause Förderunterricht geben. Billy bekam in der Schule immer mehr Probleme. Als er in der Fünften war, schickten wir ihn auf eine teure Privatschule, aber er wurde von der Schule gewiesen. In einem Sommer schickten wir ihn in ein Camp zum Lesenlernen, aber er kam einfach nicht mit. Ich verstehe das, denn ich hatte auch Probleme mit dem Lesen. Aber ich kam ganz gut durch die Schule."

„Billy ist nicht dumm", betonte seine Mutter. „Er kann sein Mofa instand halten und repariert Dinge im Haus. Er hat sich das Gitarrespielen ohne Unterricht selbst erarbeitet. Er kann auch Keyboard spielen und hat sich selbst beigebracht, wie man Noten liest und schreibt. Sein Vater und ich habe immer gedacht, er würde aus seinen Lernschwierigkeiten herauswachsen, aber es wird jedes Jahr schlimmer. Er ist jetzt zu groß, als dass ich ihn noch anschreien könnte."

Der Edu-K®-Prozess funktioniert, auch ohne dass ich etwas über die persönliche Geschichte weiß. Aber manchmal stelle ich fest, dass es für die Eltern hilfreich ist, ihre Geschichte zu erzählen, weil es ihnen hilft, sich über ihre

Ziele für ihr Kind – und auch über ihre eigenen Ziele klar zu werden. Auch wenn Eltern vielleicht ihre Geschichte loswerden müssen, sobald ich mit der Sitzung beginne, bemühe ich mich sehr, irgendwelche Vorannahmen über den Menschen, mit dem ich arbeite, beiseite zulassen und einfach da anzufangen, wo wir uns im Moment befinden.

Für die eigentliche Balancesitzung bat ich Lee Anne, mit Rücksicht auf Billys Alter und sein Verhältnis zu ihr, während der Arbeit draußen zu warten. Beim ersten Treffen mit Billy war es mir sehr wichtig, Vertrauen und Rapport aufzubauen, damit er sich mit mir auf den Prozess einließ. Ich wollte ihm zeigen, dass Edu-K® nicht nur ein weiterer erfolgloser Versuch war.

„Was hältst du von der Sache hier?", begann ich. „Nichts", antwortete er, ohne mich anzuschauen.

„Dieser Prozess funktioniert am besten, wenn du einen Wunsch – ein Ziel – für die Sitzung hast …, etwas, was du besser können möchtest", schlug ich vor. Billys Reaktion war ein beredtes Schweigen.

„Was stellst du dir vor, was in deinem Leben geschehen sollte?", fragte ich. „Nichts", sagte er wieder, und schaute mich dieses Mal direkt an. „Ich mag keine Ziele."

„Billy", sagte ich, und suchte nach einer Möglichkeit, ihn zu erreichen, „wenn ich von einem Ziel spreche, muss das nichts Großes sein. Ein Ziel für die Sitzung ist einfach etwas für das Gehirn und den übrigen Körper, auf das wir uns konzentrieren. Ohne ein Ziel fühlst du dich nach der Sitzung vielleicht besser, aber es hilft dir wahrscheinlich nicht zu lernen. Und wenn wir nicht lernen, geschieht nicht wirklich etwas. Vielleicht haben wir etwas Spaß im Leben, aber wir finden keine wirkliche Freude." Billy lehnte sich in seinem Stuhl zurück und schaute mich fragend an.

„Ich gebe dir ein Beispiel", sagte ich. „Heute Morgen war eine Frau hier. Als ich sie bat, ein Ziel zu wählen, antwortete sie, sie wolle mehr Energie haben. Und als ich sie fragte, was sie mit mehr Energie tun würde, dachte sie einen Moment lang nach und sagte dann: ‚Ich würde singen.' Als die Verbindung zum Singen da war, zu etwas, was ihr *Freude* machte, hatte sie plötzlich so viel Energie, dass es sie kaum mehr auf ihrem Stuhl hielt. Und du hättest sie nach der Balance singen hören sollen!"

Billy murmelte: „Ich spiele wirklich gerne Gitarre. Aber meine Eltern wollen das nicht. Ich soll meine Hausaufgaben machen."

„Wenn ich dir helfen könnte, dass du deine Hausaufgaben machen und trotzdem noch Gitarre spielen kannst, wärst du einverstanden?", fragte ich. Billy schaute mich fragend an.

„Billy, Lesen ist das, worum es im Leben geht. Ein Musiker muss die Musik lesen können, er muss die anderen Spieler seiner Band ‚lesen' und er muss den Raum ‚lesen'. Es ist genauso, wie wenn du fährst und die anderen Fahrer verstehen (lesen) musst. Das nennt sich Wahrnehmung, Aufmerksamkeit, Einstimmung. Und egal was du in deinem Leben tun wirst, in unserer modernen Welt musst du Wörter lesen können. Ich kann dir helfen, dass du so gut liest, wie du nur kannst, und das in jeder Situation."

„Okay, und was machen wir jetzt?", fragte er.

Ich bat Billy, mir laut aus einem Lesebuch der fünften Klasse vorzulesen, und ich hörte ihm zu, wie er einige Abschnitte lang in monotoner Stimmlage mit den Wörtern kämpfte, offensichtlich ohne jegliches Interesse und Leseverständnis.

„Okay, dann lass uns mal anfangen", sagte ich. Ich nahm ihm das Buch wieder ab und legte es beiseite. „Billy, ich will ehrlich mit dir sein. Du liest etwa so wie ein Viert- oder Fünftklässler. Um aber auf dem Niveau von Erwachsenen lesen zu können, müsstest du wenigstens den Stand der siebten Klasse erreichen. Du hast das fast schon erreicht. Wenn du dann so weit bist, kannst du dir selbst das Lesen beibringen und wirst mit der Zeit immer besser."

Ich testete bei Billy das Überkreuzen der visuellen Mittellinie, das ihm große Schwierigkeiten bereitete. Wenn er einen Gegenstand (Stift) im linken visuellen Feld betrachtete, war sein Körper stabil, aber in dem Augenblick, in dem seine Augen dem Stift über die Mittellinie und ins rechte Feld folgten, wurde er verwirrt. Wenn er die Bewegung des Stifts zurück ins linke Feld verfolgte, verlor er den Stift wieder aus seinem Fokus. Da er jedoch unbekannte Wörter beim Lesen erraten konnte, war mir klar, dass Billy ein hervorragendes Training erhalten hatte, was die Verbindung von Klang und Symbol betraf. (Und Lesen ist nun einmal die Fähigkeit, Klang und Symbol zu verbinden, oder eine phonologische Fertigkeit, die auf dem Entschlüsseln von Phonemen und Graphemen beruht.[9]

---

9 *Phonem* = kleinste bedeutungsunterscheidende sprachliche Einheit, *Graphem* = kleinste bedeutungsunterscheidende Einheit der geschriebenen Sprache)

Seit ich in den späten sechziger und siebziger Jahren ausgiebig mit Experten für das Sehtraining gearbeitet habe, bin ich davon überzeugt, dass gewisse visuelle Fertigkeiten grundlegend für das Lesen sind, obwohl Lesen nicht in erster Linie eine visuelle Tätigkeit ist. Diese visuellen Fertigkeiten sind: beide Augen gleichzeitig bewegen (Binokularität), das Kreuzen der visuellen Mittellinie, das Bewegen der Augen von einer Stelle zu einer anderen (in Edu-K® als *focus recovery* bezeichnet). Wenn diese einzelnen Fertigkeiten beim Sehen durch visuellen Stress nur eingeschränkt funktionieren, lassen sich auch die abstrakten Sprachfertigkeiten nicht ohne weiteres erlernen.

Ich bat Billy, sein Ziel aufzuschreiben, und erkannte an der Art und Weise, wie er seinen Stift hielt, dass er auch Schwierigkeiten beim Schreiben hatte. Seine Augen-Hand-Koordination war für das Spiel auf dem Keyboard oder mit der Gitarre in Ordnung – dabei setzte er beide Hände ein. Die differenzierte Tätigkeit mit nur einer Hand aber bedeutete Stress, und gleichzeitig darüber nachzudenken, was er schriftlich sagen wollte, war eine fast unlösbare Aufgabe für Billy. Ich betrachte alle diese Fähigkeiten als körperliche Fertigkeiten und wichtige Bestandteile des Lernprozesses.

Die jungen Menschen, die zu mir kommen, sind in der Mehrheit stark verbal orientiert und intelligent, sie verfügen über solides Wissen und sind sehr gut in der Lage, sich benötigte Informationen aus Büchern oder mit Hilfe des Computers zu beschaffen. Sie sind sich jedoch allem Anschein nach nicht bewusst, dass sie einen Körper besitzen, und sie wissen nicht, wie sie Augen, Ohren, Hände und Glieder und auch ihr Denken organisieren können, um Informationen angemessen vorzutragen. Das ist der Grund für meine Sorge, dass wir als Lehrer – in unserem Eifer, die „leeren Köpfe" mit Wissen zu füllen – die körperlichen Aspekte im Lernprozess als selbstverständlich *voraussetzen*.

In der nächsten halben Stunde machte ich mit Billy Mikrointerventionen wie die Dennison-Lateralitätsbahnung und die Brain-Gym®-Übungen Wadenpumpe, Armaktivierung, Liegende Acht und Alphabet-Acht. Billy schien dadurch lebendig zu werden, er ließ automatisch die Knie locker und entspannte den Brustkorb, so dass seine Atmung intensiver wurde. Damit begann er, seine Denk- und Bewegungsmuster um das Ziel Lesefertigkeit herum zu organisieren, innerhalb seines Bezugsrahmens – seiner Leidenschaft für das Gitarrespiel.

Danach testete ich Billys Augenbewegungen erneut und jetzt beherrschte er das Kreuzen der Mittellinie, als hätte er es schon immer gekonnt. Ich gab ihm ein Lesebuch der siebten Klasse und er las einen Abschnitt absolut klar und verständlich vor, als hätte er ihn selbst geschrieben. (Ich definiere Leseverständnis als die Fähigkeit, in die Rolle des Verfassers zu schlüpfen.)

Billy nahm einen Stift, schrieb sein Ziel auf und fügte auch gleich hinzu, was er morgen, übermorgen und in der folgenden Woche tun wolle, damit seine Band erfolgreich sein würde. Dann bat er Lee Anne herein, um ihr vorzulesen. Manchmal lesen Jugendliche ihren Eltern nicht gerne vor, aber Billy sagte: „Das ist echt cool, Mom. Du musst dir mal anhören, wie ich lese!"

Lee Anne war offensichtlich gerührt angesichts Billys veränderter Einstellung und seiner Lernfortschritte, sie hörte mit Tränen in den Augen zu. Ich sprach mit ihr über sein Ziel und einige der Dinge, die Billy mit mir besprochen hatte. „Stellen Sie sich einmal vor, Billy wäre professioneller Gitarrespieler, der noch zur Schule geht und sich die Fertigkeiten aneignet, die er braucht, um in der Gesellschaft unabhängig zu bestehen. Und stellen Sie sich vor, Sie lassen die Vorstellung hinter sich, Billy sei ein Schüler, der in seiner Freizeit auf der Gitarre herumklimpert."

Dann fragte ich Billy: „Wenn du Unterstützung für deine Musik bekommst, wirst du dann zur Schule gehen?" – „Kein Problem", antwortete Billy.

Das liegt nun zehn Jahre zurück. Billy schaffte seinen Abschluss an der *High School* und wurde Gitarrist in einer berühmten Band. Kürzlich kam er mich besuchen und brachte seine Freundin zu einer Balancesitzung mit. Ich bin stolz darauf, wie Billy seine Verpflichtung eingehalten hat und wie er den Weg entdeckt hat, die Dinge, die er tun musste, um die Dinge herum neu zu organisieren, die er *gerne* tat.

Das integrierte X

Visioncircles™ ist der Edu-K®-Basiskurs für besseres Sehen, den Gail unter meiner Mitwirkung entwickelt hat. Er enthält eine Aussage zu einer meiner liebsten Maximen: Sehen = Zeit x Raum *(Vision = Time x Space)*. Ich meine damit, dass Sehen mehr ist als die Summe der Fertigkeiten der Sehschärfe. Sehen heißt über eine größere Entfernung in Richtung Horizont fokussieren, Sehen impliziert ein Empfinden von Zeit (wie viel Zeit man braucht, um diese Entfernung hinter sich zu bringen) und Raum (ein allumfassendes Bewusstsein für die angepeilte Entfernung).

Wie bereits in vorangegangenen Kapiteln erwähnt, wurde das Gehirn des modernen Menschen durch die körperlichen Aktivitäten unserer Ahnen ausgeprägt – Jäger und Langstreckenläufer, die am Ende die meisten der verfolgten Tiere einholen konnten. Im menschlichen Gehirn entwickelte sich ein präfrontaler Kortex, mit dessen Hilfe Zeit und Raum um ein Ziel herum organisiert werden können. Unser Sehen repräsentiert unsere Zielvorstellungen insgesamt, das Organisationsprinzip im Hintergrund, das bestimmt, wie wir uns bewegen und handeln.

Der *Homo sapiens* besitzt einen Körper, der von seinem einzigartigen „Design" her auf Fortbewegung ausgerichtet ist, und dieses Moment des nach vorne ausgreifenden Laufens ist eine gute Metapher für ein erfülltes Leben. Dieses „Laufen", wie ich es meine, kann jede nach vorne drängende Tätigkeit sein, die in eine bestimmte Richtung zielt, oder auch einfach Fortbewegung (wie Hüpfen, Radfahren oder Kriechen – wenn ein Kleinkind einem rollenden Ball hinterherkriecht). Damit dieser Fokus in der Balance bleibt, ist ein Gefühl sowohl für die Zeit als auch für den Raum nötig.

Wenn wir die Mittellinie des Körpers kreuzen können und unsere Arme und Beine gegenläufig bewegen, stimulieren wir das Nervenfaserbündel des *Corpus callosum*, der beide Hirnhälften verbindet. Damit haben wir Zugang zu Zeit (der linkshemisphärischen Realzeit unserer Bewegung) und Raum (der mehr rechtshemisphärischen Wahrnehmung unserer Körperlichkeit). Wenn wir bewusst in „Raum" (wörtlich genommen) und Zeit sind, können wir uns rhythmisch, entspannt, mit Genuss und zielbewusst bewegen.

Wenn wir aber das Gefühl für die Zeit oder für den Raum verlieren, unterbrechen wir die Vorwärtsbewegung und verlieren auch unsere Integration. Jetzt bewegen wir uns, als stünden wir neben uns, wir funktionieren abwechselnd nur mit einer Hemisphäre, wir verlieren unser beidseitiges, mehrdimensionales Gefühl für unsere persönliche Vision und bewegen uns nicht mehr Schritt für Schritt im Rahmen dieser Vision. Setzen wir aber unser gesamtes Gehirn und unseren übrigen Körper ein, so fühlen wir uns eins mit unserer Vision und wir spüren intensiv die Bewegung und den Vorwärtsdrang, die unseren einzigartigen Körper im Flow weiter vorangleiten lassen.

Stress kann uns von unserem Ziel abbringen. Wir verlieren unser Gefühl für den Raum, unsere Muskeln kontrahieren. Wir verlieren die Lebendigkeit, die durch wache Gefühle und Empfindungen entsteht, und wir verlieren die Verbindung zum Herzen. Unsere Gewebe- und Muskelpropriozeptoren reagieren reflexartig und wir nehmen keine angenehmen Empfindungen wahr – wie Bewegung, Wärme, Kühle, Druck, taktile Empfindungen –, die uns spüren lassen, dass wir in unserem Körper sind. Wenn wir unser Gefühl für die Zeit verlieren, werden wir von Empfindungen überwältigt und können unsere physiologischen Reaktionen nicht mehr steuern, so dass wir unfähig sind zu handeln oder uns auch nur gezielt zu bewegen.

Das (im Körper) integrierte X, das für das Laufen Voraussetzung ist, bleibt auch im Ruhezustand erhalten und jede Schulter bleibt über die Mittellinie hinweg – im Bereich der Haltungsmuskeln des Rumpfes – mit der gegenüberliegenden Hüfte verbunden. Dies ist die laterale Verbindung zum Herzen, die Zeit und Raum vereinigt, wenn wir unseren Fokus auf unsere Visionen in einer unbekannten Zukunft richten – mit beiden Beinen auf der Erde und dabei immer mit der Aufmerksamkeit in unserem Geist und in unserem Herzen.

Die Kraft der Lebensaufgabe

Wie sich bereits aus meiner Darstellung über das „Land der Ahhhs" in Kapitel 4 ergibt, ist eine Lebensaufgabe, unsere Bestimmung, *mehr* als nur unsere Ziele. Die Kraft eines Ziels zeigt sich in Vorstellungen und Sehnsüchten, in unserer geistigen Einstimmung auf eine Sache, in unserer Überzeugung, dass etwas möglich ist. Wenn Motive das Ziel repräsentieren, manifestiert sich auf der anderen Seite unsere Lebensaufgabe in dem Wissen, in der Überzeugung von der Richtigkeit, und in der unwiderstehlichen Kraft, die aus unseren Lebenserfahrungen entspringt, die uns formt, organisiert und integriert.

Unsere Lebensaufgabe bringt uns in Schwung und lässt uns *Ja* sagen. Wir brauchen eine eigene Lebensaufgabe – als Begründung für unser Leben. Sonst existieren wir vielleicht nur, um anderen zu gefallen, und das Leben kann zu einer leeren Existenz verkümmern, einer endlosen Plackerei. Es hat einen Sinn, dass wir leben, und wir müssen unsere eigene Bestimmung entdecken – warum wir leben und wofür wir unsere Energie verwenden wollen.

Falls ein Mann die Bestimmung eines anderen Menschen lebt – die seiner Mutter, seines Vaters oder seiner Frau – oder falls eine Frau sich so ausschließlich auf die Erziehung der Kinder konzentriert, dass sie neben ihrer Familie keine Aufgabe für sich erkennen kann, dann haben diese Menschen keine Verbindung mehr zur Freude am Lernen. Wenn sie zur Beratung kommen, bitte ich sie, an etwas zu denken, für das sie sich einmal leidenschaftlich interessiert oder betätigt haben. Oft weinen sie dann, wenn sie daran denken, und bald darauf greifen sie diese Idee wieder auf – sei es nun Landschaftsmalerei, Flötenspiel oder freiwillige Mitarbeit in der Obdachlosenhilfe.

Ich nutze den Prozess der Zielbestimmung (ein wichtiger Bestandteil einer Brain-Gym®-Sitzung), um Klienten an ihre Träume zu erinnern, die sie immer wieder aufgeschoben haben. Meiner Meinung nach haben diese Klienten, wenn sie den Sinn ihres Lebens wiederentdecken, etwa die Hälfte bis Dreiviertel der Arbeit geschafft. Ein klares Gefühl für den Sinn mobilisiert alle Ressourcen des Gehirns und des Körpers, so dass dieses Gefühl als Instrument der Integration wirkt. Verlässt ein Klient die Sitzung mit einem Hochgefühl, weil sein Leben für ihn wieder einen Sinn gewonnen hat, dann habe ich das Gefühl, dass unsere Arbeit erfolgreich war.

Wenn ich hier in den Vereinigten Staaten Balancesitzungen mit Klienten durchführe, äußern viele die Absicht, mehr Geld zu verdienen. Das ist nicht überraschend, da Geldhaben und die Kultur des Reichtums eine nationale „Zwangsvorstellung" oder verabsolutierte gesellschaftliche Norm darstellen. Aber Geld ist einfach Energie – und der beste Weg, Geld anzuziehen, besteht darin, ein magnetisierendes Energiefeld um sich herum zu schaffen. Das gelingt Ihnen spontan, wenn sie überlegen, was Sie ausgesprochen gerne tun, und dann darin eintauchen.

Menschen, die sich sowohl leidenschaftlich engagieren als auch über viele Fertigkeiten verfügen, sind immer erfolgreich, ohne dass sie ihren Fokus auf Geld ausrichten müssen. Möglicherweise sind Sie in einem Bereich begabt, den Sie nicht aufregend finden, oder Sie begeistern sich für etwas, für das Sie kein Talent besitzen. Jeder Mensch hat eine Leidenschaft oder ein Talent auf irgendeinem Gebiet. Wenn Sie glauben, dass diese Aussage für sie nicht zutrifft, dann nur deshalb, weil Sie die Sache, für die Sie sich begeistern könnten, noch nicht entdeckt haben. Wahrscheinlich suchen Sie immer noch hartnäckig in entgegengesetzter Richtung!

Die Verbindung zwischen der Lebensaufgabe und Schmerzen

Im Laufe der vielen Jahre, in denen ich private Balancesitzungen abhielt, habe ich eine interessante Beziehung zwischen der Lebensaufgabe eines Menschen und seinen Schmerzen aufgedeckt. Wenn ich Klienten bitte, ein Ziel zu wählen, sprechen sie in ihrer ersten Antwort häufig von körperlichen Schmerzen. Ich ermuntere sie dann, ihrem Körper zu danken, dass er diesen Weg gefunden hat, um seine Bedürfnisse mitzuteilen. Schmerzen und Ziele stehen oft in Verbindung und immer wieder habe ich erlebt, dass die Schmerzen verschwanden, wenn die betreffenden Menschen mit ihrer Lebensaufgabe in Kontakt kamen. Schmerzen können unzählige Ursachen haben, denn Schmerz ist für den Körper eine der besten Arten, mit uns zu kommunizieren.

Schmerz ist häufig Ausdruck für im Körper blockierte Energie – der Körper sagt auf diese Weise: „Du bewegst dich nicht richtig." Leider sehe ich viel zu oft Menschen, die im Kampf-oder-Flucht-Reflex gefangen sind. Sie können von selbst nicht zur Homöostase zurückzufinden, zu dem Zustand, in dem der Körper sich selbst heilen und erholen kann.

Wenn unsere Energie blockiert ist, weil wir in unserem Leben eine falsche Richtung eingeschlagen haben – wie es der Fall ist, wenn wir die Verbindung zu unserer Lebensaufgabe verloren haben –, so wird der Körper um Hilfe rufen. Er drückt sich nicht in Worten aus, seine Sprache sind die Empfindungen und der Schmerz ist eine seiner Botschaften. So betrachtet kann Schmerz unser Freund sein.

In einer Balance, die um ein Ziel herum organisiert ist, ergibt sich für die betreffende Person häufig die Gelegenheit, langsamer zu werden und in dem Gefühl der Sicherheit einige der Botschaften, die der Körper ausgesandt hat, zu sondieren und zu ordnen. Die positive Nebenwirkung einer Balance besteht oft darin, dass der Klient in der Lage ist, aus dem Kampf-oder-Flucht-Zustand in den Normalzustand zurückzukehren, in dem das autonome Nervensystem die Steuerung übernimmt. Dieses System besteht aus zwei Komponenten: einem Erregungssystem, dem so genannten sympathischen Nervensystem, und einem System zur Beruhigung und Wiederherstellung, dem parasympathischen Nervensystem.

Ein Arzt, der einen meiner Kurse in Deutschland besuchte, stellte aufgrund seiner Erfahrungen fest: „Brain-Gym® lässt sich mit einem Wort beschreiben: effektiv." Er war der Überzeugung, dass viele seiner Patienten gesund werden könnten, wenn sie es nur schaffen würden, den Normalzustand, die Balance des Parasympathikus mit dem Sympathikus, wieder herzustellen. Er betrachtete Edu-K® und unser empirisches Verständnis von der Beziehung zwischen dem Hirnstamm und den Stirnlappen als wichtige Hinweise zu dieser Balance.

Ich beschreibe das sympathische Nervensystem auch als den niedrigen Gang, in dem wir gefordert sind, mit größerer Intensität zu arbeiten, das parasympathische System dagegen als den hohen Gang, da es den Kontext und den Antrieb für unsere alltäglichen Bewegungen bietet. (Zum besseren Verständnis möchte ich daran erinnern, dass das autonome Nervensystem für die als *unwillkürlich* geltenden Bewegungen des Körpers zuständig ist, also für Herzschlag, Blutkreislauf, Atmung, Ausscheidung, Sexualfunktionen, Adrenalinproduktion, Verdauung und Metabolismus, und so weiter.)

Wenn wir bei kreativen Tätigkeiten oder bei körperlichen Anstrengungen das Gefühl haben, dass wir die Sache meistern oder Erfolg haben, produziert der Körper automatisch Schmerz stillende Glückshormone, die Endorphine. Und wenn der Körper auf Entspannung umschaltet, wird unsere natürliche Produktion von Endorphinen gesteigert.

Schmerzen vergehen häufig, wenn ein Mensch in dem Bewusstsein zu leben beginnt, dass er Teil des Ganzen, des göttlichen oder spirituellen Kosmos ist. Für mich ist es wirklich anregend, wenn ich beobachte, dass Menschen ihr neues Leben derart aufregend finden, dass die Schmerzen verschwinden. Und wenn Menschen eine Verbindung zu einer Sache herstellen, die ihnen wirklich Freude macht, erlebe ich manchmal eine totale Umkehr – vom Schmerz zur Freude. Es kann sogar vorkommen, dass sich Krebs zurückbildet, wenn Menschen wirklich bewusst leben, denn Tumore können nur eine weitere der vielen Methoden des Körpers sein, uns mitzuteilen, dass unsere Energie blockiert ist. Wir sollten immer daran denken, dass alles Energie ist: Wenn unsere Energieschwingungen nicht mit dem Rhythmus des Lebens übereinstimmen, fangen wir an zu sterben.

Fallbeispiel: Sally

Die Botschaft im Schmerz erkennen

Am ersten Tag eines dreitägigen Seminars humpelt Sally an einer Krücke in den Raum. In ihrem Gesicht hat sich ein grimmiger Ausdruck eingegraben. Während der einleitenden Vorstellung erklärt Sally, dass sie im Abstand von nur wenigen Monaten zweimal operiert worden ist und dass es einen Punkt gegeben hat, an dem ihre Ärzte gezweifelt haben, ob sie überleben würde. Sie hat im unteren Rückenbereich ununterbrochen quälende Schmerzen und empfindet ihr Leben als eine wahre Hölle.

Angesichts ihrer offensichtlichen Verzweiflung bitte ich Sally sogleich, sich für die Demonstration einer Balance zur Verfügung zu stellen. Sie ist dazu bereit und erklärt zu Beginn ihrer Sitzung, ihr Ziel sei es, ihre Schmerzen loszuwerden.

„Ich möchte dir raten, dies nicht als Ziel zu nennen", sage ich daraufhin. „Alles im Leben ist wertvoll. Und wenn wir etwas verlieren, können wir es auch wiederfinden! Ich empfehle dir, dein Ziel positiv zu formulieren." Und Sally nennt ihr neues Ziel: „Ich möchte gesund sein und mein Leben bewusster leben können."

„Was würde das bedeuten?", frage ich. – Sally scheint es schwer zu fallen ihre Vorstellung zu formulieren, deshalb fordere ich sie auf, die PACE-Übungsfolge (siehe Kapitel 12) mit mir zu machen. Sally überlegt eine Weile und legt dann als ihr Ziel fest: „Wissen, wer ich bin, und wissen, wo meine Grenzen sind."

Während die anderen Kursteilnehmer zuschauen, beginnen wir die Balance. Sally spricht über ihr Ziel und erkennt plötzlich, dass sich ihr Leben durch ihre Krankheit im Jahr zuvor völlig geändert hat. Sie sagt, dass sie mittlerweile sehr viel Aufmerksamkeit darauf verwende, langsamer zu werden und Nein zu sagen.

Ich frage Sally, ob die Veränderung für sie so erschreckend sei und ihr die Arbeit so sehr erschwere, dass sie krank werden müsse, um eine Auszeit zu nehmen. Sally lacht schüchtern und stimmt mir zu: Ja, es könne sein, dass sie ihren Urlaub auf die harte Tour mache. Als ich sie frage, wie stark sie ihren Schmerz einstufen würde, wählt sie die Stufe acht auf einer Skala von zehn.

Für Sallys Ziel, ihre eigenen Grenzen kennen zu lernen, mache ich dann eine *Voraktivität*. Ich bitte Sally, Nein zu sagen, wenn ich auf sie zugehe. Obwohl wir nur im Rollenspiel sind, fällt ihr das sichtlich schwer. Dann führen wir eine Auswahl von Bewegungen aus: die Positiven Punkte, um Sallys Aufmerksamkeit in ihre Stirnlappen zu bringen; einige Längungsbewegungen, damit sie die Sehnen entspannen kann und damit ihre Muskelpropriozeptoren wieder in Funktion treten; Hook-ups, um ihr wieder zu Ihrem Gleichgewicht zu verhelfen.

Als die *Nachaktivität* an der Reihe ist, gehe ich langsam auf Sally zu. Als ich ihr zu nahe komme, platzt sie heraus: „Nein!", dieses Mal so kraftvoll, dass die ganze Gruppe aufgeschreckt wird. Sally lacht aus vollem Herzen und die Gruppe mit ihr.

Ich bitte Sally, ihr Ziel in der ersten Person zu wiederholen: „Ich weiß zu schätzen, wer ich bin, und ich kenne meine Grenzen." Sally sagt dies mit kräftiger, klarer Stimme und macht damit deutlich, dass diese Überzeugung jetzt in ihrem Körper geankert ist. Als ich nach der Intensität ihres Schmerzes frage, meint sie, dass sie ihren Schmerz jetzt bei drei und nicht mehr mit acht einstufen würde.

Sally wählt mit mir zusammen eine Reihe von Brain-Gym®-Übungen aus, die sie einen Monat lang täglich machen wird – als Hausaufgabe –, damit das neu Gelernte zur festen Gewohnheit wird. Danach geht sie an ihren Platz zurück.

Als Sally am nächsten Tag zum Seminar kommt, ist ihr Gang merklich besser und ihre Stimmung freundlicher. Sie stuft ihren Schmerz jetzt nur noch bei eins ein und bestätigt, dass er ihr kaum noch zu schaffen mache.

Am dritten und letzten Tag des Seminars kommt Sally ohne ihre Krücke in den Raum, sie hinkt nicht mehr und auf ihrem Gesicht liegt ein strahlendes Lächeln. Zum ersten Mal seit vier Monaten ist sie völlig schmerzfrei und kann normal laufen.

Unsere Ziele bündeln

Ziele kommen in ihrer Bedeutung gleich nach unserer Lebensaufgabe und sie bilden eine entscheidende Komponente bei Brain-Gym®. Um die Bedeutung von Zielen in unserem Leben zu illustrieren, wähle ich als Metapher gerne einen See. Stellen Sie sich einen großen, kristallklaren See vor, voller prächtiger Fische, farbiger Wasserpflanzen und kostbarer Steine. Dieser See hat alles, was Sie sich nur wünschen, und das Wasser ist eine Gaumenfreude.

Sie gehen an das Ufer des Sees und dort wartet ein Bootsführer auf Sie, der bereit ist, Ihnen alle nur möglichen Bedürfnisse zu erfüllen. Der Bootsführer ist ein ausgeprägtes Original. Er kennt den See sehr gut und kann Ihnen den Weg zu all den Dingen zeigen, die Sie aus dem See haben wollen, aber er hat eine Marotte: Er wird Sie nirgendwohin bringen und Ihnen nichts geben, wenn Sie ihm nicht *genau* sagen, was Sie wollen.

Obwohl er den See ganz genau kennt, bemüht sich der Bootsführer nicht im Geringsten, unklare Anweisungen zu verstehen. Wenn Sie zu ihm sagen: „Geben Sie mir alle guten Dinge aus dem See", fährt er Sie mit dem Boot bis zur Seemitte und lässt das Boot dann ziellos treiben. Er zeigt Ihnen nichts und gibt Ihnen nichts. Und wenn Sie sagen: „Ich hätte gerne einen Fisch", geschieht das Gleiche. Sie würden schwören, dass es in dem See gar keine Fische gibt.

Äußern Sie jedoch eine ganz spezifische Bitte, ist der Bootsführer unendlich hilfsbereit. Wenn Sie sagen: „Ich hätte gerne drei Regenbogenforellen zum Abendessen", bringt er Sie sofort an die Stelle, wo Sie die Forellen finden. Sie können sie beobachten, wie sie unter der Wasseroberfläche dahingleiten, als würden sie nur auf Sie warten. Und nach wenigen Minuten wird Ihr „Abendessen" in einem Eimer zappeln.

Ihre Bitte muss nicht nur genau formuliert sein, Sie müssen mit jeder Bitte auch Energie und Begeisterung verbinden. Versuchen Sie dem Bootsführer zu sagen, dass Sie gerne eine Hand voll Diamanten hätten, ohne dass Sie das wirklich meinen, und warten Sie ab, was dann passiert. Vielleicht wollen Sie die Diamanten nicht wirklich. Vielleicht wollen Sie die Steine haben, Sie sind aber nicht überzeugt, dass Sie die Steine bekommen können. Wie auch immer, der Bootsführer wird Sie ignorieren. Es ist, als hätten Sie kein Wort gesagt!

Ich kann das aus meiner Erfahrung bestätigen. Wenn ich nur halbherzig hinter einem Projekt stehe, sind die Ergebnisse gewöhnlich nur mager. Bin ich jedoch eindeutig entschlossen und begeistert, so arbeite ich nicht nur konzentrierter, vielmehr scheint es plötzlich so, als hätte die ganze Welt beschlossen, mit mir zu kooperieren. Die richtige Person taucht zum richtigen Zeitpunkt auf, das notwendige Geld kommt in Form eines unerwarteten Schecks mit der Post oder ich erhalte einen Anruf und bekomme zufällig genau die Informationen, die ich noch benötigte.

Welches Ziel Sie auch immer haben – eine klare, mit Energie aufgeladene Zielvorgabe bringt Sie ans Ziel.

Meine Erfahrungen mit der Kraft der Bestimmung

Unsere Lebensaufgabe ist eines der wirkungsvollsten Elemente in unserem Leben. Das Gedicht am Anfang dieses Kapitels lässt sich so paraphrasieren: Wenn wir die Verbindung zu unserem Herzen unterbrechen und die Energie, die uns für die Verwirklichung unserer Lebensaufgabe mitgegeben wurde, missbrauchen oder gar nicht einsetzen, dann verbraucht sich unsere Energie und manchmal entstehen sogar körperliche oder psychische Krankheiten.

Ich denke, es ist ein Fehler zu sagen: „Wenn ich diese oder jene Schwierigkeit bereinigt habe, dann habe ich den Zustand erreicht, in dem ich meine Lebensaufgabe finden und erfüllen kann." Ich bin nicht der Meinung, dass das funktioniert. Ich glaube, dass die heilende Kraft, nach der wir suchen, in der Beschäftigung mit unserer Lebensaufgabe liegt.

Lassen Sie mich ein Beispiel aus meinem eigenen Leben erzählen. Nach meiner Geburt hatte ich eine lebensbedrohliche Lungenentzündung und seitdem sind meine Atemorgane mein Schwachpunkt. Als kleiner Junge lernte ich mit Verzögerung sprechen und ich konnte zunächst keine ganzen Sätze herausbringen, mein Sprachrhythmus war abgehackt. Diese Art zu sprechen wird auch „Poltern" *(cluttering)* genannt, es handelt sich um eine Form des Stotterns, bei der man schneller denkt, als man sprechen kann, und mit dem Sprechen deshalb nicht nachkommt. Menschen mit dieser Schwierigkeit müssen lernen, wie man gleichzeitig atmet und spricht. Ich konnte meine Sprache nicht vollständig mit meinen Gedanken in Übereinstimmung bringen und deshalb hatten andere Menschen oft Schwierigkeiten, mich zu verstehen.

Und als wäre diese Sprachbehinderung nicht genug, bestätigte mir das Leben immer wieder, dass ich nie in der Lage sein würde, in der Öffentlichkeit zu sprechen. Meine Eltern, die eine Marionettenshow besaßen, traten oft öffentlich auf. Ich erinnere mich noch, wie meine Mutter mir als Vierjährigem das Lied *California, Here I Come* beibrachte, bei dem ich Al Jolson [berühmter amerikanischer Entertainer, 1886–1950] imitieren sollte. Sie wollte, dass ich diesen Song vor einer großen Zuhörerschaft vortrug.

Als die Zeit für meinen Auftritt kam, malte mir meine Mutter das Gesicht schwarz an, nahm mich an der Hand und ging mit mir auf die Bühne. Ich sah die Zuhörer vor mir und geriet sofort in Panik. Ich drehte mich um, drückte mein Gesicht gegen ihre Beine und sang das ganze Lied mit dem Rücken zum Zuschauerraum vor.

Später war ich Pfadfinder im *Order of the Arrow*, einer Gruppierung der *Boy Scouts*. Jeden Samstagabend veranstalteten wir eine Zeremonie am Lagerfeuer, bei der die einzelnen Mitglieder die Rolle verschiedener amerikanischer Ureinwohner übernahmen. Eines der älteren Mitglieder war mein Mentor, so etwas wie ein großer Bruder. Eines Tages wurde er krank und ich sollte ihn vertreten. In der Zeremonie sollte ich einen Lendenschurz anziehen, eine Feder auf dem Kopf tragen und eine zündende Rede halten.

Mir blieben nur wenige Stunden, um meine Rede zu lernen, und als es Zeit für die Zeremonie wurde, hatte ich so sehr Angst, dass ich, wie bereits vorher, meinen Text vergaß. Als ich neben dem Feuer stand und die Zuhörer auf der anderen Seite sah, erstarrte ich. Mein Nachbar musste mir meine Zeilen vorsagen, jeweils immer nur einige Worte. Die Situation war demütigend. Und um das Ganze noch schlimmer zu machen, rief der junge Mann, für den ich eingesprungen war, mir bei der Rückkehr in den Umkleideraum zu: „Dennison, du warst miserabel!" Ich hatte das Gefühl, dass ich meinen Freund verraten und meine Gruppe im Stich gelassen hatte, und ich weinte mich in dieser Nacht in den Schlaf.

Es hat mich sehr große Anstrengungen gekostet, über diese frühen Erfahrungen hinwegzukommen. Mit Mitte zwanzig nahm ich Sprachunterricht, um meine Sprachstörung zu überwinden. Bei den speziellen Übungen dazu musste ich die Verbindung herstellen zwischen dem, was ich sagte, und dem, was ich fühlte – anders gesagt: Ich sollte mir beim Sprechen meiner eigenen Gefühle und Empfindungen bewusst werden. Bis dahin war mir nicht klar gewesen, dass ich nicht mit allem, was ich dachte, herausplatzen konnte und damit immer verstanden werden würde.

Der Sprachtherapeut ließ mich Sätze vortragen, mit denen ich einen bestimmten Tonfall trainieren sollte, zum Beispiel „Ha-ha-ha, ich bin der Nikolaus!". Damals hatte ich die Absicht, als Lehrer nach Los Angeles zu gehen, und der Therapeut fragte mich: „Warum willst du dorthin gehen?" Als ich antwortete „Ich möchte unterrichten", sagte er: „Nein, nein, nein – du musst das mit mehr Nachdruck sagen!"

Also übte ich laut: „Ich *möchte* unterrichten, ich möchte *unterrichten*." Schließlich war ich so weit, dass ich nach Los Angeles gehen konnte. Ich fand eine Stelle an einer Grundschule und trat zum ersten Mal als Lehrer vor eine Klasse – *ohne* dass ich erstarrte und damit mein Ansehen bei den Kindern verspielte.

Später dann, als meine Arbeit mit Edu-Kinestetik bekannter wurde, wurde das Sprechen in der Öffentlichkeit für mich immer wichtiger. Ich musste vor großen Versammlungen Vorträge halten und in Seminaren vor kleinen, aber genauso einschüchternd wirkenden Gruppen sprechen. Am meisten fürchtete ich die gelegentlichen Interviews im Radio und im Fernsehen, da in diesen Medien jegliche Unzulänglichkeiten wie unter einem Vergrößerungsglas sichtbar werden. Sobald ich das rote Licht an der Fernsehkamera sah, fühlte ich mich wieder in die demütigende Szene bei den *Boy Scouts* zurückversetzt. Und ich spürte, wie ich erneut erstarrte.

In den Studios beobachtete ich erfahrene Mitarbeiter der Fernsehgesellschaften und staunte über ihre Fähigkeit, begeistert und emotional über alles zu berichten, sogar über das Wetter. Glücklicherweise verfügte ich an diesem Punkt meiner Karriere über Instrumente, um diese Themen zu bearbeiten. Ich machte für mich selbst Brain-Gym®-Balancen, mit deren Hilfe ich diesen Fernsehprofis nacheifern konnte.

Ich tat außerdem alles, um einmal zu erleben, dass ich ein wirklich erfolgreiches Interview gab. Eine meiner Kursteilnehmerinnen in Toronto war zufällig eine hervorragende Talkmasterin beim Fernsehen, fast genauso gut wie Larry King (ein berühmter amerikanischer Talkmaster). Sie schaffte es, dass ihre Gäste sich bei ihr wohl fühlten, und so konnte sie sie ein Stück weit aus der Reserve locken. Außerdem kannte sie meine Arbeit und schätzte sie sehr. Ich war überzeugt, dass dies die beste Möglichkeit für eigene positive Erfahrungen in den Medien sein würde; also nahm ich ihr Angebot an, als sie mich in ihre Show einlud. Das Interview lief gut und damit hatte ich einen positiven „Marker" für das nächste Interview und konnte gleichzeitig den Marker vom Lagerfeuer ersetzen, der sich mir in meiner Zeit als Pfadfinder ins Gedächtnis eingebrannt hatte.

Diese Erinnerung an eine Zeit, in der wir stärker „bei der Sache" oder im Flow waren als im gegenwärtigen Moment, ist ein wichtiges Element von Brain-Gym®, und deshalb ist es so wichtig, diese körperliche Erinnerung in neue Situationen einzubauen. Wenn ich zum Beispiel mit einem Jungen arbeite, der ein guter Fußballspieler ist, bitte ich ihn, sich daran zu erinnern, wie sein Körper sich in dem Augenblick anfühlt, in dem er ein Tor schießt. Wenn möglich stelle ich in meinem Büro provisorische Torpfosten auf und lasse den Jungen einen Ball in meine Richtung schießen. Wir nehmen dann dieses Gefühl des Im-Fluss-Seins, des Flow, und übertragen es auf die Situation im niedrigen Gang, an der wir gerade arbeiten. Wird das persönliche Können auf diese Weise erweitert wird, ist damit die Voraussetzung geschaffen für eine hohe Selbstachtung, die sich nicht daran misst, wie freundlich andere Menschen zu Ihnen sind oder wie gut Sie selbst über sich denken, sondern an dem, was Sie können. Wenn wir nicht lernen können etwas besser zu machen oder wenn wir nie erfahren, wie es ist, etwas besser zu machen, dann ist es uns egal, wie nett jemand zu uns ist oder welche Noten wir vielleicht erreichen ... – wir werden immer an unserer Kompetenz zweifeln. Wenn wir jedoch etwas wirklich besser machen können, wissen wir, wer wir sind – wir kennen die Grenzen unserer Fertigkeiten und unserer Anstrengungen. Das hilft uns, damit wir zentriert bleiben und bereit sind, in Zukunft etwas zu riskieren.

Die Lebensaufgabe ist eine elektrisierende Kraft, sie treibt uns an, fordert uns heraus und heilt uns letztlich auch. Heute habe ich keine Angst mehr davor, Vorträge zu halten. Meine Lebensaufgabe – andere zu lehren, damit sie erfolgreiche Erzieher und Lehrer und echte Menschen werden – hat mich dazu gezwungen, meine Ängste zu bearbeiten, denn ohne sie zu überwinden hätte ich meine Mission nicht erfüllen können. Die Kraft meiner Aufgabe hat mir zu Leistungen verholfen, die mir viele Menschen, die mich als kleinen Jungen kannten, niemals zugetraut hätten.

Ein überlebensgroßes Vorbild

Im Marionettentheater unserer Familie trat mein Vater in der Rolle des Paul Bunyan auf, eines riesenhaften Waldarbeiters aus den Wäldern im Norden. (Vgl. Kapitel 1) Papa Joe war 1,83 Meter groß und die Kinder im Zuschauerraum hielten ihn wirklich für einen Riesen.

Bumm! Bumm! Bumm! Bumm! Wir hörten die lauten Schritte des Riesen hinter der Bühne. Den Kindern verschlug es den Atem, wenn sie Pauls riesige Beine in seinen großen, schwarzen Stiefeln sahen, wenn er sehr bestimmt auf die Bühne trat, während sein Oberkörper hinter dem Bühnenaufbau verborgen blieb. Pauls gewaltige Stimme füllte das Theater und ließ die Kinder wie gebannt zuhören, wenn er sagte: „Ich bin Paul Bunyan, und das ist Babe, mein treuer, trauriger Ochse."

Meine Mutter hatte eine Marionette entworfen, die nur aus Babes Kopf bestand. Der große, traurige Ochse wandte seinen Kopf zu Paul und nickte ihm von seinem Ende der Bühne her zu. Die übrigen Holzfäller und die Indianer – wunderschöne Marionetten, die meine Mutter hergestellt und kostümiert hatte – wirkten auf der Bühne neben Paul und Babe sehr klein. So war es nicht verwunderlich, dass die Kinder Paul wirklich für einen Riesen hielten.

Mitten auf der Bühne stand ein riesiger Baum, den mein Vater zurechtgesägt und den meine Mutter bemalt hatte. Paul und mehrere Holzfäller mussten diesen Baum gemeinsam absägen. Im Zuschauerraum war nur Pauls Oberkörper zu sehen, wenn er sich auf die Bühne legte und seinen Kopf auf den Ellenbogen aufstützte. Er hielt ein Ende der gebogenen Säge mit dem kleinen Finger seiner freien Hand fest, das andere Ende hielten die Marionetten am anderen Ende der Bühne. Die kleinen Holzfäller holten tief Luft und beugten sich gemeinsam vor, sie schienen unter der Anstrengung zu schnaufen und zu keuchen. Sie bewegten sich nach dem Kommando des Riesen und zogen an der Säge, wenn er „hau" schrie, und anschließend schrie er „ruck!", wenn er selbst ziehen musste.

Am liebsten hatte ich die Szenen, in denen Paul mit Babe, dem riesigen, traurigen Ochsen sprach. In einer Szene pflegte mein Vater als Paul Bunyan auf der Bühne zu sitzen und sich dabei zu Babes riesigem, freundlichen Gesicht hinunterzubeugen, um Babe die Zähne zu putzen – als lehrreiche Einlage für die kindlichen Zuschauer. „*Auf* und ab, *auf* und ab ... niemals quer ... immer *auf* und ab ...", pflegte Paul zu singen, während er dem traurigen Ochsen mit einer Riesenzahnbürste die Zähne putzte.

Nach der Vorführung nahm Mama meinen Bruder Peter und mich mit auf die Bühne – wir steckten beide noch in unseren schwarzen Puppenspieler-kostümen – und wir brachten die etwa 80 Zentimeter großen Marionetten, die Indianer und die Holzfäller, an ihren Schnüren tanzend an den vorderen Rand der Bühne. Die Kinder glucksten vor Vergnügen, zeigten auf die Marionetten und streckten die Arme aus, als könnten sie sie berühren. Und dann war plötzlich so etwas wie ein Aufschrei zu hören, wenn Paul Bunyan hervorkam und von der Bühne hinuntersprang.

In diesem Moment konnten sie ihn zum ersten Mal aufrecht und in voller Größe sehen und sie schauten ehrfürchtig zu diesem Riesen von Mann auf. Mit feierlicher, väterlicher Stimme sagte mein Vater dann immer: „Erinnert euch an die Worte von Paul Bunyan. Habt Respekt vor euren Müttern und Vätern, seid zu Hause und in der Schule liebe Jungen und Mädchen, macht jeden Tag eure Hausaufgaben und helft euren Eltern bei der Hausarbeit, damit ihr einmal gute Holzfäller werdet. Und vergesst nicht, jeden Morgen und jeden Abend die Zähne zu putzen ... *auf* und ab, *auf* und ab ... niemals quer!" Alle Kinder hörten mit leuchtenden Augen zu.

Als ich älter wurde, hatten meine Eltern nie viel Geld auf der Bank, aber wir waren unvergleichlich reich. Wir hatten immer, was wir brauchten: Musik, Spiel und Fantasie. Unser Marionettentheater war ein Geschenk des Himmels. Es war wirklich ein Segen, dass wir solche Erlebnisse schaffen und mit anderen teilen durften!

Mein Vater war für mich ein überlebensgroßes Vorbild, und obwohl er schon Jahre tot ist, ist mir seine Leidenschaft, Spiele zu schreiben und mit meiner Mutter aufzuführen, als sein unschätzbares Erbe erhalten geblieben. Jene frühen Erinnerungen sind eine reichhaltige Fundgrube, wie sie nur wenige Eltern ihren Kindern hinterlassen können.

Die Rolle von „Reichtum" in meinem Leben

Vor zwanzig Jahren nahm ich an einer *Touch for Health*-Konferenz teil. Der Präsident des *International Kinesiology College*, Sheldon Deal, hielt eine inspirierende und motivierende Rede und forderte uns dabei heraus: „Fangen Sie Feuer, entwickeln Sie ein brennendes Interesse an dem, was Sie mit Ihrem Leben machen, und die Welt wird kommen, um Ihr Feuer zu spüren."

Sheldons Worte veränderten mein Leben. Ich begann etwas zu riskieren, um die Arbeit tun zu können, die mir am Herzen lag und mich reizte. Und ein Ergebnis davon war, dass ich lernte, wie man Geld zum Fließen bringt.

Geld ist Energie. Ich bin überzeugt, dass es kommt, wenn man es braucht, aber es steht für mich nicht im Mittelpunkt. Wenn Sie das, was Sie tun, gerne tun und sich in Ihrem Körper wohl fühlen und zufrieden sind, werden Sie das, was Sie brauchen, auf sich lenken, auch Geld – weil Sie wissen, dass Sie es verdienen. Ich habe herausgefunden, dass die meisten Menschen, die kein Geld haben, nicht daran glauben, dass sie es verdienen. Sogar wenn sie Glück haben und Geld bekommen – beim Spiel oder durch eine Erbschaft – vergeuden sie es, weil sie nicht wissen, wie sie es behalten können.

Ich sorge mich nicht mehr um Geld … Ich denke nicht einmal daran. Sicher, ich verlange mein Honorar, kaufe bei Sonderaktionen und bleibe im Rahmen meiner finanziellen Möglichkeiten. Aber ich zweifle nie daran, dass ich bekomme, was ich brauche. Meine Aufmerksamkeit ist nicht darauf gerichtet, Geld zu bekommen, sondern selbst etwas zu geben, um dem Planeten Erde zu dienen. Ich weiß, was ich am besten kann, und ich suche die Balance zwischen Leben, Lernen und Wachsen, damit ich weiterhin geben kann.

Wenn ich mich zurückerinnere, wird mir klar, dass jedes Mal, wenn mich finanzielle Sorgen drückten, dann wieder Geld hereinkam, wenn ich es brauchte. Es war immer genügend vorhanden und es wird immer genügend da sein.

Im Allgemeinen tue ich mein Bestes, um mir selbst treu zu bleiben. Ich glaube, dass wir diese Welt nackt betreten und verlassen und dass wir all den Reichtum, den wir in diesem Leben besitzen, nur geliehen haben. Liebe zieht Reichtum an. Sich an Geld zu klammern – zum Beispiel aus Angst, es zu verlieren – vertreibt letztlich nur unseren Wohlstand und hält uns davon ab, das notwendige Risiko einzugehen, um kreativ zu werden.

Und was ist mit Ihnen? Wenn es etwas gab, was Sie tun wollten, sich aber nicht leisten konnten, ist es Ihnen heute noch wichtig? Vielleicht hatten Sie den erforderlichen Notendurchschnitt für eine private Hochschule, haben sich aber aus finanziellen Gründen für eine staatliche Universität entschieden. Bedauern Sie das heute? Vielleicht nicht. Wenn doch, so ist vielleicht jetzt der Zeitpunkt gekommen, dass Sie Ihr Leben überdenken und sich jenem alten Traum zuwenden.

Und Sie fragen vielleicht: „Und was ist mit all den Dingen, die ich gerne kaufen und erleben würde, was ich aber bis jetzt nicht getan habe?" Wenn Sie sich die Dinge leidenschaftlich wünschen, werden sie zu Ihnen kommen. Wenn Sie auf sich selbst stolz sind und ein gutes Gefühl haben bei dem, was Sie tun, werden sich Ihnen Gelegenheiten eröffnen, an die Sie nie gedacht hätten.

Zu den Zeiten, da ich mit mir und meiner Arbeit *nicht* zufrieden war, musste ich negative Überzeugungen loslassen und ich hatte Brain-Gym®, das mir geholfen hat, mich wieder mit meinem Herzen zu verbinden und dann meine Arbeit zu tun.

Meine ersten Erfahrungen mit dem Arbeitsleben

Ich begann mit acht Jahren zu arbeiten. Die meisten Kinder, die ich kannte, bekamen ein Taschengeld, aber ich wusste, wenn ich Geld ausgeben wollte, musste ich es selbst verdienen. Ich richtete in einer Kegelbahn die Kegel wieder auf und verteilte morgens in den dunklen Stunden die Sonntagszeitung, die ich in einem knarrenden Karren die Straße entlangschob. Bei Regen bedeckte ich die Zeitungen mit einer Plane.

Als Zwölfjähriger verkaufte ich Zeitungen an einer Ecke und eines Tages blieb unser Vermieter bei mir stehen und kaufte mir eine Zeitung ab. Er stellt mich sofort als seinen Assistenten an. Unser Vermieter war ein millionenschwerer Immobilienhändler, der seine Leute in einer eigenen Schule zu Maklern ausbilden ließ. Dieser wunderbare Lehrer brachte mir viele praktische Fertigkeiten für das Geschäftsleben bei, die ich noch heute einsetze. Während der vier Jahre, die ich für ihn arbeitete, ließ er mich in seinem Versandgeschäft Bücher verpacken und nahm mich einmal sogar im Flugzeug zu einem Seminar mit, das er selbst abhielt. Als sein Assistent lernte ich eine Schule zu leiten, mit ihm als Mentor entwarf ich das Konzept meines Leselernzentrums und anschließend half er mir auch noch bei der Umsetzung meiner Vision einer internationalen Schule für Brain-Gym®-Instruktoren.

Das Leben ist reich

Als ich begann, das Programm zu entwickeln, das später als Brain-Gym®
bekannt wurde, hatte ich einen Auftrag. „Geh und verbreite diese Arbeit in
der Welt", flüsterte mir eine zarte Stimme ins Ohr. Ich wusste, dass ich dieser
eindringlichen Bitte nachkommen wollte.

Ich hätte einen einfacheren Weg wählen können. Ich verfügte bereits über ein
solides, gut gehendes Unternehmen, das meine Familie und mich auch weiterhin ernährt hätte. Meine Leselerninstitute waren seit mehr als einem Jahrzehnt
etabliert und in der Gemeinde sehr angesehen. Allein durch Mundpropagan-
da kamen ständig neue Schüler nach, sobald ihre Vorgänger den Abschluss
geschafft hatten. Ich musste mich nicht sehr anstrengen, ich konnte die Firma
sozusagen mit links leiten und mein Einkommen mühelos einstreichen.

Aber tief innen war ich unruhig und gelangweilt. Ich war bereit für eine neue
Herausforderung, die das Feuer wieder anfachen würde. „Arbeite mit mir",
sagte Brain-Gym® einladend.

Für Brain-Gym® musste ich mich meinen „Altlasten" aussetzen, denn es
bedeutete öffentliche Vorträge, Reisen in viele Länder, Radio- und Fernseh-
Auftritte, und reichlich Erfolg. War ich bereit, mich auf eine neue Ebene des
Denkens und des Seins zu begeben?

Ich erinnere mich noch an die Balance, für die ich mir das Ziel gesetzt hatte,
mein altes Leben loszulassen und meine Träume zu verwirklichen. Mit der
Balance kam die aufregende Entdeckung: „Natürlich kann ich das. Ich bin es
wert. Meine Arbeit ist wertvoll. Ich habe etwas Wichtiges anzubieten. Es steht
von vornherein fest, dass meine Arbeit ein voller Erfolg sein wird."

Während der letzten fünfundzwanzig Jahre habe ich Hunderte von Balancen
mit dem Ziel „Reichtum" begleitet. Ich habe Menschen geholfen, wieder Verbindung zu Themen wie Wert, Vertrauen und Loslassen zu bekommen, ohne
die sie bis dahin an einem Leben in Fülle gehindert wurden. Ich habe durch
meine eigenen Balancen gelernt: Ich mache gern, was ich tue, ich glaube an
das, was ich tue, und ich nehme die notwendigen Risiken auf mich, um selbst-
einschränkende Muster umzuwandeln in sich selbst erfüllende Erfolgsstrate-
gien. Ich habe von meinen Schülern und Kursteilnehmern gelernt und bin
durch ihre Weisheit und ihre liebevolle Unterstützung gewachsen. Ich bin
absolut davon überzeugt, dass das Leben Hülle und Fülle bedeutet und
authentische Arbeit fördert.

Wie die Lebensaufgabe zu Reichtum führt

Um unsere Lebensaufgabe festzulegen, müssen wir wissen, was wir der Gemeinschaft, der wir dienen, bieten wollen. Jeder von uns besitzt eine einzigartige Gabe, die er weitergeben kann. Wenn wir uns alle, entsprechend unserer inneren Berufung, nur unserer ureigenen Sache widmen würden, gäbe es weiniger Missverständnisse und weniger zerstörerischen Wettbewerb, dafür aber mehr Kooperation. In den privaten Balancesitzungen unterstütze ich meine Klienten bei der Suche nach ihrer Mission – aus ihren Schmerzen, ihren Verlusten und ihren Verwundungen heraus, damit sie diese zu ihrer Passion weiterentwickeln können.

Arbeiten Sie hauptsächlich um Geld zu verdienen? Falls Sie mit Ja antworten, haben Sie bisher vielleicht die wichtigste Lektion über ein reiches Leben noch nicht gelernt. Sie können für Geld arbeiten und bekommen auf diese Weise vielleicht auch einiges zusammen. Aber das Geld wird Sie nicht befriedigen, es macht Sie nicht glücklich und sie könnten es sogar verlieren.

Geld zu haben ist ein *Mittel*, nicht ein Ziel. Es ist kein überzeugendes Ziel, da der Körper diese Absicht nicht versteht. *Unser Körper möchte etwas tun, nicht etwas haben!* Mit Leidenschaft und überströmender Energie leben – das ist ein stimmiges Ziel, denn Geld fließt wie Energie, wenn wir die Arbeit machen, die wir gerne tun.

Finden Sie heraus, was Sie *gerne* tun – die Ihnen gebührende Aufgabe –, und geben Sie Ihre Energie da hinein. Fülle, Überfluss (im wahrsten Sinne des Wortes) wird dann wie aus einem Brunnen für Sie fließen, auch in Form von Geld.

Wenn Sie die Liebe in Ihre Arbeit einfließen lassen, dann erhalten Sie tausendfach Freude und Befriedigung zurück. Gail und ich bringen gerne unsere Dankbarkeit zum Ausdruck für alles, was wir bekommen haben, indem wir großzügig unsere Zeit und unsere Energie für eine gute Sache opfern, von der wir überzeugt sind. Das Universum unterstützt uns auf wunderbare und erstaunliche Weise. Wir haben uns in den Strom des Lebens begeben und wurden reich beschenkt (– wenn Sie so wollen: von Gott).

Seine Arbeit wie eine Balance gestalten

Während der letzten fünfundzwanzig Jahre habe ich Seminare abgehalten, Bücher geschrieben, überall auf der Welt Vorträge gehalten, einen Verlag geleitet, private Beratung angeboten und eine internationale gemeinnützige

Organisation mitbegründet. Ich kann uneingeschränkt sagen, dass ich meine Arbeit liebe.

Ich tue mein Bestes, um diese verschiedenen Unternehmungen wie eine Balance zu gestalten. Das bedeutet, dass ich mich bemühe, mit den drei Dimensionen Fokussierung, Zentrierung und Lateralität in Berührung zu bleiben und darauf zu achten, wie sie meine Beziehungen zu Angestellten, Klienten und Mitbürgern beeinflussen.

Wenn wir über unsere Arbeit nachdenken, sollten wir besonders auf die Dimension der Fokussierung achten und uns fragen: Komme ich bei meiner Arbeit gut voran? Kann ich spüren, wie ich selbst im Raum bin, im Hier und Jetzt? Kann ich mich zurückziehen, wenn nötig, mich erholen und mich selbst sicher fühlen? Kann ich meine Grenzen einhalten und beschützen, was für mich wertvoll ist?

Genau so beobachten wir die Dimension der Zentrierung und fragen: Fühle ich mich in meinem Herzen geerdet, bin ich mit meiner Leidenschaft verbunden? Habe ich Verbindung zu den Menschen in meiner Gemeinschaft? Bin ich fähig zu Interaktionen – zu spielen und Zuneigung zu empfinden? Kann ich kämpfen für das, woran ich glaube, für die Dinge, die ich für wahr halte? Gehe ich in meiner Arbeit auf, gibt sie mir Schwung?

Bei der Beobachtung der Dimension der Lateralität können wir fragen: Kann ich mich zwischen dem integrierten hohen und dem integrierten niedrigen Gang bewegen, zwischen Information und Metapher? Kann ich die Bereiche, in denen ich bisher unbewusst oder reflexartig reagiert habe, besser beherrschen? Kann ich umgekehrt die Dinge automatisieren, bei denen ich mich zu sehr abgemüht habe?

Nachfolgend nenne ich einige wichtige Elemente der Dimensionen der Fokussierung, Zentrierung und Lateralität, die sich auf das Führen eines Unternehmens im Stil einer Balance anwenden lassen:

1. Wir schaffen am Arbeitsplatz eine Atmosphäre der Sicherheit, indem wir unseren Mitarbeitern und Klienten oder Kunden wirklich aufmerksam zuhören und Vertrauen aufbauen. Wir hören zu allererst auf die Weisheit unseres Körpers. Wir bemühen uns, auf Bedürfnisse, Ideen, Schmerz, Leidenschaft und Lebendigkeit zu achten, während wir unseren Raum bewahren.

2. Wir verhalten uns im Zusammensein mit anderen Menschen authentisch. In unserer virtuellen Welt der E-Mails denken wir daran, dass wir Dinge

berühren und festhalten, dass wir spielen, bauen und mit unseren Angestellten und Klienten wirklich interagieren. Wir krempeln die Ärmel hoch
und tun etwas Praktisches. Wir machen intelligente Bewegungen – wie
zum Beispiel die Brain-Gym®-Übungen – zu einem Bestandteil unseres
Tagesablaufs.

3. Wir empfinden Sympathie für unsere Klienten und Mitarbeiter und stellen
   eine „herzliche", vom Herzen ausgehende Verbindung zu ihnen her. In
   Edu-K® haben die Begriffe „zentriert", „geerdet" und „im Körper sein" alle
   nur die eine Bedeutung: „mit dem Herzen verbunden sein" und nicht nur
   mit dem Geist. Wenn wir in diesem Sinne eine Herzensverbindung aufbau-
   en, können das alle fühlen.

4. Wir *träumen* und setzen unsere Ziele entsprechend fest, wir denken daran,
   dass die Energie der Zielsetzung folgt. Warum sind wir hier? Wir müssen
   unsere Absichten und Motive kennen.

5. Wir betrachten unsere Misserfolge als Voraktivitäten, wir überprüfen
   unsere Ziele regelmäßig, wir verbessern, was nicht funktioniert, und
   erneuern unser Engagement. Wir bleiben in Bewegung und riskieren neue
   Erfahrungen, um neue Pfade zu schaffen.

6. Wir wertschätzen andere ebenso wie uns selbst und dabei trauen wir uns
   großartig zu sein. Wenn wir urteilen, ziehen wir Wertschätzung als das
   wichtigste Mittel heran. Kritik ist immer verdächtig. Anerkennung für positive Leistungen zum Ausdruck zu bringen ist die einzig gültige Vorgehensweise.

7. Wir schaffen ein Gemeinschaftsgefühl und halten es am Leben, indem wir
   immer wieder die Gemeinschaft feiern. Wir nehmen uns die Zeit, Wachstum anzuerkennen und Veränderungen zu feiern, wir äußern unsere
   Anerkennung für jeden erreichten Meilenstein. Wir schaffen eine Gemeinschaft, die gerne gemeinsam arbeitet und spielt, in der die Lebendigkeit
   des Einzelnen innerhalb der Gruppe von allen unterstützt wird.

Für mich ist ein Unternehmen nicht von der Lebensaufgabe zu trennen. Bei
keinem von beiden geht es um Geld, Macht oder Kontrolle. Jene Elemente
mögen mit ins Spiel kommen, aber tatsächlich geht es im Geschäft und im
Leben darum, ob man liebt oder ob man nicht liebt.

KAPITEL 11

Lebendige Beziehungen

Ich werde dich enttäuschen
Du sollst wissen, dass ich dich enttäuschen werde
Und dass du erschrecken wirst über die Kühnheit meiner Taten
Du sollst wissen, dass ich dich verlassen werde
Vielleicht im Tod oder in der Staubwolke beim Weiterziehen
Du sollst wissen, dass ich dich nicht heilen kann
Oder gar die Rätsel deines Lebens lösen

Aber wagt es nicht, mich abzuschreiben
Bruder, Schwester, Vater, Mutter, Geliebte
Denn ich jage der Seele nach
Und sammle die Herzen ein –
Die wie Abfallholz am Wegrand zurückgelassen wurden –,
Um sie wieder im göttlichen Feuer leuchten zu lassen.

Jeffrey Scharetg
(© 2004. Übersetzung: E. Lippmann)

Ich bin außerordentlich dankbar für meine Beziehung zu meiner gelieb-
ten Frau Gail. Gemeinsam haben wir uns über mehr als zwanzig Jahre
einen kostbaren Schatz erarbeitet, der unser beider Leben leuchten lässt
und Gails und meinem Leben einen Sinn gibt, den jeder für sich alleine nie
erlangt hätte. Dieser Schatz ist manchmal ein anspruchsvoller Lehrer. Und
dennoch, wir waren für seine Lektionen aufnahmebereit und haben wichtige
Wahrheiten gelernt, die uns geholfen haben, als Individuen reifer zu werden
und tiefe Wunden zu heilen, die wir ohne den anderen gar nicht beachtet
hätten.

Die meisten Menschen leben in der Vorstellung, dass man in einer Beziehung zunächst die Flitterwochen erlebt und die Ehe erst dann beginnt, wenn die Flitterwochen zu Ende sind. Gail und ich spüren, dass jeder aufkommende Konflikt, den wir gemeinsam lösen, uns die Möglichkeit bietet, jene „Flitterwochen" auf einer tieferen Ebene wieder aufleben zu lassen.

Ich bin nach wie vor ergriffen von dem Wunder und der Schönheit dieses brillanten, talentierten Wesens, meiner Frau Gail, die mich jeden Tag mit ihrer magischen Anwesenheit empfängt. Immer wenn ich Gail sehe oder am Telefon eine Botschaft von ihr höre, verliebe ich mich erneut in sie. Wie alle Paare haben auch wir unsere schwierigen Momente. Dennoch ist es leicht, sich ein Gefühl kindlicher Neugier für den anderen zu bewahren. Genau das heißt präsent sein.

Meine Beziehung zu mir selbst

Meine erste Beziehung ist die zu mir selbst. Fühle ich mich wohl in meinem eigenen Körper, mit meinen eigenen Möglichkeiten? Kann ich mit den Widerständen und Widersprüchen, den Anforderungen, Zweifeln und Fragen umgehen, die täglich auftauchen?

Habe ich eine Arbeit, die ich gerne tue, und kann ich lernen, die Arbeit zu mögen, die ich erledigen muss? Kann ich mein Tempo verlangsamen und entspannen? Fühle ich mich innerlich ruhig und nehme ich mir genügend Zeit zum Atmen? Denke ich daran, mir die Zeit zu nehmen, die Sorgen des Tages hinter mir zu lassen und mich zu sammeln, damit ich nur für Gail da sein kann?

Ich nutze die Hook-ups und die Positiven Punkte aus Brain-Gym®, damit ich umschalten und möglichen Stress wahrnehmen kann, der noch in mir steckt, aber nichts mit unserer Beziehung zu tun hat, und damit löse ich diesen Stress auf. Nur wenn ich „in Ordnung", mit mir selbst im Reinen bin, kann ich Raum für Gail schaffen.

Spielen hilft eine Beziehung zu vertiefen

Wir Erwachsene vergessen manchmal, dass Spielen (in einem erweiterten Sinne) für uns genauso wichtig ist wie für Kinder. Und eine wichtige Form solchen Spiels ist für Erwachsene die intensiv genutzte Zeit mit Freunden oder

Ehepartnern. Wenn wir mit unserem spielerisch gestimmten Herzen verbunden sind, werden wir uns spontan öffnen und auf unseren Partner eingehen.

Gail und ich bemühen uns, jeden Tag in diesem Sinne zu spielen. Ein wunderbarer Rahmen für unser Spiel ist eine Idee, von der Gail vor Jahren hörte: Wir schenken einander jeweils fünfzehn Minuten lang die ungeteilte Aufmerksamkeit und jeder kann sich in dieser Zeit vom anderen irgendetwas wünschen. Wenn Gail und ich dieses Spiel spielen, bitten wir den anderen um viele verschiedene Dinge – was uns gerade einfällt. Ein kooperativer Partner ist im Allgemeinen bereit, den Wunsch des anderen zu erfüllen, er darf aber auch Nein sagen.

Ich bitte vielleicht um eine Fußmassage oder dass wir beide einige Zeit schweigend im Dunkeln sitzen. Gail möchte vielleicht einen Spaziergang mit mir machen oder sie wünscht sich, dass ich ihr aufmerksam zuhöre, wenn sie sich aussprechen möchte. Manchmal bittet ein Partner den anderen, ruhig zuzuhören, wenn er ihm oder ihr sagt, was er am anderen besonders bewundert oder schätzt.

Manchmal wünscht sich einer von uns, die ganzen fünfzehn Minuten lang gemeinsam zu singen, oder manchmal tanzen wir auch. Oft machen wir Edu-K®-Balancen. Im Allgemeinen findet dieser Austausch am späten Nachmittag oder am frühen Abend statt und wir freuen uns beide sehr darauf. Manchmal haben wir so viel Spaß zusammen, dass wir uns mehr Zeit nehmen. Auch wenn eine Sitzung ernst beginnt – vielleicht sogar mit einem Konflikt oder einer Meinungsverschiedenheit –, gelingt es uns meist, bis zum Ende der Viertelstunde wieder Bereitschaft für das Spiel zu entwickeln.

Wichtig ist, dass Gails Zeit ihr gehört und meine Zeit mir – dass wir den anderen nicht unterbrechen. Wenn Gail mich bittet, ihr die ganze Zeit nur zuzuhören, habe ich gelernt, einfach nur zuzuhören. Wenn *ich* dann an der Reihe bin und rede, werde ich ebenso wenig unterbrochen (was bei Unterhaltungen sehr selten vorkommt).

Wenn wir in dieser festgesetzten Zeit sprechen, bemühen wir uns, das nur in der Ich-Form zu tun und nur von den eigenen Gefühlen und Erfahrungen zu erzählen. So spreche ich vielleicht über meinen Stress in einer bestimmten Situation. Wir vermeiden es, den anderen zu beschuldigen oder zu beschämen oder ihm zu sagen, was er tun sollte. Stattdessen konzentrieren wir uns auf das, was in uns selbst vor sich geht. Unser beiderseitiger Einsatz bei dieser Übung im Zuhören und Teilen gibt uns Kraft und lässt uns für die Bedürfnisse des Partners offen sein, besonders in Zeiten besonderer Herausforderung.

Zeit zu zweit bewährt sich auch bei Kindern

Gail und ich wären froh, wenn wir unser Lieblingsspiel schon gekannt hätten, als unsere Kinder noch klein waren. Wir haben jedoch, seit unsere fünf Sprösslinge erwachsen sind, mit unserem Spiel einige sehr große Erfolge erzielt, indem wir ganz bestimmte Stunden mit jedem einzelnen unserer Kinder verbrachten.

Reverend Wayne Muller, der Autor der Bücher *How, Then, Shall We Live?* und *Sabbath: Finding Rest, Renewal, and Delight in Our Busy Lives*, machte bei einem Vortrag einmal eine sehr denkwürdige Aussage: „Wir können unseren Kindern sagen, dass wir sie lieben, und wir können auch davon überzeugt sein. Der einzige Weg jedoch, wie die Kinder *erfahren*, was mit ‚Liebe' gemeint ist, ist die Zeit, die wir mit ihnen spielend auf dem Fußboden verbringen." Er betonte, dass Spiel, Entdeckungen und gemeinsame Zeit mit denen, die wir lieben, die Nahrung für alle Beziehungen ausmacht.

Vielleicht haben Sie keine ganze Stunde Zeit, sondern nur eine Viertelstunde, und Sie fragen sich womöglich, ob sich in diesen fünfzehn Minuten viel erreichen lässt. Ich habe jedoch einmal in einer Studie gelesen, dass (amerikanische) Eltern *pro Woche* für jedes ihrer Kinder im Durchschnitt nur zwanzig Minuten an intensiv genutzter Zeit aufbringen.

Wenn unsere Kinder mit uns zu Hause sind, mag es so aussehen, als hätten wir den ganzen Tag für sie Zeit. Aber wir schauen vielleicht gerade einmal auf, um ihnen kurz zu antworten, und wir hören ihnen nicht wirklich zu und nehmen auch keine Verbindung zu ihnen auf. Wir Eltern sind so beschäftigt mit unseren Projekten und Aufgaben, dass wir oft nur mit einem halben Ohr zuhören und nur mit einem halben Auge hinschauen, wenn unsere Kinder wahrgenommen und beachtet werden wollen. Das Versprechen, alles beiseite zu lassen und nur fünfzehn Minuten ausschließlich *ihm* zu widmen, bedeutet für ein Kind alles, und wenn wir diesen jungen Menschen in seiner Entwicklung begleiten, kann daraus eine lebenslange Freundschaft entstehen.

Ich erinnere mich noch, welche enge Verbindung entstand, als mein Sohn Tom noch klein war und ich ihn badete und ihn in seine Fantasiewelt begleitete, die er sich in der Badewanne mit seinen Spielsachen ausdachte. Zu anderen Zeiten gingen wir gemeinsam in den nahe gelegenen Zoo und beobachteten gemeinsam unsere Lieblingstiere. Ich merke, dass ich mich noch heute mit meinen Kindern am stärksten verbinde, wenn wir Zeit zu zweit verbringen – oft beim Mittagessen. Für mich ist die Zeit, die ich mir dafür nehme, sehr wertvoll, ich kann damit den wichtigen Menschen in meinem Leben meinen Respekt zeigen und mich mit ihnen verbinden.

Geben und Nehmen

Menschen müssen in einer Beziehung in der Lage sein, sowohl zu geben als auch zu nehmen. Das gilt nicht nur für Ehepartner, sondern auch in Bezug auf Beziehungen mit Kindern, Eltern, Geschwistern, Freunden und Kollegen. Aber allzu oft verhindern die Rollen als „Gebender" oder „Nehmender" einen wirklichen Austausch in einer Beziehung.

Als Kind habe ich gelernt, dass ich nicht egoistisch sein sollte und dass Geben besser sei als Nehmen. Im Teenageralter brachte mir jedoch ein wichtiger Mentor genau das Gegenteil bei. Dieser Mann war überzeugt, dass Geben leichter sei als Nehmen und dass der richtige Weg zu einer erfolgreichen Beziehung darin bestehe, dass man lerne, um Hilfe zu bitten, Rat zu holen und Liebe zu empfangen.

Der Mann hatte einen Lieblingsspruch, den ich nie zuvor irgendwo genauso gehört hatte: „Wir lieben die, denen wir dienen. Wir verachten die, die uns dienen." Ich habe seitdem verstehen gelernt, dass diese Maxime trotz der einfachen Ausdrucksweise eine tiefe Bedeutung besitzt.

Haben Sie schon einmal erlebt, dass Ihre gut gemeinten Absichten ins Auge gingen und Schmerz und Ärger erzeugten? Ich schon, viele Male. Sie mögen großzügig, freigiebig und fürsorglich sein und andere unterstützen wollen. Und so geben, geben und geben Sie und erwarten dafür natürlich Liebe und Dankbarkeit. Und Sie fragen sich: „Wie kommt es bloß, dass sie mich nicht mögen? Schaut nur, was ich alles für sie tue!"

Im Leben funktioniert das nicht, zumindest nicht gut. Wir alle müssen lernen, wie man etwas annimmt und auch gibt. Damit Harmonie zwischen den Menschen bestehen kann, muss eine Beziehung von Geben und Nehmen geprägt sein, von *wechselseitigem* Geben und Nehmen. Wir „Helfertypen" brauchen Verbindungen, in denen wir der anderen Seite erlauben uns zu lieben und etwas für uns zu tun, sodass mehr oder weniger ein Ausgleich stattfindet.

Wenn wir darauf aus sind, dass andere Menschen uns ablehnen und vielleicht sogar verachten, müssen wir uns nur unentwegt um sie kümmern. Wenn wir beobachten, dass wir für andere sorgen, ist es nützlich, innezuhalten und zu fragen: „Für wen von uns beiden tue ich das?" Wir müssen darüber nachdenken, wie unsere Worte und Handlungen von anderen aufgenommen werden.

Wenn wir uns um andere kümmern, sind wir vielleicht wirklich nur auf das Vergnügen aus, für andere zu sorgen, sie zu beraten oder ihnen zu helfen. Diese Aktivitäten verschaffen unter Umständen enorme Befriedigung, aber lassen wir auch Raum für den Empfänger, etwas zurückzugeben, zurückzuzahlen oder ein Geschenk zum Ausgleich für unsere Opfer anzubieten? Wenn wir uns nicht gestatten etwas anzunehmen, sollten wir überlegen, ob wir eine Gegenleistung erwarten, ob wir geben, um den anderen Menschen zu kontrollieren, oder ob wir ihn oder sie von uns abhängig machen wollen.

Eine einseitige Beziehung wird über kurz oder lang Probleme verursachen. Unsere übertriebene Fürsorge beinhaltet oft die Botschaft, dass wir nicht wirklich Vertrauen in die Fähigkeiten des anderen haben. Je mehr wir für die Menschen, die wir lieben, auf uns nehmen, desto weniger lernen sie, an ihre eigenen Begabungen und Stärken zu glauben und sich darauf zu verlassen. Wenn wir jemandem helfen wollen, müssen wir zulassen, dass er auf seinen eigenen Beinen steht oder auch dass er fällt und aus eigener Kraft wieder aufsteht. Wir können ihn ermutigen, aber es ist wichtig, dass wir nicht versuchen, seine Dinge zu regeln oder das Kommando zu übernehmen.

In jeder Balancesitzung vermittle ich Klienten gerne, dass es für andere ein Segen ist, wenn wir zulassen, dass sie uns etwas zurückgeben. Ich lehre Menschen durch meine Balancen offen zu sein: Liebe zu empfangen, anderen zuzuhören, den Rat von Älteren zu erbitten, um praktische Hilfe zu bitten und dankbar die Großzügigkeit anderer anzunehmen.

Weil Geben leichter ist als Nehmen, ist für viele von uns das wahre Ziel in einer Beziehung, dass sie Annehmen lernen.

Nonverbale Kommunikation

Bewegungen und Gesten, die Körpersprache – unsere Methoden des Selbstausdrucks mittels nonverbaler Kommunikation – haben einen entscheidenden Einfluss auf eheliche und andere Beziehungen. Menschen, die zusammenleben und/oder zusammenarbeiten, lernen den anderen zu „lesen" und erspüren Harmonie oder Disharmonie, auch wenn mit keinem Wort darüber gesprochen wird. Wenn wir uns in unserem Herzen befinden, passen unsere

Worte und unsere Körpersprache zusammen. Besteht zwischen Worten und Körpersprache keine Übereinstimmung, wird der Austausch für beide Parteien einer Beziehung verwirrend und unangenehm, da das, was wir sagen, durch unsere nicht synchronen Signale widerlegt wird.

Bei jeder Interaktion, ob kohärent oder nicht, wird die Situation durch das limbische System und das System für Kampf-oder-Flucht gedeutet, ehe überhaupt etwas gesagt wird. Angenommen ich bin mit Gail zusammen und stehe mit durchgedrückten Knien da, die Hände zur Faust geballt, und schaue aus dem Fenster. Gails limbisches System deutet meine Körperhaltung sofort spontan. Sobald sich ihr emotionales Mittelhirn einschaltet, sendet es ein Signal an den Neokortex und darauf entsteht der bewusste Gedanke: „Paul ärgert sich über mich."

Gleichzeitig gehen Botschaften von der Amygdala im Mittelhirn an den motorischen Kortex in Gails Stirnlappen, wo dann ein Aktionsplan vorbereitet wird. Weitere Botschaften an das endokrine System verändern den Ausstoß von Stresshormonen, die Kortisolproduktion in der Leber wird verstärkt und das beeinflusst Gails körperlichen Zustand für Stunden, unter Umständen sogar für Tage.

Da ihre Instinkte ihr mitteilen, dass die Interaktion in einem Kampf enden könnte und ihre Physiologie dafür bereit sein müsse, wird Gails limbisches System den Hirnstamm veranlassen, die Herzschlagrate zu erhöhen, um die Blutzirkulation in ihren Armen und Beinen zu verstärken. Und all das dauert nicht länger als ein Wimpernschlag.

Wenn ich sage: „Ich bin nicht böse auf dich", und ihr erkläre, dass mich mein limbisches System zu dieser Haltung gebracht hat, weil ich nämlich einen schwierigen Telefonanruf zu bewältigen hatte – dann habe ich unsere Beziehung trotzdem genauso in Gefahr gebracht, als wäre ich wirklich böse auf Gail. Es wäre in dieser Situation besser gewesen, ich hätte mir die Zeit für einige Brain-Gym®-Bewegungen genommen und berufliche Probleme im Büro gelassen, wo sie auch hingehören.

Auf diese Art kann eine *nonverbale* Botschaft den Partner ebenso aus dem Gleichgewicht bringen wie eine *verbale*. Eine eheliche Beziehung zu pflegen heißt für mich, dass ich meine eigene Physiologie wahrnehme und zu meinem Herzen zurückfinde, dass ich mich vor jedem persönlichen Austausch in meiner Partnerschaft zentriere und erde.

Wirklicher Dialog und Austausch besteht aus mehr als nur den gesprochenen Worten. Kon-vers-ation bedeutet buchstäblich, zusammen mit dem anderen so etwas wie eine „Versdichtung" zu schaffen. Unsere Unterhaltung umfasst rhythmische Sprache, bedeutungsschwangere Pausen und Angleichung in den Bewegungen und in der Atmung. Wenn Gail und ich dazu nicht in der Lage sind, wissen wir, dass wir eine Pause brauchen, wir machen einige Brain-Gym®-Bewegungen und verbinden uns so wieder mit unserem Herzen. Wenn Gail fragt: „Was ist los? Ist etwas nicht in Ordnung?", und ich will nichts davon wissen und ich höre mich, wie ich antworte: „Da ist nichts. Alles in Ordnung.", dann heißt es innehalten und herauszufinden, wo ich meine Verbindung zu ihr verloren habe. Ich muss in der Lage sein wahrzunehmen, was ich fühle, und ich muss mit der Intelligenz meines Körpers kohärent sein. Gail wiederum kann dann auf meine Situation eingehen und für mich da sein.

Wenn man sich überfordert oder vernachlässigt fühlt

Wir beide legen sehr viel Wert darauf, an unseren Themen zu arbeiten. Zwei Themen vor allem kommen in Beziehungen immer wieder auf – und die unsere ist da keine Ausnahme. Zusammengefasst lässt sich sagen: Ein Partner fühlt sich entweder vom anderen „überwältigt", also überbeansprucht, überfordert, oder von ihm vernachlässigt. Mein Thema ist häufig, dass ich mich vernachlässigt oder sogar im Stich gelassen fühle. Meine Erfahrungen in der Kindheit (nicht dazuzugehören), haben mich gelehrt, dass ich selbst dafür sorgen muss, dass ich nicht vergessen oder übergangen werde.

Gelegentlich neige ich dazu, das „Gutsein" zu übertreiben, um mir meinen Platz in Gails Herzen zu sichern. Gail wiederum teilt mir mit, wenn sie Zeit für sich braucht, um zu schreiben, zu zeichnen und zu malen, Klavier zu spielen oder ihre Kreativität auf andere Weise zum Ausdruck zu bringen. Sie scheint immer irgendein Projekt zu planen. Sie hält gerne ständigen Kontakt zu Freunden, kümmert sich um Erinnerungsfotos und hält die Verbindung zu ihrer großen Familie aufrecht. Wenn ich Gail mit meinem „Kram" überhäufe, fühlt sie sich manchmal überbeansprucht. Da wir viel über uns selbst wissen, verstehen wir beide besser, was vor sich geht, und gehen rücksichtsvoller miteinander um.

Für mich ist es eine Hilfe, wenn ich berücksichtige, dass der Hirnstamm – das Zentrum unserer tief sitzenden Überlebensreflexe – nach den Begriffen Raum und Territorium funktioniert. Fragen wie „Wo bin ich in dieser Beziehung?"

und „Wo sind die Grenzen unserer Beziehung?" tauchen immer dann auf, wenn wir über den Raum verhandeln, in dem wir mit einem anderen Menschen leben. Durch dieses Wissen bin ich mir stärker der subtilen Mitteilungen bewusst geworden, die ich anderen übermittle und von ihnen empfange, wenn es um die Dimensionen Fokussierung und Beteiligung geht.

Wenn ich sehe, wie sich jemand zurückzieht, habe ich gelernt, dieses nonverbale Signal als das Bedürfnis nach mehr Raum zu verstehen, manchmal auch als das Gefühl, überfordert zu sein – eine nonverbale Bitte, die Grenzen zu klären. Wenn ich selbst balanciert bin, kann ich innehalten und dem Betreffenden von meiner Zeit und von meinem Raum abgeben. Und wenn mein Gesprächspartner anfängt, schneller und sehr eindringlich zu reden, habe ich unterscheiden gelernt: zwischen der Abwehr, weil jemand mehr Raum braucht, und der Bitte um mehr Zeit und Aufmerksamkeit von meiner Seite. Werden derartige nonverbale Aufforderungen nicht verstanden, so wird das Bedürfnis dringender und es entsteht das Gefühl, man werde verschlungen oder aber verlassen. Wir alle brauchen einander, um unseren Raum auszuhandeln und für uns selbst herauszufinden, was es bedeutet, eine Beziehung zu leben.

Die Liebe entwickelt sich

Unsere Kultur ist eine der ersten in der Geschichte, in der Männer und Frauen eine Ehe nur aus einem einzigen Grund eingehen – sie wollen zusammen sein. In der Vergangenheit wurden Ehen aus wirtschaftlichen, politischen oder sozialen Gründen arrangiert oder deshalb, weil die Eltern ihren Kindern nicht zutrauten, eine gute Wahl zu treffen. Mein Professor für Wirtschaft an der Universität von Boston sagte immer: „Die Liebe kommt dazu", wenn wir von ihm mehr über arrangierte Ehen in anderen Kulturen wissen wollten. Die Menschen heirateten zuerst und später entwickelte sich die Liebe – wenn sie Glück hatten.

In unserer modernen Welt ist die Verherrlichung der romantischen Liebe in den Vordergrund getreten. Wir heiraten aus romantischen Gefühlen – und die wirkliche Liebe kommt später. Wenn das endorphingesteuerte Hochgefühl der romantischen Anziehung schwindet, was es immer tut, dann enthüllt sich der tiefere Sinn der Beziehung – nämlich: die Wunden des anderen zu heilen.

Jede Verletzung, die wir, angefangen mit der Zeit im Mutterleib, je erlitten haben, wird in einer intimen Beziehung unweigerlich erneut belebt. Je intimer die Beziehung ist, desto mehr „Altlasten" gibt es aufzuarbeiten. Tatsächlich können wir eine Romanze als eine Art göttlichen Köder betrachten. Wenn die unwiderstehliche Anziehungskraft der Ehe (im Sinne romantischer Liebe) nicht wäre, würde sich dann noch irgendjemand in die „Falle" einer realen Ehe begeben?

Die Ehe ist kein Kompromiss, sondern eine lebendige, atmende Einheit, die auf der umfassenden Verwirklichung jedes Partners aufbaut. Im Idealfall wird das Aufblühen beider Partner durch ihre Bereitschaft gefördert, gemeinsam ihre segensreiche Partnerschaft zu entwickeln. Muss einer der Partner dem anderen zuliebe einen Kompromiss eingehen, gibt es in der Ehe kein Gleichgewicht und die Ehe leidet darunter.

Aber ja, natürlich verhandeln auch wir über kleine Dinge, indem wir die sich bietenden Alternativen durchsprechen, zum Beispiel wenn es um Urlaubsziele oder um die Farbe eines neuen Sofas geht. Diese Unterhaltungen sind wichtig für das Geben und Nehmen im Zusammenleben, aber kein Partner sollte seine wahre Natur verleugnen müssen. Gail und ich versuchen im Gegenteil unser Bestes, um die Träume des anderen zu unterstützen und als „heilig" zu behandeln. Wir können einander in die Augen schauen und mit voller Überzeugung sagen, dass wir gemeinsam etwas geschaffen haben, das so schön ist und so viel Erfüllung bringt, wie es jeder von uns alleine für sich nie geschafft hätte.

Die Verbindung zwischen Herz und limbischem System

Wir wissen bestimmte Dinge über das Gehirn und das Herz, die dazu beitragen können, unsere Beziehungen durch mehr Verständnis zu verbessern. Wenn wir überlegen, ob wir eine neue Beziehung eingehen sollen – sind wir bereit, für unsere eigenen Bedürfnisse zu sorgen und auch für einander da zu sein? Da es in unserer Gesellschaft wirtschaftlich möglich und sozial akzeptiert ist, eine Ehe aufzulösen, gelangt ein alarmierender Prozentsatz der Paare nie über das romantische Stadium hinaus. In der Folge kann die Familie völlig auseinander brechen.

Kinder lernen, indem sie ihre Eltern modellieren, und dieses Modellieren reicht sehr tief in das Gehirn hinein. Joseph Chilton Pearce, weltbekannter

Fürsprecher für Methoden der Kindererziehung, die aus dem Herzen kommen, äußert sich dazu sehr eindeutig in seinem Buch *The Magical Child Matures:* Kleine Kinder nähmen Informationen über ihre Eltern nicht nur durch ihre fünf Sinne auf. Sie übernähmen Haltungen, Glaubenssätze und Emotionen auch über das limbische System. Dieses stelle die Herzverbindung zu ihren Eltern dar, die sie wie eine unsichtbare Nabelschnur verbinde.

Und weiter: Wenn wir in einer wachstumsfördernden Beziehung leben wollen, müssen wir lernen, mit der Resonanz der Herzintelligenz in Verbindung zu bleiben, die uns allen angeboren ist und nur darauf wartet, dass wir den Zugang zu ihr finden.

Die Verbindung zwischen Gehirn und Herz

Die bestimmende Struktur im Bewusstsein des Menschen ist das emotionale mammalische Gehirn. Wie alle Säuger gebären wir lebende Junge und füttern sie mit liebevoller Fürsorge. Der Elterninstinkt, der uns veranlasst, unsere Nachkommen zu nähren und mit ihnen zu spielen, ist Teil unserer biologischen Ausrüstung, die auch die Fähigkeit mit einschließt, einen Partner zu finden und in einer Beziehung zu leben. Dieser Instinkt geht auf die Verbindung von Herz und Gehirn und das Mittelhirn zurück, wie bereits beschrieben. Wenn wir als Kinder nicht lernen, uns mit anderen zu verbinden, Beziehungen aufzunehmen und auch zu spielen, sind wir nicht darauf vorbereitet, als Erwachsene liebevoll zusammenzuleben.

Das ältere, eher physische und weniger emotionale Überlebenshirn ist mehr mit der Welt der Schlange, der Schildkröte oder des Vogels verwandt. Das typische Reptil hat einen starken Reproduktionsinstinkt, aber es beendet die Beziehung zu seinen Nachkommen, sobald die Eier abgelegt sind, und verschwindet. Ein Instinkt zur Brutpflege oder für Liebe ist nicht erkennbar. Eine Schlange beobachtet den Tod ihrer Nachkommen uninteressiert, sie rechnet sich höchstens ihre Chancen aus, den Räuber zu ihrer Beute zu machen. Unter Reptilien ist Kannibalismus üblich.

Wir alle tragen dieses Schlangenerbe in uns, es zeigt sich in dem Reflex, uns selbst um jeden Preis zu retten. Ohne die Überlebensreflexe würden wir nicht lernen uns zu bewegen, aufrecht zu stehen, Grenzen zu setzen, Nein zu sagen, und wir würden nicht wissen, wann wir uns sicher fühlen können.

Unser Bedürfnis, als Spezies Nachkommen zu produzieren und zu überleben, stammt aus der Zeit, ehe die Säuger auf dem Planeten auftauchten. Der Hirnstamm, unser Überlebenssystem, das automatische Funktionen wie Atmen und Schlucken regelt, steuert auch die Sexualität.

Nach Aussagen von Paul D. MacLean und Joe Pearce ist dieser ältere, an die Reptilien erinnernde Teil des menschlichen Gehirns noch wichtiger als das Mittelhirn. Pearce führt aus, dass wir alle Ebenen des Gehirns entwickeln müssen, damit wir zur höchsten Ebene unserer Natur Zugang finden und wirklich liebende, kreative Wesen werden können. Er erklärt, wie die Mutter für das emotionale Mittelhirn des Kleinkinds sorgt, wenn es die sensorisch-motorische Welt des Überlebens erforscht. Genauso kann uns auf jeder weiteren Entwicklungsstufe unser Mentor oder Lehrer unterstützen, indem er vorausahnt, auf welche Stufe wir uns als Nächstes begeben.

Im Unterschied zu den Reptilien beschützen Säuger ihre Jungen – manchmal sogar auf Kosten ihres eigenen Lebens. Sie spielen mit ihren Nachkommen, bringen ihnen etwas bei und kommunizieren mit ihnen durch Laute, bis die Kleinen genügend kräftig und selbständig sind und sich allein durchbringen können. Als der erste Säuger vor fünfundsechzig Millionen Jahren seinen Fuß auf die Erde setzte, machte das Leben einen erstaunlichen Entwicklungssprung.

Für die Evolution ist es zwingend notwendig, dass in jeder neuen Generation genügend Mitglieder lange genug überleben, um sich fortzupflanzen. Reptilien erfüllen diese Anforderung statistisch gesehen: Es werden genügend Nachkommen produziert, so dass einige von ihnen überleben, nachdem die Mehrheit verhungert ist, aufgefressen wurde oder durch Kälte oder Hitze umkam.

Als die Säuger die Bühne betraten, geschah etwas Schönes: Für das Überleben waren von da an spielerische Bindungen wichtig und nicht so sehr die große Anzahl. Die neurologische Manifestation dieser neuen Komponente des Lebens – Emotionen – führte zur Verbindung von Herz und Hirn.

Der Mensch ist die Blüte dieser Evolution der Säuger. Genau wie unsere Ahnen sind wir „emotionale Tiere". Wie bei allen Säugern ist beim Menschen das limbische Gehirn die Quelle der Emotionen und es bestimmt jeden Aspekt unseres Lebens. Als die „rationalen Wesen", die wir *auch* sind, würden wir vielleicht lieber vom Neokortex regiert, der für höher geschätzte Denkprozesse, für Sprache und Vernunft zuständig ist. Wie müssen jedoch letztlich eingestehen, dass wir zunächst emotionale Tiere sind und unsere Emotionen immer mit dem Maß an Vernunft ausbalancieren müssen, das uns jeweils zur Verfügung steht.

Leben Sie derzeit in einer Beziehung? Dann überlegen Sie jetzt, ob Ihnen eine stark emotionale Reaktion einfällt, die Ihr Partner immer wieder bei Ihnen auslöst. Vielleicht können Sie sich nicht zurückhalten, wenn der andere schmutziges Geschirr in der Spüle stehen lässt, oder Sie sind eifersüchtig, wenn er oder sie sich auf einer Party anderen zuwendet, oder Sie werden wütend, wenn Ihr Partner eine Bemerkung macht, die Sie als Kritik auffassen.

Wenn Sie auf eine stark emotionale Gewohnheit stoßen, versuchen Sie doch einen Weg zu finden, um etwas daran zu ändern. Höchstwahrscheinlich werden Sie erkennen, dass die *Vernunft* Ihr *fühlendes* Gehirn nur unzureichend ins Gleichgewicht bringen kann. Warum wohl? So mächtig und hoch geschätzt unser bewusster Geist auch sein mag, er hat nur wenig Macht im Reich der Emotionen, wo das limbische Gehirn als höchste Instanz herrscht. Wir können noch so viel Willenskraft und Entschiedenheit aufbringen, aber solange wir nicht lernen, uns auf neue Art zu bewegen, wird in *der* Minute, in der unser Partner sein störendes Verhaltensmuster wiederholt, unser limbisches System angeregt.

Wir können uns natürlich mit unserem bewussten Geist bemühen, unsere emotionale Reaktion nicht zu zeigen, aber wir können die eigentliche Reaktion nicht aufhalten. Wir können nur verhindern, dass wir sie zum Ausdruck bringen. Und wenn wir die Reaktion unterdrücken, schaffen wir neue Probleme: Die biochemische Suppe, die innerlich zum Kochen gebracht wurde, hat kein Ventil zum Abkühlen und richtet sich vielleicht in Form von Beschwerden oder Krankheiten gegen uns.

Joseph Chilton Pearce erklärt, dass die limbischen Systeme einer Mutter und ihres Säuglings durch einen beinahe magisch zu nennenden Vorgang miteinander verbunden seien, die Herzresonanz. Das bedeutet, dass ein Kind den emotionalen Zustand seiner Mutter unmittelbar wahrnimmt, unabhängig von den normalen sensorischen Hinweisen wie Stirnrunzeln, Lächeln oder verbale Alarmsignale. In der Tat haben Untersuchungen gezeigt, dass ein Säugling in der Anfangszeit seiner Entwicklung nicht zwischen seinen eigenen Gefühlen und denen seiner Mutter unterscheiden kann.

In einem berühmten Experiment krabbelt ein Säugling bis zum Rand eines Kastens, wo sich eine Abgrenzung aus Plexiglas befindet. Er befindet sich jetzt in einer doppeldeutigen Situation, denn er nimmt Gefahrensignale wahr und gleichzeitig Hinweise, die auf Sicherheit hindeuten. Der Säugling schaut zu seiner Mutter und erfasst intuitiv ihren emotionalen Zustand. Sieht er sie alarmiert, so hält er an; fühlt er Ermutigung, so krabbelt er weiter.

Emotionale Verbundenheit durch die Herzresonanz findet sich auch über unsere Spezies hinaus. Zum Beispiel kann einer meiner Freunde über seine Körperhaltung mit seinem Hund kommunizieren. Wenn Bonkers, sein Hund, die Gefühle seines Herrn spürt, geht er mit seinem inneren Zustand darauf ein. Verschränkt mein Freund die Arme und räuspert sich, weiß Bonkers, dass er böse war, und schleicht davon, manchmal buchstäblich mit eingezogenem Schwanz. Wenn mein Freund nach Hause kommt und Bonkers die Arme entgegenstreckt, rennt der Hund auf ihn zu und springt in seine Arme. (Übrigens hat die Forschung bewiesen, wie wichtig ein Haustier für die Gesundheit des Menschen sein kann. Alleine lebende Menschen sind sehr viel weniger anfällig für Krankheiten und sterben auch seltener frühzeitig, wenn sie ein Haustier haben.)

Herzresonanz ist dann im Spiel, wenn Liebende schweigend zusammensitzen und sich schweigend ihre Gefühle mitteilen. Herzresonanz liegt auch dann vor, wenn sich der Menstruationszyklus bei Frauen angleicht; wir wissen, dass dies ein limbischer Prozess ist, denn er tritt häufiger unter guten Freundinnen und Familienmitgliedern auf als unter Zimmergenossinnen, die nur miteinander *bekannt* sind.

Fallbeispiel: Liz und Jens

Als Paar auf der Suche nach Gleichgewicht

Ich habe Balancen für Hunderte von Paaren und Familien begleitet und ich sehe es immer wieder mit Freude, wie sich Angst, Trennungsgedanken, Entfremdung und Isolation bei den einzelnen Mitgliedern auflösen, wenn die Herzresonanz im System der Familie wieder hergestellt wird. Oft scheinen Menschen sich dann zum ersten Mal wirklich zu sehen und einander zuzuhören. Hier fällt mir das Beispiel von Liz und Jens ein, deren Balance ich begleitete.

Liz ist Gastgeberin einer Fernsehshow. Sie hat strahlende Augen und besitzt einen unerschütterlichen Enthusiasmus. Ihr deutscher Freund Jens ist Tanzlehrer. Er übt täglich mehrere Stunden lang. Er plant eines Tages eine eigene Schule zu eröffnen, aber im Moment akzeptiert er, dass Liz ihn finanziell unterstützt. Beide sind Anfang dreißig.

Liz und Jens suchen mich auf, weil sie ihre Kommunikation verbessern wollen. Liz erzählt, dass sie einige der üblichen Paarprobleme haben: Sie haben Schwierigkeiten einander zuzuhören und dem anderen die volle Aufmerksamkeit zu schenken. Sie können das Bedürfnis des anderen nach Raum für sich alleine nur schwer akzeptieren und zusätzlich zögern sie beide, sich langfristig zu binden. Besonders Liz ist beunruhigt über das, was sie als mangelnde Intimität empfindet, da Jens seine Gefühle nicht zeigt. Zu den Pluspunkten gehört, dass sie beide gerne kochen, gerne gemeinsam essen und gut miteinander tanzen.

Zuerst machen wir alle gemeinsam die vier einfachen PACE-Übungen (siehe Kapitel 12). Danach stelle ich fest, dass wir jetzt alle lachen, entspannter atmen und uns miteinander wohler fühlen.

Wir besprechen einige der Ziele des Paares, die sich auf ihre Partnerschaft und ihre verbesserte Kommunikation beziehen. Ich beobachte, dass beide wenig Augenkontakt halten, und deshalb bitte ich sie, sich gegenüber hinzusetzen und sich – als Voraktivität – in die Augen zu schauen. Während sie das tun, schlage ich vor, sie sollen einfach alle aufsteigenden Gedanken und Gefühle registrieren, ohne sich selbst oder ihren Partner zu bewerten.

Nach einigen Minuten bitte ich beide, ihre Körperhaltung genau zu überprüfen (wie in Kapitel 3 beschrieben). Liz fällt auf, dass sie eine Unruhe fühlt, sie kann nicht entspannt sitzen. Ich erkläre ihr und Jens, dass dieses Gefühl sich auf die Dimension oben-unten beziehe, die Dimension der emotionalen Zentrierung und der Herzresonanz. Diese Dimension bestimmt auch zum Teil, wie wir uns in der Schwerkraft halten und wie weit wir uns geerdet und in unserer aufrechten Haltung unterstützt fühlen.

Liz sagt jetzt, dass sie, während sie mit Jens Augenkontakt hatte, das Gefühl gehabt habe, vor ihr befinde sich so etwas wie ein tiefer Abgrund. Ich erkläre ihr, dass uns oft, wenn wir nicht in unserem Körper zentriert sind, das Gefühl der Verbindung zu dieser Welt fehlt. Manchmal versuchen wir dieses Gefühl über unsere Beziehung zu bekommen und wir verlassen uns dabei auf Worte anstatt auf das Gefühl des Geerdetseins, oder wir verlassen uns auf andere, damit wir mit ihrer Hilfe fühlen, wohin wir gehören.

Dann frage ich Jens, was ihm an seiner Körperhaltung auffalle. Ich kann in seiner Haltung einen Drang nach hinten erkennen, als wolle er sich zurückziehen, seine Knie sind aneinander gepresst und sein Körper steif. Jens schaut dauernd zur Tür. Er meint dazu, dass er sich manchmal zu Dingen gedrängt fühle und dass er einen inneren Widerstand spüre und sich überwältigt fühle und sogar etwas verängstigt, da er nicht wisse, was geschieht. Er weiß nicht, was von ihm erwartet wird, und kann sich nicht auf das konzentrieren, was im Zimmer vor sich geht. Ich erkläre ihm, dass die Fähigkeit, sich zu konzentrieren, zusammenhänge mit unserer Fähigkeit zu fokussieren und uns über die Mittellinie des Körpers (die Dimension der Beteiligung) nach vorne und hinten zu bewegen. Ein Teil von Jens möchte hier bei Liz sein, ein anderer Teil hat den Raum bereits verlassen.

Wenn zwei Menschen einander in die Augen schauen, macht das die Intimität ihrer Beziehung deutlich. Ich mache Jens klar, dass er, während er Liz in die Augen schaue, gleichzeitig über seinen Körper einen Weg suche, sich durch Rückzug abzusichern. Die Knie zusammenzupressen und sich zurückzuziehen ist eine nützliche Strategie, die ihm vielleicht in vorangegangenen Beziehungen das Überleben gesichert hat, aber jetzt hindert es ihn daran, balanciert zu fokussieren und Liz seine Aufmerksamkeit zu schenken. Er hat auch keinen Zugang zu einer balancierten Lateralität, mit deren Hilfe er leichter sprechen und zuhören und gute Entscheidungen treffen könnte.

Nachdem Liz und Jens die Voraktivität ausgeführt und auf der körperlichen Ebene erlebt haben, wie sie sich in ihrer Beziehung verhalten, beginnt der Teil der Balance mit den Bewegungen. Beide verschränken jetzt die Finger und bilden mit den Daumen ein X. Sie schauen sich durch das X hindurch an, halten Augenkontakt und machen dann gleichzeitig Liegende Achten.

Ich ermutige sie, während der Bewegungen auf Körperempfindungen zu achten und ihre Liebe auszudrücken, wenn sie sich dementsprechend fühlen. Liz sagt: „Jens, I love you." Und er sagt ihr auf Deutsch, dass auch er sie liebe. In den Worten schwingt sein Herz mit und sie fangen beide an zu weinen.

Jens und Liz stehen einander gegenüber und halten sich an den Händen. Sie machen jetzt das Simultanzeichnen, wobei zunächst Jens führt und dann mit Liz abwechselt. Sie bewegen ihren ganzen Körper und dann wird aus ihrer Bewegung im Stand ein Tanz. Beide sind so biegsam, dass sie aussehen wie Seegrashalme, die sich im Wasser hin und her wiegen.

Nach der Bewegungsübung gehen die beiden zur Nachaktivität über und schauen einander wieder in die Augen. Dieses Mal scheinen ihre starren Bewegungsmuster weicher geworden zu sein und sie lachen und weinen abwechselnd.

„Wie fühlt sich das an?", frage ich. Und Liz antwortet: „Wunderbar! Ich fühle mich wie zu Hause – Jens ist so etwas wie eine Stütze für mich."

Ich wende mich an Jens: „Du bist die sichere Erde, wenn sie schwankt. Sei nett zu ihr und gib ihr die Bestätigung, die sie sich wünscht. Alle Gefühle sind in dieser Beziehung willkommen. Liz wird Raum für dich lassen, aber du musst dich auch zeigen."

Dann spreche ich zu Liz: „Als Homeplay erinnerst du dich bitte daran, dich mit den Positiven Punkten und Hook-ups zu erden. Wenn du stärker geerdet bist, kannst du Jens leichter Freiraum geben, damit er sich sicher fühlt und aus sich herausgehen kann. Dann kann er auch mit seinen Gefühlen in Berührung kommen."

Liz wendet sich an Jens: „Ich weiß, mir fällt es leicht, über meine Gefühle zu sprechen. Vielleicht bin ich etwas ungeduldig und erwarte, dass du dasselbe tust, weil es für mich ganz natürlich ist." Sie umarmt Jens.

„Das ist gut so", bemerke ich, „du kannst Jens unterstützen, damit sich das Kind in ihm sicher fühlt, dann kann er sich auch als Mann sicher fühlen. Und Jens, dein Homeplay sind Längungsübungen wie zum Beispiel der Schwerkraftgleiter, dann kannst du Liz antworten und musst dich nicht zurückziehen oder automatisch auf sie reagieren."

Ich nehme an, dass Jens, wenn er bei seiner Körperhaltung weiterhin auf die Ausrichtung nach vorne achtet, ein Gefühl für seine innere Einstellung bekommen und mehr Verantwortung für sein Leben übernehmen wird.

In der Sitzung haben Liz und Jens erkannt, wie wichtig es ist, langsamer zu werden, mehr intensiv genutzte Zeit miteinander zu verbringen und spielerisch miteinander umzugehen. Jetzt macht Jens einige Tanzschritte mit Liz und bringt sie dann mit einer Drehung in eine Ruhestellung.

„Sie dürfen die Braut jetzt küssen", sage ich neckend. Tatsächlich berichten viele Paare, dass eine derartige Balance ihnen helfe, ihre Verbundenheit im Körper zu spüren und die nonverbalen Signale des anderen besser als in jeder anderen Zeremonie zu spüren.

Wenn wir dahin kommen, eine Beziehung als einen Tanz zu sehen, in dem jeder Partner dem anderen hilft, die Balance zu erreichen, dann wird uns klar, dass eine Beziehung ein wunderschöner Bestandteil des Lebens ist. Dann ist nichts an unserem Verhalten richtig oder falsch …, es liegt höchstens ein Ungleichgewicht vor und eine Chance, in eine bessere Balance hinein zu wachsen.

Betrachtet man eine Beziehung als Gelegenheit für persönliches Wachstum und als einen Rahmen, in dem wunderbare Erfahrungen mit Kooperation möglich sind, wird aus einer Beziehung im Geist eine Beziehung der Herzen und Angst verwandelt sich in Liebe.

KAPITEL 12

Brain-Gym® in der Praxis

B etrachten wir jetzt eingehender, wie das System Brain-Gym® an Lebens- und Lernaufgaben herangeht. Erst dann wird verständlich, wie Brain-Gym® dazu beiträgt, dass wir die einzigartige Freude des Lernens erleben.

Ich habe bereits darauf hingewiesen, dass es sich bei Brain-Gym® um eine Reihe einfacher Bewegungsübungen handelt, die die Gehirnaktivität optimieren und Geist und Körper integrieren. Brain-Gym® bietet ein „Menü" aus 26 verschiedenen Bewegungen, von denen Sie einzelne auswählen können; Sie können aber auch, wie manche dies bereits tun, täglich alle 26 Bewegungen machen. Die meisten Menschen, die regelmäßig Brain-Gym-Bewegungen üben, wählen einige Bewegungen aus, je nachdem welche neue Fähigkeit sie gerade fördern wollen.

Das kann im Grunde jede beliebige Fertigkeit sein: Manche Menschen wollen vielleicht besser lesen oder Skateboard fahren können, andere möchten vielleicht eine bestimmte Charaktereigenschaft stärken. Es kann sich auch um Emotionen handeln, mit denen man sich plötzlich konfrontiert sieht, die man jedoch verstehen und integrieren will.

Wenn Sie Brain-Gym® noch nicht kennen oder die Übungen ohne ein bestimmtes Ziel machen, empfehle ich die ineinander fließenden Übungen der „Aktionsbalance", die insgesamt sehr nützlich sind. Viele Menschen lernen diese Balance alleine. Damit Sie jedoch optimale Resultate in diesem möglicherweise lebensverändernden Prozess erzielen, empfehle ich Ihnen, einen lizenzierten Brain-Gym-Berater (Instruktor) in Ihrer Nähe aufzusuchen.

Rapport herstellen

Wenn ich eine Aktionsbalance mache, ist meine wichtigste Aufgabe, zunächst einen sicheren Raum für die Balance zu schaffen – ein Umfeld *(container)*, in dem die Person, die in die Balance geführt wird, mit den eigenen Gefühlen, Bedürfnissen und Hoffnungen in Berührung kommen kann. Ich halte diesen sicheren Raum aufrecht, damit jeder Klient sich seine Themen objektiver betrachten kann. Und ich bemühe mich, in einer Weise Vertrauen aufzubauen, dass eine optimale Beziehung zwischen uns beiden entstehen kann.

Energetisch betrachtet finden wir beide, die wir in der Balance zusammenarbeiten, als Lernende für eine bestimmte Zeit zusammen: Es findet ein Austausch statt, der mögliche Wege ausloten soll, bis wir beide wieder in Berührung mit unserer Lebendigkeit kommen, unser Feuer wiederfinden, das uns leuchten lässt und unsere Seele nährt. Unsere Unterhaltung wird durch die Weisheit unseres Körpers bestimmt. Wir respektieren beide, dass jeder seinen eigenen, einzigartigen Prozess durchläuft, wir lassen den Intellekt beiseite und wenden uns an unsere angeborene Intelligenz, die uns konkret erfahren lässt, wer wir wirklich sind. Diese Bewegung hin zu Authentizität ist die Grundlage meiner Arbeit.

Fallbeispiel: Susan

So kommt zum Beispiel Susan zu mir, die Angst vor einem bevorstehenden Umzug nach Chicago hat. Die Haltung ihrer Wirbelsäule verrät mir alles, denn sie ist aus Furcht vor der Veränderung nach hinten durchgebogen. Ich spüre, was sie empfindet, weil sie Vertrautes aufgeben muss, um in ihrem Leben eine Veränderung herbeizuführen.

Mein Erfolg im Balanceprozess mit Susan oder auch mit meinen anderen Klienten beruht nicht so sehr auf einer bestimmten Technik als auf der Tatsache, dass ich die Sprache der Bewegungen sehr gut verstehe und dass ich deshalb für diesen Menschen in der Gegenwart da sein kann.

Susan sagt: „Mein Chef braucht mich wirklich für das neue Büro, das er in Chicago einrichtet. Mein Mann sichert mir seine Unterstützung zu, aber eigentlich will er nicht wirklich umziehen. Er müsste sich einen neuen Job suchen und die Kinder müssten mitten im Schuljahr die Schule wechseln."

Ich frage sie: „Und wo stehst *du* in diesem Chaos?" Als Antwort lässt Susan die Schultern nach vorne sinken und beginnt zu schluchzen. In der Frage des

Umzugs nach Chicago ist dies vielleicht das erste Mal, dass jemand Susan auf der Körperebene zugehört hat (und vielleicht auch sie sich selbst). Ich bin jetzt für sie da und ich respektiere und schätze ihre ehrliche Antwort. Während ich den geschützten Raum aufrechterhalte und ihr aufmerksam zuhöre, hat die Balance auch schon begonnen, ehe wir mit dem eigentlichen Prozess angefangen haben.

Susan kann sich jetzt entspannen und das Gefühl zulassen, dass sie nichts tun muss, nirgendwo hingehen und nichts verändern muss. Sie erkennt, dass es nicht nur um ihren Mann und um ihre Kinder geht, sie sollte auch sich selbst mit in das Bild nehmen. Sie muss ihren eigenen Geist in Betracht ziehen und ihn in den Reigen einbeziehen.

In einem solchen sicheren Raum gibt es keine Zurückweisung, keinen Wettbewerb und kein Verlassenwerden. Und wenn das wahre Selbst sich einmal entwickeln darf, lässt sich nie vorhersagen, welche Wunder möglich sind.

Während ich so beobachte, wie die wahre Susan zum Vorschein kommt, sage ich anerkennend: „Ich sehe, wie du dich bemühst. Und ich weiß, dass du die Veränderung schaffen wirst, denn ich kann die Leidenschaft spüren, mit der du in diese Situation gehst."

Schritt für Schritt durch den PACE-Prozess

Fallbeispiel: Jason

Jason ist freier Schriftsteller und er ist bei mir, weil er den Auftrag erhalten hat, eine Kindergeschichte zu schreiben. Er hat jedoch Angst vor diesem Auftrag und fühlt sich blockiert. Und er erklärt mir: „Kindergeschichten sind nicht mein Spezialgebiet. Gewöhnlich schreibe ich Texte für Erwachsene und ich komme mir so richtig alt und langweilig vor, wenn ich versuche, meine Kreativität fließen zu lassen und mir vorzustellen, was Zehnjährige gerne lesen würden."

Dann gehe ich mit Jason die vier Schritte der Brain-Gym®-Aktionsbalance durch: PACE, die Buchstaben stehen für „Positiv", „Aktiv", „Clear" (klar) und „Energievoll" (motivierend). Wir alle haben einen eigenen inneren Rhythmus und eine eigene Zeiteinteilung, aber zeitweise bringt uns der Stress aus dem natürlichen Rhythmus. PACE verbindet uns wieder mit unserem eigenen

Tempo und richtet unsere Bewegung auf unser pulsierendes, lebendiges Herz aus – es ist, als würden wir wieder langsamer und in unser Innerstes zurückkehren. Bei den vier Schritten von PACE beginnen wir immer mit dem „E" und arbeiten uns von hinten nach vorne.

Wasser trinken

Um „energievoll" zu werden, erledigen wir zunächst die erste Aufgabe im PACE-Prozess, eine wirklich praktische und einfache Aufgabe, wir trinken nämlich Wasser. Häufig trinken wir nur dann Wasser, wenn wir durstig sind, und dabei bedenken wir nicht, wie wichtig H_2O für unsere Gehirnfunktionen, unsere Beweglichkeit und allgemein für unsere Gesundheit ist. Wasser ist das Medium, mit dessen Hilfe das elektrische Potenzial an unseren Zellmembranen erhöht wird, und deshalb ist Wasser so wichtig für das Funktionieren der Nervenverbindungen.

Wasser trinken

Wenn ich merke, dass ich wenig Energie habe, trinke ich ein Glas klares Wasser, anstatt Kaffee zu trinken oder einen Schokoriegel zu essen. Ich warte einige Minuten, bis mein Körper das Wasser absorbiert hat, und bin danach immer wieder erstaunt über das Ergebnis, denn ich fühle mich ausnahmslos wacher und habe mehr Energie für die anstehende Aufgabe. Wenn ich vorher hungrig war, schwindet dieses Gefühl gewöhnlich, da das Gehirn die Symptome von Wassermangel oft mit denen eines niedrigen Blutzuckerspiegels verwechselt.

Das Gehirn besteht zu 90 Prozent aus Wasser und Wasser ist mehr als nur ein inaktives Medium, *in dem* ein bestimmter Prozess stattfindet. Wasser spielt eine lebenswichtige Rolle für die Gehirnfunktionen und wenn der Durst nicht wahrgenommen wird, führt das unweigerlich zu einer Einschränkung dieser Funktionen. Nur wenige von uns trinken genügend Wasser, vor allem weil wir unseren Durst nicht ausreichend beachten. Deshalb ist es empfehlenswert, jeden Tag regelmäßig mehrmals Wasser zu trinken. Viele Lehrer – besonders diejenigen, die mit Brain-Gym® vertraut sind – raten ihren Schülern, sich eine Flasche Wasser auf ihren Tisch zu stellen und immer wieder davon zu trinken.

Gesundheitsbehörden empfehlen, je nach Körpergewicht täglich acht bis zwölf Gläser Wasser zu trinken. Und zwar gilt das *zusätzlich* zu anderen Getränken wie zum Beispiel Limonade aus der Flasche, auch zusätzlich zu wasserhaltigen Getränken wie Kaffee, Tee und Säften.

Man kann die Bedeutung einer ausreichenden Wasserversorgung des Nervensystems gar nicht hoch genug einschätzen. Francis Meise und Nina Anderson schreiben in ihrem wegweisenden Buch *Overcoming Senior Moments* sehr treffend:

Mineralien im Gehirn bildeten elektrische Funken, die so genannten Elektrolyte. Diese geladenen Teilchen seien dafür verantwortlich, dass Signale von einer Zelle zur anderen übertragen werden. Ein Lachs, der sich flussaufwärts bewege und an einen Wasserfall komme, schwimme zunächst im herabstürzenden Wasser immer wieder im Kreis. Dabei nehme der Fisch die elektrische Ladung auf, die durch das herabfließende Wasser entstehe, und auf diese Weise schaffe er seine viel bewunderten Sprünge den Wasserfall *hinauf.* Wenn Elektrolyte schon bei einem Fisch derart wirkten, könne man sich vorstellen, was sie im menschlichen Gehirn bewirkten.

Wichtig ist auch, dass wir neben der Menge auf die Qualität des Wassers achten. Wasser aus städtischen Wasserleitungen ist immer bedenklich, vor allem weil es Untersuchungen gibt, die einen Zusammenhang zwischen Chlor und Krebs nahe legen.

Bei dieser Gelegenheit möchte ich Ihnen raten, bei Zusätzen zu Nahrungsmitteln oder Wasser nicht auf den wissenschaftlichen Beweis ihrer Unbedenklichkeit zu warten. Nur weil bei einem Zusatz noch nicht nachgewiesen werden konnte, dass er schädlich ist, bedeutet das noch lange nicht, dass er ungefährlich ist. Ich halte mich lieber an den gesunden Menschenverstand: Wenn von Natur aus im Wasser kein Chlor enthalten ist, dann möchte ich auch kein Wasser mit Chlorzugabe trinken!

Haben Sie Vertrauen in die Natur und vertrauen Sie nicht vorschnell auf menschliche Eingriffe in die Natur. Trotz erstaunlicher Fortschritte im letzten Jahrhundert steckt die Wissenschaft, was die menschliche Physiologie betrifft, noch in den Kinderschuhen.

Ich meine, dass Quellwasser in seiner Reinheit und mit seinem Gehalt an Mineralien für den Menschen perfekt geeignet ist. Leider ist der Kauf von Quellwasser nicht immer die beste Lösung. Es ist teuer und von manchen Seiten wurden Befürchtungen über Verunreinigungen geäußert, einmal durch den Kunststoff der Flaschen und zum anderen durch Mikroorganismen, die sich bei der Lagerung vermehren könnten. Brunnenwasser ist eine gute Möglichkeit, vorausgesetzt es ist rein. Zur Reinigung von Leitungswasser würde ich empfehlen, dass Sie sich einen Osmosefilter kaufen. Leider enthält das gefilterte Wasser dann keine Mineralien mehr, so dass es empfehlenswert wäre, dem Trinkwasser Spurenelemente zuzusetzen.

Die Gehirnpunkte

Jason schaut skeptisch auf das Glas Wasser, das ich ihm überreiche, trinkt das Wasser jedoch, ohne etwas zu sagen. Dann gehe ich zum nächsten Schritt im PACE-Prozess, den „Gehirnpunkten" – sie repräsentieren das C = „Clear". Ich zeige Jason, wie er mit Daumen und Zeigefinger der rechten Hand die Punkte zu beiden Seiten des Brustbeins, unmittelbar unterhalb des Schlüsselbeins berühren soll, um die dort befindlichen Reflexpunkte zu stimulieren.

Die Gehirnpunkte dienen dazu, die Einschränkung der Augenbewegungen aufzuheben, indem sie die Muskeln im Nacken entspannen, die vom visuellen Hinterhauptbereich ausgehen. Damit verbessert sich die visuelle Wahrnehmung und das Lesen über die Mittellinie hinweg wird leichter.

Die Gehirnpunkte

Gehirnpunkte

Halten Sie bei dieser Übung mit einer Hand den Bauchnabel und massieren Sie gleichzeitig (30 bis 60 Sekunden lang) mit zwei Fingern und dem Daumen der anderen Hand die beiden Punkte unterhalb der Schlüsselbeine. Sie finden die beiden Punkte ganz leicht, wenn Sie Finger und Daumen auf die beiden knöchernen Erhebungen legen, wo Schlüsselbein und Brustbein aufeinander treffen. Rutschen Sie von da mit den Fingern nach außen und unten auf die beiden weichen und leicht vertieften Stellen (circa 2 bis 3 cm rechts und links vom oberen Ende des Brustbeins, gleich unterhalb der Schlüsselbeine).

Wenn Sie das selbst ausprobieren wollen und nicht genau wissen, wohin Sie Daumen und Zeigefinger legen sollen, lassen Sie sich einfach von Ihren Körperempfindungen leiten. Nähern Sie sich der richtigen Stelle an, indem Sie unterhalb des Schlüsselbeins leichten Druck ausüben, drücken Sie in das weiche Gewebe links und rechts des Brustbeins und bewegen Sie die Finger etwas um diese Stellen herum, bis Sie im Nacken ein Nachlassen der Spannung spüren. Wenn Sie sehr genau auf die Empfindungen im Nacken achten, werden Sie, nachdem Sie die Druckpunkte gefunden haben, das Loslassen als sehr angenehm empfinden.

Wenngleich das Gehirn nur etwa 2 Prozent des Körpergewichts ausmacht, verbraucht es 20 Prozent des vom Körper aufgenommenen Sauerstoffs. Da die Gehirnpunkte direkt über den Schlagadern liegen, die das frisch mit Sauerstoff angereicherte Blut zum Gehirn transportieren, wird durch die Stimulation dieser Punkte auch die Sauerstoffversorgung verbessert. Die bessere Versorgung regt das Gehirn zu verstärkter Aktivität an, der Austausch von Botschaften zwischen der rechten und der linken Hemisphäre wird gefördert. Und das führt zu einer besseren Integration der linearen, analytischen mit der holografischen, intuitiven Seite des Gehirns.

Die Hand über dem Nabel stärkt das Gleichgewichtszentrum des Körpers, die von den Bogengängen (den Gleichgewichtszentren im Innenohr) ausgehenden und dort ankommenden Stimuli werden ausbalanciert. Das vestibulare System in den Ohren – das Tor zum Lernen – wird aktiviert und damit wird die Verbindung von Geist und Körper verbessert.

Die Überkreuzbewegung (im Stehen)

Anschließend macht Jason die Übung, die das A (für „Aktiv") repräsentiert, denn damit wird das Gehirn wirklich stimuliert. Die „Überkreuzbewegung" ist eine grundlegende Übung bei Brain-Gym®, sie koordiniert die linke und die rechte Gehirnhälfte, so dass diese gleichzeitig arbeiten. Die simultane Aktivität der Hemisphären ist ein wesentlicher Aspekt der Geist-Körper-Integration. Diese Bewegung verbessert den Zugang zu dem Teil des Gehirns, der räumlich und in großen Zusammenhängen denkt – der rechten Hälfte –, und macht uns offen für neue Erfahrungen. Und sie erleichtert das Lernen, indem das, was wir tun, linear geordnet wird – die Arbeit der linken Hälfte.

Die Aufgabe besteht hier darin, sich so zu bewegen, dass immer ein Arm und das Bein der anderen Körperseite gleichzeitig bewegt werden. Anfänger beginnen am besten, indem sie zunächst das rechte Knie mit der linken Hand

**Die Überkreuzbewegung
im Stehen**

und anschließend das linke Knie mit der rechten Hand berühren und das
dann mehrmals wiederholen. (Vgl. Anleitung in Kapitel 5)

Diese Bewegung ist für den Körper völlig natürlich. Wir beginnen bereits als
Kleinkinder, unsere beiden Körperseiten beim Krabbeln, Gehen und Laufen
in unsere Bewegung einzubinden. Experten haben die Theorie aufgestellt,
dass kontralaterale Übungen (so wird diese Art von Übungen genannt) die
Gehirnzentren für das Sprechen und die Sprache aktivieren. Ein weiteres
wichtiges Ergebnis ist die Integration der rezeptiven und der expressiven
Hemisphäre, die in der Folge das Lernen erleichtert, die Fantasie anregt und
die Kreativität weckt.

Wenn Sie mit der Übung besser vertraut sind, können Sie ihre Lieblingsmu-
sik dazu spielen und die Bewegung zu einem Tanz werden lassen. Einzig wichtig ist dabei, dass Sie einen Arm und das gegenüberliegende Bein jeweils
gleichzeitig bewegen und dann immer wieder die Seiten wechseln.

Die Hook-ups im Stehen

Die letzte zu PACE gehörige Bewegung sind die „Hook-ups" für das P: Diese
Übung soll eine „positive" Einstellung fördern, indem sie den Kampf-oder-
Flucht-Reflex löst, der sich auf jede als lebensbedrohlich erachtete Situation
einstellt. Mit den Hook-ups wird elektrische Energie aus den Überlebenszen-
tren im Hirnstamm zu den Vernunftzentren im Mittelhirn und im Neokortex
gebracht und auf diese Weise wird die Integration der Hemisphären gefördert, wodurch sich die feinmotorische Koordination verbessert und logisches
Denken wieder möglich wird.

Hook-ups

Teil 1: Legen Sie Ihren linken Fußknöchel über den rechten. Strecken
Sie die Arme nach vorne und legen Sie das linke Handgelenk über das
rechte. Verschränken Sie die Finger und drehen Sie die Hände nach
innen und nach oben, bis vor die Brust. Schließen Sie die Augen, atmen
Sie tief und entspannen Sie sich. Drücken Sie die Zunge beim Einatmen
an den Gaumen – beim Ausatmen entspannen Sie die Zunge wieder.
(Die an den Gaumen gedrückte Zunge stimuliert das limbische System,
das emotionale Inhalte verarbeitet, sowie die Stirnlappen, die einen
besseren Überblick über die Situation verschaffen.)

Die Hook-ups im Stehen

Teil 1

Teil 2

Vielleicht wollen Sie die Übung einmal im Stehen ausführen; dabei werden besonders die Gleichgewichtsstrukturen im Innenohr (das vestibulare System) aktiviert. Egal ob stehend, sitzend oder liegend – die Hook-ups sind immer gleich effektiv.

Teil 2: Stellen Sie nun Ihre Füße wieder nebeneinander. Führen Sie die Fingerspitzen beider Hände zusammen und atmen Sie (wie in Teil 1) eine weitere Minute lang tief durch.

Die Bewegung Hook-ups stellt nach einer Stresssituation aufgrund von emotionalen oder Umweltfaktoren unser Gleichgewicht wieder her, sie aktiviert die Stirnlappen (die auf Ziele und Bewegung ausgerichtete Kommandozentrale im Gehirn) und sie öffnet das Herz. Und am wichtigsten ist, dass sie uns hilft, unser eigenes Zentrum wieder zu finden. Als Ergebnis dieser Übung fühlen wir uns befreit, wir sind optimistisch und friedlich gestimmt.

Diese Balancehaltung aktiviert das vestibulare System in vollem Umfang. Die überkreuzten Hände und Füße stimulieren die motorischen Kortizes in beiden Hemisphären und aktivieren gleichzeitig alle motorischen Steuerungszentren im Gehirn, so dass unangemessene Reaktionen durch die Überlebensreflexe, durch Stresshormone oder das sympathische Nervensystem ausgeschaltet werden.

∗∗∗

PACE ist also eine Übungsreihe, die der Vorbereitung dient, sie soll Ihren Geist und Ihren Körper in einen positiven, aktiven, klaren (clear) und energievollen Zustand (PACE) bringen, so dass Sie für das Lernen im hohen Gang bereit sind.

Ziel-PACE

Während einer Balance, wenn sowohl der Schüler oder Klient als auch ich selbst in PACE sind, frage ich: „Was beschäftigt dich zurzeit?" Wenn ich diese Frage stelle, möchte ich ein Ziel oder einen Fokus für die Sitzung bestimmen lassen. Meine Strategie ist vor allem, die Gedanken der Klienten umzuleiten: von möglichen Problemlösungen und einer Heilung der momentanen Schwierigkeit hin zu der Freude und Lebendigkeit, die mit einer bewussteren Lebensweise verbunden sind. Es ist notwendig, dass der Klient wieder die Verbindung zu seiner Aufgabe oder Mission findet und ein Ziel in der Gegenwart formuliert.

Wenn eine Klientin sich wieder auf das eigene Leben besinnt und sich vorstellen kann, wie sie jetzt, in der laufenden Sitzung ihr Leben selbst in die Hand nimmt, wird sie auch später dazu in der Lage sein. Sinn der Balance ist es nicht, in eine frühere Zeit zurückzugehen, als wir das Leben als leichter empfanden. Ziel ist es, aus der aktuellen Situation auszusteigen und uns, indem wir Körper, Geist und Herz verbinden, in einen Raum mit mehr Möglichkeiten zu bewegen.

Im nächsten Schritt wird das Ziel festgelegt, das der Klient erreichen will. Wir sprechen hier von Ziel-PACE, denn auch das Ziel muss den Kriterien positiv, aktiv, klar und energievoll genügen. Ein Ziel festzusetzen hängt eng mit der Intention oder Motivation zusammen, die ein Kernelement bei Brain-Gym® ist, denn sie initiiert die positiven Veränderungen im Leben eines Menschen. Wenn unsere Motivation überzeugend ist, eilen uns der Geist und der Körper zu Hilfe, genauso wie das gesamte Universum – als äußere Manifestation unseres inneren Zustands. So sprechen wir mit einer Klientin, bis wir am Klang ihrer Stimme und an ihrer Körpersprache erkennen, dass sie ein Ziel gefunden hat, das ihr wirklich verlockend erscheint und für das sie sich entschieden einsetzen wird.

Bei Brain-Gym® gelangen Klienten durch die PACE-Übungen und durch Ziel-PACE in einen Zustand, in dem sie ihre Ziele so zum Ausdruck bringen, dass ihr Geist und ihr Körper ebenso wie die ganze Welt darauf reagieren. Sie fühlen sich so sicher, dass sie sich entscheiden, ihr Leben zu verändern, und dabei das Gefühl haben, dies sei bereits geschehen; sie müssen Entscheidungen nicht aus Konflikt- und Stresssituationen heraus durchfechten.

Als ich Jason bitte, sein Ziel zu benennen, sagt er: „Ich möchte meine kreative Blockade beseitigen."

„Kannst du dieses Ziel auch positiv formulieren?"

„Ich möchte eine gute Kindergeschichte schreiben."

„Und wie müsste diese Geschichte aussehen?"

„Lebendig und fantasievoll."

„Kannst du das als klares, positives Ziel formulieren?"

Jason atmet tief durch und meint: „Mein Ziel ist: einen Entwurf für eine lebendige und fantasievolle Kindergeschichte abliefern, von der mein Verleger begeistert ist!"

Das Ziel ist so positiv formuliert, dass es selbst ein Kind verstehen kann. Ich sehe, dass Jason, indem er das Ziel formuliert, neue Energie gewonnen hat und bereit ist zu starten. Damit sind wir bereit für die so genannte „Voraktivität".

Die Voraktivität

Bei einer Brain-Gym®-Balance wollen wir sowohl die Fertigkeiten identifizieren, die bereits vorhanden sind, als auch die, die erst noch ans Licht gebracht werden müssen. Das geschieht, indem ich den Betreffenden eine Aufgabe gebe, bei der die nötigen Fertigkeiten zur Anwendung kommen.

Im Fall von Jason bitte ich ihn, den ersten Abschnitt einer Geschichte zu schreiben. Er sitzt eine Weile ruhig da und überlegt, dann schreibt er:

„Es war einmal ein junger Prinz, der ein schönes junges Mädchen heiraten wollte. Leider war sie die Tochter eines Holzfällers und der König und die Königin waren mit der Verbindung nicht einverstanden."

Wenngleich dieser einleitende Abschnitt theoretisch in eine fesselnde Geschichte führen könnte, ist er simpel und ohne Reiz. Jason erkennt das selbst und das ist auch der Grund für seine Befürchtungen.

Mit der Voraktivität können wir einen bestimmten Augenblick anhalten, um das Muster oder den Prozess aufzuschlüsseln, der Jasons Strategie bestimmt, wenn er schreiben will, während er *unter Druck* steht. Entsprechend der Definition von Brain-Gym®: Jason hat weder Verbindung zur Fantasie seiner rechten Hemisphäre noch Zugang zur Leidenschaft und Freude in seinem Herzen. Man könnte sagen, dass seine neuronalen Verbindungen auf Überleben und nicht auf Kreativität geschaltet sind. Und er wird diese Strategie auch beibehalten, bis er lernt, seine mentalen Muster für das Schreiben wieder mit den ausgelassenen Körperbewegungen der Kindheit zu verbinden, die seine Kreativität wieder fließen lassen.

Das Lernmenü

Ich stelle dann ein „Lernmenü" mit Brain-Gym®-Übungen zusammen, aus dem Jason Bewegungen auswählen kann. Dabei denke ich an Übungen, die seinen Geist und sein Herz verbinden und die linke und rechte Seite seines Gehirns balancieren.

Ein Lernmenü besteht aus einer Reihe von Übungen aus dem Format der Brain-Gym®-Übungen. Die Übungsreihe hat den Zweck, den Geist und Körper des Betreffenden für sein gewünschtes Ziel zu aktivieren. Die Übungen werden entweder von dem Klienten, der den Balanceprozess durchläuft, selbst vorgeschlagen, oder auch von demjenigen, der die Balance begleitet.

Wenn Sie, während Sie das Buch lesen, eine Aktionsbalance durchführen, können Sie der Auswahl von Jason folgen oder selbst die für Sie geeigneten Übungen aussuchen. Dabei ist es wichtig, dass Sie Ihren Körper genau beobachten. In Brain-Gym® sprechen wir hier von *Noticing* (bewusste Selbstwahrnehmung); wir wollen damit betonen, dass das bewusste, aufmerksame Wahrnehmen zu den normalen menschlichen Fähigkeiten gehört. Jeder kann das. Vertrauen Sie auf die Intelligenz Ihres Körpers und auf Ihre Intuition. So wie Ihre Intuition Ihnen sagt, was Sie essen sollten, sagt sie Ihnen auch, welche Brain-Gym®-Übungen in der jeweiligen Situation für Sie geeignet sind.

Eine Übersicht über *die* Brain-Gym®-Bewegungen, die im vorliegenden Buch vorgestellt werden, finden Sie im Anhang. Diejenigen meiner Bücher, in denen Sie das *gesamte* Brain-Gym®-Programm mit seinen 26 Übungen finden, sind im Literaturverzeichnis aufgeführt.

Auf den nachfolgenden Seiten folgen noch einige weitere ausgewählte Übungen aus dem Gesamtprogramm.

Der Elefant

Jason wählt für sein Ziel die Bewegung „Elefant" aus.

Diese Bewegung nützt in vielerlei Hinsicht, unter anderem lässt sie uns besser auf das hören, was unsere eigene Stimme sagt – was sehr wichtig ist, wenn wir erfolgreich schreiben wollen. Die Übung stärkt die Aufmerksamkeit, die Wahrnehmung und die Unterscheidungsfähigkeit und sie trägt dazu bei, das Sehen, das Zuhören und die Ganzkörperbewegung zu integrieren, indem sie das vestibulare System vollständig aktiviert.

Elefant

Beugen Sie im Stehen leicht die Knie. Strecken Sie den linken Arm nach vorne aus und legen Sie Ihren Kopf entspannt auf dem Arm ab. Stellen Sie sich in der Ferne eine riesengroße Liegende Acht vor und schauen Sie auf diese Acht. „Zeichnen" Sie nun mit dem Arm die große Liegende Acht in der Ferne nach und lassen Sie Ihren Kopf dabei entspannt auf dem Arm liegen. Die Bewegung wird dabei vom Becken initiiert und der gesamte Oberkörper macht die Bewegung mit. Schauen Sie während der ganzen Übung über die Hand hinaus in die Ferne auf die Liegende Acht. (Vielleicht sehen Sie Ihre Hand dabei doppelt – das ist in Ordnung.) Wiederholen Sie die Übung mit dem *rechten* Arm.

Tipp: Wenn es Ihnen schwer fällt, den Kopf entspannt auf dem Arm abzulegen, dann können Sie auch ein weiches Kissen zwischen Kopf und Schulter halten.

Der Elefant

Die Überkreuzbewegung mit Aufsitzen

Als nächste Übung wählt Jason die Überkreuzbewegung mit Aufsitzen. Er legt sich auf eine gepolsterte Liege, die Hände über dem Kopf, und berührt abwechselnd mit dem rechten und linken Ellenbogen das gegenüber liegende Knie.

Die Übung erleichtert die Integration der linken und rechten Hemisphäre, da sie dazu beiträgt, dass der Betreffende zentriert und geerdet wird. Geist und Herz werden verbunden und die Kanäle der Kreativität geöffnet.

Die Überkreuzbewegung mit Aufsitzen

Überkreuzbewegung mit Aufsitzen

Legen Sie sich flach auf den Rücken und verschränken Sie die Hände hinter dem Kopf. Wenn Ihnen diese Ausgangsposition unbequem ist oder Sie Probleme mit dem unteren Rücken haben, dann stellen Sie Ihre Beine angewinkelt auf.

Lassen Sie das ganze Gewicht Ihres Kopfes in die Hände fallen. Benutzen Sie Ihre Muskulatur im Rumpf, um gleichzeitig *einen* Ellbogen und das *gegenüberliegende* Knie aufeinander zuzubewegen. Wiederholen Sie anschließend das Gleiche auf der anderen Seite. Wiederholen Sie diese Bewegungen mehrmals. Lassen Sie Ihren Nacken dabei entspannt und atmen Sie tief durch.

Hinweis: Bei dieser Übung kommt es nicht darauf an, dass Sie mit Ihrem Ellbogen das gegenüberliegende Knie *erreichen*. Strengen Sie sich nicht an. Bleiben Sie entspannt. Ziel dieser Übung ist, dass Sie das X in der Rumpfmuskulatur spüren.

Die Denkmütze

Jetzt entscheidet Jason sich für die „Denkmütze". Dabei werden mehr als vierhundert Akupressurpunkte stimuliert, die mit allen Funktionen des Gehirns und des Körpers in Verbindung stehen. Unter anderem aktiviert die Denkmütze die *Formatio reticularis* (= maschenförmig angeordnetes Nervengewebe in Rückenmark und Hirnstamm, eine Art Schaltzentrale) und hält so das Gehirn wach und aktiv. Außerdem soll die Übung integratives Denken unterstützen: Das Erkennen von Wortbedeutungen und Assoziationen wird erleichtert, weil Laute, Rhythmen und Bilder miteinander verknüpft werden. Diese Bewegung hilft dem Übenden, dass er besser zuhören und sich besser erinnern kann, denn der Hörsinn ist enger mit dem Gedächtnis verbunden als das Sehen oder die übrigen Sinne.

Die Denkmütze

Denkmütze

Ziehen Sie Ihre Ohren sanft nach hinten und falten Sie sie aus. Beginnen Sie ganz oben und massieren Sie sanft an der Rundung (am äußeren Rand) entlang bis hinunter zum Ohrläppchen. Wiederholen Sie dies mindestens dreimal.

Die Eule

Die nächste Übung für Jason ist die „Eule". Eine Eule kann Kopf und Augen gleichzeitig bis zu 180 Grad drehen, so dass ihr ein außerordentlich großes Sehfeld zur Verfügung steht. Außerdem besitzt sie ein äußerst scharfes Gehör. Wenn wir diese Bewegung ausführen, erweitern auch wir unser Wahrnehmungsfeld.

Eule

Legen Sie eine Hand auf die gegenüberliegende Schulter (also etwa: die rechte Hand auf die linke Schulter) und drücken Sie den Muskel dort fest zusammen. Halten Sie den Muskel sanft fest, während Sie die folgende Bewegung machen. Drehen Sie langsam Ihren Kopf zur Seite und schauen zuerst über die eine Schulter. Atmen Sie aus. Atmen Sie ein und drehen Sie dabei den Kopf langsam zur anderen Seite, soweit Sie das entspannt tun können. Atmen Sie aus. Drehen Sie jetzt den Kopf mit der Einatmung langsam zur Mitte und neigen Sie Ihn leicht nach vorne; atmen Sie tief aus und entspannen sich. Wiederholen Sie das dreimal und wechseln Sie dann auf die andere Seite (das heißt: Zusammendrücken des *anderen* Schultermuskels).

Die Eule

Die Beckenschaukel

Als letzte Bewegung macht Jason schließlich die „Beckenschaukel". Dazu setzen Sie sich auf den Boden, auf ein stabiles Kissen (am besten eine Übungsmatte). Die Beckenschaukel regt unter anderem die Zirkulation der Cerebrospinalflüssigkeit innerhalb der Wirbelsäule an, die wiederum das Gehirn ernährt, klares Denken unterstützt und die Verbindung zwischen dem Gehirn und dem restlichen Körper herstellt.

Die Beckenschaukel

Beckenschaukel

Setzen Sie sich auf den Boden, beugen Sie die Knie und halten Sie die Füße zusammen. Dann stützen Sie sich nach hinten mit den Händen ab und massieren mit kreisförmigen Schaukelbewegungen Gesäß und Steißbein, bis die Anspannung nachlässt.

Tipp: Wenn Sie Probleme im unteren Rücken haben, dann stellen Sie die Füße bei dieser Übung auf den Boden. Alle diese Übungen sind leicht und einfach; wenn Sie sich verspannen oder Ihnen etwas weh tut, dann wandeln Sie die Übung ab. Oder lassen Sie sich Hilfestellung geben. Wenn auch das nicht angenehm ist, dann verzichten Sie vorläufig auf die Übung.

Die beschriebenen Übungen sind sehr einfach. Da manche Menschen davon überzeugt sind, dass sie ohne Schmerzen nichts erreichen können, wollen sie kaum glauben, dass mit derart wenig Anstrengung überzeugende Resultate erzielt werden können. (Jason hat für die Übungen etwa zehn Minuten gebraucht und keine davon ist anstrengend.) Tatsache ist jedoch, dass die Übungen erstaunlich effektiv sind. Der Grund dafür ist, dass Geist und Körper von Natur aus verbunden und in der Balance sind – sobald wir entspannt sind und uns sicher fühlen. Die Brain-Gym®Übungen regen die Funktionen des ganzen Gehirns an, sie entfernen den Stress aus dem System, damit es wie geplant optimal funktionieren kann.

Die Nachaktivität

Nach den Übungen aus dem Lernmenü steht für Jason die „Nachaktivität" an. Damit wird überprüft, wie weit es gelungen ist, dem System zu einer besseren Strategie oder zu einem besseren Muster zu verhelfen. Man wiederholt einfach die Voraktivität und achtet auf Veränderungen.

Für Jason bedeutet das, dass er den ersten Abschnitt seiner Kindergeschichte noch einmal schreibt. Ich biete ihm an, dass er entweder das Original Wort für Wort kopieren oder natürlich auch den Text verändern kann.

Jason schreibt einen neuen Abschnitt und sieht mich dann lächelnd an. Er liest zunächst noch einmal die erste Version vor und anschließend mit unverkennbarem Stolz die zweite:

„Es war einmal ein junger Prinz, der liebte ein wunderschönes Mädchen. Er wollte sie zur Frau nehmen, aber sein Vater, der König, sagte „Niemals!" und seine Mutter, die Königin, bekräftigte: „Absolut und ein für alle Mal nein!" Sogar sein Hund Fluffy schaute den Prinzen mit seinem gesunden Auge missbilligend an (er hatte ein Auge bei einem Jagdunfall verloren). Warum? Weil das Mädchen die Tochter eines Waldarbeiters war und für die Heirat mit einem Prinzen wäre die Tochter eines Waldarbeiters sicherlich die allerletzte Wahl."

Sie sind sicher wie ich der Meinung, dass diese Verbesserung eindrucksvoll war. Im Gegensatz zum ersten Versuch ist die neue Version unterhaltsam, kreativ und dreidimensional. Dieses Mal sind Gefühle im Spiel und der Erzähler vertritt eine eindeutige Meinung. Und das nach nur zehn Minuten Brain-Gym®!

Jason selbst ist begeistert. Er ist sichtlich gehobener Stimmung angesichts der Herausforderung, die er gemeistert hat. (Dieses Gefühl entstammt, wenn das ganze Leben auf eine einzige Leistung ausgerichtet ist, dem linken Stirnlappen.) Jason ist zuversichtlich, eine Geschichte schreiben zu können, die sich auch verkaufen lässt.

Ich mache Jason deutlich, dass er die Bewegungen etwa einen Monat lang täglich einmal üben sollte – das ist in etwa die Zeit, die nötig ist, damit Geist und Körper neue Bewegungsmuster lernen und vollständig verankern.

Einige Wochen nach unserer Sitzung ruft mich Jason ganz aufgeregt an. Er erzählt mir, dass er einen ersten Entwurf für das Buch vollendet und an seinen Verleger geschickt hat, der es auch prompt akzeptiert hat.

Empathie und andere Fertigkeiten zur Lebensbewältigung

Brain-Gym® unterstützt Sie in vielen Bereichen Ihres Lebens, wie zum Beispiel beim Sport, beim Lesen und Malen, in der Mathematik und bei organisatorischen Tätigkeiten, um nur einige zu nennen. Zusätzlich werden viele wünschenswerte menschliche Eigenschaften gefördert, insbesondere solche, die sich erst entwickeln, wenn wir die Verbindung zu unserem Herzen haben. Ich möchte ihnen gerne an einem Beispiel beschreiben, wie Brain-Gym® eine der wichtigsten menschlichen Eigenschaften zur Entfaltung bringt: die Empathie, die emotionale Verbindung von Herz zu Herz.

Ein Mensch ist zu Empathie fähig, wenn er fühlen kann, was ein anderer Mensch fühlt. Das ist die Grundlage für die goldene Regel: „Verhalte dich anderen gegenüber so, wie du es auch von ihnen erwartest." Wir können diese Regel nicht befolgen, wenn wir nicht wissen, wie der andere empfindet. Das extreme Gegenteil eines empathischen Menschen ist der Psychopath, der kein Gespür für die Gefühle anderer hat und deshalb kaum Einschränkungen in seinem Verhalten kennt. Wie anders wäre die Welt, wenn wir uns gestatten würden, den Schmerz und das Leiden anderer wirklich mit ihnen zu fühlen! Innerhalb weniger Wochen gäbe es keinen Krieg und keinen Hunger mehr, soziale Ungerechtigkeiten würden ausgeglichen und die Menschenrechte allgemein anerkannt.

Mit dieser Vision schildere ich, was im Idealfall mit Empathie zu erreichen wäre. Aber sie wirkt auch im Alltag Wunder, da sie den Umgang mit Familienmitgliedern und Freunden erleichtert. Was ein Mensch fühlt, ist ein viel besserer Indikator für die Beziehung, als wenn er uns belehrt, dass es in unserem Interesse wäre, wenn wir uns mit einer bestimmten Sache befassen. Wie oft werden Ehemänner oder -frauen von ihren Partnern verlassen und haben von der drohenden Katastrophe nichts geahnt?

Empathie ist auch am Arbeitsplatz unentbehrlich. Die Rolle der Emotionen wird im Geschäftsleben, in dem nach traditionellen Vorstellungen die Logik regiert, gewöhnlich unterschätzt; dennoch sind in Wirklichkeit Gefühle die Basis für jedes Geschäft. Verkaufs- und Marketingexperten wissen: Die Kaufentscheidung des Kunden wird sehr viel weniger vom Kopf als vielmehr vom Herzen beeinflusst. Deshalb sind Zugeständnisse beim Preis nur dann eine erfolgreiche Strategie, wenn miteinander konkurrierende Firmen nicht das Herz des Kunden angesprochen haben. Ähnlich bedeutsam sind Gefühle im

Bereich der Mitarbeiterführung. Werden die Gefühle der Mitarbeiter berücksichtigt und respektiert, bringen diese Mitarbeiter der Firma mehr Loyalität entgegen als andere, die nur gut bezahlt werden. Wir sind fühlende Wesen und wir blühen auf, wenn unsere Gefühle wahrgenommen und akzeptiert werden.

Leichtigkeit als Geburtsrecht

Wie können einige wenige Minuten mit einfachen Bewegungen derartig erstaunliche Resultate bewirken? Wie war es möglich, dass Jasons spielerische und kreative Anteile so schnell wieder belebt wurden? Wie kann etwas, was so einfach ist, uns helfen all das zu erreichen, was wir uns wünschen? Derartige Fragen bekomme ich oft zu hören.

Und die Antwort lautet: Wenn wir bewusst *in* unserem Körper und mit unserem Herzen *verbunden* sind, spüren wir in allen Lebensbereichen Verbesserungen. Wenn wir nur aus dem Geist heraus funktionieren und außerdem nur einen Teil des Geistes (gewöhnlich die linke, abgespaltene Hälfte) aktivieren, erfassen wir eine Situation jeweils nur bruchstückhaft. Deshalb ist unsere Auswahl möglicher Reaktionen sehr begrenzt, so als ob wir eine Symphonie mit nur einem Musiker spielen wollten. Brain-Gym® bringt dann das gesamte Orchester zurück. Wenn das geschieht, haben wir wieder unsere ganze Kraft zur Verfügung: für Arbeit und Spiel, für Studium und Kreativität sowie für unsere Beziehungen zu anderen Menschen.

Das Brain-Gym®-Programm erreicht all das mit wenig Anstrengung, da alle Grundlagen in uns bereits vorhanden sind. Die gesamte Intelligenz, so wie Sie sie zu jedem beliebigen Zeitpunkt benötigen werden, ist bereits in Ihnen angelegt, sie wartet nur darauf, hervorgeholt zu werden. Es ist so, als wären Sie Besitzer eines luxuriösen Sportwagens mit dem stärksten Motor, mit Kühler, Batterie, Verteiler, Stoßdämpfern, Reifen und einem mit hochwertigem Treibstoff gefüllten Tank. Aber das Auto bewegt sich *nicht von selbst* und Sie meinen, wenn Sie irgendwohin wollten, müssten Sie das Auto *schieben*. Eines Tages erscheint ein Automechaniker und zeigt Ihnen, wo die einzelnen Teile miteinander verbunden werden müssen. Das dauert nicht lange und das Resultat ist verblüffend: Sie drehen den Zündschlüssel und die Maschine funktioniert. Bald gleiten Sie über die Autobahn und hören sich dabei Ihre Lieblings-CDs an ...

Bei den meisten Menschen ist bei der Geburt alles vorhanden: linke und rechte Gehirnhälfte, das Herz und der übrige Körper. Sie müssen nur alle Teile miteinander verbinden – keine schwierige Aufgabe – und eine neue Welt mit vielen Möglichkeiten eröffnet sich wie durch ein Wunder. Leichtigkeit ist Ihr Geburtsrecht und die Quelle dafür sind die spielerischen Bewegungen, die Sie wieder mit natürlichem Lernen in Berührung bringen.

Lassen Sie uns, ehe wir dieses Kapitel abschließen, noch einige *Fallbeispiele* betrachten, die zeigen, wie wirksam Brain-Gym® beim Lesen, beim Sport und beim Radfahrenlernen sein kann.

Fallbeispiel: Katie

Katie hat mit ihren fünfzehn Jahren kaum einmal ein Buch gelesen, außer wenn sie das für den Englischunterricht tun musste. Einzig die Harry-Potter-Bücher bildeten eine Ausnahme: Wie Millionen andere junge Menschen (und manche jung gebliebene Erwachsene) auf der ganzen Welt machte Katie die Erfahrung, dass von den Büchern von J. K. Rowlings eine fast magische Kraft ausging, die ihre vorher nur „schlummernde" Begeisterung für das Lesen weckte.

Während der Voraktivität für ihre Balancesitzung hat Katie den letzten Harry-Potter-Band an einer beliebigen Stelle aufgeschlagen vor sich liegen und schaut mich fragend an. Ich nicke und signalisiere ihr so, dass sie mit dem Lesen beginnen kann. Sie liest laut vor, ohne Fehler und ohne zu stocken, aber ihr Ton ist flach. Es klingt, als lese sie etwas vor, was ihr irgendwie unangenehm ist, etwa die Wegbeschreibung zum Zahnarzt. Sie hält das Buch auf Armlänge entfernt, als würde es schlecht riechen. Ich schaue zu Katies Vater und sehe, wie sehr er sich bemüht, interessiert zu erscheinen. Wir alle drei sind erleichtert, als sie den Abschnitt zu Ende gelesen hat.

Ich mache mit Katie einige Tests und stelle fest, dass ihre Funktionen einem „gemischten Dominanzprofil" zuzuordnen sind. Neben anderen gemischten Funktionen sind ihr linkes Ohr und ihr rechtes Auge dominant. Das führt dazu, dass sie nicht beide Gehirnhälften nutzt, und deshalb bedeutet Lesen für sie Stress.

Katie ist sehr intelligent und ihr analytischer Verstand arbeitet außerordentlich schnell. In der Schule beherrscht sie die Bewegungen für das Lesen so weit, dass sie zurechtkommt. Sie liebt Harry Potter und einige fantasievolle Bücher von Roald Dahl, hat aber darüber hinaus keine besondere Freude am

Lesen. Der Grund ist, dass sie weder ihre rechte Gehirnhälfte noch das korrespondierende linke Auge voll einsetzt. Beide dienen als Zugänge zu Fantasie und Gefühl, sie verleihen unseren Bemühungen Farbe und machen das geschriebene Wort im Körper (und damit auch im Geist) lebendig.

Ich führe Katie durch eine Aktionsbalance und wähle mit ihr ein Lernmenü von Brain-Gym®-Übungen aus, die ihre beiden Hemisphären balancieren sollen, damit sie Dinge mit dem ganzen Gehirn erledigen kann. Der gesamte Prozess dauert etwa eine halbe Stunde. Wie immer sind die Übungen einfach und leicht zu lernen: So wird etwa für die Liegende Acht das Unendlichkeitszeichen drei Mal mit der linken und drei Mal mit der rechten Hand und anschließend mit beiden Händen in die Luft gezeichnet.

Katies Vater sitzt in der Ecke und ich kann erraten, was er denkt: „Wie kann eine so elementare und unspektakuläre Übung etwas bewirken, wenn bei meiner Tochter eine von Anfang an bestehende, tief sitzende Schwierigkeit vorliegt?"

Nachdem Katie die Bewegungen aus ihrem Lernmenü beendet hat, liest sie einen weiteren Abschnitt aus Harry Potter vor. Danach schaut sie uns mit leuchtenden Augen an.

„Und wie hat es sich dieses Mal für dich angehört?", frage ich sie. – „Ich nehme an, es war okay", sagt sie mit gespieltem Gleichmut.

Katies Vater kann sich nicht zurückhalten: „Okay? Machst du Witze? Es war umwerfend! Als du gelesen hast, hatte ich die gesamte Szene vor Augen, so wie einen Film. Es klang, als würde eine Schauspielerin lesen!"

Von meinem Büro aus fährt Katie mit ihrem Vater zum Flughafen. Sie geht für ein Jahr als Austauschschülerin in die Schweiz. Sie nimmt zwei Koffer mit. In dem einen sind ihre Kleidung, ein kleiner CD-Spieler, Toilettenartikel, mehrere Tüten Tortillachips und weitere für einen Auslandsaufenthalt nötige Dinge. Der andere Koffer ist mit Büchern gefüllt: Für den Englischunterricht der elften Klasse hat sie von ihrer *High School* in Kalifornien den Auftrag bekommen, während ihres Auslandsaufenthalts 20 klassische Romane zu lesen. Noch am Morgen wäre Katie sicher der Meinung gewesen, man hätte ihr genauso gut den Auftrag gegen können, auf den *Mount Everest* zu steigen.

„Wir haben von jedem Buch zwei Exemplare gekauft", erzählt Katies Vater. „Ich werde die Romane auch lesen und wir diskutieren dann am Telefon darüber. Vielleicht motiviert sie das, und außerdem können unsere Gespräche ihr auch bei der schriftlichen Zusammenfassung des jeweiligen Romans helfen."

Nach sechs Wochen ruft Katies Vater mich an: „Ich kann es einfach nicht glauben. Katie hat bereits alle 20 Romane gelesen. *Ich* bin erst beim zweiten. Ich habe keine Chance, bei ihrem Tempo mitzuhalten. Das ist wirklich ein Wunder!"

Wie die Erfahrung mit Katie zeigt, ist es nicht schwer, einem desorganisierten Leser zu helfen, ein ganzheitlich Denkender zu werden. Fünf Monate nach unserer ersten Verabredung treffe ich Katie, als sie Weihnachten zu Hause verbringt. Sie hat sich völlig verändert, sie ist geistreich, selbstsicher und redegewandt.

Katie so verändert zu sehen hat mich sehr berührt. Zweifellos war ihre Veränderung teilweise auch auf ihren Reifeprozess und ihr Leben im Ausland zurückzuführen, aber ich wusste, dass die Veränderung zu einem großen Teil auf die Stunde zurückging, die sie vor ihrer Abreise in meiner Praxis verbracht hatte.

Die Brain-Gym®-Bewegungen sind eine natürliche Ressource für alle sportlich Aktiven. Welcher Sportler profitiert nicht davon, wenn er mehr in seinem Körper ist, besser fokussieren und seine Wahrnehmung verbessern kann? Das folgende Fallbeispiel zeigt, wie Brain-Gym® einem jungen Menschen neuen Auftrieb verschaffte.

Fallbeispiel: Erin

„Ich treibe seit mehr als zehn Jahren Sport, und zwar in verschiedenen Sportarten. Ich war ganz gut, aber ich war nie überragend. Man hat nicht unbedingt *mich* ausgewählt, wenn die Mannschaft beim Fußball noch ein Tor brauchte, wenn beim Softball jemand für einen *Home Run* gesucht wurde oder beim Basketball ein Superwurf gefragt war.

Als ich älter wurde und im Sport immer mehr leistete, wurde ich für die Teams wichtiger, aber ich habe nie den Druck verspürt, Spitzenleistungen zu bringen. In der siebten Klasse entdeckte ich dann die Leichtathletik und speziell den Hochsprung; zum ersten Mal betrieb ich eine Einzelsportart.

Als ich mit Brain-Gym® begann, verbesserten sich meine sportlichen Fähigkeiten. Eine Brain-Gym®-Sitzung verlief üblicherweise so, dass ich zunächst die vier einfachen Übungen des PACE machte, wozu auch Wassertrinken gehörte. Durch die Übungen konnte ich besser fokussieren. Nach den Übungen fühlte ich mich körperlich entschieden anders. Meine Angst verschwand ebenso wie die Schmetterlinge im Bauch und mein Herzschlag normalisierte sich. Dann formulierte ich laut ein positives Ziel und machte den Muskeltest, um zu sehen, ob dieses Ziel wirklich das beste für mich war. Anschließend gingen wir die Situation im Rollenspiel durch. Wir betrachteten die einzelnen Phasen meines Sprungs und sprachen darüber, wie ich meine Ziele erreichen konnte.

Unmittelbar nach der ersten Sitzung, die ich im Stadion direkt auf der Anlaufbahn machte, war ich innerlich ruhig und konzentriert. Ich versuchte dieselbe Höhe zu springen, die ich vor der Sitzung vergeblich versucht hatte, und dieses Mal schaffte ich es ohne Probleme. Ich war erstaunt über den Unterschied. Schließlich schaffte ich es sogar, am *High-School*-Hochsprungwettbewerb des Staates Washington teilzunehmen." (Quelle: *Brain Gym® Journal*, Juli 1999; Übersetzung: E. L.)

Fallbeispiel: Dean

Ich habe in diesem Buch viel von Balance gesprochen, da sie für Brain-Gym® von zentraler Bedeutung ist. Ein Mensch, der in der Balance ist, hat eine echte Chance, das eigene Potenzial zu verwirklichen. Die folgende Geschichte zeigt, wie ein Junge die Schwerkraft besiegte, die Balance lernte und so sein Leben veränderte.

Der junge Dean sah sich in der Grundschule vor viele Herausforderungen gestellt: Er konnte sich nur schlecht konzentrieren, verstand Anweisungen nicht und war auch im Sport nicht gut. Besondere Schwierigkeiten hatte er beim Schreiben. Am schlimmsten war jedoch, dass er nicht Fahrrad fahren konnte.

Während Deans Balance konzentrierte sich die Brain-Gym-Instruktorin (Beraterin) vor allem auf sein vordringliches Ziel Radfahren. Sie ging mit Dean die Abläufe des Radfahrens im Rollenspiel durch und machte mit ihm einige Gleichgewichtsübungen. Sie machten einige Brain-Gym-Bewegungen sowie die Dennison-Lateralitätsbahnung, dazu einige spontane Spiele, die Dean helfen sollten seine Angstreflexe zu integrieren.

Wenige Monate später schickte Deans Mutter der Brain-Gym-Instruktorin eine E-Mail: „Zwei Tage nach Ihrer Brain-Gym-Balance ist Dean ganz alleine mit dem Rad losgefahren. Sein Vater, der ihm zwei Jahre lang das Radfahren beibringen wollte, hat sich hingesetzt und geweint. Und Sie können sich nicht vorstellen, wie stolz Dean war und immer noch ist. Allen unseren Besuchern führt er vor, wie gut er Fahrrad fahren kann. Er erzählt ihnen, dass er nach den Brain-Gym-Übungen gelernt hat, die Balance zu halten. Seine Selbstachtung ist größer als je zuvor. Und er hat das wirklich gebraucht. In der Schule ist er mittlerweile auch recht gut. Sein Lehrer sagt, dass er besser aufpasst und nicht mehr träumt oder herumzappelt. Mein Mann und ich sind wirklich froh. Dean möchte fast jeden Tag Brain-Gym-Bewegungen üben. Allein das ist sehr befriedigend für uns.“

Wenn ich sehe, dass junge Menschen wie Katie, Erin und Dean die Freude am Lernen erleben, sind meine Gefühle zwiespältig. Einerseits bin ich begeistert, wenn Brain-Gym® einen Schüler in die Lage versetzt, auf so einfache Art Veränderungen zu erzielen. Andererseits bin ich betrübt, weil mir klar wird, dass viele andere Menschen ihre Lernerfahrungen genauso leicht umkehren könnten – wenn sie einen erstklassigen Unterricht bekämen, in dem sie mit den nötigen Instrumenten vertraut gemacht würden.

Deans Erfolg, Erics Leistungssteigerung und das vermeintliche „Wunder“, das Katie erlebt hat, lassen sich leicht erklären. Wenn Menschen eine Aufgabe mit ihrem ganzen Gehirn angehen (das heißt, dass beide Hemisphären integriert funktionieren, denn schließlich ist das Ganze mehr als die Summe seiner Teile), erleben sie eine dramatische Steigerung ihrer Leistungen. Sie können Wörter *denken*, sie *spüren* und sie *aussprechen* – alles zur gleichen Zeit.

Ein wirkliches Wunder wird erst dann geschehen, wenn diese Erkenntnis Allgemeingut wird und wenn die praktische Umsetzung in den Schulen und in der Gesellschaft allgemein üblich wird.

Danksagungen

Von ganzem Herzen danke ich all den Menschen, die mich bei der Arbeit am vorliegenden Buch uneingeschränkt unterstützt haben. Ihre großzügige Hilfe und ihr Engagement haben dieses Projekt im vorliegenden Umfang und Tiefgang möglich gemacht.

Worte reichen nicht aus, um Gail Dennison, meiner Ehefrau und Partnerin, gleichzeitig Mitbegründerin von *Educational Kinesiology* und *Brain-Gym®*, zu sagen, wie viel ich ihr verdanke. Durch Gails gründliches Lesen und Bearbeiten des Manuskripts wurden viele Bereiche vertieft und erweitert. Ihre liebevollen Fragen nach meinen frühen Jahren ließen längst vergessene Erlebnisse in meiner Erinnerung wieder erstehen. So ist der passende Rahmen für dieses Buch mit seiner Komplexität und Vielfältigkeit entstanden. Gail, ich liebe dich!

Ich danke auch Jai Collins, meinem Mitbruder aus dem *Bear Clan*, der mich und viele meiner Schüler in Interviews befragte und mir damit dazu verhalf, dass ich überhaupt die Möglichkeit ins Auge fasste, dieses Buch zu schreiben.

Mein besonderer Dank gilt meiner Freundin Dr. Carla Hannaford, Neurobiologin und Pädagogin. Sie hat die Verbindung von Bewegung und Lernen allgemein verständlich erklärt und damit unsere Arbeit Millionen von Menschen näher gebracht. Herzlichen Dank sage ich für ihre Wertschätzung der schlichten Eleganz der Bewegungen und dass sie die Herzen der Menschen geöffnet hat, damit sie auf neue Art hören lernen.

Mein Dank gilt auch Sonia Nordenson, seit 1993 unsere Lektorin und Freundin, der „gute Geist im Hintergrund". Sie hat mir mit ihrer logischen und direkten Ausdrucksweise geholfen zu sagen, was ich denke.

Dank an Dr. Marylin Lugaro, meine „Schülerin", Lehrerin und Mentorin: Marylin kam vor 25 Jahren zu mir, als ich meine Arbeit noch kaum erklären und noch weniger darüber schreiben konnte. Sie hat diese Arbeit gelernt, gelehrt und gelebt und inspiriert mich dazu, immer noch mehr in dieser Richtung zu tun.

Vielen Dank schließlich an Richard Palmer, den Dichter und Kommunikationstrainer. Ich kann ihm nicht genug dafür danken, dass er zu meinem Herzen vorgedrungen ist und mir gezeigt hat, wie sich die Verbindung zu anderen Menschen herstellen lässt, indem man auf gewaltlose Kommunikation achtet. Es ist *eine* Sache, das Herz zu verstehen, aber *eine ganz andere* Sache, sich seinen Rhythmen hinzugeben. Ich danke Richard, dass er mich gelehrt hat, wie ich mich mit meinem Herzen verbinden kann.

Übungsverzeichnis mit Abbildungen und Anleitungen

Alphabet-Acht

Egal ob es darum geht, Schreibanfänger bei der Druck-schrift zu unterstützen oder etwas ältere Schüler zu för-dern, damit sie die Schreibschrift flüssiger bewältigen – insgesamt erleichtert die Alphabet-Acht den Lernprozess. Zur Alphabet-Acht gehört, dass die Buchstaben des Alphabets innerhalb des Kreises der Liegenden Acht geschrieben werden – dazu werden nur die Kleinbuchsta-ben verwendet und nach jedem Buchstaben wird die Lie-gende Acht ausgeführt. Zweck der Übung ist es, dass die Schüler kinästhetisch erleben, dass die Buchstaben des Alphabets entweder rund beginnen und auf der Mittellinie enden oder mit einem Abstrich auf der Mittellinie begin-nen und nach rechts verlaufen. Die Liegende Acht ist das Ganze und die Buchstaben sind die Teile.

Armaktivierung

Strecken Sie den rechten Arm senkrecht nach oben und spüren Sie, wie er von den Rippen ausgehend länger wird. Umgreifen Sie ihn mit der linken Hand, direkt unter dem Ellenbogengelenk. Atmen Sie langsam aus und drücken Sie dabei den ausgestreckten Arm gegen die Hand. Lassen Sie dann den Druck schwächer werden und atmen Sie ein. Drücken Sie Ihren angespannten, gestreckten Arm bei jedem Atemzug in eine andere Richtung, zuerst nach rechts, dann nach vorne, nach hinten und nach links zum Ohr hin.

Beckenschaukel

Setzen Sie sich auf den Boden, beugen Sie die Knie und halten Sie die Füße zusammen. Dann stützen Sie sich nach hinten mit den Händen ab und massieren mit kreis-förmigen Schaukelbewegungen Gesäß und Steißbein, bis die Anspannung nachlässt.

Tipp: Wenn Sie Probleme im unteren Rücken haben, dann stellen Sie die Füße bei dieser Übung auf den Boden. Alle diese Übungen sind leicht und einfach; wenn Sie sich ver-spannen oder Ihnen etwas weh tut, dann wandeln Sie die Übung ab. Oder lassen Sie sich Hilfestellung geben. Wenn auch das nicht angenehm ist, dann verzichten Sie vorläu-fig auf die Übung.

Denkmütze

Ziehen Sie Ihre Ohren sanft nach hinten und falten Sie sie aus. Beginnen Sie ganz oben und massieren Sie sanft an der Rundung (am äußeren Rand) entlang bis hinunter zum Ohrläppchen. Wiederholen Sie dies mindestens dreimal.

Elefant

Beugen Sie im Stehen leicht die Knie. Strecken Sie den linken Arm nach vorne aus und legen Sie Ihren Kopf entspannt auf dem Arm ab. Stellen Sie sich in der Ferne eine riesengroße Liegende Acht vor und schauen Sie auf diese Acht. „Zeichnen" Sie nun mit dem Arm die große Liegende Acht in der Ferne nach und lassen Sie Ihren Kopf dabei entspannt auf dem Arm liegen. Die Bewegung wird dabei vom Becken initiiert und der gesamte Oberkörper macht die Bewegung mit. Schauen Sie während der ganzen Übung über die Hand hinaus in die Ferne auf die Liegende Acht. (Vielleicht sehen Sie Ihre Hand dabei doppelt – das ist in Ordnung.) Wiederholen Sie die Übung mit dem rechten Arm.

Erden

Stellen Sie sich zunächst breitbeinig, aber bequem hin. Richten Sie Ihren linken Fuß nach links, während der rechte geradeaus nach vorn zeigt. Nun atmen Sie aus, beugen das linke Knie, halten das rechte Bein gerade und drücken die Hüfte nach unten Richtung Fußboden. Atmen Sie dann ein, richten Sie sich langsam auf und entspannen Sie sich dabei. Oberkörper und Hüfte sollen gerade bleiben und nach vorne ausgerichtet sein, während der Kopf, das gebeugte Knie und der Fuß des gebeugten Beins zur Seite zeigen. Diese Übung stärkt die Hüftmuskeln. Sie spüren das an dem gestreckten Bein. Wiederholen Sie dreimal, dann wechseln Sie zur anderen Seite.

Eule

Legen Sie eine Hand auf die gegenüberliegende Schulter (also etwa: die rechte Hand auf die linke Schulter) und drücken Sie den Muskel dort fest zusammen. Halten Sie den Muskel sanft fest, während Sie die folgende Bewegung machen. Drehen Sie langsam Ihren Kopf zur Seite und schauen zuerst über die eine Schulter. Atmen Sie aus. Atmen Sie ein und drehen Sie dabei den Kopf langsam zur anderen Seite, soweit Sie das entspannt tun können. Atmen Sie aus. Drehen Sie jetzt den Kopf mit der Einatmung langsam zur Mitte und neigen Sie Ihn leicht nach vorne; atmen Sie tief aus und entspannen sich. Wiederholen Sie das dreimal und wechseln Sie dann auf die andere Seite (das heißt: Zusammendrücken des *anderen* Schultermuskels).

Fußpumpe

Setzen Sie sich auf einen Stuhl und legen Sie einen Fuß auf das Knie des anderen Beins. Halten Sie am gebeugten Bein mit den Fingerspitzen den Anfang und das Ende des Wadenmuskels fest. Strecken und beugen Sie den hoch gelegten Fuß, bis sich vorhandene Spannungen lösen. Spüren Sie, wie die Wade sich allmählich entspannt. Anschließend wiederholen Sie diese Bewegung mit dem anderen Fuß.

Gehirnpunkte

Halten Sie bei dieser Übung mit einer Hand den Bauchnabel und massieren Sie gleichzeitig (30 bis 60 Sekunden lang) mit zwei Fingern und dem Daumen der anderen Hand die beiden Punkte unterhalb der Schlüsselbeine. Sie finden die beiden Punkte ganz leicht, wenn Sie Finger und Daumen auf die beiden knöchernen Erhebungen legen, wo Schlüsselbein und Brustbein aufeinander treffen. Rutschen Sie von da mit den Fingern nach außen und unten auf die beiden weichen und leicht vertieften Stellen (circa 2 bis 3 cm rechts und links vom oberen Ende des Brustbeins, gleich unterhalb der Schlüsselbeine).

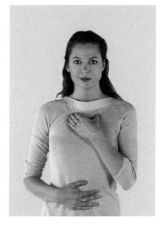

Hook-ups im Sitzen

Teil 1: Legen Sie Ihren linken Fußknöchel über den rechten. Strecken Sie die Arme nach vorne und legen Sie das linke Handgelenk über das rechte. Verschränken Sie die Finger und drehen Sie die Hände nach innen und nach oben, bis vor die Brust. Schließen Sie die Augen, atmen Sie tief und entspannen Sie sich. Drücken Sie die Zunge beim Einatmen an den Gaumen – beim Ausatmen entspannen Sie die Zunge wieder.

Hook-ups im Sitzen

Teil 2: Stellen Sie nun Ihre Füße wieder nebeneinander. Führen Sie die Fingerspitzen beider Hände zusammen und atmen Sie (wie in Teil 1) eine weitere Minute lang tief durch.

Hook-ups im Stehen

Vielleicht wollen Sie die Übung einmal im Stehen ausführen; dabei werden besonders die Gleichgewichtsstrukturen im Innenohr (das vestibulare System) aktiviert. Egal ob stehend, sitzend oder liegend – die Hook-ups sind immer gleich effektiv.

Teil 1: Legen Sie Ihren linken Fußknöchel über den rechten. Strecken Sie die Arme nach vorne und legen Sie das linke Handgelenk über das rechte. Verschränken Sie die Finger und drehen Sie die Hände nach innen und nach oben, bis vor die Brust. Schließen Sie die Augen, atmen Sie tief und entspannen Sie sich. Drücken Sie die Zunge beim Einatmen an den Gaumen – beim Ausatmen entspannen Sie die Zunge wieder.

Hook-ups im Stehen

Teil 2: Stellen Sie nun Ihre Füße wieder nebeneinander. Führen Sie die Fingerspitzen beider Hände zusammen und atmen Sie (wie in Teil 1) eine weitere Minute lang tief durch.

Liegende Acht

Beginnen Sie mit der linken Hand (Daumen nach oben) und „zeichnen" Sie langsam und fließend eine große, auf der Seite liegende 8 in die Luft. Fahren Sie vom Mittelpunkt der Acht aus nach links oben. Folgen Sie mit Ihren Augen (nicht mit dem Kopf) der Bewegung Ihrer Hand. Lassen Sie Ihren Nacken dabei ganz entspannt und atmen Sie tief und gleichmäßig. Zeichnen Sie die Acht mit jeder Hand dreimal, dann dreimal mit beiden Händen zusammen.

Variationen: Malen oder zeichnen Sie Achten auf große Blätter, an eine Flipchart, auf einen Malblock, ...

Nackenrollen

Neigen Sie den Kopf ein wenig nach vorne und rollen Sie ihn langsam von einer Schulter zur anderen. Entspannen Sie sich dabei und atmen Sie tief aus. Sie können das Nackenrollen mit geschlossenen und mit offenen Augen machen. (Wenn Sie irgendwo eine besonders angespannte Stelle spüren, dann verweilen Sie dort und machen Sie ein paar „Mini-Nackenrollen".) Während Sie so Ihren Nacken entspannen, malt Ihr Kinn sanft einen Halbkreis auf Ihre Brust.

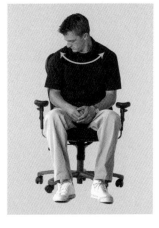

Positive Punkte

Berühren Sie mit den Fingerspitzen beider Hände die beiden Positiven Punkte (oder Stirnbeinhöcker) – sie liegen oberhalb der Augenmitte, etwa in der Mitte zwischen Augenbrauen und Haaransatz. Berühren Sie sie nur sanft, gerade mit so viel Druck, dass die Stirnhaut leicht gestrafft wird. Schließen Sie die Augen und halten Sie diese Punkte für die Dauer von sechs bis zehn langsamen Atemzügen.

Schwerkraftgleiter

Setzen Sie sich bequem auf einen Stuhl und legen Sie die Fußgelenke übereinander; die Knie bleiben dabei locker entspannt. Machen Sie sich von der Hüfte aus lang und strecken Sie Oberkörper und Arme nach vorne, neigen Sie den Kopf (er soll aber über den Armen bleiben) und lassen Sie die Arme sanft fließend in Richtung der Füße gleiten – so weit, wie es für Sie angenehm ist. Legen Sie die Arme entspannt auf ihren Beinen auf.

Atmen Sie dabei aus und richten Sie sich beim Einatmen Wirbel für Wirbel langsam wieder auf. Wiederholen Sie das dreimal und wechseln Sie dann die Beine.

Überkreuzbewegung im Sitzen

Heben Sie das rechte Bein und gleichzeitig die linke Hand an und berühren Sie mit dem linken Ellbogen das gebeugte rechte Knie. Dann legen Sie die Hand und das Bein wieder ab und heben das linke Bein gleichzeitig mit der rechten Hand an. Führen Sie auch den rechten Ellbogen wieder zum gegenüberliegenden Knie. Wiederholen Sie dieses Muster von Heben und Senken etwa eine Minute lang, so als würden Sie rhythmisch gehen.

Überkreuzbewegung im Stehen

Marschieren oder tanzen Sie auf der Stelle und berühren Sie dabei mit Hand oder Ellbogen jeweils das gegenüberliegende Knie.

Überkreuzbewegung mit Aufsitzen

Legen Sie sich flach auf den Rücken und verschränken Sie die Hände hinter dem Kopf. Wenn Ihnen diese Ausgangsposition unbequem ist oder Sie Probleme mit dem unteren Rücken haben, dann stellen Sie Ihre Beine angewinkelt auf.

Lassen Sie das ganze Gewicht Ihres Kopfes in die Hände fallen. Benutzen Sie Ihre Muskulatur im Rumpf, um gleichzeitig einen Ellbogen und das *gegenüberliegende* Knie aufeinander zuzubewegen. Wiederholen Sie anschließend das Gleiche auf der anderen Seite. Wiederholen Sie diese Bewegungen mehrmals. Lassen Sie Ihren Nacken dabei entspannt und atmen Sie tief durch.

Wassertrinken

Wasser ist für die Gehirnfunktionen, für die Funktionstüchtigkeit des gesamten Körpers und für unser Wohlbefinden unentbehrlich. Trinken Sie – je nach Körpergewicht – täglich 8 bis 12 Gläser Wasser, zusätzlich zu anderen Getränken.

Literaturverzeichnis

Adams, Marilyn Jager: *Beginning to Read: Thinking and Learning about Print* (MIT Press 2001)

Amen, Daniel G.: *Change Your Brain – Change Your Life* (Three Rivers Press 1998)

Amen, Daniel G.: *Healing the Hardware of the Soul* (The Free Press 2002)

Armstrong, Thomas: *The Myth of the A.D.D. Child* (Dutton, 1995); dt.: *Das Märchen vom ADHS-Kind. 50 sanfte Möglichkeiten, das Verhalten Ihres Kindes ohne Zwang und ohne Pharmaka zu verbessern,* Paderborn: Junfermann, 2002

Ballinger, Erich: *Lerngymnastik für Kinder. Kinesiologische Übungen im Kindergarten- und Schulalter,* München: Droemer Knaur, 2001

Batmanghelidj, Fereydoon: *Your Body's Many Cries for Water* (Global Health Solutions, 2001); dt.: *Wasser – die gesunde Lösung,* Kirchzarten: VAK, 14. Aufl. 2004

Baum, Frank: *The Wonderful Wizard of Oz* (Courage Books, 2003); dt.: *Der Zauberer von Oz,* Hamburg: Dressler, 2003

Bradshaw, John: *Hemispheric Specialization and Psychological Function* (John Wiley and Sons, 1998)

Caine & Caine: *Making Connections: Teaching and the Human Brain* (Dale Seymour Publications, 1994)

Carrigan, Catherine: *Healing Depression* (Santa Fe, New Mexico: Heartsfire Books, 1997)

Childre, Doc, und Martin, Howard: *The HeartMath Solution* (Harper San Francisco, 1999); dt.: *Die HerzIntelligenz-Methode. Grundlagen, Anwendungen, Perspektiven,* Kirchzarten: VAK, 2000

Chopra, Deepak: *Quantum Healing: Exploring the Frontiers of Mind/Body Medicine* (Bantam Books, 1989); dt.: *Die heilende Kraft,* Bergisch Gladbach: Bastei Lübbe, 2001

Cohen, Isabel, und Goldsmith, Marcelle: *Hands On: How to Use Brain Gym in the Classroom* (Edu-Kinesthetics Inc., 2000)

Coren, Stanley: *The Left-hander Syndrome* (Vintage Books, 1993)

Curlee, Pamela: *Switched-on Golf* (Educational Kinesiology Foundation, 2002)

Damasio, Antonio: *Descartes' Error: Emotion, Reason and the Human Brain* (Quill, 1995); dt.: *Descartes' Irrtum. Fühlen, Denken und das menschliche Gehirn,* Berlin: List, 2004

Damasio, Antonio: *The Feeling of What Happens: Body and Emotion in the Making of Consciousness* (First Harvest, 2000); dt.: *Ich fühle, also bin ich. Die Entschlüsselung des Bewusstseins,* München: Ullstein; 2002

Dennison, Paul E.: *Switching On: The Whole Brain Answer to Dyslexia* (Edu-Kinesthetics, Inc., 1981); dt.: *Befreite Bahnen*, Kirchzarten: VAK, 14. Aufl. 2004

Dennison, Paul E., und Dennison, Gail E.: *Edu-K for Kids* (Edu-Kinesthetics, Inc, 1987); dt.: *EK für Kinder*, Kirchzarten: VAK, 19. Aufl. 2004

Dennison, Paul E., und Dennison, Gail E.: *Brain Gym: Simple Activities for Whole-Brain Learning* (Edu-Kinesthetics, Inc., 1998); dt.: *Brain-Gym®*, Kirchzarten: VAK, 16. Aufl. 2004

Dennison, Paul E., und Dennison, Gail E.: *Brain Gym teacher's edition revised* (Edu-Kinesthetics, Inc., 1994); dt.: *Brain-Gym®-Lehrerhandbuch*, Kirchzarten: VAK, 13. Aufl. 2004

Dennison, Paul E., und Dennison, Gail E.: *Vision Gym: Playful Movements for Natural Seeing* (Edu-Kinesthetics, Inc.); dt.: *Vision-Gym. Das runde Kartenset zur spielerischen Sinnesintegration*, Kirchzarten: VAK, 2. Aufl. 2004

Dennison, Paul E., und Dennison, Gail E.: *Personalized Whole-Brain Integration* (Edu-Kinesthetics, Inc., 1985)

Dennison, Paul E.: *Educational Kinesiology in Depth: The Seven Dimensions of Intelligence* (Edu-Kinesthetics, Inc.)

Glasser, William: *Choice Theory: A New Psychology of Personal Freedom* (Perennial Currents, 1999)

Goldberg, Elkhonon: *The Executive Brain* (Oxford University Press, 2001); dt.: *Die Regie im Gehirn*, Kirchzarten: VAK, 2002

Goleman, Daniel: *Emotional Intelligence. Why it Can Matter More than IQ* (Bantam Books, 1995); dt.: *Emotionale Intelligenz*, München: dtv, 2001

Goleman, Daniel: *Destructive Emotions: How Can We Overcome them? A Scientific Dialogue with the Dalai Lama* (Bantam 2004); dt.: *Dialog mit dem Dalai Lama. Wie wir destruktive Emotionen überwinden können*, München: dtv, 2005

Hannaford, Carla: *Smart Moves: Why Learning Is Not All In Your Head* (Great Ocean Publishers, 1995); dt.: *Bewegung – das Tor zum Lernen*, Kirchzarten: VAK, 6. Aufl. 2004

Hannaford, Carla: *The Dominance Factor: How Knowing Your Dominant Eye, Ear, Brain, Hand and Foot Can improve Your Learning* (Great Ocean Publishers, 1997); dt.: *Mit Auge und Ohr, mit Hand und Fuß*, Kirchzarten: VAK, 4. Aufl. 2004

Hannaford, Carla: *Awakening the Child Heart* (Jamilla Nur Publishing, 2002); dt.: *Was jedes Kind zum Wachsen braucht*, Kirchzarten: VAK, 2002

Healy, Jane: *Endangered Minds: Why Children Don't Think And What We Can Do About It* (Simon and Shuster, 1991)

Hinsley, Sandra „Sam", und Conley, Linda: *Brain Gym Surfer* (Hinsley and Conley, 1989)

Holt, John: *How Children Learn* (Perseus Publishing, 1995); dt.: *Wie kleine Kinder schlau werden. Selbständiges Lernen im Alltag*, Weinheim/Basel/Berlin: Beltz, 2003

Koester, Cecilia K., und Dennison, Gail E.: *I am the Child: Using Brain Gym with children who have special needs* (Edu-Kinesthetics, Inc., 1998); dt.: Freeman, Cecilia: *Kleine Schritte – große Freude. Brain-Gym® mit behinderten Kindern*, Kirchzarten: VAK, 1999

LaBerge, David: *Attentional Processing: The Brain's Art of Mindfulness* (Harvard University Press, 1995)

Lewis, Thomas; Fari, Amini, und Richard Lannon: *A General Theory of Love* (New York: Vintage Books, 2001)

McManus, Chris: *Right Hand, Left Hand: The Origins of Asymmetry in Brains, Bodies, Atoms and Cultures* (Harvard University Press 2002)

Neill, Alexander S.: *Summerhill School: A New View of Childhood* (Resource Center for Redesigning, 2000)

Pearce, Joseph Chilton: *Evolution's end: Claiming the Potential of Our Intelligence* (Harper Collins, 1992); dt.: *Der nächste Schritt der Menschheit. Die Entfaltung des menschlichen Potentials aus neurobiologischer Sicht*, Freiamt: Arbor, 1994

Pearce, Joseph Chilton: *The Magical Child Matures* (Dutton, 1985)

Pearl, Eric. *The Reconnection: Heal Others, Heal Yourself* (Hay House, 2001); dt.: *The reconnection. Heilung durch Rückverbindung*, Überlingen: Ostergaard, 2004

Pearsall, Paul: *The Heart's Code* (Broadway Books, 1998); dt.: *Heilung aus dem Herzen. Die Körper-Seele-Verbindung und die Entdeckung der Lebensenergie*, München: Goldmann, 1999

Pert, Candace: *Molecules of Emotion* (Scribner, 1997); dt.: *Moleküle der Gefühle. Körper, Geist und Emotionen*, Reinbek: Rowohlt, 2001

Piaget, Jean: *The Group Consciousness: Action and Concept in the Young Child* (Harvard, 1976)

Pinker, Steven: *How the Mind Works* (W.H. Norton, 1999); dt.: *Wie das Denken im Kopf entsteht*, Frankfurt/M.: Büchergilde Gutenberg, 1999

Promislow, Sharon: *Making the Brain-Body Connection: A Playful Guide to Releasing Mental, Physical and Emotional Blocks to Success* (Kinetic Publishing, 1998); dt.: *Startklar für volle Leistung. Gehirn und Körper – ein starkes Team*, Kirchzarten: VAK, 2000

Promislow, Sharon: *Putting Out the Fire of Fear: Extinguish the Burning Issues in your Life* (Enhanced Learning 2002)

Ramachandran, Vilayanur S., und Blakeslee, Sandra: *Phantoms in the Brain* (First Quill, 1999); dt.: *Die blinde Frau, die sehen kann. Rätselhafte Phänomene unseres Bewusstseins*, Reinbek: Rowohlt, 2002

Ratey, John J.: *A User's Guide to the Brain* (Pantheon Books, 2001); dt.: *Das menschliche Gehirn. Eine Gebrauchsanweisung*, München/Zürich: Piper, 2003

Restak, Richard: *The Secret Life of the Brain* (Dana Press and Joseph Henry Press); dt.: *Geheimnisse des menschlichen Gehirns. Ursprung von Denken, Fühlen, Handeln*, Herrsching: Pawlak, 1991

Shiller, Francis: Paul Broca: *Founder of French Anthropology, Explorer of the Brain* (Oxford University Press, 1980)

Springer, Sally, und Deutsch, Georg: *Left Brain, Right Brain* (W. H. Freeman & Co, 1989); dt.: *Linkes – rechtes Gehirn*, Heidelberg/Berlin: Spektrum, Akad. Verlag, 1998

Teplitz, Jerry; Dennison, Paul und Dennison, Gail: *Brain Gym for Business: Instant Brain Boosters for On-the-Job Success* (Edu-Kinesthetics, Inc.); dt.: *BrainGym® fürs Büro*, Kirchzarten: VAK, 4. Aufl. 2004

Teplitz, Jerry: *Switched-on Living* (Happiness Unlimited Publications, 1994)

Walsch, Neal Donald: *Conversations with God: An Uncommon Dialogue, Book 3* (Hampton Roads, 1998); dt.: *Gespräche mit Gott. Band 3: Kosmische Weisheit*, München: Goldmann, 1999

Wilson, Frank R.: *The Hand: How its Use Shapes The Brain, Language, and Human Culture* (Pantheon Books, 1998); dt.: *Die Hand – Geniestreich der Evolution. Ihr Einfluss auf Gehirn, Sprache und Kultur des Menschen*, Reinbek: Rowohlt, 2002

Über den Autor

Dr. phil. Paul E. Dennison ist Pädagoge, Pionier im Bereich der angewandten Gehirnforschung und Experte für kognitive Fertigkeiten. Nach seiner Doktorarbeit über Lesenlernen und Gehirnentwicklung arbeitete er im Bereich der Lehrplanentwicklung und der experimentellen Psychologie an der Universität von Kalifornien sowie als Lehrer an öffentlichen Schulen. Dann gründete er in Kalifornien insgesamt 10 Lernzentren für Leseförderung, die er rund 20 Jahre lang leitete.

Die Anfänge seiner Forschungen zum Thema des vorliegenden Buches lagen in den sechziger Jahren des 20. Jahrhunderts. Damit wurde er zum Begründer eines Systems der Lernförderung, dem er den Namen *Educational Kinesiology* (Edu-K®) gab. In der ersten Hälfte der achtziger Jahre entwickelte er – zusammen mit seiner Frau Gail – die Brain-Gym®-Übungen, das „Herzstück" der Edu-K®, ein Selbsthilfeprogramm aus einfachen Bewegungen, die Energie mobilisieren sowie Gehirn und Körper aktivieren und in Balance bringen.

Die Dennisons schrieben über ihr Konzept der Lernförderung insgesamt sieben Bücher (außerdem zahlreiche Kursskripten) und wurden weltweit als Kursleiter tätig. Die Übungen werden inzwischen in rund 80 Ländern praktiziert und die Bücher sind bereits in mehr als 40 Sprachen übersetzt.

Paul E. Dennison, Gail E. Dennison:
BRAIN-GYM®

Leseprobe: www.vakverlag.de

Besser lernen mit dem ganzen Gehirn – das ist das Ziel der Brain-Gym®-Bewegungsübungen. Diese Bewegungen aktivieren auch solche Teile des Gehirns, die vorher nicht aufnahmefähig waren. Die witzig illustrierte „Gehirngymnastik" ist für Jung und Alt geeignet; hilft uns, unser (Gehirn-)Potential besser zu nutzen; fördert klares und kreatives Denken; erleichtert jede Art von Lernen.
Brain-Gym® umfasst eine Reihe einfacher Bewegungen, mit denen man auf spielerische Weise seine Lernfähigkeit steigern kann. Die Übungen sind so angelegt, dass ihre Auswirkungen im Alltag schnell zu spüren sind.

63 Seiten, durchgehend illustriert, plus sechsseitige Falttafel „Alle 26 Brain-Gym®-Übungen auf einen Blick", Spiralheftung (16,5 x 24 cm)
ISBN 978-3-924077-75-4

Paul E. Dennison, Gail E. Dennison:
BRAIN-GYM® – das Handbuch

Leseprobe: www.vakverlag.de

Dieses neu konzipierte und erheblich erweiterte Handbuch löst das bewährte Brain-Gym®-Lehrerhandbuch ab. Nach wie vor bilden detaillierte Anleitungen und Tipps zum Übungsablauf den Mittelpunkt des Buches. Zusätzlich gibt es eine Reihe nützlicher Neuerungen, wie erheblich erweiterte Hintergrundinformationen, detaillierte Übersichten über die geförderten Gehirn- und Körperfunktionen, Vorschläge für Spiele, Geschichten und Musik u.v.a.m. Mit dieser anwenderfreundlichen „Gebrauchsanleitung" für Brain-Gym® können auch Erwachsene die kindliche Freude am Lernen wiederentdecken und Spitzenleistungen erzielen.

ca. 193 Seiten, vierfarbig, Paperback (21 x 29,7 cm)
ISBN 978-3-86731-071-0

Paul E. Dennison, Gail E. Dennison, Jerry V. Teplitz:
BRAIN-GYM® fürs Büro

Leseprobe: www.vakverlag.de

Dieses Buch zeigt einfache Bewegungsübungen für Gehirn und Körper, die Ihnen in kurzer Zeit mehr Energie und Freude an der Arbeit bringen. Brain-Gym® aktiviert und koordiniert beide Gehirnhälften, erhöht die Stresstoleranz und fördert das Wohlbefinden bei der Arbeit.

Die Übungen sind besonders geeignet für: Buchhaltung, Datenverarbeitung, Führungsaufgaben, Kundenbetreuung, Management, Programmieren, PR-Tätigkeiten, Sekretariat, Telefonmarketing und Verkauf.

84 Seiten (16,5 x 24 cm), durchgehend illustriert, verdeckte Spiralbindung,
ISBN 978-3-924077-79-2

Paperback-Sonderausgabe
ISBN 978-3-932098-09-3

Abonnieren Sie unseren Newsletter (gratis): www.vakverlag.de

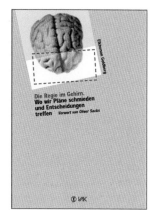